A Course in Management

管理学教程

主 编◎彭 荣 陈晓燕

经济管理出版社
ECONOMY & MANAGEMENT PUBLISHING HOUSE

图书在版编目（CIP）数据

管理学教程/彭荣，陈晓燕主编．—北京：经济管理出版社，2013.8
ISBN 978-7-5096-2620-7

Ⅰ.①管… Ⅱ.①彭… ②陈… Ⅲ.①管理学-教材 Ⅳ.①C93

中国版本图书馆 CIP 数据核字（2013）第 202908 号

组稿编辑：申桂萍
责任编辑：申桂萍 胡 茜
责任印制：杨国强
责任校对：李玉敏

出版发行：经济管理出版社
　　　　　（北京市海淀区北蜂窝 8 号中雅大厦 A 座 11 层　100038）
网　　址：www. E-mp. com. cn
电　　话：(010) 51915602
印　　刷：三河市延风印装厂
经　　销：新华书店
开　　本：720mm×1000mm/16
印　　张：26. 25
字　　数：490 千字
版　　次：2013 年 8 月第 1 版　2013 年 8 月第 1 次印刷
书　　号：ISBN 978-7-5096-2620-7
定　　价：45. 00 元

前　言

　　管理是人类社会存在的一种方式，有了人就出现了管理的问题。19世纪末20世纪初产生了以泰勒为代表的科学管理学派和以法约尔、韦伯为代表的管理组织学派，从而标志着管理学以一门科学的形式出现。随着生产力和科学技术的发展，人们逐渐认识到管理的重要性。经济的发展，固然需要丰富的资源与先进的技术，但更重要的还是组织经济的能力，即管理能力。因此，管理在现代乃至未来的社会中都将处于更加重要的地位。显而易见，学习、研究管理学也成为培养高水平管理者的当务之急。只有掌握了扎实的管理理论与方法，才能很好地指导实践，并可缩短或加速管理者的成长过程。

　　本书是面向来自不同背景的管理学初学者编写的。为使本书成为一本好用又易懂的入门教材，我们在编写过程中力求突出以下特点：一是体系完整。全书共十章，全面系统、简明扼要地阐述了管理学的基本理论，以描述性的语言介绍了管理工作的实质、过程，以及各项职能活动开展的原理和方法。二是案例丰富。每一章的开头既有开篇案例以引起读者的兴趣，同时每章结束后也精选了案例分析以供读者思考，突出了管理学作为应用性学科的实践性。三是内容精练。在内容取舍与安排上，力争做到重点突出，以实用为标准进行内容取舍，以帮助学生掌握管理的基本技能，提升管理素养和从事经营管理活动的能力。

　　本书在编写过程中，吸收和借鉴了国内外许多有关管理学的论著和资料，参考和引用了国内外有关教材、专著、案例和文献资料，在此谨向各位专家学者表示衷心的感谢。全书由彭荣、陈晓燕主编。陈晓燕负责第一章到第五章的编写，彭荣负责第六章到第十章的编写，全书最后由彭荣编纂定稿。本书得到了经济管理出版社申桂萍编辑的大力支持和帮助，在此我代表编写工作人员向申编辑表示衷心的感谢！

　　由于作者水平有限，书中难免存在错误或疏漏之处，恳请广大读者批评指正。

彭　荣

2013年6月于江城武汉

目　录

第一章 管理者与管理学

学习目标：

1. 掌握管理的含义和职能；
2. 理解管理的重要性与性质；
3. 熟悉管理者的角色；
4. 掌握管理者应具备的技能和管理方法；
5. 灵活掌握、运用管理的原理与方法；
6. 了解管理学的特性；
7. 掌握管理道德的基本内容和途径。

开篇案例

三个和尚的故事

山上有一座庙，庙里住着一个小和尚。他每天挑水、念经、敲木鱼，给观音菩萨案桌上的净水瓶添水，夜里不让老鼠来偷东西，生活过得安稳自在。不久，来了一个高个子和尚。他一到庙里，就把半缸水喝光了。小和尚叫他去挑水，高个子和尚心想：叫我一个人去挑水，那我不是太吃亏了吗？于是，便要求小和尚和他一起去抬水，两个人只能抬一只水桶，而且水桶必须放在扁担的中央，两人才心安理得。这样总算还有水喝。

后来，又来了个胖和尚。他也想喝水，但缸里没有水。小和尚和高个子和尚叫他自己去挑，胖和尚挑来一担水，立刻独自喝光了。从此谁也不去挑水，三个和尚就没有水喝了。大家各念各的经，各敲各的木鱼，观音菩萨面前的净水瓶没人添水，花草也枯萎了。夜里老鼠出来偷东西，谁也不管，结果老鼠猖獗，打翻烛台，燃起大火。三个和尚这才一起奋力救火，大火扑灭了，然而，一切都烧光了，此时的他们也觉醒了。从此，三个和尚齐心协力，自然就不缺水了。

请问：这个故事说明了什么问题？

"管理"起源于人类的共同劳动之中，自古有之。当人们组成群体要实现共同目标时，就必须要用管理，以协调群体中每个成员的活动。在现代社会，管理活动更是作为人类最重要的一项活动，广泛地存在于社会生活的各个领域，小至个人、家庭和团体，大到国家、地区和社会。可以说，古往今来任何社会的发展都离不开管理。

第一节 管理概述

管理，从根本意义上讲，意味着用智慧代替鲁莽，用知识代替习惯和传统，用合作代替强制。

——彼得·德鲁克

一、管理的含义

"管理"是一个古老的概念，人们对其并不陌生，因为，自从人们开始形成群体去实现个人无法达到的目标以来，管理工作就成为协调个人努力必不可少的因素了。在国外，管理一词的英文是 manage，是从意大利语的 maneggiare 和法语的 manage 演变而来，原意是"训练和驾驭马匹"；汉语解释为管辖与处理。但在管理活动中，管理的含义远不止这些，它在"管辖"、"处理"的基本含义基础上延伸出了更为广泛的意义。

多年来，西方许多管理学者从不同的研究角度对管理的概念做出了不同阐释，这些解释都从某个侧面反映了管理的内涵，也都有其可取之处和借鉴的价值。科学管理之父弗雷得里克·泰勒认为，管理就是"确切地知道你要别人去干什么，并使他用最好的方法去干"。法国古典管理学家亨利·法约尔（Henri Fayol）则认为："管理是所有的人类组织（不论是家庭、企业或是政府）都有的一种活动，这种活动由五项要素组成，即计划、组织、指挥、协调和控制。"

20 世纪 50 年代以来，随着社会生产的不断发展，人们对管理的认识又进一步拓展了。美国管理学家、诺贝尔经济学奖获得者赫伯特·西蒙（Herbert

Simon）认为：管理即制定决策。而马丁·J. 坎农（Mation J. Cannon）则认为：管理是一种为取得、分配并使用人力和自然资源以实现某种目标而行使某些职能的活动。美国商学院 20 世纪 70 年代使用频率很高的教科书是这样定义管理的："管理就是一个人或更多的人来协调他人的活动，以便收到单个人单独活动所收不到的效果而进行的各种活动。"

当代管理过程学派的代表——美国管理学家哈罗德·孔茨（Harold Koontz）把管理定义为：管理就是设计和保持一种良好的环境，使人在群体里高效率地完成既定目标的过程。斯蒂芬·P. 罗宾斯（Stephen P. Robbins）对管理的定义是：管理是指同别人一起或通过别人使活动完成得更有效的过程。

上述关于管理的概念仅仅摘录了一些世界著名的管理学家的部分观点。这些不同的认识从不同的侧面揭示了管理的含义，或是深化了管理在某一方面的属性，综合前人的研究，可以对管理的概念做如下的表述：

所谓管理，就是在特定的环境下，通过计划、组织、领导和控制等活动，协调以人为中心的各种组织资源，以实现既定的组织目标的过程。这一表述包含以下几层含义：

（1）管理是一项有目标的活动。管理是一项有意识、有目的进行的活动过程，管理的目的是实现组织的目标。世界上既不存在无目标的管理，也不存在无管理的目标。

（2）管理工作的过程是由一系列相互关联、连续进行的活动所构成的。这些活动包括计划、组织、领导、控制等，它们构成了管理的四项基本职能。

（3）管理的对象是组织的各种资源，包括组织中可支配的人力、财力、物力以及技术和信息，其中人是最基本的管理对象。管理的有效性集中体现在组织资源的投入、产出的比较上。所以，管理者必须把提高效益作为管理的目标。

（4）管理的本质是协调。协调就是使个人的努力与集体的预期目标相一致。每一项管理职能、每一次管理决策都要进行协调，而且管理工作的一切都是为了协调。

（5）管理工作是在一定的环境条件下开展的。环境既提供了机会，也构成了威胁。也就是说，管理须将所服务的组织看成是一个开放的系统，它不断与外部环境产生相互的影响和作用，要正视环境的存在。一方面，组织要适应外部环境的变化，并能充分利用外部环境提供的各种机会为创造优良的社会物质和文化环境尽其"社会责任"；另一方面，管理的方法和形式要因环境条件的不同而随机应变。审时度势、因势利导、灵活应变对管理成功至关重要。

以上五个方面，着重强调了管理的目的、过程、对象、本质和环境，它们构成了管理这一概念的五大要素。由于管理的目的在于实现组织的有效性，为此，在理解管理的内涵时，还应当注意以下两个问题：

（1）效率（Efficiency）。

管理的有效性一般是以管理的高效率为前提的。而效率反映的是组织输入与输出的关系问题。在输入不变的前提下，输出多意味着效率高，反过来，以较少的输入获得相同的输出，同样是高效的，管理所追求的就是资源成本的最小化。

（2）效益（Effectiveness）。

管理的效益体现在管理活动是否实现了组织的预定目标，是否推动组织实现了其应有的社会价值。获取组织或社会预期的效果是管理所追求的基本目标。

效率反映的是管理的过程，效益则反映的是管理的结果。一般而言，效率与效益是对应的，即高效率会带来高效益，反之亦然。但两者又存在不一致的时候，有时高效率也会带来低效益，这是因为方向和目标的错误所导致的后果。因此，在管理中不仅要追求高效率，更要追求高效益。

二、管理的性质

关于管理的性质，许多管理学者都从多方面进行过分析、论证和总结，我们可以从以下两个方面来认识其性质：一是管理的两重性；二是管理的科学性和艺术性。

（一）管理的两重性

我们知道，任何社会的生产都是在一定的生产方式、一定的生产关系下进行的。由于生产过程具有两重性（既是物质资料的再生产，又是生产关系的再生产），因此，对生产过程进行管理也就存在管理的两重性，一种是与生产力相联系的管理的自然属性，另一种是与生产关系相联系的社会属性。

管理的自然属性是同生产力直接相联系的，是由共同劳动的社会化性质所决定的，是进行社会化大生产的一般要求和组织劳动协作过程的必要条件，这种必要性随着生产力的发展、生产社会化程度的提高而增加，由此产生的管理职能，即一般职能，就是合理组织生产力。为了实现这种管理职能而形成的管理技术和方法是由生产力发展水平所决定的，它不会因生产关系或社会制度的改变而改变。管理的自然属性表明，凡是社会化大生产的劳动过程都需要管理，它不取决于生产关系的性质，而主要取决于生产力的发展水平和劳动的社会化程度，因而它是管理的一般属性，体现了在任何社会制度中管理的共性。

管理的社会属性是同生产关系直接相联系的，是由共同劳动所采取的社会结合方式的性质所决定的，是维护社会生产关系和实现社会生产目的的重要手段。也就是说，社会生产总是在一定的生产关系下进行的，管理要体现生产资料所有者的意志，维护所有者的利益，为巩固和发展一定的生产关系服务，从而表现为管理的社会属性。管理的社会属性主要取决于生产关系的性质，并随着生产关系性质的变化而变化，因而它是管理的特殊属性，在不同的社会生产关系条件下表现出管理的不同个性。

管理的两重性理论是指导我们认识和掌握管理的特点和规律、实现管理目标的有力武器。只有正确地认识管理的两重性，才可以做到一方面大胆引进和吸收发达国家先进的管理经验和方法，以便迅速地提高我国的管理水平；另一方面考虑我国的国情，从实际出发，逐步建立起具有中国特色的管理体系，有效地开展各项管理活动，促进经济建设的发展。

（二）管理的科学性和艺术性

在管理学界，对于管理究竟是一门科学还是艺术，一直是有争议的。然而，管理作为一个活动过程，它是以反映管理客观规律的管理理论和方法为先导的，有一套规范的认识问题、分析问题和解决问题的方法。这就是管理的科学性。

管理的科学性是指管理作为一项活动过程，存在着其自身运动发展的基本客观规律。人们通过各种社会实践和科学研究，不断总结经验、提出问题、验证推理，从中总结出一系列反映管理活动过程中客观规律的管理理论和一般方法。人们利用这些理论和方法来指导社会实践，又以管理活动的结果来衡量管理过程中所使用的理论和方法是否正确，使管理的科学理论和方法在实践中得到不断的验证和丰富。早在管理理论形成的初期，古典管理理论的创始人亨利·法约尔就指出：管理能力也应该像技术能力一样，首先在学校里，然后在车间里得到。20世纪以来，西方发达国家兴办各类管理学校，培养出了大批管理人才。这些人才在管理实践中运用所学知识取得了举世公认的成绩，成为促进社会进步的一种力量。所以说，管理是有规律可循的，是可以通过学习和传授而得到的。要成为优秀的管理者，就必须经过系统的管理知识的学习和训练，否则，就只能停留在感性认识的阶段，不能触类旁通和融会贯通。

然而，管理也体现其艺术性的一面。管理的艺术性是指管理在运用时具有较大的技巧性、创造性和灵活性，很难用陈规或原理把它禁锢起来，它具有很强的实践性。学校是培养不出"成品"的经理来的。要成为一个合格的管理者，除了要掌握管理科学的基本知识外，更重要的是要经过管理实践的长期锻炼，要有一个经验积累的过程。在管理活动中，任何组织的管理者所开展的各项工作都是以人为核心的。而人的心理素质和行为方式各不相同，最显著的表现是管理活动中每个人都具有不同的个性风格。由于管理者是在一定的具体情景中进行管理活动的，为了进行有效的管理，他就必须既要考虑具体情景的特点，又要考虑执行者的个性特点，绝不能机械地生搬硬套管理理论和原则。也就是说，仅仅是学习了原理和原则还不能保证管理的成功。管理是一项创造性的劳动，要求管理者在管理实践中必须发挥积极性、主动性和创造性，利用个人的智慧、知识和经验，因地制宜地将管理理论与具体的管理活动相结合，实现有效的管理。

但是，管理的科学性和艺术性并不是相互对立、相互排斥的，而是相互补充、相互印证的。管理理论和管理艺术研究的都是管理实践。不同的是，管理理论研究的是管理活动中普遍的、必然的规律性，强调了理论的指导作用；而管理艺术研究的是在具体情景中管理活动的特殊性和随机性，强调了管理是创造性劳动的本质。可见，两者的黏合剂是实践，实践能够把经验上升为理论，又反过来通过理论指导实践。所以说，管理的艺术可以上升为理论，同时，管理艺术也需要理论指导；而科学理论需要创造性的艺术来形成，同时，理论的运用也必须讲究艺术。从这个意义上讲，管理是科学性与艺术性的有机统一。

三、管理的基本原理

管理原理是对管理工作的实质内容进行科学分析、总结而形成的基本真理，它是对实践中管理现象的理性分析和抽象概括，是客观规律的体现和管理实践经验的总结，因而对一切管理活动具有普遍的指导意义。研究管理原理，有助于提高管理工作的科学性、避免盲目性，有助于掌握管理的基本规律，有助于迅速找到解决管理问题的途径和手段。下面介绍几个主要的管理原理。

（一）权变原理

权变理论是 20 世纪 70 年代在经验主义学说基础上进一步发展起来的管理理论，其代表人物是美国管理学家卢桑斯（Paul R. Lawrence）及英国学者伍德沃德（Joan Woodward）等。权变原理是指在组织管理过程中要根据组织所处的内外条件随机应变，没有什么一成不变、普遍适用的"最好的"管理理论和方法，只有从实际出发的"适合的"。这一原理能够适应现代社会复杂多变的特点，对于管理行为具有普遍的指导意义。

权变原理的核心是通过组织的各子系统内部和各子系统之间的相互联系，以及组织和它所处的环境之间的函数关系，客观地确定各种变数的关系类型和结构类型，从而决定相应的管理模式与管理方式。它强调在管理活动中要根据组织所处的内外部条件相应决策，针对不同的具体条件寻求不同的、适合的模式、方案或方法。

权变理论的基本观点主要有以下几个方面：

（1）权变原理要求把环境对管理的作用具体化，并使管理理论与管理实践紧密地联系起来。

（2）环境是自变量，而管理的观念和技术是因变量。这就是说，在特定环境条件下，为了更圆满地达到组织目标，就要采用相应并适合的管理原理、方法和技术。例如，在经济衰退时期，企业在供过于求的市场中经营，采用集权的组织结构，往往更适于达到组织目标；在经济繁荣时期，在供不应求的市场中经营，采用分权的组织结构可能会更好一些。

（3）权变原理的核心内容是环境变量与管理变量之间的函数关系，亦即权变关系。环境可分为外部环境和内部环境。外部环境又可以分为两个大的方面：一是由社会、技术、经济和政治、法律等组成；二是由相关组织，如供应者、顾客、竞争者、雇员、股东等组成。内部环境基本上是组织系统的各种条件与要素，它的各个变量与外部环境各变量之间是相互关联的。所有这些关系虽然繁多并且相当复杂，但是，只要在管理活动中把握住权变原则，坚持一切从实际出发，具体问题具体分析，就没有解决不了的问题。

根据权变理论，管理人员的任务就是在特定的情境下、特定的环境中以及特定的时间里，确定哪种方法最有助于达到组织的既定目标。换句话说，管理者必须解决一个非常重要的问题：哪种方法或技术最有效？因此，这种方法并不鼓励简单地从其他组织中引入某些技术或方法。管理者必须清醒地认识到这种引入的技术和方法在多大程度上能适合自己的组织。

权变理论的出现，对于管理理论有着某些新的发展和补充。主要表现在它比其他一些学派与管理实践的联系更具体一些，与客观的现实更接近一些。但是，权变理论在方法论上也存在着严重的缺陷，主要问题是仅仅限于考察各种具体的条件和情况，而没有用科学研究的一般方法来进行概括；只强调特殊性，否认普遍性；只强调个性，否认共性。这样不可避免地会滑到经验主义的立场上去。

（二）系统原理

系统管理学派的代表人物是理查德·约翰逊（Richard A. Johnson）、卡斯特（F. E. Kast）和罗森茨韦克（Jame E. Rosenzweig）。1963 年他们三人合著的《系统理论和管理》以及 1970 年卡斯特和罗森茨韦克两人合写的《组织与管理——一种系统学说》比较全面地论述了系统管理理论，他们继承了贝塔朗菲的一般系统理论的思想及研究结果。

1. 系统的概念与特征

所谓系统是由若干相互联系、相互作用、相互依赖的要素结合而成的，具有一定的结构和功能，并处在一定环境下的有机整体。其具有以下几方面的主要特征：

（1）整体性与相关性。系统是由若干子系统（要素）构成的统一体。系统不管由多少要素构成，这些要素都是相互联系、相互作用而形成的统一整体，否则系统便失去了全局和根本。系统整体统一的程度，决定着系统的质量；系统整体的结构决定着系统的功能；系统整体对内调控和对外适应的能力，决定着系统的生机和活力。

（2）层次性。构成系统多层次的子系统不但有相互有机联系的一面，亦有各自的地位和作用。整体的统一，靠多层次子系统的分工和协调来达成；整体的效能，靠多层次子系统各自的作用及其综合而发挥；整体各方面的优化，靠多层次子系统的最佳组合而实现。

（3）目的性。每一个系统都具有特定的功能和作用，这是系统存在对自身和外部的价值所在。

（4）动态性与环境适应性。系统作为一个运动着的有机体，其稳定状态是相对的，运动状态则是绝对的。系统不仅作为一个功能实体而存在，而且作为一种运动而存在。系统内部的联系就是一种运动，系统与环境的相互作用也是一种运动，每个系统都处在运动和变化之中，这种适应环境的能力，是系统能够存在和发展的重要原因之一。适应性越强，系统的生命力就越强。

（5）开放性。严格地说，完全封闭的系统是不存在的。任何有机系统都是耗散结构系统，系统只有与外界不断交流物质、能量和信息，才能维持其生命。并且只有当系统从外部获得的能量大于系统内部消耗散失的能量时，系统才能克服障碍而不断壮大。所以，对外开放是系统的生命。

在管理工作中，从开放性原理出发，要求我们充分估计到外部对本系统的种种影响，努力从开放中扩大本系统从外部吸收的物质、能量和信息。

2. 系统原理的原则

（1）动态相关性原则。该原则是指任何企业管理系统的正常运转，不仅要受到系统本身条件的限制和制约，还要受到其他有关系统的影响和制约，并随着时间、地点以及人们的不同努力程度而发生变化。

（2）整分合原则。该原则的基本要求是充分发挥各要素的潜力，提高企业的整体功能，即首先要从整体功能和整体目标出发，对管理对象有一个全面的了解和谋划；其次，要在整体规划下实行明确的、必要的分工或分解；最后，在分工或分解的基础上，建立内部横向联系或协作，使系统协调配合、综合平衡地运行。

（3）反馈原则。它指的是成功的高效的管理，离不开灵敏、准确、迅速的反馈。

（4）封闭原则。该原则是指在任何一个管理系统内部，管理手段、管理过程等必须构成一个个连续封闭的回路，才能形成有效的管理活动。该原则的基本精神是企业系统内各种管理机构之间，各种管理制度、方法之间，必须具有相互制约的管理，管理才能有效。

系统管理理论强调管理的系统观点，要求管理人员树立全局观念、协作观念和动态适应观念，既不能局限于特定领域的专门职能，也不能忽视各自在系统中的地位和作用。

3. 系统原理在组织中的运用

根据系统原理原则，我们在实际工作中分析研究管理问题，应做到以下四点：

（1）对管理的对象进行系统的分析，包括对系统要素、结构、功能、集合、联系、历史等方面的分析。管理的决策和措施就是建立在系统分析基础之上的。

（2）根据系统的目的性特征，要坚持一个系统只有一个目的，其子系统要围绕这个目的形成合力，统筹运动。

（3）根据系统的整体性特征，必须树立全局观点，不要孤立地看问题，局部利益服从整体利益，处理好国家、单位和个人的关系，克服本位主义及自给自足的小生产思想。

（4）根据系统的层次性特征，各个系统都应建立合理的层次结构，上一层次只管下一层次，下一层次只对上一层次负责。要求领导只做本级领导岗位职责的事，各层做好各层的事，职责分明，各司其职，各负其责。

（三）人本原理

一切社会经济系统的运行都离不开人的服务、人的劳动与人的管理。人本原理就是以人为中心的管理思想，西方管理学曾把它表述为"3P"理论，即企业是以人为主体组成的（of the people），企业是依靠人进行生产经营活动的（by the people），企业是为人的需要而进行生产的（for the people）。根据这一观点，现代企业管理中，员工是企业的主体，而非客体；企业管理既是对人的管理，也是为人的管理；企业经营的目的绝不是单纯的商品生产，而是为包括企业员工在内的人的社会发展而服务的。人本原理体现了管理是"尊重人，依靠人，发展人，为了人"的管理。在管理中必须明确以下几点。

1. 员工是企业的主体

人们对提供劳动服务的劳动者在企业生产经营中的作用是逐步认识的。在泰勒时代及以后的几十年中，所有对劳动和劳动力的研究大多未摆脱把人视为机器附属物的基本观点和方法。特别是"二战"后，有一部分管理学家和心理学家开始认识到，劳动者的行为决定了企业的生产效率、质量和成本。20世纪70年代以来，随着日本经济的崛起，人们通过对日本成功企业经验的剖析，进一步认识到员工在企业生产经营活动中的重要作用，逐渐形成了以人为中心的管理思想。中国管理学家蒋一苇在20世纪80年代末发表了著名论文"员工主体论"，明确提出"员工是社会主义企业主体"的观点，从而把对员工在企业经营活动中的地位和作用的认识提高到了一个新的高度。根据这种观点，在管理中必须认识到员工是企业的主体，而非客体，在管理实践中要体现以人为本的思想，从而使人性得到最完美的发展。

2. 有效管理的关键是员工的民主参与

企业员工，从厂长经理到普通员工，都是依靠向企业提供自己的劳动力而谋生的劳动者。而正是由于全体员工的共同努力，才使企业的各项资源能得到最合理的利用，才使企业创造出了产品、利润和财富。所以，企业全体员工都有权利参与管理。作为企业而言，要达到有效的管理，使员工个人利益与企业利益紧密结合，使全体员工为了实现共同的目标而自觉地努力奋斗，关键在于发挥员工参与管理的积极性。目前，员工代表大会、监事会和广泛的日常生产管理活动（如质量管理、设备管理、成本管理、现场管理等）是员工民主参与管理的三种基本形式和途径。

3. 现代管理的核心是使人性得到最完美的发展

关于人性善恶的问题已争论了许多世纪，这两种相互对立的观点都可在社会生活中找到支持或反对的论据与事例。这个事实本身就表明，世界上并不存在绝对的善或恶的人性。人性是受后天环境影响而形成的，因而也是可以塑造和改变的。

今天，中国社会主义尚处于初级阶段，人们的物质生活尚不富裕，传统的思想意识尚有较大的影响，因此，管理所面临的人性状况极为复杂，这正是中国管理界所面临的挑战。在应对这个挑战的过程中，成功的管理者要在管理实践中引导和促进人性的完美发展。

4. 管理是为人服务的

这里的"人"不仅包括企业内部、参与企业生产经营活动的人，而且包括存在于企业外部、企业通过提供的产品为之服务的用户。在市场经济条件下，用户是企业存在的社会土壤，是企业利润的来源。因此，为用户提供品种对路、功能完善、质量优异、价格合理的产品，提供使用方法培训和指导、使用过程中的维护和修理等售后服务，满足用户的需要，实际上也是企业实现其社会存在的基本条件。

（四）责任原理

管理是追求效率和效益的过程。在这个过程中，要挖掘人的潜能就必须合理分工，明确责任，做到责、权、利相结合。在管理中贯彻责任原理应注意以下几个问题。

1. 明确职责必须以合理分工为基础

分工是生产力发展的必然要求。在合理分工的基础上确定每个人的职位，明确规定各职位应担负的任务，这就是职责。一般来说，分工明确，职责也会明确。但在实际中，由于分工大体只对工作范围做了形式上的划分，至于工作的数量、质量、完成时间、效益等要求，分工本身并不能完全体现出来，两者的对应关系并非那样简单。所以，必须在分工的基础上明确每个人的职责界限，而且一定要落实到人。

2. 职位设计和权限委授要合理

列宁曾说："管理的基本原则是一定的人对所管的一定的工作完全负责。"这里涉及三个因素：权限、利益和能力。职责和权限、利益、能力之间的关系应遵守等边三角形定理。

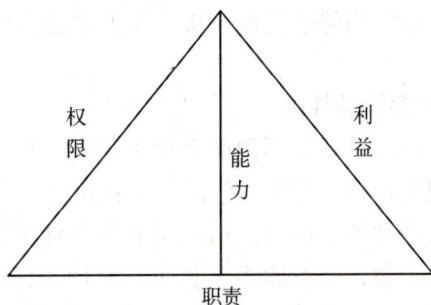

图 1–1　责权利三角定理

如图 1-1 所示，职责、权限、利益是三角形的三个边，它们是相等的，能力是等边三角形的高，根据具体职责情况，它可以略小于职责。这样，就可使得工作富有挑战性，从而能促使管理者自觉地学习新知识，努力把自己的工作做得更好。

3. 要建立责任奖惩制度，并要检查、监督和考核

对每个人的工作表现及绩效给予公正而及时的奖惩，有助于提高每个人的积极性，挖掘每个人的潜力，从而不断提高管理成效，及时引导每个人的行为向符合组织需要的方向变化。而为了做到严格奖惩，就必须建立组织健全的责任奖惩制度。使奖惩工作尽可能地规范化、制度化，是实现奖惩公正而及时的可靠保证。

（五）效益原理

效益是管理永恒的主题，也是管理的根本目的。任何组织效益的高低与好坏，都将直接影响着组织的生存与发展。效益原理要求一切管理活动都要以追求效益为其根本目标，即用尽可能少的劳动占有或劳动消耗取得更多的劳动成果。效益原理要求管理者在工作中应当注意以下问题。

1. 确立以效益为中心的管理理念

管理活动应以效益作为第一行为准则和一切工作的出发点，要克服传统体制下"以生产为中心"的管理思想，因为这种管理思想必然导致片面追求产值、盲目增加产量的倾向，从而可能造成产品大量积压、效益普遍低下的状况。在实际工作中，管理效益的直接形态也是通过经济效益而表现出来的，这是因为管理系统是一个人造系统，它基本是通过管理主体的劳动所形成的按一定顺序排列的多方面多层次的有机系统，尽管其中有繁杂众多的因素相互交织，但每一种因素均通过管理主体的劳动而活化，并对整个管理运动发生着影响。综合评价管理效益，当然必须首先从管理主体的劳动效益及所创造的价值来考虑。

2. 经济效益与社会效益并重

效益可以从社会和经济两个不同的角度来考察，即社会效益和经济效益。经济效益是效益表现的最直接形态，任何一个企业都是为了追求一定程度上的盈利才进行投入产出活动的。所以，追求利润是企业天经地义的使命。然而，我们也不能无视社会效益，即不能为盈利而忽视环境保护，在激烈的竞争中，如果企业只满足于眼前的经济效益水平，不惜竭泽而渔，寅吃卯粮，不保持必要的储备，不及时地维护修理设备，不进行必要的技术改造，不爱护劳动力，不爱护环境，这样的话，必然损害今后的经济效益。只有不断增强企业发展的

后劲，减少对环境的破坏，才能保证企业有长期稳定的较高经济效益，才能使企业持久地兴旺发达。

3. 追求短期效益不能无视长期效益

信息时代的企业每时每刻都面临着激烈的竞争。如果企业只满足于眼前的经济效益水平，而忽视技术开发和人员的培训等企业创新所必要的条件的创造，就会随时有被市场淘汰的危险。所以企业经营者必须有远见卓识，积极进行企业的技术改造、技术开发、产品开发和人才开发，用可持续发展的观念来经营企业，使得新产品的开发和所在领域的探索能够不断创新，从而才能保证企业有长期稳定的高效益，才能使企业得到长足的发展。

4. 追求局部效益必须与追求全局效益协调一致

全局效益是一个比局部效益更为重要的问题。如果全局效益很差，局部效益提高就难以持久。当然，局部效益也是全局效益的基础，没有局部效益的提高，全局效益的提高也难以实现。局部效益与全局效益是统一的，有时又是矛盾的。因此，当局部效益与全局效益发生冲突时，管理者必须把全局效益放在首位，做到局部服从整体。比如，企业不能用随意提高产品价格或降低产品质量等损害消费者利益的办法来牟取高利。

5. 摆正管理效益与经营战略的关系

影响管理效益的因素很多，其中管理主体的战略思想正确与否占有相当重要的地位。在现代化管理中，采用先进的科学方法和手段，建立合理的管理机构和规章制度无疑是必要的，但更重要的是一个管理系统中高级主管所采取的战略，这是更加带有全局性的问题。一般来说，管理只解决如何"正确地做事"，然而，战略才告诉我们怎样"做正确的事"。如一个企业不管有多少好的管理方法，不管基础有多好，如果经营战略错了，局部的东西再好，结果也是产品不符合顾客的需要，质量再好，价格再低，也无济于事。实际上，管理效益总是与管理主体的经营战略联系在一起，而且，只有"做正确的事"，才能实现真正的管理效益。

四、管理的职能

管理的职能就是管理活动所具有的功能和行为。一项管理职能就表示一类管理活动，而管理的基本职能就是管理工作包括的几类基本活动内容。关于管理的基本职能，在管理的定义里已经阐述，是计划、组织、领导和控制，也就是说管理是由这样一系列相互关联、连续进行的基本活动构成的，或者说管理作为一个过程，管理者在其中要发挥这样一些作用。

在管理学发展史上，一些学者对管理的基本职能做出了不同的描述。在20 世纪初，法国管理学家亨利·法约尔（Henry Fayol）提出，管理活动主要包括五种职能：计划、组织、指挥、协调和控制；美国管理学家孔茨在 20 世纪 50 年代提出，管理包括计划、组织、人员配备、领导、控制五项职能；除此以外，还有观点认为管理包括七项职能。本书的观点认为，管理的基本职能主要包括计划、组织、领导和控制，此外，决策、沟通和创新又是贯穿整个管理过程必不可少的职能。

（一）计划

计划是对未来活动要达到的目的和结果所进行的事先安排或筹划。人们从事一项活动之前，首先要制定计划，这是进行管理的前提。计划工作主要包括以下内容：

1. 研究活动条件

组织的业务活动是利用一定条件在一定环境中进行的。活动条件研究包括组织内部能力研究和外部环境研究。组织内部能力研究主要是分析组织内部在客观上对各种资源的拥有状况和主观上对这些资源的利用能力；外部环境研究是要分析组织活动的环境特征及其变化趋势，了解环境是如何从昨天演变到今天，找出环境的变化规律，并据以预测环境在明天可能呈现出的状态。

2. 制定业务决策

活动条件研究为业务决策提供了依据。所谓业务决策，是在活动研究的基础上，根据这种研究所揭示的环境变化中可能提供的机会或造成的威胁，以及组织在资源拥有和利用上的优势和劣势，确定组织在未来某个时期内的活动方向和目标。

3. 编制行动计划

确定了未来的活动方向和目标以后，还要详细分析为了实现这个目标，需要采取哪些具体的行动，这些行动对组织的各个部门和环节在未来各个时期的工作提出了哪些具体的要求。因此，编制行动计划的工作实质上是将决策目标在时间上和空间上分解到组织的各个部门和环节，对每个单位、每个成员的工作提出具体要求。

（二）组织

要把计划付诸行动，就必须要有组织工作。组织工作决定组织要完成的任务是什么，谁去完成这些任务，这些任务怎么分类组合，谁向谁报告，以及各种决策应在哪一级上制定等。组织工作的具体程序和内容如下：

1. 设计组织

包括设计组织的机构和结构。机构设计是在分解目标活动的基础上，分析为了实现组织目标需要设置哪些岗位和职务，然后根据一定的标准将这些岗位和职务加以组合，形成不同的部门；结构设计是根据组织业务活动及其环境的特点，规定不同部门在活动过程中的相互关系。

2. 人员配备

根据各岗位所从事的活动要求以及组织员工的素质和技能特征，将适当的人员安置在组织机构的适当岗位上，使适当的工作由适当的人承担。

3. 组织变革

根据业务活动及其环境特点的变化，研究与实施组织结构的调整与变革，变革的内容包括组织结构形式变革、组织文化变革及组织流程变革。

（三）领导

每个组织都是由人力资源和其他资源有机结合而成的，人是组织活动中唯一具有能动性的因素。为了有效地实现业务活动的目标，不仅要设计合理的组织，把每个成员安排在适当的岗位上，还要促使每个成员以高昂的士气、饱满的热情投身到组织活动中去。这便是领导工作的任务。不难看出，所谓领导，就是指利用组织赋予的权力和自身的能力去指挥和影响卜属为实现组织目标而努力工作的管理活动过程。管理的领导工作就是管理者利用职权和威信产生影响，指导和激励其下属去实现组织目标的过程。领导是管理的重要职能，属于执行性职能。为了使领导工作卓有成效，管理者必须了解个人和组织行为的动态特征，激励员工并进行有效的沟通。在当今的经营环境中，有效的领导者还必须是富有想象力的——能够预见未来，并使他人也具有这种想象力，同时授权员工去把想象变成现实。只有通过卓有成效的领导，组织的目标才有可能实现。

领导工作主要包括激励下属的积极性、指导和指挥他们的活动、选择最有效的沟通渠道、解决组织成员之间的冲突等。

（四）控制

控制就是按照既定的目标和标准，发现偏差并分析原因，采取有效措施来保证目标实现的过程。为了保证组织目标的实现和既定计划的顺利进行，管理必须监控组织的绩效，必须将实际的表现与预先设定的目标进行比较。如果出现了任何显著的偏差，管理的任务就是使组织回到正确的轨道上来。内容包括行动偏离目标和标准对组织活动的纠正，以及对目标和标准的修改和重新制定，后者是指当组织内外环境发生变化，原来制定的目标和标准已经不再适应目前企业运行的要求。

控制工作过程包括衡量组织成员的工作绩效、发现偏差、采取矫正措施三个步骤，控制不仅是对以前组织活动情况的检查和总结，而且还可能要求对以后组织活动运行或开展进行局部甚至全局的调整。因此，控制在整个管理活动中起着承上启下的连接作用。

（五）决策

管理就是决策，决策贯穿于管理过程的始终。因为无论计划、组织、领导还是控制，其工作过程说到底都是由决策的制定和执行两大部分活动所组成的。决策渗透到管理的所有职能当中，所以，管理者在某种程度上也被称为决策者。

决策就是选择，就是在许多可行方案中选择最优的方案。为了保证决策的科学性，决策活动必须按照自身的规律有序地进行，通常把管理决策过程分为七个步骤，无论是简单的决策，还是复杂的决策，以下七个步骤都是适用的。

（1）确定目标。作为一个决策者，在做任何决策之前都必须有明确的目标，只有当决策者知道想要达到什么目标时，决策才有意义，无目的的决策就是盲目决策。因此，明确目标既是决策的前提，也是选择决策方案的重要依据。但目标的确定应当尽可能做到明确具体、科学先进而又切实可行，只有这样的目标，才有利于做出真正最优的决策。

（2）明确问题。之所以要进行决策，是因为在生产经营中存在这样或那样的各种问题，决策就是为了解决问题而做出的选择。只有善于发现问题，才能有助于问题的解决。所以，在决策中必须明确要解决的问题到底是什么。

（3）找出导致问题产生的原因。问题明确之后，就要寻找产生问题的原因，即有哪些因素促使问题的产生。不仅要找出影响问题的因素，还要估计这些因素影响问题的程度，这也就是经济学中所称的建立经济模型的过程。利用经济模型，有可能在处理一个复杂的决策问题时，舍弃次要的因素，找出影响事物发展的关键变量以及变量之间的因果联系，从而使决策方法简化、科学化和定量化。

（4）提出可选择的方案。找到了产生问题的原因，就要提出解决问题的可行方案。需要注意的是，在提出可行方案的过程中，一定要解放思想，集思广益，防止可行方案的遗漏。

（5）收集数据。为了对方案进行评估，首先要收集与方案有关的各种数据。数据的质量和数量直接影响着方案评估的效果。这就要求企业必须重视对数据资源的管理。

（6）方案评价和选优。在对各种可行方案进行评价时，应牢牢记住企业的目标。最优的方案应当是最有利于实现企业目标的方案。在评价过程中，既要有定量分析，同时也要考虑到那些不能用数量表示的因素对决策的影响。

（7）实施和监控。最优方案选出之后，在实施过程中，要对方案实施的情况进行监控，以便了解方案实施的结果是否符合预定的目标。

（六）沟通

所谓沟通，是人与人之间的思想和信息的交换，是将信息由一个人传达给另一个人，逐渐广泛传播的过程。著名组织管理学家巴纳德认为"沟通是把一个组织中的成员联系在一起，以实现共同目标的手段"。在企业的日常管理工作中，沟通确实无处不在。日常管理工作即业务管理、财务管理、人力资源管理，全部需要借助于管理沟通才能得以顺利进行。例如，业务管理的核心是在深入了解顾客和市场的基础上，向企业的目标市场和目标顾客群提供适合其综合需要的服务和产品，而与市场进行互动，就需要沟通。财务管理中财务数据的及时获得和整理、分析、汇总、分发、传送，更是企业管理层监督企业运行状态的权威依据，是典型的沟通行为。人力资源管理更是直接以一刻也离不开沟通的"人"为管理对象，只有良好的管理沟通才能打通人们的才智与心灵之门，激励人，挖掘人的潜能，更好地为企业创造价值。可见，管理活动离不开沟通，而没有沟通，就没有管理，没有沟通，管理只是一种设想和缺乏活力的机械行为。沟通是管理艺术的精髓，沟通是企业组织中的生命线，就好像一个组织生命体中的血管一样，贯穿全身每一个部位、每一个环节，促进身体循环，提供补充各种各样的养分，形成生命的有机体。无数事实证明，一个良好的企业必然存在着良好的管理沟通，良好的管理沟通是实现企业目标的保证。当前，管理沟通已经成为管理过程中重要的特殊职能之一。

管理沟通能够促进企业与个人的和谐发展，能够稳定员工的思想情绪，改善企业内的人际关系；能够调动员工参与管理的积极性，增强员工的责任感；能够激发员工的创新意识，从而使管理更加有效。

（七）创新

将创新作为管理的动力性职能，并贯穿于管理过程的始终是一种新的认识。20世纪50年代以来，随着科学技术的飞速发展，市场需求瞬息万变，社会关系日益复杂，管理者每天都会遇到新的情况、新的问题。如果墨守成规、没有创新，就无法应付新形势的挑战，从而无法完成所肩负的管理任务。所以，创新是社会发展的源泉，人类社会在不断的创新中取得了进步和发展，人类本身也在不断的创新中获得了进一步的完善。如今，创新对于社会经济发展的强大推动作用已经远远超过了以往任何一个时代。

所谓管理创新，是指创造一种新的有效的资源整合模式，这种模式既可以是新的有效整合资源已达到组织目标和责任的全过程管理，又可以是新的具体资源整合及目标制定等方面的细节管理。这一概念至少可以包括下列五种情况：

（1）提出一种新发展思路并加以有效实施。新发展思路如果是可行的，便是管理方面的一种创新。但这种新发展思路并非针对一个组织而言是新的，而应对所有的组织来说都是新的。

（2）创设一个新的组织机构并使之有效运作。组织机构是组织内管理活动及其他活动有序化的支撑体系。一个新的组织诞生的一种创新，如果不能有效运作则成为空想，不是实实在在的创新。

（3）提出一个新的管理方式方法。一个新的管理方式方法能提高生产效率，或使人际关系协调，或能更好地激励组织成员等，这些都将有助于组织资源的有效整合以达到组织的既定目标和责任。

（4）设计一种新的管理模式。所谓管理模式是指组织综合性的管理模式，是指组织总体资源有效配置实施的模式，这样一个模式如果对所有组织的综合管理而言是新的，则自然是一种创新。

（5）进行一项制度的创新。管理制度是对组织资源整合行为的规范，既是对组织行为的规范，也是对员工行为的规范。制度的变革会给组织行为带来变化，进而有助于资源的有效整合，使组织更上一层楼。因此，制度创新也是管理创新之一。

五、组织与环境

（一）管理与组织

管理是人类一种有意识、有目的的活动，因而它有明显的目的性。但管理的目的性必须是通过某一组织活动才能有效实现。管理的这一特征，是我们区别自然界和人类社会中那些非管理活动的重要标志，也使组织成为当今社会中各机构的最为普遍的形式，是管理者经营的实体。因此，要定义管理者如何行使管理的职能，首先必须清楚什么是组织是非常必要的。

众所周知，社会性是人类所独有的特征，而组织性又是社会性的主要特征之一。组织是社会的细胞、社会的基本单元，是人们实现共同目标的工具。没有组织，就没有社会，没有组织，就没有管理。组织是管理的载体。

那么，组织的基本含义又是什么呢？在词源上，中文的"组织"是将丝麻原料纺织成布的意思。后来，"组织"被引申为将一种物体的构成部分组合成一个整体。英文的"组织"（organization）则来源于"器官"一词，即自成体系的、具有特定功能的细胞结构。从人类社会群体的角度来看，所谓组织，就是人们按照一定的目的、任务和形式编织起来的社会集团，是处于一定社会环境中各种组织要素的有机结合体，是为了实现某种目的而有意识地建立起来的人类群体。简单地说，组织是由两个以上的人、目标和特定的人际关系这三种要素构成的一种特殊的人群体系，是对为了完成某些特定目标的人们的系统性的安排。其三个基本特征表现为：

第一，每个组织都有一个明确的目的。实际工作中，管理的目的往往具体表现为管理的目标，所以，组织的目标，就是任何一个组织管理的出发点和归宿点，也是评价管理活动的基本依据。这个目的一般由一个或一组目标来表示，例如：企业的目标是为了所有者实现利润、为顾客提供产品和服务、为员工提供收入和提高利益相关者的满意度；医院的目标是向患者提供医疗保健和服务；职业运动队组织起来是为了赢得比赛和赚钱；而慈善机构通过筹集资金解决一些社会问题。

第二，每个组织都是由人组成的，这意味着组织是由两个或者两个以上的人组成的。因为，无论从改造自然或改造社会的任务来看，个体的能力都是有限的，个体的无序组合也是不能发挥作用的。因此，现实社会普遍存在着两个或两个以上的人组成的，为一定目标而进行协作活动的集体，这就形成了组织。显然，组织是社会生活中广泛存在的现象。

第三，每个组织都建立了一种系统性的结构，用以规范和限制组织成员的行为。例如：各个组织都有自己的规章制度；都会选拔和任命某些成员作为高层、中层和基层管理者，给予他们一定的指挥权和监督权；组织一般都有职务说明书或者岗位职责说明书，以使组织成员知道自己应该做什么和负有什么样的责任。

因此，我们也可以说，组织是指一种由人组成的、具有明确目的和系统性结构的实体。

（二）管理的环境

任何组织都不是独立存在、完全封闭的，而是存在于一定的环境中，并且受环境影响，在与环境力量的相互作用中谋求自身目标的实现。要实施有效的管理，就需要了解组织存在的环境及其变动规律。

组织环境是指所有潜在影响组织运行和组织绩效的因素或力量。组织环境调节着组织结构设计与组织绩效的关系，影响组织的有效性。组织环境对组织的生存和发展，起着决定性的作用，是组织管理活动的内在与外在的客观条件。

1. 组织环境的类型

一般来说，以组织界线（系统边界）来划分，可以把环境分为内部环境和外部环境，或称为工作（具体）环境和社会（一般）环境；如果根据环境系统的特性来划分，则可将环境划分为简单—静态环境、复杂—静态环境、简单—动态环境和复杂—动态环境四种类型。

（1）组织的内部环境。

组织的内部环境是指存在于组织内部的各类资源要素以及特定的文化要素，是决定组织存在与发展的根本性因素。影响管理活动的组织内部环境主要包括物质环境、心理环境和文化环境等。

任何组织的活动都需要有一定的物质条件，一般来说，组织的物质条件主要包括资金、技术、物资、设备、产品、办公场所等。这些物质条件的拥有情况和利用能力，决定着组织活动的效率和规模。而其中办公场所的空气、光线和照明、声音（噪声和杂音）、色彩等，对员工的工作安全、工作心理和行为以及工作效率都有极大的影响。物质环境因素对组织设计提出了人本化的要求，防止物质环境中的消极性和破坏性因素，创造一种适应员工生理和心理要求的工作环境，这是实施有序而高效管理的基本保证。

心理环境指的是组织内部的精神环境，对组织管理有着直接的影响。心理环境制约着组织成员的士气和合作程度，影响着组织成员的积极性和创造性的发挥，进而决定了组织管理的效率和管理目标的达成。心理环境包括组织内部和睦融洽的人际关系、人事关系以及组织成员的责任心、归属感、合作精神和奉献精神等。

组织文化环境至少有两个层面的内容，一是组织的制度文化，包括组织的工艺操作规程和工作流程、规章制度、考核奖励制度以及健全的组织结构等；二是组织的精神文化，包括组织的价值观念、组织信念、经营管理哲学以及组织的精神风貌等。组织文化带有所处社会和行业的特征，更具有组织运营和管理的特色，它指引着组织的发展路径和方式，直接作用于组织成员的行为，对外则代表着组织的形象。在一定的物质条件下，文化因素的优劣对组织的发展有着至关重要的作用，一个良好的组织文化是组织生存和发展的基础和动力。

（2）组织的外部环境。

广义地理解组织的外部环境，包含一切外部世界的现有存在，但它们对组织的影响程度深浅不一。为了便于研究，这里将影响组织活动的因素分为一般外部环境和特殊外部环境。

①一般外部环境。一般外部环境是指在某一特定时空下的宏观环境。主要包括社会环境、政治环境、经济环境、科学技术环境、自然地理环境等。其中社会环境主要包括一个国家或地区的人口数量、年龄结构、受教育水平和职业结构、民族构成和特性等方面的基本情况，同时还包括生活习惯、宗教信仰、道德风尚、价值取向、历史及文化传统等人文因素。经济环境主要包括国家和地区的经济制度、经济结构、经济发展速度和水平、经济法律和经济政策，以及居民消费结构和水平、市场的供求状况、社会基础设施建设等。政治环境是指与政治有关的一切要素的集合，主要涉及国家的政治制度、政权性质、党派关系及政府的路线、方针、政策、法律和规定等。科学技术环境主要包括国家或地区的科学技术发展水平，新技术、新设备、新材料、新工艺的开发和采用，政府的科技政策、科技管理体制和科技人才状况等。自然环境主要包括地理条件、气候条件和矿产、森林、水资源等自然状况。这些环境会作用于组织，但同一个环境对不同的组织影响力会有差别，所以组织应该特别关注对自己影响力大的环境。虽然环境是单个组织无法控制的，但却是可以预见的。

②特殊外部环境。组织总是在某个领域内活动，在特定的行业或产业竞争中生存。特殊外部环境就是指对组织活动影响更为直接的行业环境，包括资源供应者（供应商）、服务对象（顾客）、竞争者、监督机构等。一般外部环境的影响多是通过具体的行业环境对组织反映出来的，所以组织对行业环境的关注程度要远高于一般的外部环境。

外部环境从总体上来说是不易控制的，因此它的影响是相当大的，有时甚至能影响到整个组织结构的变动。对外部环境做分析，目的是要寻找出在这个环境中可以把握住哪些机会，必须要规避哪些风险，从而抓住机遇，健康发展。

2. 组织环境的特征

一般而言，组织环境具有以下基本特征：

（1）客观性。

组织环境是客观存在的，它不随着组织中人们的主观意志为转移，不管你想不想、愿意不愿意，组织环境都是客观存在的，而且它的存在客观地制约着组织的活动。作为组织环境基础的自然的和社会的各种条件的物质实体或物质关系，它们是组织赖以存在的物质条件，对组织来说是一种客观存在的东西。

（2）系统性。

组织环境是由与组织相关的各种外部事物和条件相互有机联系所组成的整

体，它也是一个系统。我们可以将它称为组织的外部系统。组成这个系统的各种要素，如自然条件、社会条件等相互关联，形成一定的结构，表现出组织环境的整体性。组织所处的社会是一个大系统，组织的外部环境和内部环境构成了不同层次的子系统。任何子系统都要遵循它所处的更大系统的运动规律，并不断进行协调和运转。人们的管理活动就是在这种整体性的环境背景中进行的。

（3）动态性。

组织环境的各种因素是不断变化的，各种组织环境因素在不断地重新组合，不断形成新的组织环境。组织系统既要从组织环境中输入物质、能量和信息，也要向组织环境输出各种产品和服务，这种输入和输出的结果必然要使组织环境发生或多或少的变化，使得组织环境本身总是处于不断地运动和变化之中，这种环境自身的运动就是组织环境的动态性。组织环境处于经常的发展变化之中，使组织内部要素与各种环境因素的平衡经常被打破，往往形成了组织结构的新变化。因此，组织必须及时修订自己的经营方案，以适应不断变化的环境，通过调整组织系统输入输出的结果，来促使组织环境更加有序化，朝着有利于组织系统生存和发展的方向运动。

组织环境的客观性、系统性、动态性等特征说明了组织环境本身就是一个有着复杂结构的运动着的系统。正确分析组织所面临的环境中的各种组成要素及其状况，这是任何一个管理者进行成功的管理活动所不可缺少的前提条件。

3. 组织与环境的关系

组织环境对组织的形成、发展和灭亡有着重大的影响。组织环境为某些组织的建立起到了积极的促进作用，如蒸汽机技术的出现导致了现代工厂组织的诞生。某些环境的变化为组织的发展提供了有利条件；相反，由于某些组织未能适应环境的变化，因而已不复存在。在当代和未来，组织的目标、结构及其管理等只有变得更加灵活，才能适应环境多变的要求。

组织与环境的关系，不是组织对环境做出单方面的适应性反应，组织对环境也具有积极的反作用。主要表现为：组织主动地了解环境状况，获得及时、准确的环境信息；通过调整自己的目标，避开对自己不利的环境，选择适合自己发展的环境；通过自己的力量控制环境的状况和变化，使之适应自己的活动和发展，而无须改变自身的目标和结构；可以通过自己的积极活动，创造和开拓新的环境，并主动地改造自身，建立组织与环境新的相互作用关系。另外，组织对环境的反作用也有消极的一面，即对环境的破坏，这种消极的反作用又会影响组织的正常活动和发展。

六、管理的方法与作用

（一）管理的基本方法

管理方法是行使管理职能、贯彻管理原则、实现管理目标的手段。管理原理必须通过管理方法才能在管理实践中发挥作用，所以，管理方法是指导管理活动的必要中介和桥梁，是实现管理目标的途径和手段，它的作用是一切管理理论和原理本身所无法替代的。

近几十年来，管理实践的发展促进了管理学研究的深化。在吸收和运用多种学科知识的基础上，管理方法已逐步形成一个相对独立、自成体系的研究领域。

1. 法律方法

法律方法是运用立法和司法的手段行使管理职能的管理方法。法律方法中的"法"，不仅指国家制定的法律、法令，而且泛指各种组织、团体制定的条例、守则、规章制度等。它的主要特点是：①强制性。法律、法规一经制定就要强制执行，各个组织以至每个公民都必须毫无例外地遵守。否则，就应受到国家强制力量的惩处。②规范性。法律是行为的规范，对于违法程度和处理办法都有明确的规定，它是所有组织和个人行动的统一准则。③稳定性，亦即严肃性。法律和法规的制定必须严格按照一定的程序和规定进行，一经制定，就不能随意改变，具有相对的稳定性。④平等性。法律面前人人平等。

在经济管理中运用法律方法可以保证必要的管理秩序，协调管理中各利益群体的关系，促进管理的科学化、法制化。但是，我们也要看到，采用法律方法由于缺少灵活性和弹性，有时不利于基层单位发挥其主动性和创造性，在法律范围之外，还有各种大量的经济关系、社会关系需要采用其他方法来调整。因此，法律方法的有效性还有赖于同管理的其他方法紧密结合起来，综合使用。

2. 行政方法

行政方法是依靠领导者的权威，运用命令、指令、指示、监督等行政手段，按照管理层次，行使管理职能的管理方法。其主要特点是：①权威性。行政方法所依托的基础是管理机关和管理者的权威。管理者的权威越高，他所发出的指令接受率就越高。②强制性。行政方法的强制性是要求人们在行动的目标上服从统一的意志，并以一系列的行政措施（如表扬、奖励、晋升、任务分配、工作调动以及批评、记过、降级、撤职等处分直至开除等）为保证来执行的。③垂直性。行政方法一般都是自上而下、纵向直线传达的。④无偿性。运用行政方法进行管理，上级组织对下级组织的人、财、物等的调动和使用不讲究等价交换的原则，不考虑价值补偿的问题。

在经济管理中运用行政方法，便于统一领导和指挥，做到令行禁止，便于处理特殊问题。但是行政方法也有它的局限性，如管理效果受管理水平的影响、易产生官僚主义、以权谋私等行为，要正确运用行政方法，必须与管理的其他方法特别是经济方法有机地结合起来。

3. 经济方法

经济方法是运用经济杠杆和其他经济手段调节人们之间的物质利益关系，从而行使管理职能的管理方法。用经济方法管理经济，是通过各种经济手段和经济方式的运用来实现的。经济手段是指费用、成本、利润、税收、信贷、工资、奖金、罚款等价值工具。经济方式是指经济合同、经济责任制、经济核算等经济管理方式。经济方法具有以下特点：①利益性。通过利益机制引导被管理者去追求某种利益，且使个人利益同企业经营成果联系起来，使企业具有内在动力。②灵活性。一方面，经济方法针对不同的管理对象，可以采用不同的手段；另一方面，对于同一管理对象，在不同情况下，可采用不同的方式进行管理，以适应形势的发展。③间接性。经济方法不是采用行政命令的强制方法直接干预，而是借助经济杠杆和各种经济手段，调节人们之间的物质利益关系，引导企业按照市场需求组织生产经营活动。

管理的经济方法的实质是围绕物质利益，运用各种经济手段正确处理好国家、集体与劳动者个人之间的经济关系，最大限度地调动各方面的积极性、主动性、创造性和责任感。经济方法运用时要注意与其他方法的配合使用，要强调经济方法的综合运用，只有这样，才能正确发挥它的功能。

4. 教育方法

教育方法是指利用一定的培训、教育等方式，全面提高人的素质，以影响和调节人们的经济行为，达到行使管理职能的管理方法。教育方法的实质就是激发劳动者的主动精神，变管理者的意图为劳动者的自觉行为，把潜在生产力变成现实生产力。教育的内容包括人生观及道德教育、爱国主义和集体主义教育、民主教育、法制教育、纪律教育、科学文化教育、组织文化建设和创新意识的培养等。

管理的教育方法在运用时要注意教育方法的灵活性、实效性。如对于思想性质的问题，必须采取讨论的方法、说理的方法、批评和自我批评的方法进行疏导；对于传授知识和技能方面的教育，应较多地采取有目的、有指导的小组讨论、现场实习和体验学习等方法，让受教育者按他们自己创造的学习方法去学习，这样会取得较好的效果。

5. 技术方法

技术方法是指组织中各个层次的管理者（包括高层管理者、中层管理者和基层管理者）要根据管理活动的需要，自觉运用自己或他人所掌握的各类技术，以提高管理的效率和效果的管理方法。这里所说的各类技术主要包括信息技术、决策技术、计划技术、组织技术和控制技术等。技术方法的实质就是用技术来进行管理，与其他管理方法相比，它有以下一些特点：①客观性，即技术是客观存在的，并且技术方法产生的结果是客观的。②规律性，即技术源自于现实世界中普遍存在的客观规律，技术的每种方法都是有章可循的。③精确性，是指只要基础数据是正确无误的，由技术方法产生的结果就是精确的。

技术方法的运用对于提高信息获取的速度与信息的质量、提高决策的速度与质量、保证组织的有效运行有着十分重要的作用。但是，我们必须清醒地认识到，技术并不是万能的，并不能解决一切问题，管理者在解决管理问题时，只有把各种管理方法结合起来使用，"多管齐下"，才能收到较好的效果。

（二）管理的作用

1. 管理是人类社会最基本、最重要的活动之一

人类社会活动需要管理古来有之。人类自远古时代、群居群猎时起，就知道"合群"可以抵御危险、征服自然。显然，其"合群"的目的就是为了集结个人的力量，发挥集体的更大作用。要实现这一目的，在人类这种群体的"组织"中，就存在着合作、协作或协调的问题，这就是管理。马克思说："一切规模较大的直接社会劳动或共同劳动，都或多或少地需要指挥，以协调个人的活动……一个单独的提琴手是自己指挥自己，一个乐队就需要一个乐队指挥。"所以，管理是伴随着组织的出现而产生的，是协作劳动的必然产物。

现实生活中，我们每一天都会发生与管理相关的活动或事情。美国 IBM 公司创始人托马斯·J. 沃森（Tomas J. Walson）曾经用一个故事生动地说明了管理在社会生活中的作用。一个男孩子在试穿一条长裤时，发现裤子长了一些，于是他请奶奶帮忙将裤子剪短一点。可奶奶说，她现在太忙，让他去找妈妈。而妈妈则回答他，今天她已经和别人约好去打桥牌。男孩子又去找姐姐，但是姐姐有约会。时间已经很晚了，这个男孩非常失望，担心明天不能穿这条裤子去上学，他怀着这样的心情去睡觉了。奶奶忙完家务事，想起了孙子的裤子，就拿剪刀将裤子剪短了一些；姐姐约会回来心疼弟弟，也把裤子剪短一

点；妈妈打完桥牌回来后又把裤子剪去一截。第二天早晨，全家就将发现一种没有管理的行动带来了什么样的后果。这是一个日常生活中因缺乏管理而导致的一个行动虽有良好愿望却带来了破坏后果的事例。可以说，大到一个国家，小到一个家庭，管理时刻存在于我们的社会生活当中。

2. 管理促进了人类社会的进步和科学技术的发展

管理活动对于人类社会的重要性是随着社会经济的发展和组织规模的不断壮大而日益显著的。如果说早期的组织实施的只是简单的、粗放的管理，那么时至今日，随着社会生产力的发展、科学技术的日新月异，人类社会有组织的活动规模越来越大，协作的范围越来越广，管理也越来越向精细化、科学化方向发展，管理的地位也日益突出和重要。世界上一些著名的管理学家和经济学家将管理看作是推动人类社会进步、科技发展的催化剂或原动力，同土地、劳动和资本并列成为社会的"四种经济资源"，同人力、物力、财力和信息一起构成组织的"五大生产要素"。也有人将管理、科学技术比喻为经济高速发展的"两个轮子"，将管理、科学和技术看成是现代社会进步和文明的"三大支柱"，从中都可以看出管理的重要作用。

在现代社会，管理对人类社会进步、科技发展的促进作用主要是通过对现有资源最充分利用来体现的。管理科学的发展、管理水平的提高既是人类社会进步、科学技术发展的结果，同时也促进了社会的发展、科学技术的进步。正如上述所言，人们把管理和科学技术比作推动社会进步的两个轮子，但是这两个轮子的作用是不同的，科技固然提供动力，使历史的车轮转动得更快，但管理不仅影响甚至决定着科技成果转化为这种动力的可能性和速度，而且决定着整个历史车轮转动的方向。可见，管理这个轮子是起决定性作用的。

3. 管理是合理开发利用资源的重要因素

随着科学技术的进步，人们对资源的开发利用越来越多。环境污染、生态平衡的破坏越来越严重地威胁着人类的生存。因此，防止废水、废气、废渣的污染，维护生态的平衡，从而保护人类生存的环境，这是一项十分重要的社会责任，而这项社会责任就要由科学的管理来承担。

总之，在现代社会中，生产力的构成要素不断增加，除了传统的人力、物力、财力等要素外，时间、信息还有知识等也成为生产力要素系统的重要组成部分。在新的时代背景下，加强管理显得尤为重要。

第二节　管理者概述

一、管理者的概念

管理是一个动态的过程，管理者在这个过程中肩负着独特的任务和职能，他不但要制定组织的目标、筹划工作的开展，而且还要控制管理过程的运行、激发组织成员的潜能，以达到管理工作的目标。可以说，管理者是组织的心脏，其工作绩效的好坏直接关系着组织的兴衰成败。所以，美国管理大师德鲁克曾这样说："如果一个企业运转不动了，我们当然是要去找一个新的总经理，而不是另雇一批工人。"

(一) 管理者的含义

所谓管理者，是指为一个持续运营的企业，执行各项基本管理功能的人员。衡量一个人是否是管理者，不是看其是否担任一定的职务，而是看其是否履行管理的职能。作为一个真正的管理者，他必须直接参与解决问题和做出决策；必须有人贯彻他的决策和意图并及时汇报贯彻执行的情况；必须执行计划、组织、指挥和控制等各项管理职能。另外，管理者作为社会活动的特殊的角色，他在内涵与特征上与社会其他角色有许多区别。例如，管理者不同于科学技术工作者。科学技术工作者的主要职责是发现与发明，而作为一个管理者固然应当懂科学、懂技术，但他首要的职责是履行管理职能。再如，管理者不同于劳动模范和先进工作者。劳动模范和先进工作者主要是懂得自己如何做人，而管理者不但要懂得自己如何做人，还要懂得如何通过别人把工作做好。

(二) 管理者的职责

作为一个现代管理者，他的职责必须符合现代社会发展的客观要求。具体有以下几个方面：

1. 管理者是管理目标的主动提出者

一个地区、一个部门、一个单位，管理能否取得成效和成效的大小，关键是能否制定出本系统、本组织发展的总目标。科学的、切合实际的总目标，对组织的发展具有战略意义，决定着管理活动的方向，体现着管理者和大多数成员的意志以及社会发展的要求。因此，管理者要能够为组织制定一个切实可行、足以激发组织成员奋发向上的发展目标。

2. 管理者是计划者

制定计划是管理者的首要任务，也是管理者指引组织发展、调动成员力量的重要手段。一个管理者必须高度重视计划，并善于制定计划。亨利·法约尔曾说："缺乏计划或一个不好的计划是领导人员无能的标志。"管理者制定计划，要认真调查研究，广泛征求群众的意见，特别是专家的意见和建议；要从实际出发，实事求是，量力而行；要有严格的科学态度，采取科学的方法，力求符合客观事物的发展规律，从而保证计划的科学性。

3. 管理者是组织者

组织是保证管理活动顺利进行必不可少的条件，因而是管理者的重要职责。组织，就是把管理活动的各个要素、各个环节和各个方面，从劳动的分工和协作上，从时间和空间的相互联结上，从上下左右的相互关系上，做到较好地结合。因此，作为一个组织者，根本的职责是保持组织的统一、精干、高效。首先要根据实际需要设置组织机构，明确职责和分工，配备工作人员。其次是通过对外界环境和内部条件的分析与预测，及时调整组织结构，以使组织不断地适应客观条件的变化。

4. 管理者是指挥者

管理者在管理过程中要不断地发布命令，下达指示，制定措施，以此来统一组织及其成员的意志和行为，所以，管理者又是一个指挥者。指挥者的任务就是要在严密组织的基础上，按照预定的计划，对所属组织和人员指明目标和计划，合理地分配任务或布置工作，并督促和检查执行情况，及时指导和处理管理中出现的问题。管理者只有从系统的整体出发，综观全局，对管理过程实行统一指挥，才能达到组织的目标，实现有效的管理。

5. 管理者是协调者

管理要有成效，各要素、各功能之间必须保持高度的协调性。这种协调的实现，需要管理者在管理活动中不断进行统筹和调节，所以，管理者又是一个协调者。作为一个协调者，他的任务就是围绕组织目标，进行统一安排和调度，使其相互配合、紧密衔接，既不产生重复，又不出现脱节，更不相互矛盾。协调包括纵向和横向协调，内部与外部协调，也包括对人、财、物的协调及各部门、各环节的协调等。

6. 管理者是人员选拔的配备者

管理者要想使自己确定的目标、方向、决策得以正确贯彻执行和组织实施，必须恰当地选拔和配备人员。管理者只有知人善任，并恰当地进行人员配备，才能从根本上提高管理效率，达到管理目的。因此，管理者特别是高层管理者，必须亲自对下属各部门、各岗位的领导干部进行选拔任用。

二、管理者的类型

一个组织中从事管理工作的人可能有很多，根据管理层次和管理范围的不同，可将管理者按照多种类型进行分类。

（一）管理者的层次分类

管理者是组织的核心和灵魂，他们对组织的生存和发展起着至关重要的作用。由于管理者在组织中的责任和权限不同，他们所担负的具体工作内容也不同，不过有一点却是共同的，即管理者都是一定组织的领导者，他们负责调动并促进别人做好工作，而不是事必躬亲地代替别人工作。根据管理者在组织中所处的层次不同，按照纵向层次划分，通常把管理者分为高层管理者、中层管理者和基层管理者。同时，整个组织层次还包括一层作业人员。管理者层次分类见图1-2。

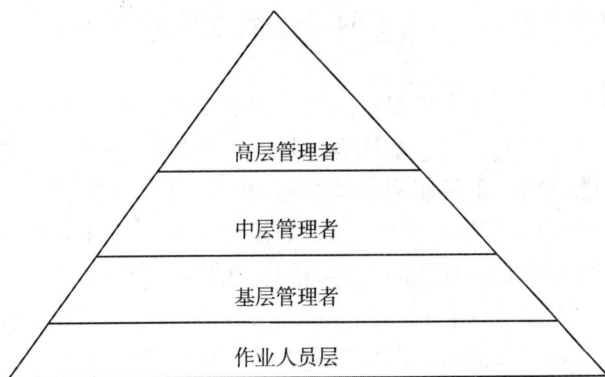

图1-2 管理者层次分类

1. 高层管理者

高层管理者主要处于组织的战略决策层，这些人一般具有如下职位或称呼：总裁、董事长、执行总裁、首席执行官等。他们对组织负有全面的责任，主要决定组织发展的有关大政方针和沟通组织与外界的交往联系。在很多情况下，组织的成败往往取决于高层管理者的一个判断、一个决策或一项安排，因此高层管理者很少从事具体的事务性工作，而把主要精力和时间放在组织全局性或战略性问题以及组织环境问题的考虑上，他们最关心的应该是重大问题决策的正确性和良好的组织环境的创造。

2. 中层管理者

中层管理者的具体头衔包括班组长、领班、办公室主任等。他们主要职责是承上启下，正确地理解高层管理者的指示精神，创造性地结合本部门的实际情况，贯彻高层管理者所制定的大政方针，指挥基层管理者的活动。他们通常是根据上级的指示，把任务具体分配给各个基层单位，并了解基层管理者的要求，帮助其解决困难，检查并协调他们的工作，通过基层管理者的努力去带动第一线的操作者完成各项任务。他们注重的应该是日常管理事务，做得最多的工作就是计划、组织、领导、控制。中层管理者的素质和工作成效将决定着组织能否健康持续发展。

3. 基层管理者

基层管理者又称一线管理者，其主要职责是传达上级计划、指示，直接分配每一个操作人员的生产任务或工作任务，随时协调下属的活动，控制工作进度，解答下属提出的问题，反映下属的要求。其工作的好坏，直接关系到组织计划能否落实，目标能否实现。因此，基层管理者在组织中有着十分重要的作用。基层管理者是组织中最下层的管理者，他们主要关心的是具体任务的完成。

作为管理者，不论他在组织中的哪一层次上承担管理职责，其工作的性质和内容基本上是一样的，都包括计划、组织、领导和控制几个方面。不同层次管理者工作上的差别，不是职能本身的不同，而是各项管理职能履行的程度和重点不同。高层管理者花在计划、组织和控制职能上的时间要比基层管理者多些，而基层管理者花在领导职能上的时间要比高层管理者多些。即便是就同一管理职能来说，不同层次管理者所从事的具体管理工作的内涵也并不完全相同。例如，就计划工作而言，高层管理者关心的是组织整体的、长期的战略规划，中层管理者偏重的是中期、内部的管理性计划，基层管理者则更侧重于短期的业务和作业计划。

高层管理者与中、低层管理者的工作有重要的区别。日本松下电器公司的创始人松下幸之助说过一段名言：当你仅有100人时，你必须站在第一线，即使你叫喊甚至打他们，他们也听你的。但如果发展到1000人，你就不可能留在第一线，而是身居其中。当企业增至10000名职工时，你就必须退居到后面，并对职工们表示敬意和谢意。这说明，一个企业的规模扩大后，管理的复杂性随之增大，管理方面的职能分工相应深化，逐渐分化为制定大政方针的战略管理者和负责具体事务的日常管理者。

（二）管理者的领域分类

按照管理者所从事管理工作的领域宽度及专业性质不同，按照横向层次划分，可将管理者划分为综合管理者和专业管理者两大类。

1. 综合管理者

综合管理者是指负责管理整个组织或组织中某个事业部全部活动的管理者。对于小型组织（如一个小厂）来说，可能只有一个综合管理者，那就是总经理，他要统管该组织包括生产、营销、人事、财务等在内的全部活动。而对于大型组织（如跨国公司）来说，可能会按产品类别设立几个产品事业部，或按地区设立若干地区事业部。此时，该公司的综合管理人员就包括总经理和每个产品或地区事业部的经理，每个事业部经理都要统管该分部包括生产、营销、人事、财务等在内的全部活动。

2. 专业管理者

专业管理者是指专门负责管理组织中某一类活动（或职能）的管理者。根据专业管理者所管理的专业领域性质的不同，可以具体划分为生产部门管理者、营销部门管理者、人事部门管理者、财务部门管理者以及研究开发部门管理者等，如图1-3所示。对于这些部门的管理者，可以分别称为生产经理、营销经理、人事经理、财务经理和研究开发经理等。对于现代组织来说，随着其规模的不断扩大和环境的日益复杂多变，将越来越多地需要专业管理人员，专业管理人员的地位也将变得越来越重要。

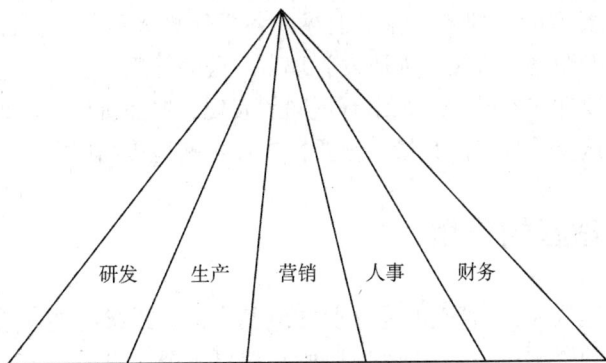

图1-3 专业管理者领域分类

按照横向层次，也就是从管理者的作用以及所处的不同的业务领域着眼来分析管理者的类型，一般来讲包括市场营销、财务、人力资源、行政、生产与经营管理及其他领域。需要说明的是，管理者之间不存在领导与被领导的关系。

（1）市场营销管理者，其主要职责包括市场调查、产品的调拨定价与销售、促销推广，以及消费者心理研究等。有调查数据表明，美国一些大公司的负责人中，有13.7%是搞营销出身的。

（2）财务管理者，其主要职责包括资金筹集、预算、核算与投资等。有些机构如银行等金融机构尤其需要财务管理者。调查数据表明，美国一些大公司的负责人中，有20%是搞财务出身的。

（3）人力资源管理者，其主要职责包括制定人力资源规划、员工的招聘与培训、制定绩效评估制度、设计薪酬福利制度等。有调查表明，最近20年中高层管理者出身于人力资源管理人员的比例正在不断加大。

（4）行政管理者，一般并不专门从事某一特定的管理专业领域的工作，但其重要性可从美国企业的首席负责人中约有16.4%来自行政管理者的这一数据中得以显示。行政管理者往往是一个通晓多方面知识的全才，基本上对管理各领域都有所了解并熟悉这些工作。

（5）生产与经营管理人员，其主要工作是建立一个能为组织制造产品和提供服务的系统。典型的任务包括生产控制、库存控制、质量管理、工厂布局等。虽然这一职能最早是用于解决制造企业中的问题，但目前这一专业领域中的工具和原则，已普遍适用于服务业和各类其他组织。目前，生产经营管理者的任务还包括如何提高生产率、如何节约资源、如何更有效地利用能源等。美国大公司中大约有10.7%的高层管理者都有生产经营管理的经历。

（6）其他类型的管理者。除了上述的各类管理人员外，在许多组织中还存在其他一些专职管理人员，如研发管理者、公关管理者等。这些专业管理人员的数量及重要性在不同的组织中有不同的表现，但随着现代组织面临的环境越来越复杂，这类管理者的数量及重要性也在不断地提高中。

三、管理者的作用

德鲁克先生认为："管理者是事业的最基本的、最稀有的、最昂贵的，而且是最易消逝的资源……"，"管理比所有权更重要，更为优先，所有权必须依存于适当的管理体制之中……"。可以这样认为：没有良好的管理者队伍，就不可能有组织的兴盛和优良业绩。把不同层次管理者在管理过程中所发挥作用的共同点可归纳为以下几点。

（一）人际关系方面

1. 代表性

任何层次的管理者都有一种代表性，高层管理者代表整个组织，中层管理者代表一个部门，基层管理者代表一个基层单位。但是中层和基层管理者的代表性只在本组织内部有意义。这种代表性体现于管理者可以在相应的正式场合或社交场合中代表自己所在的组织（或部门或基层单位）与对等的组织进行沟通，在相应的文件上签字等。

2. 沟通

管理者在管理过程中的主要工作是和人打交道，要向自己的上级汇报任务执行情况，要与同级的管理者交换情况，要向下级布置工作。除此之外，人与人之间也需要交流思想感情。因此，任何一个管理者都要在组织内部，与上下左右进行沟通。通过沟通，可以使信息在组织内部畅通，及时发挥作用；一旦组织做出一项决策，可以在充分交换意见的基础上，统一思想，从而统一行动；在组织成员之间，特别是在上下级之间可以建立和保持良好的人际关系。

为了使沟通能发挥其应有的作用，提倡沟通的双方要进行双向沟通，即一方把沟通的内容告诉了另一方，另一方要把自己的想法、感受反馈给前者，往复进行。双向沟通较为费时，但起到的作用较大。

3. 指挥和激励下级有效地完成任务

作为一个管理者，在与下级进行双向沟通中要发挥作用，但沟通并不是目的，是要通过沟通更好地带领大家去完成组织交给的任务。在这一过程中，管理者对下级负有管理的责任，要指挥和激励他们，安排好每个人的工作，协调好彼此间的关系，对每个人的工作要给予指导或进行培训，考核每个人的工作，根据考核标准再给予奖励或惩罚，用各种方法来调动每个人的积极性，这样才能真正负起管理下级的责任。

（二）信息方面

管理者在信息方面除了要向上下左右传递信息，进行沟通外，还要起到以下作用。

1. 发现信息

管理者在组织中要接受他人传递来的信息，更重要的是去发现、收集有关自己工作范围内的各种信息，以及与本组织相关的信息。其来源可以是调查研究的结果，社会公众的反映，报纸、杂志、广播、电视上的消息，出台的政策、法规，公布的统计数据、资料，相关组织或竞争对手的动向。这些有用的信息将对本组织制定发展目标、计划和政策起到极大的作用。

2. 加工信息

由于了解到的情况可能有水分，或是竞争对手放的烟幕，或是传递环节过多引起了信息的失真，作为一个管理者还有对收集的情况进行加工的责任，进行适当地分析，做到去伪存真、由表及里、由此及彼。

3. 保持信息渠道的畅通

这有两重含义。一是信息的传递也要是双向的，发送者除了要把信息传递到接收者外，还应能及时收到反馈信息，保证接收者明确无误地收到了。二是要保证信息正确地传递到需要的一方。现在办公自动化的设备越来越普及、性能越来越好、操作方便，为信息传递带来了极大的便利，同时也带来了负面影响，即每个人收到的信息越来越多，造成了灾难性的局面：管理者被淹没在信息的海洋中。管理者要花费大量的时间和精力才能从收到的大量信息中找到对自己有用的信息。信息正确传递，可避免这种堵塞现象。

在一个规模较大的组织内部，会存在类似信息中心这样的部门，它的职责除了是保证计算机系统的正常运行，还有收集、加工、分析、传递信息，但这并不能代替每个管理者在信息方面的作用。

（三）决策方面

一个管理者在自己的工作范围内，总是会遇到各种各样的问题，需要他拿主意、作决定，也就是说在决策方面发挥作用，大致有以下几个内容。

1. 提出供决策用的方案

遇到了问题，如在自己的职权范围内可以解决的话，就要在几个可以用来解决问题的方案中反复进行权衡，选出最合理、最好的方案来做出决策；如需要请求上级帮助和支援时，也要提出几种可供选择的方案供上级考虑。

2. 调配资源，实施计划

管理者根据实施计划的要求调配自己所掌握的各种资源，实施过程不断进展，需要及时根据进度和外界环境的变化，调整资源的使用。合理地使用资源，包括资源使用量与时间的配合，才能保证资源使用的效率和任务的完成，以最小的投入获得尽可能大的产出。

3. 协调好各方面的关系，解决好内部的矛盾和分歧

一个管理者往往要协调好三方面的关系。一是和上级的关系，及时向上级请示汇报，争取支持，也要交流各自的思想感情，建立良好的关系。二是要和自己的左邻右舍各个部门的管理者建立良好的关系，以便在工作中发生困难和

产生矛盾时，彼此间能相互理解和支持。三是要协调好下级间的关系，每个人的职责明确，保证在工作中彼此间不推诿、不扯皮，工作中有矛盾时，认真听取各方的意见，不偏袒任何一方，真正做到一碗水端平，化解矛盾，解决分歧。

四、管理者的技能

管理者能否行之有效地开展管理工作，很大程度上取决于他们是否真正具备了管理所需的相应管理技能。通常而言，作为一名管理者，应该具备的管理技能主要包括技术技能、人际技能、概念技能三大方面。那些处于较低层次的管理人员，需要的主要是技术技能与人际技能；处于较高层次的管理人员，更多地需要人际技能与概念技能；而处于最高层次的管理人员，则尤其需要具备较强的概念技能。

（一）技术技能

技术技能是指使用某一专业领域内有关的工作程序、技术和知识，完成组织任务的能力。例如，工程师、会计师、广告设计师、推销员等，都掌握有相应领域的技术技能，所以被称为专业技术人员。对于管理者来说，虽然没有必要使自己成为精通某一领域技能的专家，但也要掌握一定的技术技能，否则就很难与他所主管的专业技术人员进行有效的沟通，从而也就无法对他所管辖的各项业务工作进行具体的指导。很显然，如果是生产车间主任，就要熟悉各种机械的性能、使用方法、操作程序，各种材料的用途、加工工序，各种成品或半成品的指标要求等。如果是办公室管理人员，就要熟悉组织中有关的规章、制度及相关法规，熟悉公文收发程序、公文种类及写作要求等。如果是财务主管，就要熟悉相应的财务制度、记账方法、预算和决算的编制方法等。当然，不同层次的管理者，对于技术技能要求的程度是不相同的。相对而言，基层管理者需要技术技能的程度较深，而高层管理者则只需要有些粗浅的了解即可。

（二）人际技能

人际技能是指与处理人事关系有关的技能，或者说是与组织内外的人打交道的能力。包括联络、处理和协调组织内外人际关系的能力，激励和诱导组织内工作人员的积极性和创造性的能力，正确地指导和指挥组织成员开展工作的能力。人际技能要求管理者了解别人的信念、思考方式、感情、个性以及每个人对自己、对工作、对集体的态度，个人的需要和动机，还要掌握评价和激励员工的一些技术和方法，最大限度地调动员工的积极性和创造性。研究表明，人际技能是一种重要技能，对高、中、低层管理者都具有同等重要的意义。在同等条件下，人际技能可以极为有效地帮助管理者在管理工作中取得更大的成效。

（三）概念技能

概念技能是指对事物的洞察、分析、判断、抽象和概括的能力。具体地说，概念技能包括理解事物的相互关联性从而找出关键影响因素的能力，确定和协调各方面关系的能力，以及权衡不同方案优劣和内在风险的能力等。任何管理者都会面临一些混乱而复杂的环境，管理者应能看到组织的全貌和整体，并认清各种因素之间的相互联系，如组织与外部环境是怎样互动的，组织内部各部分是怎样相互作用的等，经过分析、判断、抽象、概括，抓住问题的实质，并根据形势和问题果断地做出正确的决策。因此，管理者所处的层次越高，其面临的问题越复杂、越无先例可循，就越需要概念技能。

上述三种技能是各个层次管理者都需要具备的，只不过不同层次的管理者对这三个技能的要求程度不同罢了。一般来说，越是处于高层的管理人员，越需要制定全局性的决策，所做的决策影响范围越广、影响期限越长。因此，他们需要更多地掌握概念技能，进而把全局意识、系统思想和创新精神渗透到决策过程中。由于他们并不经常从事具体作业活动，所以并不需要全面掌握完成各种作业活动必须具备的技术技能，只需要对技术技能有基本的了解。

作为基层管理人员，他们每天大量的工作是与从事具体作业活动的作业人员打交道。他们有责任检查作业人员的工作，及时解答并同作业人员一起解决实际工作中出现的各种具体问题。因此，他们必须全面而系统地掌握与本单位工作内容相关的各种技术技能。当然，基层管理人员也可能面临一些例外的、复杂的问题，也要协调好所管辖工作人员的工作，制定本部门的整体计划。为了做好这些工作，他们也需要掌握一定的概念技能。

在管理者应当具备的各项技能当中，人际关系技能是组织各层管理者都应具备的技能。因为不管是哪一层次的管理者，都必须在与上下左右进行有效沟通的基础上，相互合作，共同完成组织目标。因此，人际技能对高、中、基层管理者是同等重要的。图1-4比较直观地概括了管理层次与管理技能的关系。

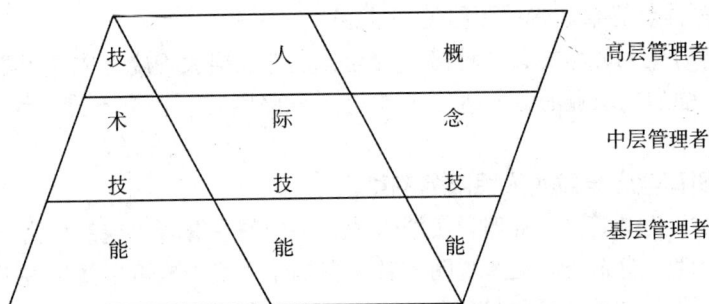

图1-4　管理层次与管理技能要求

五、管理者的素质

素质一般是指事物本来的性质。作为人的素质，原意是指一个人先天具有的资质和生理特点，如思维能力、记忆能力、反应能力等，这种先天的特点是人们获得知识和才能的基础。现在所说的素质，既包括先天的，也包括后天的，即一个人的品德、学识、才能、情操等。因此，管理者的素质，就是指在先天生理的基础上，通过后天的学习、教育和实践锻炼而成的，在其管理工作中经常起作用的那些内在要素。

（一）政治品德素质

政治素质是对管理者的政治作风和思想品德方面的要求。它体现了一个人的人生观、价值观、道德观和世界观。品德即道德品质，是一个人在依据一定社会的道德准则去行动时所表现出来的行为特征。它是推动一个人行为的主观力量，决定了一个人工作的愿望和热情。尽管不同的社会、不同的时代对品德的标准有不同的理解和要求，但把品德作为选才用人的首要条件却是每一个社会或组织所遵循的共同原则。同时，由于管理的二重性，中国特色的社会主义的管理学更应重视管理者的政治素质。

作为一个管理者应具备的政治品德素质主要包括以下几点：

1. 必须有正确的政治方向

在经济全球化的新时期，在改革开放不断深化的过程中，不断出现新情况、遇到新问题，要妥善处理好这些问题，都需要有正确的政治方向作为保证。政治方向是通过路线、方针、政策来体现的，它代表全局的意志和愿望，具有突出的群众性和应用性。

2. 具有强烈的事业心和高度的责任感

人的潜力是无穷尽的，这种潜力的充分发挥在很大程度上取决于事业心的推动。有了强烈的事业心，管理者才能勇于克服困难、百折不挠、锐意进取、勇往直前。

3. 必须有全心全意为人民服务的意识

在社会主义制度下，管理者实施管理，手中都掌握着一定的权力。而权力既可以使管理者能充分地发挥聪明才智，造福于人民，也可以使某些人走上以权谋私的邪路。作为优秀的管理者，必须明白自己的权力是人民群众所赋予的。

4. 公道正派，与人为善

管理者对人对事的处理，要公道正派，按原则办事，不徇私情，能经得住历史的检验。特别是在用人方面要唯贤不唯亲，不搞小派别，同时管理者要以善意去对待和理解下属。善意待人和开诚相见，是管理者提高自身影响力的重要因素。

5. 谦虚谨慎，作风民主

管理者要养成虚心听取别人意见的好作风，虚怀若谷，从善如流，以善意、诚恳、虚心的态度和成员建立良好的沟通关系。

6. 以身作则，清正廉洁

管理者的模范带头作用是至关重要的，必须树立良好的职业道德。要做到忠于职守、勤于工作、扬清激浊、办事公道、救危助困；还要做到诚实无私、清正廉洁、遵纪守法。管理者威信的建立，固然离不开言谈，但更重要的是行动。要言行一致、表里如一，少说空话、多干实事，严于律己、清正廉洁。一个好的管理者如果做到吃苦在前、享受在后、廉洁奉公、乐于奉献，他就能够有强大的影响力和号召力。孔子所说的"其身正，不令而行；其身不正，虽令不行"，说的就是这个道理。

（二）知识素质

管理活动是涉及政治、经济、技术、文化等社会各个方面的复杂活动，管理者对某一方面知识的缺乏，都会导致管理上的失误。一般对于一个管理者来说，应力求掌握以下几方面的知识：一是自然科学知识，包括数学、物理、化学、电子计算机科学等方面的知识，这是进行科学管理的保证。二是社会科学知识，包括历史学、法学、社会学、心理学、经济学、伦理学等方面的知识。三是专业技术知识，包括与管理或组织的目标任务有关的科学和技术知识，特别是专业知识，管理者可以不是某一领域的专家，但必须是内行，外行领导内行是注定要失败的。四是管理科学知识，管理科学的范围十分广泛，除了管理学原理之外，还包括许多专门的管理理论，如管理心理学、组织行为学、人力资源管理学、领导科学、人才学等，都是当代广义管理学的内容。总之，对于管理者来说，不能仅是精通某一门知识的专才，而应是具有广博知识的通才，这样才能做到视野开阔、信息灵通、思维敏捷、举一反三，妥善处理各种复杂问题，以适应现代化管理的要求。

（三）心理素质

管理活动同时也是一种很艰苦的实践活动。要成为一个合格的管理者，必须具备良好的心理素质。良好的心理素质主要表现为：

1. 意志坚强

北宋大文学家苏轼曾经说过："古之立大志者，不唯有超世之才，亦必有坚韧不拔之志。"管理者除了要树立远大的抱负，有事业心之外，在追求所确立的目标上，应有坚强的意志。在任何时候，都不盲从，不随波逐流，不受内外各种因素的干扰；遇困难不气馁，取得成绩不骄傲；紧要关头，沉着冷静、果敢坚决；名利面前，不受引诱。

2. 胸怀宽广

在管理活动中，人们具有不同的看法、不同的意见是不可避免的。管理者应当胸怀宽容大度，应能求大同存小异；在非原则问题上能忍让，宽以待人；对反对过自己的同志，甚至后来被实践证明是反对错了的同志，要能不计前嫌，不要耿耿于怀；要善于听取不同意见，特别是对立面的意见，绝不能认为自己的意见一贯正确，听不进不同的意见，听不得批评意见；对人，特别是对同事、对下级要尊重；要敢于承认自己的缺点、错误，不文过饰非，居功自傲。

3. 自信

管理者要相信自己的能力，相信自己能把群众的力量调动起来。自信是积极工作和克服困难的前提，也是激励群体成员积极性的重要因素。特别是作为一个有个人影响力的管理者，自信更是第一素质要求。

（四）能力素质

作为管理者所应具备的能力素质，并不是指某一学科或某一技术领域的专业能力，主要是指管理能力。其中主要包括以下几点：

1. 科学决策能力

决策是管理的重要职能，也是作为一个管理者所从事的主要工作。一个决策者较强的科学决策能力，首先表现在对于问题的综合分析能力和较强的预见性上，能够在纷纭复杂的情况下抓住主要矛盾，提出决策问题。其次是具有丰富的经验，掌握科学的决策方法，能够博采众长、择优决断，做出正确的决策。

2. 知人善任能力

用人是管理中的一个核心问题，为此，一个管理者必须要具有知人善任的能力。所谓知人，就是善于发现人才，对人有真正的了解；所谓善任，就是能够把恰当的人安排在恰当的岗位上，使其充分发挥聪明才智，即人尽其才。知人善任之所以是一种能力，是因为它与一个人的认识水平和道德品质有关。一个管理者只有眼光敏锐、事业心强、胸怀坦荡宽阔，才能真正做到知人善任，否则是难以做到的。

3. 组织协调能力

组织协调工作是管理中要做的大量工作。管理者与非管理者的很大不同，就是前者要有较强的组织协调能力。在管理中进行组织协调，要处理好管理系统内外的各种关系。但其中最主要的是要处理好人际关系，最大限度地调动人的积极性。为此，管理者要做好组织协调工作，必须要有协调人际关系的技能，要在管理中懂得尊重人、关心人、团结人、理解人。只有这样，才能组织和调动一切积极因素，使管理不断达到预定目标。

4. 开拓创新能力

管理是一种创新的劳动，因此作为一个管理者必须具备创新精神和勇于开拓的能力。在现代社会，经济和科学技术的发展日新月异，市场需求千变万化，作为一个管理者只有不断解放思想、努力学习，善于接受新事物、研究新问题，才能不断提高创新和开拓的能力，以适应不断变化的形势。否则，墨守成规、故步自封，就不能发挥管理的效能。

（五）身体素质能力

管理者的身体素质是指其身体健康状况。先天的身体条件，是人的身体素质的基础，而后天的锻炼和发育则是个人健康与否的主要决定因素。管理者的工作，一般总是艰巨和繁重的，没有良好的身体素质，心有余而力不足，就无法胜任繁重的工作。健康的身体又是管理者敏捷思维与旺盛精力的基础，管理者要保持良好的身体素质，除了坚持身体锻炼，还应合理安排工作与休息，使生活有规律、有节奏。

小资料

管理学家对管理者素质的阐释

泰勒提出一个合格的管理者必须具备9个方面的条件：健全的脑力，一定的教育，专门的或技术的知识，机智灵敏，充沛的精力，坚强的毅力，忠诚老实，判断力和一般常识，良好的健康状况。

法约尔认为作为一个管理者一般应具备以下这些素质和能力：①体力方面：身体健康，精力充沛，反应灵敏；②智力方面：有理解、学习和判断的能力，思想开阔，适应性强；③品德方面：干劲大，坚定、愿意承担责任，有主动性，有首创精神，忠诚、机智、自尊；④一般文化方面：对于不属于所执行职能方面的事物有一般的了解；⑤专业知识方面：对于所担任的技术、经营、财务管理等专业知识有深入的了解；⑥经验方面：具有从工作本身产生的知识、经验、教训。

案例学习

杨总经理的一天

胜利电子公司是一家拥有200多名员工的小型电子器件制造企业。除了三个生产车间外，企业还设有生产技术科、供销科、财务科和办公室四个部门。总经理杨兴华任现职已有四年，此外还有两个副总经理张光和江波，分别负责生产技术、经营及人事。几年来，公司的经营呈现稳定增长的势头，职工收入在当地处于遥遥领先的水平。

然而，今天杨总经理一上班就平息了两起"火情"。首先是关于张平辞职的问题。张平是一车间热处理组组长，也是公司的技术骨干，工作积极性一向很高。经了解，张平并非真想辞职，而是觉得受了委屈。原因是，去年车间主任让他去参加展览中心的热处理新设备展销会，因未能完成张副总经理交办的一批活而受到了张副总经理的批评。经过杨总说服后，张平解开了疙瘩，收回了辞呈。

张平刚走，又来了技术科的刘工。他是厂里的"大拿"，也是技术员中工资最高的一位。他向杨总抱怨自己不受重视，声称如果继续如此，自己将考虑另谋出路。经过了解，刘工是不满技术科的奖金分配方案。虽然技术科在各科室中奖金总额最高，但科长老徐为了省事，决定平均分配，从而使得自认为有功的刘工因与刚出校门的小李、小马等人所得一样而感到失落。杨总对此做了安抚，并告之明年公司将开展目标管理活动，"大锅饭"的现象很快就会消除的。事实上，由于年初制定计划时，目标制定得都比较模糊，各车间在年终总结时均出现了一些问题。

送走张平和刘工，杨总在秘书送来的报告和报表上发现产品的不合格率上升了6个百分点，车间和生产技术科在质量问题上的相互推诿也令人恼火。他准备在第二天的生产质量例会上重点解决这个问题。此外，客户投诉也需要格外重视。

处理完文件，杨总下到二车间的数控机旁，发现青工小王的操作不合要求，当即予以纠正。随后他又到技术攻关小组，鼓励他们加油，争取早日攻克影响质量和生产进度的"拦路虎"，并顺便告知技术员小谭，公司将会尽量帮助解决他家属的就业问题。

中午12点，根据预先的安排，杨总同一个重要的客户共进了午餐。下午2点，主持了公司领导和各部门主管参加的会议。散会以后，杨总同一个外商进行了谈判，签下了一份金额颇大但却让两位副总忐忑不安的订单，因为其中的一些产品本公司并没有生产过，短时期内也没有能力生产。但是杨总经理心中自有主意，有一家生产这类产品的大型企业正在四处找米下锅，而这份订单不仅会使这家大型企业愁眉轻展，也将使胜利电子公司轻轻松松稳赚一笔。

下班时间到了，但是杨总经理丝毫没有回家的意思。他要考虑，今年该怎样度过。

讨论题：

1. 请从管理职能的角度对杨总经理一天的活动进行评价。
2. 你们认为胜利电子公司的管理存在什么问题？原因是什么？
3. 如果你是杨总经理的话，你认为应当怎么做？

第三节　管理学概述

一、管理学的含义

管理学（Management Science）是一门研究人类社会管理活动中各种现象

及规律的学科，是管理实践活动的科学总结。管理学综合运用现代社会科学、自然科学以及先进科学技术的理论和方法，系统地研究管理的基本规律，它是整个管理学科体系的基石。

管理学是在近代社会化大生产条件下和自然科学与社会科学日益发展的基础上形成的，在自然科学和社会科学两大领域的交叉点上建立起来的一门综合性交叉学科，涉及数学（概率论、统计学、运筹学等），社会科学（政治学、经济学、社会学、心理学、人类学、生理学、伦理学、哲学、法学），技术科学（计算机科学，工业技术等），新兴科学（系统论、信息科学、控制论、耗散结构论、协同论，突变论），以及领导学、决策科学、未来学、预测学、创造学、战略学、科学学等。

管理活动自有人群出现便有之，与此同时管理思想也就逐步产生。事实上，无论是在东方还是在西方，我们均可以找到古代哲人在管理思想方面的精彩论述。现代管理学的诞生是以弗雷德里克·温斯洛·泰勒（Frederick Winslow Taylor）的名著《科学管理原理》（1911 年）以及法约尔（H. Fayol）的名著《工业管理和一般管理》（1916 年）为标志的。现代意义上的管理学诞生以来，管理学有了长足的进步与发展，管理学的研究者、管理学的学习者、管理学方面的著作文献等均呈指数上升，显示了作为一门年轻学科蓬勃向上的生机和兴旺发达的景象。进入 21 世纪，随着人类文明的进步，管理学仍然需要大力发展其内容和形式。

二、管理学的研究对象和特征

（一）管理学的研究对象

由于管理学是社会化、现代化生产的产物，横跨多个领域，所以它研究的对象非常广泛，任务十分艰巨。回首西方管理理论的发展过程，许多学派均把研究的任务集中在组织、人员及其行为和组织的绩效上。而实质上，管理学的研究任务不仅于此，它还包括生产力、生产关系及上层建筑的各个方面。

1. 研究管理活动的主体和客体，以合理配置资源要素

管理活动的主体是管理者，能否实施有效管理，管理者起着关键作用。所以，管理者的个体素质、管理者的群体结构以及它们之间的关系如何，将直接关系到资源的使用效率，它构成了管理学研究的首要任务。

管理活动的客体是各种组织资源。21 世纪将是知识经济时代，不仅要充分利用有限的人力、物力、财力，而且还要面对如何使用迅速激增的新技术和

充斥时空等待萃取的各种信息。如何对客体的诸因素进行有效整合，以保证各组织资源要素得到充分利用，产生最大效益，必然成为管理学研究的重要内容。

2. 研究管理的手段和方法，以充分发挥管理的职能

管理的各种职能既体现管理的基本任务，又反映了管理的全过程。管理职能的实施，是靠管理方法、技术和手段来完成的。随着经济全球化的步伐加快，管理创新在各种管理中占据着重要地位，只有不断地创新，才能适应快速变化的周围环境。因此，如何改善管理的方法、技术和手段，以有利于管理职能的充分发挥构成了管理学研究的又一重要内容。它是管理学的应用性和实践性的具体体现。

3. 研究管理的思想及原理，以揭示管理的客观规律

原理是指某种客观事物的实质及其运动的基本规律，管理原理是对管理工作的实质内容进行科学分析总结而成的基本结论。它是现实管理实践的升华，是各种管理思想的高度总结与概括。对各种现代管理思潮、历史管理思想的不断探究，将有助于提高管理工作的科学性，有助于揭示新形势下的管理客观规律，有助于指导当前的管理行为。所以，对管理思想及原理的研究，将是管理学的一项重要任务。

4. 研究现实的管理环境，以提高管理的绩效

任何组织的管理活动都是在一定的环境中进行的，环境的特点及其变化必然会制约组织活动的方向和内容。由于管理的二重性，管理不仅受生产力发展水平的制约，而且还要受到生产关系和上层建筑的影响。国家宏观上的方针、政策将直接决定着微观的工作方法及策略，这是管理工作者进行决策时要考虑的重要前提。另外，社会化大生产使得劳动分工越来越细，协作越来越复杂，联系也越来越广泛。因此，如何与外部进行物质和信息交流，如何改进和改善组织的内、外部环境，以提高组织的管理绩效，是管理学研究要达到的重要目标。

（二）管理学的特征

管理学作为一门独立的学科，它具有以下四种明显的特征。认真研究管理学的这些特征，将有助于对本学科的全面理解。

1. 管理学的综合性

管理学的综合性包含两层意思：一方面，管理学是一门交叉学科。作为实现目标的一种有效方法和手段，管理不仅在各种组织中普遍存在，而且涉及人、财、物、技术、信息以及环境等诸多因素。管理过程的复杂性、动态性和

管理对象的多样性决定了管理所要借助的知识、方法和手段的多样性。因此，要做好管理工作，提高管理绩效，就必须利用经济学、数学、工程技术学、心理学、社会学等学科的研究成果和信息科学的最新成就。所以，管理学在实践上学科应用的交叉非常明显。另一方面，管理学既是科学，又是艺术。我们说管理学是一门科学，这是因为从它的客观性、实践性、理论系统性、真理性以及发展性都可以证实它确实具有科学的特点。管理学又是一种艺术，艺术的含义是指能熟练地运用管理知识，以富有创造性的方式、方法来达到管理的效果。在实际工作中，管理问题和管理环境千变万化，管理学所能提供的专业手段和方法又相当有限，要达到理想的效果，必然根据管理实践的具体情况采用灵活的技巧，从这个意义上说管理学确实是一门艺术。

2. 管理学的实践性

根据科学的门类，一般可分为基础科学和应用科学。应用科学一般是以人类某一领域的社会实践为研究对象，运用某些基础学科的知识，研究其实践的规律性，进而改造客观世界。而管理学正是以人类的管理实践为研究对象，它来源于实践，又直接运用于实践，指导实践。所以，它具有较强的实践性色彩。

3. 管理的软科学性

软科学是相对于硬科学而言的，它是借用计算机技术中的"软件"和"硬件"这两个术语作比喻。若没有主机、显示器等这些硬件，就没有计算机，但是，如果没有软件——程序和应用技术，计算机只不过是一台死的机器，什么也做不了。管理的情况与之相类似，如果把组织中的人、财、物等看作是硬件，那么管理就是软件。它能使组织中的各种资源合理配置、高效运转，以实现最大限度的价值增值。这就是许多组织高喊的"向管理要质量，向管理要效益"的真谛。

4. 管理学的发展性

管理学的建立和发展，有着深刻的历史渊源。管理学从创立发展到今天，已经经历了许多不同的历史阶段。在每一个历史阶段，根据其时代背景，产生了相应的管理思想，有的甚至形成了管理理论。这些思想和理论，随着社会的进步，有的已经过时，有的仍在发挥作用。但总的来说，管理学作为一门科学还只有几十年的时间，因此，它还是一门非常年轻的学科。特别是伴随经济全球化浪潮的冲击，知识在经济发展中的地位也越加突出，社会、经济发展的提速，孕育出对管理创新的强烈诉求。所以，管理的实践性决定了管理理论必须不断发展、创新、完善。因而管理学是一门发展中的科学。

三、管理学的研究方法

方法论是一门学科中所采用的研究方式、方法的综合。管理学作为一门独立的学科，必然有自身的一整套研究方法。多年前，哈罗德·孔茨（Harold Koonts）就总结了管理分析的各种方法，并归纳为：经验法或案例法、人际行为法、集体行为法、协作社会系统法、社会技术系统法、决策理论法、系统法、数学或"管理科学"法、随机制宜或因情况而异法、明茨伯格的管理任务法、麦肯锡的7S法、运筹法等。并以列表的形式指出了这些管理方法的特征、贡献和局限性，这对西方管理学的方法论是一个比较系统的概括。

我国作为社会主义市场经济国家，在管理上既要与世界文明接轨，又要考虑到我们的国情。因此，在管理学的研究方法上也必须有自己的特色。综合各方面情况，研究管理学的方法可分为以下操作类别。

1. 唯物辩证法

马克思主义的唯物辩证法是管理学研究的总的方法论指导。一方面，管理实践产生了管理思想，在管理活动中，这些思想又进一步升华为管理理论；另一方面，管理理论又反过来通过实践指导人们的管理活动，验证管理理论的有效性，逐步发展和完善管理理论。

2. 系统法

系统方法是管理学研究的主要思维方法。所谓系统，是指由若干个相互联系、相互作用的部分组成的，在一定环境中具有特定功能的有机群体。从管理学的角度，系统有两层含义：一层含义是指系统是一个实体；另一层含义是指一种方法或手段。当系统以方法的角度出现时，就是指用系统的观点来研究和分析管理活动的全过程。这有利于综合考虑各个要素之间的相互联系，有利于把握每个要素的变化对其他要素和整个组织的影响，以便用宽广的视野来处理问题，协调各部分、各要素的关系，确保组织整体目标的达成。

3. 理论联系实际的方法

中国共产党在九十多年的革命和建设历程中，不断调整自己的思想路线，但始终坚持"理论联系实际"，使革命取得了最终胜利，将党和国家管理得欣欣向荣、蒸蒸日上。这说明理论联系实际的方法，是一种最重要的管理方法。从实践中来，到实践中去，管理学最突出的特点就在于它的实践性和应用性。离开了实践，管理学也就成了无源之水，无本之木。因此，在世界风云多变的环境下，经济的全球化趋势冲击着各国的生产力和生产关系，管理学的研究一定要结合实际情况，善于应变，不断总结新的规律，以推动管理水平的提高。

4. 案例分析法

它是指在管理学的研究过程中，通过对典型组织的实践案例进行剖析，从中总结出可供借鉴的经验和规律。榜样的力量是无穷的，典型案例的成功经验将带动众多组织的管理创新，推动管理实践的发展。

5. 比较研究法

它是指对彼此有某种联系的事物加以对比，然后找出它们的差异，并从中总结出彼此的优劣，以有利于未来管理的方法。当今世界是个开放的大系统，各个领域的竞争如火如荼，要想在竞争中占有优势，必须善于比较，弃其糟粕，取其精华，以利于"洋为中用"，人为我用，博采众长。

6. 定性与定量研究法

由于管理学是一门综合性的边缘科学，它是社会科学与自然科学的交叉。所以，要找出提高管理绩效的方法，必须将定性分析与定量测评结合起来，以利于对研究对象做出综合性评价。在研究中把定性分析与定量分析进行有机结合，可以克服这两种方法的局限性，从而得出科学的结论，有效地指导管理实践活动。

7. 历史研究法

它是指通过对管理实践和管理思想史的考察，来追踪管理理论形成的轨迹，以找出规律性的东西，寻求具有重要意义的管理原则、方式和方法。"以史为镜，可以知兴衰"，所以历史研究法是做到"古为今用"的最好途径。

8. 观察归纳法

观察归纳法是指通过对客观存在的一系列典型事物进行观察，从掌握典型事物的典型特点、典型的关系和典型的规律入手，进而分析研究事物之间的因果关系，从中找出事物变化的一般规律。这是一种从典型到一般的实证研究方法，这种方法往往对管理研究能起到事半功倍的效果。

9. 多学科研究法

管理现象的复杂性和多样性，决定了对于管理现象的研究必须从多学科、多角度展开，因此，多学科方法的运用，成为管理学研究的重要特点。管理学在研究中大量借鉴社会科学和自然科学等多种学科的研究方法，如经济学的研究方法、社会学的研究方法、心理学的研究方法、自然科学的系统论、信息论、控制论、协同论、运筹学方法等。

四、管理学的发展趋势

管理学的发展趋势是人类社会发展的必然结果。我们都清楚，管理学的实质就是探求外部环境、内部条件与管理目标三者之间的动态平衡，而人类社会总是由低级阶段向高级阶段发展，即管理主体的外部环境总是变化的。因此，为了寻求三者之间的平衡，管理学也必须动态地发展。进入 20 世纪 90 年代，特别是进入 21 世纪的后工业社会，科学技术飞速发展，必将推动管理学的进一步发展。从它的发展趋势看，许多的管理研究者认为主要表现在以下三个方面。

（一）管理学对人性的假设由经济人、社会人、决策人假设向复杂人假设转变

早期管理思想中，把人当作会说话的工具，认为人总是好吃懒做，好逸恶劳，毫无责任心，麦格雷戈把这种传统的人性假设称作 X 理论。以泰勒为代表的科学管理理论强调人追求经济利益的本性，使管理学与经济学的人性假设趋于一致。之后，梅奥从"霍桑实验"中认识到除了对经济利益的需求外，人们对社会和心理方面的需求也很重要，因而否定了经济人假设，提出了社会人假设。其他行为科学理论的代表人也从不同侧面强化了社会人假设，其中马斯洛的需求层次理论把社会人假设发展为一个经典而又精致的需求模型。

当代管理学派中对人性的假设也犹如丛林，其中较有代表性的是西蒙在他的决策理论中阐述的决策人假设。他认为管理就是决策，并且在组织中，不同层次的员工都在做决策，所以都是决策人。

从马斯洛的需求层次理论中可以看出，由于个人目的、个人偏好、个人利益的存在，人就会有多种需求。这些需求，会产生各种各样的动机，因此，引发出各种各样的行为来满足个人的自我发展、自我实现和自我完善的需要。在当今社会，人们受经济、政治、文化、道德等方面的陶冶和洗礼，人性变得非常复杂，如果管理者不及时审时度势，引入激励机制与员工真诚合作，以满足员工的需要，充分调动他们的潜能，组织效率就不可能真正提高。因此，随着知识经济时代的到来，管理学对人性的假设必将超越经济人、社会人、决策人假设，升华为复杂人假设。

（二）管理职能由计划、组织、人事、领导、控制向信息职能延伸

传统的和现代的管理职能构成了一个管理循环体系，使管理工作周而复始地进行，每循环一次，管理水平就提高一级。但随着全球经济由工业经济向信息经济转变的进程加快，缺乏信息渗透的管理工作将显得苍白无力，要么管理节奏跟不上，要么管理质量得不到保证。因此，在管理工作中，强化信息职

能，将是管理学发展的趋势之一。其表现有三，首先，信息职能能革新企业内部的生产力要素结构，使资源转换系统的生产率大幅度提高，并同时以不断增加的柔性适应市场需求结构和消费结构的快速变化。其次，信息职能能促成管理系统的优化，促进组织的创新，使组织的绩效不断上升。信息职能能提高计划与决策的科学性和及时性，成为信息时代企业生存、发展、竞争制胜的有力武器。信息职能的引入，与传统管理职能将构成一种相互依存、相互促进的管理职能系统。信息职能为传统管理职能的发挥提供了全方位、全过程的信息，反过来，传统管理职能又促使信息职能去开发、收集、处理、传播、分配信息资源。

（三）管理学新的理论前提——合工理论向传统的分工理论提出挑战

200 年以前，亚当·斯密以制造针为例论述了劳动分工的作用。而且，他的这一分工理论成了近代产业革命的起点，也成了后来的管理学家创建管理学的理论前提。劳动分工确实较大幅度地提高了劳动生产率，也有利于专业化和职能化管理。但是，这种理论发展到今天，负面效应日益显露出来。现代社会，一方面追求产品个性化、生产复杂化、企业经营多元化，如果片面强调分工精细和专业化，则使得企业的整体协调作业过程和对过程的监控越来越高，结果致使企业整体效率低下；同时，把人分成上下级关系的官僚体制，使人的积极性、主动性得不到充分发挥，反而腐蚀着人的精神，摧残着人的身心健康，以致走到了分工与协作原则初始动机的反面。另一方面，高科技的发展，特别是计算机的普及运用，使简化管理环节成为可能。同时，与市场变化和高科技发展相对应的是劳动力素质大大提高，员工不再满足于从事单调、简单的复杂性工作，对分享决策权的要求日益强烈。

与分工理论相比，合工理论显示出其强大的优势，即借助信息技术，以重整企业业务流程为突破口，将原先被分割得支离破碎的业务流程再合理地"组装"回去，将几道工序合并，归一人完成，也可将分别负责不同工序的人员组合成工作小组或团队，以利于共享信息、简化交接手续、缩短时间。另外，减少管理层次，提高管理幅度，建立扁平化的组织结构，不仅能够打破现有的官僚体制限制，减少审核与监督程序，降低管理成本，减少内部冲突，增加组织的凝聚力，而且还能大大调动员工的积极性，促进员工的个人发展。

第四节　管理道德与社会责任

随着社会经济的发展、企业外部非经济性的显现，环境污染、能源危机、企业欺诈以及消费者权益保护运动促使人们的意识与觉悟不断提高，要求企业遵循一定的管理道德，承担相应的社会责任。管理道德与社会责任这一问题的提出，在某种程度上是企业发展成熟的标志，也是管理理论开始走向成熟的标志。管理道德与社会责任在现代管理学中已成为必不可少的研究对象与内容。

一、道德的本质

（一）道德的定义

道德一词，古已有之。在我国古代典籍中，"道"一般指事物变化运动的规律，"道可道，非常道，名可名，非常名"，现在引申为人们必须遵循的社会行为准则、规矩或规范；"德"即道，人们认识"道"、遵循"道"，内得于己，外得于人，便称为"德"。道德在新的时代有了新的发展，通常是指那些用来明辨是非的规则或原则。根据这一定义，道德在本质上是规则或原则，这些规则或原则旨在帮助决策人判断某种行为是正确的或错误的，或这种行为是否为组织所接受。

道德一直被伦理、哲学统治着，贯穿在社会道德、家庭道德、思想道德中。然而，随着经济的发展，道德也被应用到了企业的经营管理中，形成了管理与道德的有机结合。在推进管理创新的过程中，我们有必要将管理道德从社会道德中分离出来，并加以专门研究。

不同组织的道德标准可能不一样，即使是同一组织，也可能在不同的时期有不同的道德标准。管理道德是道德在企业经营中的具体应用及体现，管理道德是企业在经营过程中形成的道德意识、道德良心、道德规则、道德行动等的总和。它以善与恶、正义与非正义、公正与偏私、光荣与耻辱、诚实与虚伪等相互对立的道德范畴为标准来评价企业与员工的行为，从而调整企业与社会之间、员工与员工之间的关系。一个企业如果将管理道德纳入管理体系，视同一项重要的无形资源，并形成独特的道德规范，对企业的生存和发展将产生巨大的作用。

⊙ 小资料

荣事达公司的"道德观"

安徽荣事达公司在长期的经营实践中认真吸取中国传统道德的精髓，从企业发展史以及企业与供应商、销售商长期合作的过程中提炼、归纳出"互相尊重、相互平等、互惠互利、共同发展、诚信至上、文明经营、以义生利、以德兴企"为核心精神的"和商"理念，并以此作为处理企业与消费者、企业与商界、企业与企业以及企业内员工之间关系的基本行为准则。

（资料来源：荣事达集团：《荣事达企业竞争自律宣言》和《市场竞争道德谱》）

（二）企业经营中的几种道德观

企业在经营过程中，一般有如下几种道德观。

1. 道德的功利观

所谓功利观（Utilitarian view of ethics），是指判断某行为是否道德，主要看其行为所引起的后果如何。当某行为能够为大多数人带来最大幸福或者至少不损害其他主体利益时，它便是道德的；反之，便是不道德的。

功利观强调行为的后果，并以此判断行为的善恶。功利观对行为后果的看法主要有两种典型代表，一种是利己功利主义，它是以人性自私为出发点的，但他并不意味着在道德生活中因为自身利益去损害他人和集体的利益。因为自身利益有赖于集体和社会利益的增进，一味追求自身利益而不顾他人利益，最终会损害自己的利益。另一种是普遍功利主义，它抛弃了利己主义原则。普遍功利主义认为，行为道德与否取决于行为是否普遍为大多数人带来最大幸福，同时认为，为了整体的最大利益，必要时个体应不惜牺牲个人利益。当代功利者大多倾向于采用普遍功利主义原则来确定行为的道德性。

2. 道德的权利观

权利观（Rights view of ethics）是关于尊重和保护个人自由和特权的观点，包括隐私权、思想自由、言论自由、生命与安全以及法律规定的各种权利，要求企业在决策时要尊重和保护个人基本权利。例如，当雇员揭发雇主违反法律时，应当对他们的言论自由加以保护。因此，权利观积极的一面是它保护了个人的自由和隐私。但它也有消极的一面（主要是针对组织而言）：接受这种观点的管理者把对个人权利的保护看得比工作的完成更加重要，从而在组织中会产生对生产率有不利影响的工作氛围。

3. 公平理论道德观

公平理论观（Theory of justice view of ethics）要求管理者在决策时公平地实施规则，强调管理行为的公正、公平。通过在企业内部建立相对公平的规章制度，使员工努力工作并取得与努力程度相应的报酬。例如，接受公平理论观的管理者可能决定向新来的员工支付比最低工资水平高一些的工资，因为在他看来，最低工资不足以维持该员工的基本生活。按公平理论，管理者在决策时需要在公平与效率之间取舍，也会有得有失。得的是它保护了那些未被充分代表的或缺乏权力的利益相关者的利益，失的是它可能不利于培养员工的风险意识和创新精神，从而影响生产效率。

4. 综合社会契约理论观

在综合社会契约论者看来，组织是通过与社会建立社会契约而获得合法性的，那些作为生产性组织的企业之所以存在，是为了以最有效的方式增加消费者和员工的利益，进而增进社会福利。综合社会契约理论观（Integrative social contracts theory）主张把实证（是什么）和规范（应该是什么）这两种方法并入管理道德中，即要求决策人在决策时综合考虑实证和规范两方面的因素。这种道德观综合了两种"契约"：一种是经济参与人当中的一般社会契约，这种契约规定了做生意的程序；另一种是一个社区中特定数量的人当中的较特定的契约，这种契约规定了哪些行为方式是可接受的。这种商业道德观与其他三种的区别在于它要求管理者考察各行业和各公司中的现有道德准则，以决定什么是对的、什么是错的。

作为企业的经营者，到底选择哪种道德观作为经营观念呢？持有功利主义观点并不奇怪，因为它是与利润、效率紧密联系在一起的，在追求利润最大化的过程中，可以谋取尽可能多的好处，目前许多企业都持有这种观点。然而，这种观点在今天也受到了很大的挑战，政府机构和消费者越来越关注企业的问题，要求企业承担越来越多的道德责任。因为随着经济社会的发展，人们社会意识的日益增强，日益关注社会生存环境，功利主义也就遭到了越来越多的非议，这就意味着管理者要在非功利标准的基础上建立新的道德标准，为此，企业在功利主义与社会道德、公平等问题上都面临一个极大的挑战。

（三）道德的影响因素

管理道德的作用是通过管理者内心信念的建立来发挥的，管理道德对管理者行为的善恶要求和价值导向都必须反映在管理者的意识和观念上，然后才能外化为有道德的行为。一个管理者的行为是否合乎道德，要受到管理者道德发展阶段、个人特征、组织结构设计、组织文化和道德问题强度等的影响，如图1-5所示。

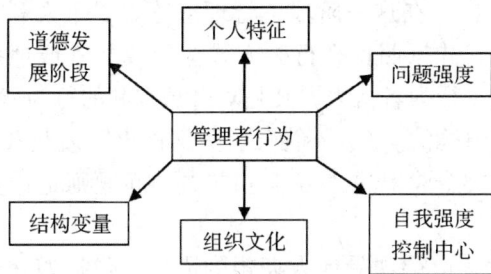

图1-5　道德的影响因素

　　一个缺乏强烈道德感的人，如果他们受到规则、政策、工作规定或加于行为之上的强文化准则的约束，他们做错事的可能性很小。相反，非常有道德的人，可以被一个组织的结构和允许或鼓励非道德行为的文化所腐蚀。此外，管理者更可能对道德强度很高的问题制定出符合道德的决策。下面让我们来看最终影响管理者行为的各种因素。

　　1. 道德发展层次

　　一项实质性的研究表明，道德发展存在着三个前后相继发展的层次，每一个层次又包含两个阶段，如表1-1所示。在每个相继的阶段上，个人道德判断变得越来越不依赖外界的影响。管理者达到的层面越高，就越来越倾向于采取符合道德的行为。

表1-1　管理道德发展阶段

发展层次	阶段特征描述
一、前管理层次 仅受个人利益的影响；按怎样对自己有利制定决策，并按照什么行为方式会导致奖赏或惩罚来确定自己的利益	1. 严格遵守规则以避免物质惩罚 2. 仅当符合其直接利益时方遵守规则
二、管理层次 受他人期望的影响；遵守法律，对重要人物的期望作出反应，保持对人们的期望的一般感觉	3. 做周围人期望的事情 4. 通过履行所赞同的准则的义务来维护传统秩序
三、原则层次 受自己认为什么是正确的个人道德原则的影响；它们可以与社会准则和法律一致，也可以不一致	5. 尊重他人的权利，支持不相关的价值观和权利 6. 遵循自己选择的道德原则，即使它们违背了法律

（1）前管理层次。在这一阶段，管理道德观受个人利益支配。按怎样对自己有利制定决策，并按照什么行为方式会导致奖赏或惩罚来确定自己的利益。在这一阶段上，行为者认为，凡是对自己有利的行为就是道德的，对自己不利的行为就是不道德的。"人不为己，天诛地灭"就是典型的个人利益至上的道德观，以及各类企业中的"穷庙富方丈"问题则是这类道德观在我国现阶段的突出表现。

（2）管理层次。道德观受他人期望的影响，包括遵守法律，对重要人物的期望作出反应，并保持对人们的期望的一般感觉。即别人所期望的就是正确的，别人所不期望的就是不正确的。这种道德观，有良性的也有恶性的：一些真正为企业整体利益着想和信奉大多数人整体期望的道德观就是良性的；相反，盲目服从一把手的愿望，以个别人期望为是非标准的管理道德观就是恶性的，这样既危害企业、危害企业员工，也危害盲目服从者本人。

（3）原则层次。原则是指个人的道德原则，它们可以与社会的准则和法律一致，也可以不一致。这种管理道德观强调个性和个人英雄主义，认为人如果压抑自己，不充分施展和发展自我，违背自己内心的是非观，是不道德的。

通过对道德发展层次的研究，我们可以得出以下几个结论：

（1）人们以前后衔接的方式通过六个阶段。他们逐渐地顺着阶梯向上移动，一个阶段接着一个阶段地移动，而不是跳跃式地前进。

（2）不存在道德水平持续发展的保障，发展可能会停止在任何一个阶段上。

（3）大部分的成年人处于第四个阶段上，他们被束于遵守社会准则和法律。

（4）一个管理者达到的阶段越高，他就越倾向于采取符合道德的行为。如处于第三阶段上的一位管理者可能制定能得到他周围人支持的决策；处于第四阶段的管理者将寻求制定尊重公司规则和程序的决策，以成为一名"模范的公司公民"；处于第五阶段的管理者更有可能对他认为错误的组织行为提出挑战。

然而，以上管理道德观的三个层次或三种管理道德观，在不同的国家，因国情不同而处于不同的地位。如美国的管理道德与其文化一样有主流与非主流之分，管理道德观的第三层次是其当今主流，但前两层次也并存。在我国，管理道德观第二层次是主流，但一、三层次也并存。例如，原"小霸王"老总段永平，因原集团公司不同意他实施股份制，而决然另外创立一个"步步高"公司，并且把原来公司骨干一同带走。此后，"步步高"蒸蒸日上，"小霸王"日落西山。其道德观就属于管理道德观第三阶段。①

---

① 吕振国．管理道德：企业管理研究者面临的新挑战［J］．经济经纬，1995（5）．

2. 个人特征

组织中的每个人都会有一套相对稳定的价值准则和观念，这些准则和观念有的来自于父母、老师、朋友和其他人，有的来自于社会的教化，形成了关于"什么是对、什么是错"的道德观念，包括生活方式、态度、偏好、意志等，从而形成了管理者的不同个人特征。需要注意的是，尽管价值准则和道德发展阶段看起来很相似，但它们其实并不一样。前者牵涉面广，包括很多问题，而后者专门用来衡量在外界影响下的独立性。具有不同个人特征的管理者在面对两难问题的决策时就会有不同的效果。

3. 自我强度和控制中心

人们还发现有两个个性变量影响着个人行为，这两个变量是自我强度和控制中心。

自我强度用来度量一个人的信念强度。一个人的自我强度越高，克服冲动并遵守其信念的可能性就越大。这就是说，自我强度高的人更加可能做他们认为正确的事。我们可以推断，对于自我强度高的管理者，其道德判断和道德行为会更加一致。

控制中心被解释为"衡量人们相信自己掌握自己命运的个性特征"，它实际上是管理者自我控制、自我决策的能力。罗宾斯·斯蒂芬（Robbins Stephen）把控制中心分为内在控制中心和外在控制中心两个方面：具有内在控制中心的人相信自己能控制和掌握自己的命运而不依赖环境的力量，这十分有利于个人的自主道德决策；具有外在控制中心的人不相信自己，而是听天由命，依赖于环境的力量，这对其自主道德决策十分不利。与具有外在控制中心的管理者相比，内部控制中心者对自身行为的后果具有责任感，能依据自己的道德价值观和是非标准指导自己的行为，较少受组织中其他力量的牵制和干扰，由此而来的较大的道德决策内动力，强化了他的整体道德决策力。

4. 结构变量

组织的结构设计有助于形成并规范管理者的道德行为。设计合理的组织结构可以为管理者提供有力的指导，设计不规范的组织结构则会令管理者无所适从，甚至产生不道德的行为都无法判断。

为了使管理者的道德规范有序，可以通过建立正式的规章制度、职务说明书和明文规定的道德准则来降低组织结构的模糊程度。研究表明，上级的行为对个人在道德或不道德行为的抉择上具有巨大的影响。人们关注管理层在做什么，并以此作为可以接受的和期望于他们的行为标准。一些绩效评估系统仅评估结果，另一些则既评估结果也评估手段。在仅根据结果来评价的地方，人们会不择手段地追求结果。与评估系统密切相关的是报酬的分配方式，奖赏或惩罚越依赖于特定的结果，管理者所感到的取得结果和降低道德标准的压力就越大。

在不同的组织结构中，管理者在时间、竞争和成本等方面的压力也不同。压力越大，越可能降低道德标准，从而达成妥协。

5. 组织文化

组织文化是公司在经营过程中形成的并为成员所共同遵守的价值观念、道德准则等范畴，组织文化的内容和强度也会影响道德行为。组织文化分为强组织文化和弱组织文化。

处在强组织文化环境中，最有可能产生那种有较强的控制能力以及风险和冲突承受能力的高道德标准的组织文化。处在这种文化中的管理者，具有进取心和创新精神，意识到不道德行为会被发现，并且对他们认为不现实或个人不合意的需要或期望会进行自由、公开地挑战。

与弱组织文化相比，强组织文化对管理者的影响更大。如果组织文化是强的，并支持高道德标准，它就会对管理者的道德行为产生重要的、积极的影响。而在弱组织文化中，管理者更有可能以亚文化准则作为行为的指南。工作小组和部门标准会对弱文化组织中的道德行为产生重要影响。

6. 问题强度

影响管理者道德行为的最后一个因素是道德问题本身的强度，它取决于六个因素，如图 1-6 所示。

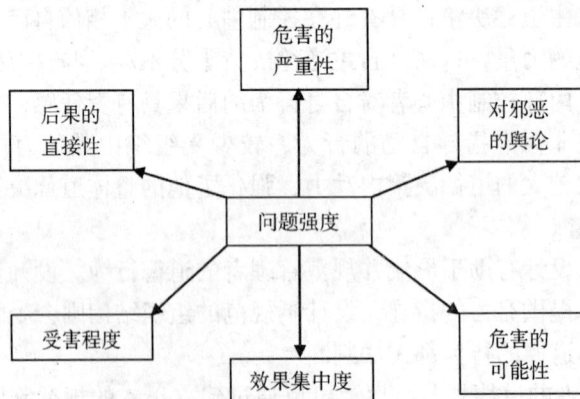

图1-6　影响管理者道德行为因素的问题强度

（1）某种道德行为对受害者的伤害有多大或对受益者的利益有多大？可以判断，伤害很大则不道德，伤害很小则无所谓。例如，使1000人失业的行为比仅使10人失业的行为伤害更大。

（2）有多少人认为这种行为是恶劣的（或善良的）？如果大多数人认为这种行为恶劣则不道德，若很少人这样认为则无所谓。但是，在我国的行政单位与国有企业办公室，常有用公家的电话办自己的事的现象，由于公有制单位传统上员工有享受非货币化福利的权利与"习惯"，因而很少有人对此指责。这样，在很长时间内，该行为不会受到很多人的道德质问。

（3）行为实际发生并造成实际伤害（或带来实际利益）的可能性有多大？例如，把枪卖给武装起来的强盗，比卖给守法的公民更有可能带来危害。

（4）在行为及其预期后果之间的时间间隔有多长？例如，减少目前退休人员的退休金，比减少目前年龄在 40～50 岁的在职员工的退休金所带来的直接后果更为严重。

（5）你觉得行为的受害者（或受益者）与你（在社会、心理或物质上）挨得多近？如公司制定一项减员增效计划，减员对象中有很多是对公司做出长期贡献的人，宣布该计划立即实施和在两年后实施引起的反应是不一样的。前一种方案会被很多员工认为是"没良心的"，而后一种实施方案，因为是以后的事，所以大多员工反应不太强烈。

（6）道德行为对有关人员的影响集中程度如何？例如，担保政策的一种改变——拒绝给 10 人提供每人 10000 元的担保，比担保政策的另一种改变——拒绝给 10000 人提供每人 10 元的担保——的影响更加集中。

综上所述，受伤害的人数越多、越多人认为这一种行为是恶劣的、行为发生并造成实际伤害的可能性越高、行为的后果出现越早、舆论的谴责性越强、观察者感到行为的受害者与自己挨得越近、影响的集中度越显著，那么该问题的强度就越大。这六类因素基本上决定了一个人管理道德观的形成，但在一定时期，社会上大多数人的世界观和价值观也会从外部影响甚至改变个人的管理道德观。这六个因素决定了道德问题的重要性，道德问题越重要，管理者越有可能采取道德行为。

二、管理道德

（一）管理道德的内容

1. 组织管理目标的道德

任何管理都是组织的管理。但是，组织管理者的思想道德水平如何，又直接关系到管理水平的高低和管理目标的实现。因为组织者在制定管理目标时，不仅要考虑到管理目标的可行性，而且要考虑到管理目标的道德性，才能使管理目标成为有效的目标。组织管理者为了使其管理目标可行，或多或少地都要考虑它的目标的道德性。原始社会的氏族公共事务管理，其目标是获取必要的物质生活资料，其道德目标是维护氏族组织成员的生存。到了阶级社会，组织的管理目标被打上了阶级的烙印，不同阶级的组织管理，其管理目标也有不同的道德要求。奴隶主阶级和封建地主阶级在强化国家管理中的镇压职能时，其社会管理目标也考虑到要把阶级冲突保持在一定的"秩序"范围内，用"礼"或"仁"规范人们的行为，使民众懂得如何安分守己，不要"犯上作乱"。他们还把有效实现对国家的管理看作是有效管理社会的目标，认为治理好国家也就是治理好社会，其道德目标就是保护国家利益，也就是维护剥削阶级的利益。正如古希腊思想家德谟克利特所说："应当认定国家的利益高于一切，以便把国家治理好。绝不能让争吵破坏公道，也不能让暴力损害公益。因为治理得好的国家是最可靠的保证，一切都系于国家。国家健全就是一切兴盛，国家腐败就一切完蛋。"中国封建社会时期著名的"贞观之治"，就与唐太宗李世民在制定和实施国家管理目标的过程中所采取的德政措施是分不开的。所以，后来的许多封建统治者都效仿唐太宗，提倡德政，"以德治国"。

与以往剥削阶级强化国家管理目标不同，资本主义从其产生的那一天起，就致力于生产力的发展，因此，资产阶级进行社会管理的最基本方面是进行生产管理。但是，资产阶级在制定其生产管理目标时，基于追求更多的剩余价值，往往很少考虑其目标的道德性，所以总是达不到其应该达到的有效管理。对此，马克思曾揭露过资产阶级这种管理目标的道德弱化的本质。他说，如果说资本主义的管理就其内容来说是二重的——因为它所管理的生产过程本身具有两重性，一方面是制造产品的社会劳动过程，另一方面是资本的价值增值的过程。在这种情况下，"管理、监督和调节的职能就成为资本的职能，这种管理的职能作为资本的特殊职能取得了特殊的性质"。在社会主义社会里，由于消灭了剥削制度和剥削阶级，实行了以公有制为主体的经济制度，劳动人民当家作主，因此，社会一切管理的本质和目标也就发生了根本的变化。社会主义生产的管理目标，是发展生产力，达到最佳的经济效益，与此相适应的道德目标是实现人民群众的共同富裕。这种管理目标与道德要求的一致性，只有在社会主义条件下才能真正实现。

2. 实现组织管理目标的手段的道德

手段是为实现一定目的或目标而采取的一定的途径、方法、办法和策略的总和。任何组织管理目标的实现，都要通过一定的手段。至于采取什么样的手段，达到什么样的效果，则取决于组织管理者对手段的选择。而所选择的手段是否正当，即手段是否道德，直接影响管理目标的实现。在阶级社会里，不同的阶级在实现其管理目标时采用的手段是各不相同的。奴隶主阶级民主派曾要求对奴隶采取一些怀柔、宽容的政策，以利于稳定社会秩序。但奴隶主阶级贵族派却继续坚持严厉的压迫政策，激起了奴隶们的极大反抗。封建地主阶级在反对奴隶主阶级专制制度的革命斗争中，曾经采取过一些小恩小惠的政策，给农民一些好处，对吸引农民参加革命确实起了较好的作用。但封建地主阶级掌权之后，又采取更加严厉的手段剥削和压迫农民，结果导致农民起义连绵不断。资产阶级高举"自由、民主、博爱"的革命大旗，对封建专制制度采取了无情揭露和批判的斗争手段，这对于吸引广大工人阶级和劳动群众参加革命也起到了积极的作用。但是，资产阶级掌权之后，由于仍然奉行极端利己主义的道德原则，因而在其实现生产管理的目标过程中，又采取了各种各样的不正当手段，如延长工时、增加劳动强度、招收童工、压低工资等，残酷地压迫和剥削工人，以此来达到其追求高额剩余价值的目的。正如恩格斯所说，资产阶级总是"采取不道德的手段达到不道德的目的"。与资产阶级不同，无产阶级在掌握国家政权之后，要求一切组织管理者为实现其管理目标而选择的所有手段，都必须是正当的，必须符合社会主义道德的要求。它坚决反对一些组织管理者为达到其私利而采取不正当手段的做法。它还要求人们对诸如偷工减料、偷税漏税、走私贩私、制假造劣、哄抬物价、进行虚假广告宣传等不正当行为，必须给予严厉的打击和谴责。

3. 人际关系管理的道德

人际关系管理是社会管理的重要内容。一定社会的人际关系管理，除受社会性质决定之外，还受血缘、地缘、业缘等因素的影响，从而造成这种管理的复杂性和管理层次的多样性。知名猎头公司——烽火猎聘公司的总经理认为，调整和协调不同的人际关系或同一种人际关系中的不同层次的人际关系，需要有不同层次的道德规范，即处理和协调邻里人际关系、老乡人际关系与处理和协调家庭人际关系、夫妻人际关系的道德规范是不同的。中国长期流传的"清官难断家务事"的说法，虽是老话，却说明了人际关系管理的复杂性。特别是在社会主义市场经济的条件下，有的人滥用等价交换的原则，使人际交往中出现许多"关系网"，如"人情大于公章"和"杀熟"，即在经济交往中既"吃里"又"扒外"的现象，使人们感到信用危机、世风日下、道德滑坡。在这种情况下，如何规范人们的交往关系，使人们的人际关系沿着平等、和睦、协调和有序的健康方向发展，就成为管理道德建设中的一项重要内容。

4. 人事管理的道德

任何的组织管理，都是通过人来执行其管理职能，通过人的活动来实施的。因此，如何管理人，如何用人，不仅要考虑人的知识、经验和能力，而且要考虑人的思想道德素质。中国自古以来一直流传着"人存政存，人亡政息"、"天下治乱，往往系于用人"的说法。这种说法虽然不是至理名言，但却包含着较为深刻的道理。事实上，中国历代管理的决策都重视用人的德才要求，从战国时代的客卿、养士到汉代的举贤士；从魏九品官人法门阀士族制，到隋唐的科举制、明清的八股文取士等取才用人制度，都要求入选者不仅要有才，而且要有德，即忠君爱国、举孝廉、不犯上。当代西方资产阶级在网罗人才的过程中，也很重视其所用人才的政治、宗教和道德的因素。在社会主义社会里，我们的用人制度，更应该重视道德的要求，必须坚持用人的德才兼备和知人善用的原则，反对"任人唯亲"、"以权谋私"的做法，使我们的人事管理科学化、规范化、道德化。

5. 财物管理的道德

物资钱财是实现组织管理目标的物质基础。没有物资钱财的组织根本不可能进行管理。但是，有了物资钱财的组织，也不一定能实现有效的管理目标，因为物资钱财总是要交给组织机构的人员去掌握和运用的。这时，财物管理人员的道德素质的高低与财物的道德风险就会成正比。如果管钱管物的人连"君子爱财，取之有道"、"非我之物勿用"等最起码的道德意识都没有，必然会利欲熏心、贪污挪用、化公为私，这就必然会动摇或削弱组织管理的物质基础。

因此，如何规范财物管理人员的行为，加强财物管理方面的道德建设和道德教育，是管理道德的一项非常重要的内容。

（二）管理道德的特点

1. 管理道德具有普遍性

管理道德是人们在参与管理活动中以一定的社会道德原则和基本规范为指导而提升、概括出来的管理行为的规范，它适用于各个领域的管理。无论是行政管理、经济管理、企业管理、文化管理，还是单位、部门、家庭和邻里的人际关系管理，都应当遵守管理道德的原则和要求。

2. 管理道德具有特殊的非强制性

人类最初的管理，属于公权的、人人都可以平等参加的管理，没有强制性。相应的，调整管理行为的规范，即管理道德也没有强制性。正如恩格斯所指出的："酋长在氏族内部的权力，是父亲般的、纯粹道德性质的，他手里没有强制的手段。"人类社会进入阶级社会以后，管理被打上阶级的烙印，具有阶级的性质和内容。它依靠国家或组织的权力实行管理活动，具有强制的性质。但是，与此相适应的管理道德并没有改变其非强制的性质。不过，管理道德在内容上侧重于调整和约束组织管理者的管理行为，在社会作用上则侧重于依靠被管理者的舆论影响管理者的行为，从而调整管理者与被管理者之间的关系，使其具有特殊性。

3. 管理道德具有变动性

人类的管理活动是随着人类的社会实践的发展而不断变化的，作为调整管理行为和管理关系的管理道德规范，也必然随着管理的变化和发展而不断改变自己的内容与形式。原始社会的公共事务管理性质单纯、形式单一、内容简单、发展极其缓慢，与之相应的管理道德也同样是内容简单、规范少、发展缓慢。到了近代，随着管理内容的复杂化、管理方式的制度化和管理目标的多样化，管理道德的内容也随之增加和丰富，形式也多样化。特别是当代科学管理的迅速发展，进一步推动了管理道德的变化和发展。因此，如何在这种变动中适时调整道德的结构和层次，概括出反映新的时代特点和当代科学管理水平的新的管理道德规范，以满足具有中国特色的社会主义管理发展的需要，这是摆在我们面前的一项新的任务。

4. 管理道德具有社会教化性

道德教化是一个古老的概念，重视教化是中国传统文化的一个优良传统。中国古代的思想家大都重视德治，所以都强调道德教化的作用。孔子主张用"仁爱"的道德原则教化人，认为人只要做到"仁"，就能自爱，就能"爱人"，对人宽容、忠恕。孟子发展了孔子的仁爱思想，提出"亲亲而仁民，仁民而爱物"的思想，认为"仁"就是"爱之理，心之德"。此外，儒家还把公正、廉洁、重行、修养、举贤仁能等都看作"仁爱"教化的结果，要求管理者应具备这些道德品质。当代中国的社会主义管理道德，应当吸收中国传统文化中的合理的道德教化思想，高度重视管理道德的教化作用。尤其应当强调组织管理者的道德示范和引导作用，使管理道德的意识、信念、意志、情感更加深入人心，并化为人们的自觉行为，这对于有效促进社会主义管理目标的实现具有非常重要的作用。

三、管理道德的基本途径

如今的社会正处于一个转型时期，传统的道德观也难免要受到冲击和挑战，商业贿赂、环境污染、企业欺诈、产品假冒伪劣、员工不负责任等现象层出不穷，企业道德到了一个非治理不可的时候了，也正是改善与建设企业道德的好时期。改善管理道德是一项长期的任务，不是一朝一夕可以完成的，要贯穿于企业发展的全过程和全体员工中，从而减少组织中的不道德行为发生。为此，我们应该吸收西方道德观中合理的成分，继承中华民族传统道德观的精华，立足改革现状，面向未来，重塑我们的管理道德观。就企业内部而言，高层管理者可以采取多种措施来提高员工的道德素质，这些措施包括挑选高道德素质的员工、建立道德准则和决策规则、领导员工、设定工作目标以及对员工进行道德训练等。在这些措施中，单个措施发挥的作用是极其有限的，一定要把它们中的多数或全部整合起来，才可能收到预期的效果。

（一）建立道德准则

道德问题具有一定的主观意识性，不同的文化背景等因素都会影响到一个人的道德判断，因此需要制定道德准则和决策规划，实行管理道德的制度化管理。在一些企业里，员工对"什么是管理道德，如何去遵守管理道德"是不清楚的、模糊的，只靠内心的信念去工作不足以维持高水平的道德，所以要通过建立道德准则来解决这个问题。20 世纪 90 年代中期，在《幸福》杂志排名前500 强的企业中，就有 90% 以上的企业通过成文的道德守则来规范员工的行为。

小资料

摩托罗拉的商业行为准则

商业行为准则的目的

本商业行为准则旨在帮助摩托罗拉公司以及摩托罗拉人建立道德标准。它总结了摩托罗拉以及摩托罗拉人所遵循的许多法则。然而，通过阐述我们作为摩托罗拉人所共享的道德价值观念，这部准则超出了法律的最低要求。

这部准则不是一份合同，也不是涵盖全世界各地的摩托罗拉人可能遇到的每一情形的综合手册指南，它只是一份表明基本观点、强调主要问题、说明摩托罗拉政策来源的指南，以帮助你做出使你和摩托罗拉都感到自豪的决定。

责任和职责

作为摩托罗拉人，我们每一个人都有责任确保我们的行为符合本商业行为准则，以适用于我们工作的法律。如果你对违法或不道德的行为有任何问题或疑虑，应与管理部门或道德专线核实。牢记：不遵守本准则和法律将导致与违反行为相应的纪律处分，直至解聘。

每位摩托罗拉人都应通读本商业行为准则，但是除了我们每人自己，没有一部准则能够保证合乎道德的行为。

（资料来源：摩托罗拉商业行为准则．www.motorola.com.cn）

　　道德准则是表明组织的基本价值观和组织期望员工遵守的道德规则的正式文件。斯蒂芬·罗宾斯认为："一方面，道德准则要具体，以向员工表明他们以什么样的精神状态工作；另一方面，道德准则要尽量宽松，允许员工有判断的自由。"

　　大多数道德准则包括三个方面的内容：①做一个可靠的组织公民；②不做任何损害组织的不合法或不恰当的事情；③为顾客着想。

表1-2　常见的企业道德准则的变量

第一类： 做可靠的组织公民	第二类： 不做任何损害组织的不合法 或不恰当的事情	第三类： 为顾客着想
①遵守安全、健康和保障规则 ②表现出礼貌、尊敬、诚实和公平 ③禁止生产非法药品和酒精 ④管理好个人财务 ⑤出勤率高，准时 ⑥听从监督人员的指挥 ⑦不说粗话 ⑧穿工作服 ⑨禁止上班携带武器	①合法经营 ②禁止付给非法目的的报酬 ③禁止行贿 ④避免有损职责的外界活动 ⑤保守秘密 ⑥遵守所有的反托拉斯和贸易规则 ⑦遵守会计规则和管制措施 ⑧不以公司财产牟取私利 ⑨员工对公司基金负有个人责任 ⑩不宣传虚假和误导的信息	①在产品广告中传递真实的信息 ②以你的最大能力履行分派的职责 ③提供最优质的产品和服务

　　道德准则的效果在很大程度上取决于管理层是否持支持的态度以及如何对待违反准则的员工。当管理层认为这个要求很重要，经常重复和强调其中内容，并当众谴责违反准则的人时，准则便能为一个有效的道德计划提供强有力的基础。

（二）挑选道德素质高的员工

　　每个人由于生活的环境、所接受的教育等的不同形成了不同的价值观念和道德准则，这些不同的观念和准则自然会带入到工作中去，因此会与企业的价值观念出现相适应或者相冲突的局面。企业在招聘人才时，可以挑选那些认同本企业价值观的员工，把那些不认同本企业的求职者淘汰掉。从某种意义上讲："有德有才是正品，有德无才是次品，无德无才是废品，有才无德是毒品。"现在很多企业在招录人才的时候，道德标准占了很大的比重，因为一个有道德不良记录的人是很难改变其态度的，"江山易改，本性难移"就是这个道理。

小资料

福特应聘

福特在大学毕业后去一家汽车公司应聘，和他同时应聘的三四个人都比他学历高，当前面几个人面试之后，他觉得自己没希望了。但既来之则安之，他敲门进了董事长的办公室。一进门，他发现地上有一张纸，便弯腰捡起来，发现是一张废纸，便顺手扔进了废纸篓，然后来到董事长的办公桌前，说："我是来应聘的福特"。董事长说："很好，很好，福特先生，你已经被我们录用了。"福特惊讶地说："董事长，我觉得前几位都比我好，你怎么把我录用了呢?"董事长说："福特先生，前面三位的学历确实比你高，而且仪表堂堂，但他们只想对大事负责，而不想对小事负责。我认为一个敢于为小事负责的人，将来自然会为大事负责，所以我们录用了你。"

就这样，福特进了这家公司，后来成了这家公司的掌门人，该公司也改名为福特公司。福特公司在一个世纪里成为世界经济的领跑者。

（三）管理高层的领导

要使组织的管理道德准则得到员工的认同与有效地执行，组织的领导者必须做好以下几件事情：

（1）高层领导者以身作则。这是因为高层领导者建立了道德准则的基调。在言行方面，他们是表率、是导向、是模范，员工的眼睛都在看着他们，因此，作为组织的领导者，他要在道德方面起模范带头作用，要身体力行。如果高层领导者把公司资源据为己有、虚报支出项目或优待好友，那么这无疑向员工暗示，这些行为都是可接受的、是道德的，会导致上行下效，即俗话说的"上梁不正下梁歪"。

（2）高层领导者可以通过奖惩机制来影响员工的道德行为。选择什么人和什么事作为提薪、晋升及奖罚的对象，会向员工传递强有力的信息。管理者对为公司做出了贡献的员工给予奖励，这种行为本身向所有员工表明它是道德的。管理者在发现错误行为时，不仅要严惩当事人，而且要把事实公之于众，让组织中所有人都认清后果。这就传递了这样的信息："做错事要付出代价，行为不道德不是你的利益所在。"

（四）确定工作目标

作为企业的员工，自己就应该设立与企业目标相一致的明确而现实的目标。如果企业的目标对员工的要求不切实际，就会产生道德问题，如为了实现个人的目标而损害企业的利益或者将外部经济转嫁给社会等。在不现实的目标压力之下，即使道德素质较高的员工也会感到纠结和迷惑，很难在道德和目标之间做出正确的选择，有时为了达到目标而不得不牺牲道德，如企业营销人员为了提高他们的销售业绩而进行市场"窜货"，这就扰乱了市场秩序，违背了企业道德。而明确现实的目标，可以减少员工的困惑，从而激励员工的工作激情。

（五）实施道德教育

现在，越来越多的组织意识到对员工进行适当的道德教育是非常重要的，于是他们积极采取各种方式，如开设研修班、组织专题讨论会等，来提高员工的道德素质。

道德训练使企业道德得以转化为员工的内在品质，是企业管理实践发生作用的重要环节。在日本企业界，员工的道德训练始终是与企业命运紧密结合在一起的。许多企业悬挂着"道德进入企业，心灵进入工作场所"、"在企业中要有伦理，职业上要有心"的口号，他们以"明朗、爱和、喜劳"为中心内容普遍开展了道德训练，启迪和内化员工的心灵。可以说，企业的发展取决于员工的业务素质，更取决于其道德素质。

企业道德训练的内容包括企业的价值观、责任观和良心观的教育。对员工在这方面进行综合训练，使员工树立起积极进取的人生态度，把服务大众、服务社会作为人生价值的体现；陶冶员工的道德情操，营造以情待人的道德风尚，培养员工的同情心和仁爱心；增强员工的责任心，强化员工爱岗敬业的精神，使员工全心全意地为企业服务，促进企业的发展。

（六）规范绩效考核

如果只用经济成果来衡量和考核管理者的绩效，那么他们为了取得经济结果，往往会不择手段，从而有可能产生不道德行为。因此，在评价管理者的工作绩效时，就必须把道德方面的要求包括进去，而且占一定的权重，这样才能全面具体地考核管理者，不至于有失偏颇；同时可以极大地调动员工履行道德义务的积极性，改善企业员工的道德行为，也在组织中树立了一种新的道德观念。

小资料

摩托罗拉评估领导者的 5E 模型

1. Envision（眼力）：领导者要有眼力，能够识别各种类型的员工，能够对各种事物做出准确的判断，能够无差错地对员工进行正确的奖励和处罚。

2. Energize（激励力）：能够有效激励部属不断进步，不断鼓舞员工士气，提高员工的绩效水平和工作能力。

3. Edge（决断力）：能够果断地做出决策，高效率地完成工作。

4. Execute（执行力）：能够有效执行管理层的决策，使之付诸行动并取得效果。

5. Ethic（定力）：领导者要有职业道德，要有节约意识、经济头脑等。

（资料来源：摩托罗拉商业行为准则．www. motorola. corn. cn）

（七）独立社会审计

根据组织的道德准则对管理者进行独立审计，可以发现组织的不道德行为，惧于社会审计的威慑力，可以降低不道德行为发生的可能性。这种措施抓住了人们害怕被抓住的心理，被抓住的可能性越大，产生不道德行为的可能性就越小。

审计可以是例行的，如财务审计；也可以是随机抽查性质的，事先并不通知。为了保证审计的独立、客观与公正，审计人员应该对公司的董事会负责，并把审计结果直接呈交给董事会。

在领导者或管理者离任时也要进行离任审计或异地审计。现在，很多领导者在位的时候进行审计没有什么问题，是由于他的权力、地位等的缘故而没有被发现，领导者离任后，经济问题就出来了。

（八）正式保护机制

正式的保护机制可以使那些面临道德困境的员工按照自己的判断做事而不必担心受到惩罚。一个组织可以建立正式的保护机构，设立专门的职位，如道德咨询员。当员工面临道德问题时，可以从道德咨询员那里得到指导。道德咨询员首先要成为那些遇到道德问题的人的诉说对象，倾听他们对道德问题、产生这一问题的原因以及自己的解决方法的陈述。在各种解决方法变得清晰之后，道德咨询员应该积极引导员工选择正确的方法。另外，组织也可以建立专门的渠道，使员工能放心地举报道德问题或告发践踏道德准则的人。

四、企业的社会责任

(一) 企业道德责任的内涵

企业道德责任是指企业在生产经营活动中自觉履行的伦理准则和道德规范。企业道德责任是较高层次的社会责任，分为内、外两个方面：从企业内部来讲，主要包括善待员工、关注职工生命安全和身体健康、改善工作环境、保障职工合法权益、注重职工事业成长、让职工分享企业发展的成果；从企业外部来讲，包括遵守商业道德、平等交易、诚实守信，以及尊重自然、保护环境、珍惜和节约资源、能源等。

企业道德责任的含义大体有广义和狭义两个方面，从较为广泛和普遍的意义上，企业的道德责任是体现在企业的经济责任、法律责任和精神文化责任之中的，同时又是同企业伦理建设密切相关的诸种责任的有机统一。而从狭隘的视角来看，企业的道德责任是企业所肩负的对自己、对同道和对社会的道德义务的自觉承担与精神担纲，它在其精神实质上可以用"敬业求精、贵和乐群"来概括。企业道德责任的内化即为企业良心，企业良心就是企业道德责任的自我意识和自我评价。它是由企业爱心、企业诚心和企业义心或公正之心所构成。

(二) 企业道德责任的依据

企业道德责任的依据和理由主要可从以下几个方面来理解：

首先，企业是一个追求利益并因此而形成利益相关者的经济组织。在企业所从事的以赢利为目的的经营活动中，必然要与内部和外部各种利益主体发生关系。利益相关者是指企业行为对他们带来严重影响或者是要承担危险后果的那些个人和社会组织，包括员工、股东、顾客、用户、供货商、经销商、债权人、政府、社区等。在企业内部和外部的各种利益关系中，必然形成企业道德义务和责任的依据。

其次，企业是人们因社会契约而缔结起来的法人组织。企业法人是指按照法律规定程序设立，有一定的组织机构和独立的财产，并能以自己的名义享有民事权利、承担民事义务的企业组织。企业法人类似于自然人，它是根据企业自身的意志来行动的独立的行为主体。企业所具有的独立法人地位，是企业承担道德责任的前提。国外一些经济伦理学家用企业社会契约论来对企业的道德责任加以解读，认为现实或现存的社会契约是构成企业道德责任的重要源泉。

最后，企业还是自由意志和行为选择的伦理主体。在伦理学理论中，责任的探讨和归咎是同人的行为能力、意志自由密切地联系在一起的。没有一定的行为能力是无法承担起一定的责任的，没有一定的意志自由，也很难要它承担一定的责任。企业是由大多数有行为能力和意志自由的人所建立起来的经济共同体，理应承担自己应负的道德责任。作为具有独立意志和行为选择自由的伦理主体，企业应具有自身的道德责任意识和伦理精神。就像有道德的人自己改造自己、自己发展和完善自己一样，有道德的企业同样也体现着主体自身的道德追求，是一群有道德行为人的整体化体现。

（三）企业道德责任的内化

企业道德责任的内化即为企业良心。企业道德责任与企业良心是密切相关的两个范畴。一般来说，良心是一种意识到的责任感和自我评价能力。企业良心就是企业道德责任的自我意识和自我评价。企业良心以企业道德责任为具体内容，企业道德责任以企业良心为精神或心理依托。或者可以说，企业责任是外在的企业良心，企业良心是内在的企业责任，企业责任的内化即为企业良心，企业良心的外化即为企业责任。企业良心的有无主要是以企业是否能意识到企业责任为判断依据，因此说企业良心是企业伦理中一种强烈的社会责任感和道德使命感，是企业全体员工在现实生活中由于自觉意识到应有的使命、职责和任务而产生的对他人、集体和社会应尽义务的强烈而持久的愿望。企业良心是把企业责任转化为企业集体和个人内在的企业道德需要并使之成为企业道德评价的内在尺度，是企业人群行为选择和善恶评价的内在机制。因此，可以说企业良心是企业责任的心理依托和精神保障，强化企业责任重在培育企业良心。

（四）企业应承担的社会责任

1. 企业社会责任的含义

企业社会责任（Corporate Social Responsibility，CSR），是指企业在其商业运作里对其利害关系人应负的责任。企业社会责任的概念是基于商业运作必须符合可持续发展的想法，企业除了考虑自身的财政和经营状况外，也要加入其对社会和自然环境所造成影响的考虑。利害关系人是指所有可以影响或会被企业的决策和行动所影响的个体或群体，包括员工、顾客、供应商、社区团体、母公司或附属公司、合作伙伴、投资者和股东。

2. 社会责任的具体体现

（1）企业对环境的责任。企业既受环境的影响又影响着环境。从自身的生存和发展角度看，企业有承担保护环境的责任。企业对环境的责任主要体现在：

第一，企业要在保护环境方面发挥主导作用，特别要在推动环保技术的应用方面发挥示范作用。有社会责任的企业具有强烈的环境保护意识，它们积极采用生态生产技术。生态生产技术主要是指，这种技术利用生态系统的物质循环和能量流动原理，以闭路循环的形式，在生态过程中实现资源合理而充分地利用，使整个生产过程保持高的生态效率和环境的零污染。企业要紧密跟踪生态生产技术的研究进展，在条件许可的情况下，将最新的生态生产技术应用到生产中去，使研究出来的生态生产技术能尽快转化为生产力，造福于人类。在这样做的过程中，企业自身的发展也得到了有力的保证。

第二，企业要以"绿色产品"为研究和开发的主要对象。企业研制并生产绿色产品既体现了企业的社会责任，推动了"绿色市场"的发育，也推动着环保宣传教育，提高了整个社会的生态意识。

第三，企业要治理环境。污染环境的企业要采取切实有效的措施来治理环境，"谁污染谁治理"，不能推诿，更不能采取转嫁生态危机的不道德行为。

（2）企业对员工的责任。员工是企业最宝贵的财富。企业对员工的责任主要体现在：

第一，不歧视员工。现代企业的一个显著特征是员工队伍的多元化。为了调动各方面的积极性，企业要充分尊重员工，要尽量平等和公平地对待所有员工。

第二，定期或不定期培训员工。决定员工（尤其是高素质员工）去留的一个关键因素是员工能否在本企业中得到锻炼和发展。有社会责任的企业不仅要根据员工的综合素质把他安排在合适的工作岗位上，做到人尽其才，才尽其用，而且在工作过程中，要根据情况的需要，对他进行培训，如送他到国外或到国内的学校、科研机构和兄弟单位学习深造。这样做既满足了员工自身的需要，也满足了企业的需要，因为通常情况下，经过培训过的员工能胜任更具挑战性的工作。

第三，营造一个良好的工作环境。工作环境的好坏直接影响到员工的身心健康和工作效率。企业不仅要为员工营造一个安全、关系融洽、压力适中的工作环境，而且要根据本单位的实际情况为员工配备必要的设施。

第四，善待员工的其他举措。例如，推行民主管理、提高员工的物质待遇、对工作表现好的员工予以奖励等。

（3）企业对顾客的责任。"顾客是上帝"，忠诚顾客的数量以及顾客的忠诚程度往往决定着企业的成败得失。企业对顾客的责任主要体现在：

第一，提供安全的产品。安全的权利是顾客的一项基本权利，企业不仅要让顾客得到所需的产品，还要让他们得到安全的产品。产品的安全越来越受到企业（尤其是知名企业）的重视。

第二，提供正确的产品信息。企业要想赢得顾客的信赖，在提供产品信息方面不该弄虚作假，欺骗顾客。

第三，提供售后服务。企业要重视售后服务，要把售后服务看作对顾客的承诺和责任，要建立与顾客沟通的有效渠道，如设立意见箱、热线电话等，及时解决顾客在使用本企业产品时遇到的问题和困难。

第四，提供必要的指导。在使用产品前或过程中，企业要尽可能为顾客提供培训或指导，帮助他们正确使用本企业的产品。

第五，给予顾客自主选择的权利。在市场经济下，顾客拥有自主选择产品的权利。企业不能限制竞争，以防止垄断或限制的出现给顾客带来的不利影响。

（4）企业对竞争对手的责任。在市场经济下，竞争是一种有序竞争。企业不能压制竞争，也不能搞恶意竞争。企业要处理好与竞争对手的关系，在竞争中合作，在合作中竞争。有社会责任的企业不会为了暂时之利，通过不正当手段挤垮对手。

（5）企业对投资者的责任。企业首先要为投资者带来有吸引力的投资报酬。那种只想从投资者手中获取资金，却不愿或无力给投资者以合理报酬的企业是对投资者极不负责企业，这种企业注定被投资者抛弃。此外，企业还要将其财务状况及时、准确、直接地报告给投资者，错报或假报财务状况，是对投资者的欺骗。

（6）企业对社区的责任。企业不仅要为所在社区提供就业机会和创造财富，还要尽可能为所在社区做出贡献。有社会责任的企业意识到通过适当的方式把利润中的一部分回报给所在社区是其应尽的义务。它们积极寻找途径参与各种社会行动，通过此类活动，不仅回报了社区和社会，还为企业树立了良好的公众形象。

（五）对社会责任的认识过程

在过去的几十年间，人们对企业应承担起何种社会责任的认识发生了根本性的转变，大致经历了以下几个阶段。

1. "赢利至上"阶段

1970 年 9 月 13 日，诺贝尔奖获得者、经济学家米尔顿·弗里德曼（Milton Friedman）在《纽约时报》刊登题为《商业的社会责任是增加利润》的文章，指出"市场经济条件下企业的一项、也是唯一的社会责任是在现行游戏规则范围内增加利润，而对于企业行为给社会带来的不良影响和弊端，则最终由法律和法院来负责解决。"他认为当今的大多数管理者是职业管理者，这意味着管理者并不拥有其所经营的企业，而只是员工，仅对股东负责。因此，管理者的主要责任就是最大限度地满足股东的利益，而股东只关心一件事，也就是财务利益，如果经营者将企业的资源用于"社会产品"，就会破坏市场机制的基础。

这个观点在很长时间内一直维系着人们对组织的社会责任的认识，很多管理人员都认为自己的唯一目标就是追逐尽可能多的利润，而不管实现利润最大化的手段或者途径是否有损社会利益。

小思考

有人认为，企业如果承担社会责任，生产社会产品，实际上就是一种资源的再分配，那么就必须有人为这种资产的再分配付出代价。如果社会责任行为降低了利润和股息，那么股东就会受损；如果必须降低工资和福利来支付社会行为，那么雇员就会受损；如果用提价来补偿社会行为，那么，消费者就会受损；如果市场不接受更高的价格，那么销售额可能就会下降，企业的生存也许就要受到影响，在这种情况下，企业的全部组成要素都将受损。

你如何看待上述观点？

2. "关注环境"阶段

20 世纪 80 年代，企业社会责任运动开始在欧美发达国家逐渐兴起，它主要包括环保、劳工和人权等方面的内容，由此导致消费者的关注点由单一关心产品质量，转向不仅关心产品质量，而且关心环境、职业健康和劳动保障等多个方面。一些涉及绿色和平、环保、社会责任和人权等非政府组织及舆论也不断呼吁，要求企业社会责任与贸易挂钩。迫于日益增大的压力和自身的发展需要，很多欧美跨国公司纷纷制定对社会做出必要承诺的责任守则，或通过环境、职业健康、社会责任认证应对不同利益团体的需要。

3. "社会经济"阶段

社会经济观认为，利润最大化是企业的第二目标，企业的第一目标是保证自己的生存。为了实现这一点，企业必须承担社会义务，以及由此产生的社会成本。企业必须以不污染、不歧视、不从事欺骗性的广告宣传等方式来保护社会福利，必须融入自己所在的社区及资助慈善组织，从而在改善社会中扮演积极的角色。

在"社会经济"观点看来，"赢利至上"观的缺陷主要在于其时间框架。社会经济观的支持者认为，管理者应该关心长期财务收益的最大化，为此，企业必须从事一些必要的社会行动并承担相应的成本。

案例学习

美国"9·11"恐怖袭击的当天，在灾难现场进行抢救的救援人员到邻近的星巴克咖啡店要几箱水，店员却要求救援单位付130美元，结果一封网络邮件将这件事四处传播开来。由于在网络上引起争议，两周后星巴克开始说明。

第一篇新闻稿：邮件会影响星巴克员工的士气。

隔天第二篇新闻稿：星巴克捐了14000加仑水。

再隔数天，店里贴出执行长亲笔公告：对发生的事失望……应该捐出那3箱水。

虽说如此，但强烈辩护和缓慢的反应仍然引起许多反感，这已经严重影响了企业形象，星巴克在这次事件处理上栽了大跟头。

思考题：

1. 如果你是星巴克公司，事件发生时你会怎么做？

2. 社会责任活动的发生必然会导致企业内部成本的增加，那么，这是否意味着企业从事社会责任活动会引起其经济绩效的下降呢？

3. 对一家企业而言，社会责任承担与经济绩效之间到底存在着怎样一种关系？

【本章小结】

（1）组织是以目标为导向，经过精心构建的社会团体。它由两个或两个以上的人组成。

（2）管理是在特定环境下，通过计划、组织、领导和控制等基本职能，协调以人为中心的各种资源，以有效实现组织目标的过程。管理活动是在特定的组织内外部环境的约束下进行的；管理的对象是组织资源，包括组织中可支配的人、财、物以及技术和信息，其中人是最基本的对象。

（3）管理过程是由一系列相互关联、连续进行的活动所构成的。这些活动包括计划、组织、领导、控制、决策、沟通、创新等。这些都是管理的职能，其中计划、组织、领导和控制被称为管理的四项基本职能。

（4）管理要紧紧围绕组织目标来进行。在提高生产率时，既要注意效率，又要注重效果。生产率是指投入与产出的比率，而效率是指以尽可能少的投入获得尽可能多的产出，效果是指所从事的工作和活动有助于组织达到其目标。

（5）管理具有二重性、科学性、艺术性、普遍性等特点。在经济发展和社会进步中管理发挥着越来越重要的作用；它是维系人类正常活动的先决条件，它可以最大限度地促进社会生产力的发展，从而提高经济效益。

（6）管理的基本原理有权变原理、系统原理、人本原理、动态原理、开放原理、人本原理、责任原理、效益原理等，管理的基本方法有法律方法、行政方法、经济方法、教育方法、技术方法等。

（7）管理学是一门研究管理活动过程及其规律的科学，是管理活动的科学总结。它的主要任务是研究管理活动的主体和客体，以合理配置资源要素；研究管理的手段和方法，以充分发挥管理的职能；研究管理的思想及原理，以揭示管理的客观规律；研究现实管理环境，以提高管理的绩效。

（8）由于管理学是一门交叉学科，它既是科学，又是艺术，所以具有综合性。管理学来源于实践，又直接运用于实践、指导实践，所以具有实践性。如果把组织中的人、财、物等看作是硬件，那么管理就是使组织中各种资源合理配置、高效运转的软件，因此称管理学具有软科学性。管理学的实践性决定着管理理论必须不断发展完善，因而管理学又具有发展性。

（9）管理者是指那些指挥别人活动又对他人的工作负有责任的人。管理者根据其在组织中所处地位不同可分为高层管理者、中层管理者和基层管理者三种类型。任何一类管理者不仅需要具备政治素质、知识素质、能力素质和身体素质，而且还需要具备技术技能、人际技能和概念技能。对管理技能的需求程度随管理者层次的变化而变化。

（10）道德通常是指那些用来明辨是非的规则或原则。在商业道德方面有四种观点：道德功利观、道德权力观、公平理论道德观和综合社会契约理论观。影响管理者道德素质的因素，一般包括道德发展阶段、个人特征、自我强度和控制中心、结构变量、组织文化和问题强度等。提高员工道德素质的途径包括建立道德准则、挑选高道德素质的员工、管理高层的领导行为、设定工作目标、对员工进行道德教育、对绩效进行全面评价、进行独立的社会审计和提供正式的保护机制等。作为企业的管理者，应在遵守管理道德的基础上，充分承担企业的社会责任，维护社会的可持续发展。企业社会责任具体包括对环境、员工、顾客、竞争对手、投资者和所在社区的责任。

【案例分析】

星巴克的 CEO

　　星巴克（Starbucks）是美国一家连锁咖啡公司的名称，1971 年成立，是全球最大的咖啡连锁店，其总部坐落在美国华盛顿州西雅图市。除咖啡外，星巴克亦有茶、馅皮饼及蛋糕等商品。星巴克在全球范围内已经有近 13000 间分店，遍布北美洲、南美洲、欧洲、中东及太平洋地区。

　　舒尔茨（Schultz）第一次走进星巴克咖啡公司是在 1981 年，当时他是来推销咖啡壶的，而那时的星巴克是一家拥有三家连锁店的咖啡豆和咖啡用具销售商。舒尔茨一走进星巴克咖啡，就喜欢上了它，他花了一年的时间说服了店主聘用自己担任营销总监。一年之后，在意大利旅行时，舒尔茨注意到当地的咖啡馆提供了一个休闲和社交的场所，他相信咖啡馆的社会性也会吸引美国人。回到美国之后，他提出了这一设想，但星巴克的店主拒绝进入竞争高度激烈的餐饮业。舒尔茨决定辞职，接下来他开办了一家成功的咖啡馆，并且在 18 个月后，利用从咖啡馆赚取的利润以 380 万美元的价格买下了星巴克公司。

　　从舒尔茨收购星巴克开始，它就以超级速度迅速成长，仅仅用了五年时间，星巴克就作为第一家专业咖啡公司成功上市，顺利上市迅速推动了公司的业务增长和品牌发展。长期以来，星巴克一直致力于向顾客提供最优质的咖啡和服务，营造独特的"星巴克体验"，让全球各地的星巴克店成为人们除了工作场所和生活居所之外温馨舒适的"第三生活空间"。与此同时，公司还不断地通过各种活动回馈社会、改善环境、回报合作伙伴和咖啡产区农民。鉴于星巴克独特的企业文化和理念，公司连续多年被美国《财富》杂志评为"最受尊敬的企业"。

　　是谁创造了这一成功？一项非常重要的因素是舒尔茨和后任 CEO。舒尔茨是在纽约布鲁克林区低收入保障住房中长大的，靠奖学金上的大学，毕业后在不同的公司里担任过销售和运营经理的职务。1985 年，他成为星巴克公司的所有者。1992 年，公司上市。2000 年，舒尔茨卸任 CEO，但仍然担任公司董事。他已经不再负责公司的日常管理，但他的愿景仍然指引着公司。

　　2000～2005 年，史密斯（Smith）担任公司 CEO，他是在 1990 年加入星巴克公司的。史密斯的背景同舒尔茨差别很大。史密斯拥有哈佛大学的工商管理硕士（Master of Business Administration，MBA）学位，在管理咨询公司工作过多年，在加入星巴克之前曾经在多家大型企业担任最高管理者的职位。史密斯是一位高效能的管理者，他将舒尔茨的愿景转化为现实。他亲自主导了星巴克快速成长、创新和运营改进的时代。

2005 年，星巴克迎来了第三位 CEO 唐纳德（Donald）。唐纳德在上中学时就在超市从事打包的工作，19 岁时就成为经理助理。唐纳德是一个脚踏实地的人，为人友善，能够叫出每个员工的名字，随时愿意对他人提供帮助。有一次，唐纳德巡视店面，恰好一位顾客的咖啡洒了，他拿起了拖布亲自拖地。

讨论题：

1. 舒尔茨、史密斯和唐纳德的哪些管理技能带领星巴克走上了繁荣之路？
2. 他们是如何获得这些技能的？
3. 本案例对你有何启示？

（资料来源：星巴克官方网站）

【复习思考题】

1. 怎样理解管理的概念？
2. 管理的职能有哪些？
3. 简述管理学的研究方法。
4. 管理学有哪些基本特征？
5. 试述管理学的主要任务。
6. 为什么说管理既是一门科学，又是一门艺术？
7. 试述管理者的素质及技能要求。
8. 什么是管理者角色？简述明茨伯格的管理者角色理论。
9. 比较效率与效果的异同。试从管理的角度去思考"南辕北辙"这一成语的含义。
10. 进行社会调查，分别在当地找出一个成功企业和一个失败企业，并比较它们在管理上的差别。
11. 什么是道德？在商业道德方面有哪四种观点？
12. 如何理解企业的社会责任？
13. 社会责任具体体现在哪些方面？
14. 对于企业来说，社会责任意味着什么？企业应该承担社会责任吗？为什么？

【管理技能训练】

以团队为单位，选择一个企业、组织或个人管理者，了解该企业或组织的某一项基本业务职能或者向管理者了解他的职位、工作职能以及胜任该项职务所必需的管理技能等情况，并写出访问报告和小结进行交流。

第二章　管理的发展历程

学习目标:

1. 了解和掌握有关中西方管理理论的基本思想和理论;
2. 了解管理理论发展的基本脉络;
3. 重点掌握现代主要管理流派的管理思想,以及管理理论的新发展。

开篇案例

美国联合邮包服务公司 (UPS) 的科学管理

联合邮包服务公司 (UPS) 雇用了 15 万名员工,平均每天将 900 万个包裹发送到美国各地和世界 180 多个国家和地区。

他们的宗旨是:在邮运业中办理最快捷的运送。UPS 的管理者系统地培训他们的员工,使他们以尽可能高的效率从事工作。

让我们看一下他们的工作情况。UPS 的工业工程师们对每一位司机的行驶路线进行了时间研究,对每种送货、取货和暂停活动设立了工作标准。这些工程师们记录了红灯、通行、按门铃、穿过院子、上楼梯、中间休息喝咖啡的时间,甚至上厕所的时间,将这些数据输入计算机中,从而给出每一位司机每天工作中的详细时间标准。

为了完成每天取送 130 件包裹的目标,司机们必须严格遵守工程师们设定的程序。当他们接近发送站时,他们松开安全带、按喇叭、关发动机、拉起紧急制动、把变速器推到一挡上,为送货完毕后的启动离开做好准备,这一系列动作极为严格。然后司机从驾驶室来到地面上,右臂夹着文件夹,左手拿着包裹,右手拿着车钥匙。他们看一眼包裹上的地址,把它记在脑子里,然后以每秒钟 3 英尺 (1 英尺 = 0.3048 米) 的速度快步走到顾客的门前,先敲一下门以免浪费时间找门铃。送货完毕,他们在回到卡车上的路途中完成登录工作。

UPS 是世界上效率最高的公司之一。联邦捷运公司每人每天取运80件包裹，而 UPS 公司却是130件。高的效率为 UPS 公司带来了丰厚的利润。

思考题：

1. UPS 公司这种刻板的工作时间表为什么能带来效率呢？
2. 你如何评论 UPS 公司的工作程序？

倘若你有一个苹果，我也有一个苹果，而我们彼此交换，那么，你和我仍然都只有一个苹果。但是，倘若你有一种思想，我也有一种思想，而我们彼此交换，那么，我们每个人将各有两种思想。

——萧伯纳（英国大文豪）

第一节　早期的管理思想

管理活动源远流长，自古即有，管理思想的发展可追溯到人类最初试图通过集体劳动来达到目标的年代。人类进行有效的管理实践活动，大约已超过六千年的历史。早期的一些著名的管理实践和管理思想大都散见于埃及、中国、意大利等国的史籍和许多文献之中。

一、我国古代的管理实践活动与管理思想

（一）中国早期的管理实践

在公元前221年，秦始皇统一了全国，建立了以郡县制为基础的中央集权体制，设立了一套以三公九卿为首的行政管理机构，制定了以《法经》为主的法律体系，统一了全国文字、货币、度量衡，统一了全国车轨和道路宽度，使中国成为大一统帝国。从中央到地方，只要是中国疆域，基本上都维系了同一种管理方式，各地官吏几乎都是用同一种方式进行管理。用儒家思想作为中国的正统思想，并且对儒学进行了彻底的封建化改造，使之蜕变成完全适应封建专制需要的内省性专制工具，从而有效地把全国人民的思想纳入到"礼治轨道"，从而实现纳轨统治。用儒家学说作为科举内容，这样，在中国庞大的封建官吏的士大夫精神上打下了深刻的儒教烙印，这就保证了整个封建政体能够按照同一规则运行，即都能按照封建化了的儒家精神进行管理。

（二）孔子的管理思想

著名教育家、思想家孔子有着"内圣外王，仁者爱人，以民为本"的管理思想，它是围绕"人"这个中心展开的，民本是其核心，贯穿始终。孔子的管理目标是追求稳定。孔子心目中的管理最高境界是"仁"。中庸之道是孔子学说中的一个重要观点。从孔子的思想行为来看，中庸是追求卓越的法则，是通权变达的管理艺术。孔子认为，个人修养分为学习、获得真理、坚持真理、通权变达四个阶段，通权变达是最高层次，是成熟的标志。"信"是孔子管理思想的一个重要概念，孔子认为管理者只有自身做到诚信，才能使民众诚信，同时管理者必须真正具备诚信的品德，随时随地注意践诺，把诚信作为座右铭时刻不忘。

（三）《孙子兵法》的管理思想

《孙子兵法》是中国也是世界上最古老的军事理论著作，被国外誉为"东方兵学鼻祖"、"世界第一兵书"。其作者孙武，主要思想有：

未战庙算，以道为首——战略计划思想。"夫未战而庙算胜者，得算多也；未战而庙算不胜者，得算少也。多算胜，少算不胜，而况于无算乎！吾以此观之，胜负见矣。"

知己知彼，百战不殆——信息管理思想。"知彼知己，百战不殆；不知彼而知己，一胜一负；不知彼，不知己，每战必殆。"

因敌制胜，践墨随敌——灵活管理思想。"水因地而制流，兵因敌而制胜"、"兵无常势，水无常形，能因敌变化而取胜者，谓之神"，军事管理无常势，企业管理无常形。"动态管理"、"灵活管理"是必然要求。所谓践墨随敌，就是说选择作战方向，制定作战方针，直至实施作战计划都应随敌变化，随敌行止。

上兵伐谋，出奇制胜——市场竞争谋略。"兵者，诡道也"、"上兵伐谋，其次伐交，其次伐兵，其下攻城"。

治众如治寡——组织管理思想。"凡治众如治寡，分数是也；斗众如斗寡，形名是也"。管理人数不论多与少，道理只有一个，就是靠"分数"，即按一定的管理层级和幅度建立组织机构。他极其重视组织的日常训练，强调组织的纪律，"令之以文，齐之以武"。"文"指以仁义之心去教化，相当于现在的企业文化；"武"指公司的规章、制度等比较硬性的东西。文武兼具也就是德治和法治兼具。

二、古代西方的管理实践活动与管理思想

(一) 苏美尔人的管理活动

苏美尔人居住在苏美尔地区，最早建立了真正的城市——奴隶城邦。早在公元前4300年左右，他们就从游牧转入定居，开始城市生活了。从他们城市的建设、城邦政治制度的确立、阶级关系的划分以及社会经济生活、文化与宗教生活的分析中，可以看出最原始的管理思想。僧侣是苏美尔引人注目的人物，成为管理者和权力的化身，被冠以特殊的称号——"祭王"。他们不仅主持宗教活动，而且也处理生产、战争、外交等事务。苏美尔人已经意识到"商品"交换对他们的意义，开始从事商业活动。商人带着谷物、椰枣以及羊毛和金属制品同西亚各族甚至印度河流域互通有无。苏美尔国家的主要建筑物大多是塔庙，从塔庙的建筑情况上可以看出苏美尔人已经具有系统、协调和管理思想。

苏美尔人管理社会最突出的成就莫过于建立他们的法律体系。他们将管理经验汇集成一部全面的法典。这部法典只有个别片段以其原样流传下来，不过著名的巴比伦《汉谟拉比法典》现在看来大体上就是苏美尔法典的修订本。

(二) 古代埃及的管理思想

埃及的管理实践活动是很丰富的，无论是国家专制制度的建立，还是金字塔的修建，都展示了埃及人在管理史上的伟大贡献。在国家制度上，建立了以国王法老为首的一整套专制体制的管理机构，国王法老掌握行政、司法、军事大权。国家统一后，开始统一管理灌溉系统，观测、记录尼罗河的水位，以便发展农业生产。从它设立的一系列机构可以看出，他们已经有了自上而下的关于管理者责任和权力的规定，有了关于建立管理机构和体制的思想。

金字塔是由巨大的石块堆砌而成的，其中最大的一座金字塔是法老胡夫的。这座金字塔高达146米，每边宽230多米，如果围绕金字塔走一圈需要走一公里路的时间。整个金字塔用了大小不等的230万块平均两吨半重的石块砌成。这本身表现出如下管理思想：第一，已经有分工和统一分配劳动力的思想；第二，他们已经有了协作的思想，懂得把科学技术运用于劳动过程。古代埃及人民在生产力水平低下和工具简单的情况下，凭着双手创造了惊人的奇迹。正如马克思所说："简单的协作，也可以产生出伟大的结果来。"

（三）古罗马基督教会的成功管理

古罗马帝国是从一个小城帮发展起来的，到公元2世纪已经成为一个统治着欧洲和北非广阔地域的世界性帝国，时间前后延续达几个世纪之久。这一事实，可以充分证明它所拥有的卓越的管理才能。罗马基督教会，延续了近2000年，是西方文明史上最有效率的组织之一，它的长寿主要应归功于它自身有效的管理经验和方法。第一，基督教会组织早就实施了职能分工，按地理区域划分基层组织，在各级组织中配备参谋人员，从而使专业人员和下级参与制定决策的过程，但又不破坏指挥的统一。早在1000余年以前，该教会已为牧师颁发了职务说明，使每一个牧师都清楚自己的职责和义务。第二，通过一定仪式，实现主教对自己教民心理上的动态调节和控制，从而使教徒在一些基本观念上实现信念的统一。精神世界至上和统一、价值观念调节和控制、严密的组织管理系统以及不断更新变革的内涵，是基督教的生命力所在。这些经验，在目前管理当中，对重视人的作用，注重管理权变因素都具有重大的借鉴意义。

通过以上事例，我们发现，在这些文明古国的诸多管理实践活动中已经包含了许多至今仍然采用的管理方法。

第二节　古典管理理论

一、管理学理论的萌芽

（一）产业革命后的管理思想

随着市场的扩大，以手工技术为基础的工业已经不能满足生产力发展的需要，进而导致了18世纪60年代始于英国的从纺织业开始的产业革命。社会的基本组织形式迅速从以家庭为单位转向以工厂为单位。这一时期，管理上的基本特点是工厂所有者主要凭借个人的经验和才能进行管理；工厂所有者即管理者，直接组织指挥生产，独立的管理阶层尚未形成；管理者与被管理者直接对立。因此，这一时期又被称为"传统管理时期"。尽管这一时期还没有产生比较系统的管理理论，但是在管理理论的研究上，已经在不少方面出现了对于管理理论的建立和发展具有深远影响的若干管理思想。

（二） 亚当·斯密的管理思想

亚当·斯密（Adam Smith, 1723～1790），英国手工业向工厂制度过渡时期的经济学家，苏格兰克尔卡弟人，出生于一个海关官吏的家庭。曾先后在格拉斯哥和牛津大学读书，主要研究哲学。后来从事经济学研究，以"分工"为研究基点，由此也奠定了管理学研究的基点，即分工理论。他在 1776 年出版的《国富论》一书中，系统地阐述了资产阶级古典政治经济学原理，为资本主义经济的发展建立了理论基础。

首先，亚当·斯密认为，劳动是国民财富的源泉，各国人民每年消耗的一切生活日用必需品的源泉是该国人民每年的劳动。这种生活日用必需品供应情况的好坏，决定于两个因素：一个是这个国家人民的劳动熟练程度、劳动技巧和判断力的高低；另一个是从事有用劳动人数和不从事有用劳动人数的比例。即若要增加国民财富，必须增加生产性劳动，减少非生产性劳动，特别是必须提高劳动者的劳动熟练程度和劳动技能。此观点已成为后来组织管理理论的一个重要论点。

其次，亚当·斯密在分析增进"劳动生产力"的因素时，特别强调了分工的作用。他认为，分工在管理上对于提高劳动生产率有三个好处：第一，分工可以使劳动者技术熟练，并且很快地提高，因而提高了劳动生产率；第二，分工可以使每个人专门从事某种作业，可以减少工人从一项工种转到另一项工种所损失的时间；第三，分工可以使专门从事某项作业的劳动者经常改革劳动工具和发明机器。

亚当·斯密这些管理思想对以后资产阶级管理学派，特别是对古典学派产生了很大影响。

（三） 查尔斯·巴贝奇的管理思想

查尔斯·巴贝奇（Charles Babbage, 1792～1871），英国数学家，剑桥大学教授。他出生在英国一个富有的银行家的家庭。他曾用多年时间对英、法国家的一些工厂进行考察研究，于 1832 年出版了《论机器和制造业的经济》一书，其中对专业分工、作业方法、机器与工具的使用和成本记录等都进行了专门论述。查尔斯·巴贝奇不仅赞同亚当·斯密关于分工能提高劳动生产率的观点，而且对此进行了补充。他认为：

第一，分工节省了学习所需的时间，节省了从一道工序转变到另一道工序所耗费的时间，节省了改变工具所耗费的时间。由于分工，工人经常重复某一工种的操作，技术必然很快熟练，能够大大提高工作效率。

第二，实行分工，雇主可以按工序所要求的技艺来雇用不同的工人，并支付其不同的工资。他以针的制造为例：当时制针分为七个工序，即拉线、直线、削尖、断顶、做头、电镀和包装。若不分工，则要求一个制针工人必须有足够的技艺来完成全部的七个工序的操作过程，而且雇主也必须按全部工序中要求最好的或最难的技艺的标准支付工资。而实行分工后，雇主可以将直线、做头、包装等简单工序交给一般工人来完成，支付较低的工资；而技艺较高的削尖、断顶和电镀等工序则交给技艺熟练的工人来完成，并支付较高的报酬。

第三，脑力劳动和体力劳动一样，也可以进行分工。他以法国桥梁道路学校校长普隆尼为例。普隆尼把他的工作人员分为三类，即技术、半技术和非技术，把复杂的工作交给有高度能力的数学家去做，而把简单的工作交给只能从事加减运算的人去做，从而大大提高了整个工作的效率。

第四，研究作业方法与研究分工一样，对劳动生产率的提高有巨大的影响。他制定了"观察制造业的方法"，从一张包括生产材料、生产周期、正常耗费、成本、工具、价格、市场、工人和工资等内容的表格进行观察，并力图寻找投入最少而产出最多的作业方法。

第五，注意力集中于单一作业，专注于改进工具和机器。

第六，在工人与资本家关系方面，他强调双方要协作，强调工人应该认识到工厂制度对自身的益处。他提出一种"固定工资加利润分享"的制度，主张工人的收入由三部分组成：按照工作性质所确定的固定工资；按照对生产率所做出的贡献而分得的利润；按为提高生产率而提出建议后应得的奖金。

（四）亨利·普耳的管理思想

亨利·普耳（Henry V. Poor，1812～1905），曾经长期担任《美国铁路日报》的编辑。在此期间，他观察和分析了美国铁路制度的整个发展过程，探讨铁路经营上的一些管理方法，他认为美国铁路当时是处于一种没有管理的状态，提出要搞好企业管理，不能仅仅依靠企业的雇主进行管理，必须由有知识、有经验的专职人员进行管理。在管理上必须实行以下原则：

（1）需要建立一种具有明确组织结构的管理制度，人员分工必须详细，职责必须明确，并向直接领导负责。

（2）建立适当报告交换系统，使上层管理部门能够迅速地、连续地、确切地掌握正在发生的一切。

（3）编制保存有关管理方面的系统资料，以备查用和分析，提出问题，改进管理。

（4）用集体精神克服只强调严格管理的官僚化作风，反对不分情况地一律强调服从。

（5）在不影响个人刺激和尊严的情况下，从混乱中寻求秩序。

在这一时期的管理实践中，实际上是一种个人经验决断的管理，是个人管理，管理者也就是企业的所有者。但也出现了若干管理思想，涉及生产管理、人事管理、领导方式、组织结构、工资奖励、成本核算等方面。虽然这些管理思想是点点滴滴的，没有形成完整的思想体系，但无可非议的，正是这一时期管理思想的积累，才为后来古典管理学派的产生和发展奠定了基础。

二、古典管理理论的诞生

古典管理理论是在 19 世纪末 20 世纪初形成的，主要包括泰勒的科学管理思想（Scientific Management Theory）、法约尔的一般管理思想（General Management Theory）及韦伯的行政组织理论（Bureaucrats Organization Theory）。

（一）泰勒的科学管理思想

1. 泰勒科学管理思想产生的背景

弗雷德里克·泰勒（Frederick Taylor，1856～1915），出生于美国费城的一个律师家庭，中学毕业后以优异成绩考取哈佛大学法学院，但因高度近视而不得不放弃学业。他 22 岁进入米德维尔钢铁公司，他从一名学徒工开始，先后被提拔为车间管理员、技师、小组长、工长、设计室主任和总工程师。在米德维尔工厂的经历使他了解到工人们普遍怠工的原因，他感到缺乏有效的管理手段是提高生产率的严重障碍。为此，泰勒开始探索科学的管理方法和理论。他先后于 1895 年、1903 年发表《计件工资制》和《工场管理》等文章。1911年，他出版了现在被认为是管理学经典著作的《科学管理原理》。泰勒被称为科学管理之父。

泰勒科学管理学说产生的时代背景是：产业革命以后，社会、政治、经济、技术所发生的变化和发展，以及组织规模的扩大和人们的价值观念、思想、意识、文化当中出现的新概念，产生了一个巨大的推动力，促使人们重视管理。18 世纪末至 19 世纪 50 年代，美国制造业开始兴起。19 世纪 60 年代，南北战争给美国带来了一场产业革命，战争使武器、炸药、钢铁、被袄和鞋业迅速发展起来，家庭和小型工厂生产迅速扩大。19 世纪末，美国南北战争结束，废除黑奴制，开发西部，提供了大量劳动力和广阔的市场。产业革命的种种结果由欧洲移民带到美洲大陆，使得美国的商品经济、劳动分配、工厂制度得到了发展。可是，当时的企业管理非常落后，工厂工作时间长、效率低、工资也低，工人缺乏训练，雇主不懂得如何刺激工人提高劳动生产率，劳资双方的矛盾日益尖锐。1873 年、1882 年、1893 年美国发生了几次经济危机，加速了经济的集中和垄断，大型垄断企业开始出现，加之市场的不断扩大和工厂机械化程度不断提高，诸如平炉炼钢、内燃机、电动机、电气用具等都被应用于生产中，使得原来只凭经验进行管理的做法不适应生产发展的需要。人们认识到必须重视研究如何提高劳动生产率。

由此可见，美国生产力发展的需要、科学技术的应用、工厂制度产生后企业规模的扩大、劳资矛盾的日益尖锐和 18 世纪以后科学管理实践的引进，使当时的美国迫切需要一种全新的管理体系或理论来管理日益发展的工业企业和其他各种组织。更确切地说，这就是泰勒科学管理学说产生的时代背景。

2. 泰勒的三大实验

一是"搬运生铁试验"——通过搬运生铁试验，摸索出工人每日合理的工作量，从而为实行定额管理奠定了基础。在伯利恒钢铁公司，有一搬运小组搬运生铁，他们的任务是从生铁堆里拣起一块重约 92 磅的生铁（约 40 千克），走上斜踏板，把生铁搁在车厢里，然后再用火车拉走生铁。在泰勒试验之前，这个搬运组的 75 名员工平均每人每天装货约 12.5 吨，而泰勒等人的观察发现他们能搬运 47～48 吨，这使泰勒惊喜。而在泰勒看来，之所以选择搬生铁的工作做试验，是因为"猩猩经过训练都可能比人做得有效"，它适合从简单的工作到最复杂工作的分析。

二是"铁锹试验"——铁锹铲煤试验，为实行工具标准化奠定了基础。铁锹试验首先系统地研究了铲口的负载应为多大的问题，其次研究的是各种材料能够达到标准负载的铁锹的形状、规格的问题，与此同时还研究了各种原料装锹的最好方法的问题，此外还对每一套动作的精确时间做了研究，从而提出了一个"一流工人"每天应该完成的工作量。这一研究的结果是非常出色的。堆料场的劳动力从 400～600 人减少为 140 人。平均每人每天的操作量从 16 吨提高到 59 吨，每个工人的日工资从 1.15 美元提高到 1.88 美元。

三是"金属切削试验"——试验延续 26 年之久，为制定各种机床进行高速切削和精密加工的操作规程提供了科学的依据。泰勒在米德维尔进行的金属切削试验，各项试验达 3 万次以上，80 万磅的钢铁被试验用的工具削成切屑，总共耗费约 15 万美元。试验结果发现了能大大提高金属切削机工作产量的高速工具钢，并取得了各种机床适当的转速和进刀量以及切削用量标准等资料。

3. 泰勒科学管理理论的内容

（1）科学管理理论的实质是一场"思想革命"。泰勒强调，科学管理是一种概念性的哲学，其精华实质不在于管理上的具体制度和方法，而在于劳资双方重大的思想革命。雇主关心的是低成本，工人关心的是高工资。要使双方认识到只有通过采用科学的管理，才能提高劳动生产率，进而双方都能达到各自的目的，并且变互相指责、怀疑和对抗为合作。

（2）科学管理的核心问题是提高劳动生产率。提高劳动生产率是泰勒创建科学管理理论的基本要求，是确定各种科学管理理论、方法和技术的出发点。因此，泰勒认为只有用科学化、标准化的管理替代传统的经验管理，才是实现最高工作效率的手段。

（3）进行动作研究，确定操作规程和动作规范，确定劳动时间定额，完善科学的操作方法，以提高工效。

（4）对工人进行科学的选择，并进行培训和教育，培训工人使用标准的操作方法，使工人在岗位上成长。而在过去，则是由工人任意挑选自己的工作，并根据各自的可能进行自我培训。

（5）制定科学的工艺流程，使机器、设备、工艺、工具、材料、工作环境尽量标准化。对工人操作的每个动作进行科学研究，用以替代老的单凭经验的办法。

（6）实行计件工资，超额劳动，超额报酬。

（7）管理和劳动分离。资方和工人们之间在工作和职责上几乎是均分的，资方把自己比工人更胜任的那部分工作承揽下来；而在过去，几乎所有的工作和大部分的职责都推到了工人们的身上。

4. 泰勒科学管理的两大贡献

泰勒的科学管理两大贡献表现为：一是管理要走向科学；二是劳资双方的精神革命。

泰勒的科学管理理论，使人们认识到了管理学是一门建立在明确的法规、条文和原则之上的科学，它适用于人类的各种活动，从最简单的个人行为到经过充分组织安排的大公司的业务活动。科学管理理论对管理学理论和管理实践的影响是深远的，直到今天，科学管理的许多思想和做法至今仍被许多企业组织参照采用。

5. 泰勒科学管理的不足

泰勒科学管理的不足之处主要表现为：把工人当作"经济人"、不重视人的社会心理因素、劳动紧张单调，长此以往，易造成工人严重不满。

（二） 法约尔的一般管理思想

亨利·法约尔（Henri Fayol，1841～1925），法国人，早期就参与企业的管理工作，并长期担任企业高级领导职务。泰勒的研究是从"车床前的工人"

开始，重点内容是企业内部具体工作的效率。法约尔的研究则是从"办公桌前的总经理"出发的，以企业整体作为研究对象。他认为，管理理论是指"有关管理的、得到普遍承认的理论，是经过普遍经验检验并得到论证的一套有关原则、标准、方法、程序等内容的完整体系"。法约尔的著述很多，1916年出版的《工业管理和一般管理》是其最主要的代表作，标志着一般管理理论的形成，其主要内容如下：

（1）区别了经营和管理。法约尔认为这是两个不同的概念，管理包括在经营之中。通过对企业全部活动的分析，将管理活动从经营职能（包括技术、商业、业务、安全和会计五大职能）中提炼出来，成为经营的第六项职能。进一步得出了普遍意义上的管理定义，即"管理是普遍的一种单独活动，有自己的一套知识体系，由各种职能构成，是管理者通过完成各种职能来实现目标的一个过程。"法约尔还分析了处于不同管理层次的管理者其各种能力的相对要求，随着企业由小到大、职位由低到高，管理能力在管理者必要能力中的相对重要性不断增加，而其他诸如技术、商业、财务、安全、会计等能力的重要性则会相对下降。

（2）倡导管理教育。法约尔认为管理能力可以通过教育来获得，"缺少管理教育"是由于"没有管理理论"，每一个管理者都按照他自己的方法、原则和个人的经验行事，但是谁也不曾设法使那些被人们接受的规则和经验变成普遍的管理理论。

（3）提出五大管理职能。法约尔将管理活动分为计划、组织、指挥、协调和控制五大管理职能，并进行了相应的分析和讨论。管理的五大职能并不是企业管理者个人的责任，它同企业经营的其他五大活动一样，是一种分配于领导人与整个组织成员之间的工作。

（4）提出14项管理原则。劳动分工、权力与责任、纪律、统一指挥、统一领导、个人利益服从整体利益、人员报酬、集中、等级制度、秩序、公平、人员稳定、首创精神和团队精神。

法约尔的一般管理理论是西方古典管理思想的重要代表，后来成为管理过程学派的理论基础，也是以后各种管理理论和管理实践的重要依据，对管理理论的发展和企业管理的历程均有着深刻的影响。管理之所以能够走进大学讲堂，全有赖于法约尔的卓越贡献。一般管理思想的系统性和理论性较强，对管理五大职能的分析为管理科学提供了一套科学的理论构架，来源于长期实践经验的管理原则给实际管理人员以巨大的帮助。因此，继泰勒的科学管理之后，一般管理也被誉为管理史上的第二座丰碑。

在今天看来，法约尔的主张和术语实在是太平凡了，未曾系统学习过管理理论的人也会对一般管理理论产生"于我心有戚戚焉"之感，因而常被看作是极其一般的东西。然而，正是由一般管理理论才淬炼出管理的普遍原则，使管理得以作为可以基准化的职能，在企业经营乃至社会生活的各方面发挥着重要作用。时至今日，法约尔的一般管理思想仍然闪耀着光芒，其管理原则仍然可以作为我们管理实践的指南。

（三）韦伯的行政组织理论

马克斯·韦伯（Max Weber，1864～1920），出生于德国，曾担任过教授、政府顾问、编辑，对社会学、宗教学、经济学与政治学都有相当的造诣。韦伯的主要著作有《新教伦理与资本主义精神》、《一般经济史》、《社会和经济组织的理论》等，其中行政组织理论，对后世产生了最为深远的影响。

韦伯行政组织理论产生的历史背景，正是德国企业从小规模世袭管理，到大规模专业管理转变的关键时期。韦伯认为，任何组织都必须以某种形式的权力作为基础，没有某种形式的权力，任何组织都不能达到自己的目标。

1. 人类社会存在三种为社会所接受的权力

（1）传统权力：传统惯例或世袭得来。韦伯认为，人们对其服从是因为领袖人物占据着传统所支持的权力地位，同时，领袖人物也受着传统的制约。但是，人们对传统权力的服从并不是以与个人无关的秩序为依据，而是在习惯义务领域内的个人忠诚，领导人的作用似乎只是为了维护传统，因而效率较低，不宜作为行政组织体系的基础。

（2）超凡权力：来源于别人的崇拜与追随。而超凡权力的合法性，完全依靠对于领袖人物的信仰，他必须以不断的奇迹和英雄之举来赢得追随者，超凡权力过于带有感情色彩，并且是非理性的，不是依据规章制度，而是依据神秘的启示。所以，超凡的权力也不宜作为行政组织体系的基础。

（3）法定权力：理性——法律规定的权力。韦伯认为，只有法定权力才能作为行政组织体系的基础，其最根本的特征在于它提供了慎重的公正。

2. 韦伯理想的行政组织模式的特征

（1）组织中的人员应有固定和正式的职责并依法行使职权。组织是根据合法程序制定的，应有其明确的目标，并靠着这一套完整的法规制度来组织与规范成员的行为，以期有效地追求与达到组织的目标。

（2）组织的结构是一层层控制的体系。在组织内，按照地位的高低规定成员间命令与服从的关系，组织内的每个职位，按照等级原则进行法定安排，形成自上而下的等级系统。

（3）组织中人员之间的关系。组织中人员之间的关系完全以理性准则为指导，不受个人情感的影响。

（4）人员的招聘和培训。每一职位根据其资格限制（资历或学历），按自由契约的原则，经公开考试合格予以录用，务求人尽其才，才尽其用。人员的任用完全根据职务的要求，通过正式考评和教育训练来进行。

（5）明确的分工。每个职位的权力和责任都应有明确的规定，专业分工与技术训练，对成员进行合理分工并明确每个人的工作范围及权责，然后通过技术培训来提高工作效率。

（6）管理者有固定的薪金和明文规定的升迁制度。按职位支付薪金，并建立奖惩制度，是一种职业管理人员。

行政组织化是人类社会不可避免的进程，韦伯的理想行政组织体系自出现以来已经得到了广泛的运用，成为各类社会组织的主要形式。韦伯的行政组织理论虽然不是管理思想的全新开创，只是社会实践的理论总结，但是我们在重温韦伯行政组织理论之时，不仅是为了赞美他在历史上的重大贡献，更是认同其思想对现代组织行为现实所具有的指导意义。到今天，"官僚"一词已从技术意义上的"行政组织"（中性）演变成"效率低下"的代名词（贬义）。然而，现今社会行政组织的过分低效，并不是"官僚制"本身的错误，而是由于官僚行政组织内部机制障碍所致。长期以来，我国政府和企业机构臃肿、效率低下，对照一下韦伯关于理想的官僚组织的6项特征，也许它们可以作为政府机构改革和企业内部重整的准则。

韦伯关于组织中三种合法权力的精辟分析，犹如茫茫大海上的灯塔。随着社会的发展，组织中法定权力的重要性和科学性日益凸显。中国几千年的历史，在各类组织中基本都是传统权力和超凡权力远远比法定权力更有影响。当前我国提出建设法治国家的目标，其关键就是要确定法定权力在国家行政组织体系中的基础及决定地位。改革开放以来，国内许多企业取得了长足的发展，涌现了一批知名企业和企业家，然而在许多企业中，维系企业权力基础的却是企业最高领导人个人的超凡权力，他们或因卓越的远识、杰出的才能、非凡的人格魅力，或因"时势造英雄"而成为企业的绝对主宰和精神领袖，并且企业还在乐于渲染个人权威、塑造个人英雄。"一人身系天下安危"，这种脆弱的权力体系将直接影响企业长远、稳定的后续发展。在企业领导人决策失误或其之后的时代，不可避免地将陷入动荡的结局，企业的发展也难以预测。逐步向现代企业制度转化，建立以法定权力为基础、以规章制度为准绳的企业组织内部权力体系，才是企业长久稳定发展的保证。

第三节　行为科学理论

尽管泰勒的科学管理理论和方法在 20 世纪初对提高企业的劳动生产率起了很大作用，但是企图通过此种理论和方法彻底解决提高劳动生产率的问题是不可能的，为此，人们在进行不懈的探索。

一、霍桑试验

埃尔顿·梅奥（Elton Mayo，1880～1949），是美国行为科学家。1924～1932 年间，美国国家研究委员会和西方电气公司合作，由梅奥负责进行了著名的霍桑试验（Hawthorne Experiment），因试验在西方电气公司所属的霍桑工厂进行而得名，为测定各种有关因素对生产效率的影响程度而进行了一系列试验，并由此产生了人际关系学说。梅奥代表作有《工业文明中人的问题》和《工业文明的社会问题》。霍桑试验分为四个阶段：

第一阶段：照明试验（1924～1927）。该试验的目的是找出工人生产率和外界物理环境的联系。研究者们选择一批工人，并分为两组：一组为"试验组"，改变工作场地的照明强度；另一组为"控制组"，工人在照明度始终维持不变的条件下工作。结果他们发现，照明度的变化对生产率产生了很大的影响，"试验组"的生产率极大地提高了，"控制组"却没有什么变化。这个试验得出了两条结论：一是当"试验组"的环境改变时（如休息间隔、工作时间长度、车间照明等），他们的生产率总能够高于"控制组"。即使是回到最初的工作环境，工人的效率也比原来有了极大的进步，连旷工率也降低了。影响生产效率的根本因素不是工作条件，而是工人自身。参加试验的工人意识到自己"被注意"，是一个重要的存在，因而怀有归属感，这种意识增强了工人的整体观念、有所作为的观念和完成任务的观念，而这些是他在以往的工作中不曾得到的，正是这种人的因素导致了劳动生产率的提高。二是群体和团队对个人工作表现的影响。

第二阶段：福利试验（1927～1928）。电器装配室试验旨在试验各种工作条件的变动对小组生产率的影响，以便能够更有效地控制影响工作效果的因素。试验目的总的来说是查明福利待遇的变换与生产效率的关系。但经过两年多的试验发现，不管福利待遇如何改变（包括工资支付办法的改变、优惠措施的增减、休息时间的增减等），都不影响产量的持续上升，甚至工人自己对生产效率提高的原因也说不清楚。试验最终得出的结论出乎人们的预料。

后经进一步分析发现，导致生产效率上升的主要原因如下：①参加试验的光荣感。试验开始时6名参加试验的女工曾被召进经理办公室谈话，她们认为这是莫大的荣誉。这说明被重视的自豪感对人的积极性有明显的促进作用。②成员间良好的相互关系。通过材料供应、工作方法、工作时间、劳动条件、工资、管理作风与方式等各个因素对工作效率影响的试验发现，无论各个因素如何变化，产量都是增加的。其他因素对生产率也没有特别的影响，而似乎是由于管理者方法的改变，使工人工作态度也有所变化，因而产量增加。

第三阶段：访谈试验（1928～1931）。大规模地对工人进行访问与调查。此计划的最初想法是要工人就管理层的规划和政策、工头的态度和工作条件等问题做出回答，但这种规定好的访谈计划在进行过程中却大大出乎意料，得到意想不到的效果。工人想就工作提纲以外的事情进行交谈，工人认为重要的事情并不是公司或调查者认为意义重大的那些事。访谈者了解到这一点，及时把访谈计划改为事先不规定内容，每次访谈的平均时间从30分钟延长到1～1.5个小时，多听少说，详细记录工人的不满和意见。访谈计划持续了两年多，调查了2万多人次。结果是工人的产量大幅提高。

不难看出，工人们长期以来对工厂的各项管理制度和方法存在许多不满，无处发泄，访谈计划的实行恰恰为他们提供了发泄机会。发现所得结论与上述试验所得相同，即"任何一位员工的工作绩效，都受到其他人的影响"。

第四阶段：群体试验（1931～1932）。接线板接线工作室试验，以集体计件工资制刺激，企图形成"快手"对"慢手"的压力以提高效率。公司管理层给他们规定的产量标准是焊合7312个接点，但试验结果是他们完成的只有6000～6600个接点。深入的调查发现，这个班组为了维护他们群体的利益，自发地形成了一些规范。他们约定，谁也不能干得太多，突出自己，否则就是"害人精"；谁也不能干得太少，否则就是"懒惰鬼"，会影响全组的产量。并且约法三章，不准向管理当局告密，"告密者"会损害同伴的利益。如有人违反这些规定，轻则挖苦谩骂，重则拳打脚踢。显然，工人们之所以维持中等水平的产量的根本原因，一是怕生产任务标准再度提高，管理层会改变现行奖励制度；二是怕失业或裁减人员；三是为保护速度慢的同伴，避免干得慢的伙伴受到惩罚。经过这一试验表明，为了维护班组内部的团结，可以放弃物质利益的引诱。由此提出"非正式群体"的概念，认为在正式的组织中存在着自发形成的非正式群体，这种群体有自己的特殊的行为规范，对人的行为起着调节和控制作用。同时，加强了内部的协作关系。

通过四个阶段历时近 8 年的霍桑试验，梅奥等人认识到：

（1）强调员工是"社会人"。工人不单纯追求金钱收入，他们还有社会、心理方面的需求。

（2）企业中除了正式组织之外，还存在着"非正式组织"。这种非正式组织是企业成员在共同工作的过程中，由于具有共同的社会感情而形成的非正式团体。

（3）新型的领导在于通过对职工"满意度"的增加，来提高工人的"士气"，从而达到提高效率的目的。

霍桑试验的意义可以说第一次把研究的重点从工作和物的因素上转移到人的因素上，不仅在理论上对古典管理理论作了开辟和补充，还为现代行为科学理论奠定了基础，而且对管理实践产生深远影响。然而也存在着一定的局限性，即对经济人假设的过分否定，对非正式组织的过分倚重和对感情逻辑的过分强调。

二、人际关系理论的主要观点

霍桑试验第一次把工作中的人际关系问题提到首要地位，否定了传统管理理论对于人的假设，表明了工人不是被动的、孤立的个体，他们的行为不仅仅受工资的刺激，影响生产效率的最重要因素不是待遇和工作条件，而是工作中的人际关系。并且提醒人们在处理管理问题时要注意人的因素，这对管理心理学的形成具有很大的促进作用。梅奥根据霍桑试验，提出了人际关系学说。人际关系学说为西方管理科学和管理工作指出了新的方向。其主要内容有：

（一）工人是"社会人"而不是"经济人"

梅奥认为，人们的行为并不单纯出自于追求金钱的动机，还有社会方面的、心理方面的需要，即追求人与人之间的友情、安全感、归属感和受人尊敬等，而后者更为重要。因此，不能单纯从技术和物质条件着眼，而必须首先从社会心理方面考虑合理的组织与管理。人、财、物是企业经营管理必不可少的三大要素，而人力又是其中最为活跃、最富于创造力的因素。即便有最先进的技术设备，最完备的物质资料，没有了人的准确而全力的投入，所有的一切将毫无意义。对于人的有效管理不仅是高效利用现有物质资源的前提，而且是一切创新的最基本条件，尤其是在高科技迅猛发展的现代社会，创新是企业生存和发展的唯一途径。而创新是人才的专利，优秀的人才是企业最重要的资产，谁更有效地开发和利用了人力资源，谁就有可能在日益激烈的市场竞争中立于不败之地。只有满意的员工才是有生产力的员工，富有生产力的员工才是企业真正的人才，才是企业发展的动力之源。

（二）企业中存在着非正式组织

发现非正式组织的存在是梅奥人际关系理论的重要贡献，作为企业的管理者，也应对此有所重视。员工不是作为一个孤立的个体而存在，而是生活在集体中的一员，他们的行为很大程度上是受到集体中其他个体的影响。为此非正式组织中有自己的核心人物和领袖，有大家共同遵循的观念、价值标准、行为准则和道德规范等。

梅奥指出，非正式组织与正式组织有重大差别。在正式组织中，以效率逻辑为其行为规范；而在非正式组织中，则以感情逻辑为其行为规范。如果管理人员只是根据效率逻辑来管理，而忽略工人的感情逻辑，必然会引起冲突，影响企业生产率的提高和目标的实现。因此，管理当局必须重视非正式组织的作用，注意在正式组织的效率逻辑与非正式组织的感情逻辑之间保持平衡，以便管理人员与工人之间能够充分协作。

（三）新的领导能力在于提高工人的满意度

在决定劳动生产率的诸因素中，置于首位的因素是工人的满意度，而生产条件、工资报酬只是第二位的。职工的满意度越高，其士气就越高，从而生产效率就越高。高的满意度来源于工人个人需求的有效满足，不仅包括物质需求，还包括精神需求。所以，领导的职责在于提高士气，善于倾听和沟通下属职工的意见，使正式组织的经济需求和工人的非正式组织的社会需求之间保持平衡，这样就可以解决劳资之间乃至整个"工业文明社会"的矛盾和冲突，从而提高效率。

三、行为科学的创立

对梅奥的人际关系理论和巴纳德的社会系统组织理论，人们给予了极大的关注。到了1949年，在美国芝加哥大学举行的一次跨学科的科学会议上，学者们肯定了人际关系研究的一系列成果，讨论了利用现有科学知识发展关于行为的一般性理论的可能性，会议肯定了这种可能性，并将之定名为"行为科学"。1952年，美国成立了"行为科学高级研究中心"，进一步推动了行为科学理论的形成与发展。行为科学理论的研究对象和所涉及的范围主要分为三个层次：

第一，有关个体行为的理论。主要包括两个方面：一是有关人的需求、动机和激励理论（又可分为激励内容理论、激励过程理论和激励强化理论三大类）；二是有关企业中的人性理论。

第二，有关团体行为的理论。主要包括团体动力、信息交流、团体及成员的相互关系三个方面。

第三，有关组织行为的理论。主要包括有关领导理论和组织变革和发展理论。有关领导理论又包括领导性格理论、领导行为理论和领导权变理论三大类。

行为科学以人的行为及其产生的原因作为研究对象。具体来说，它主要是从人的需要、欲望、动机、目的等心理因素的角度研究人的行为规律，特别是研究人与人之间的关系、个人与集体之间的关系，并借助于这种规律性的认识来预测和控制人的行为，以实现提高工作效率，达成组织的目标。

行为科学对管理学的贡献主要表现在以下两个方面：一是行为科学引起了管理对象重心的转变。传统的古典管理理论把重点放在对事和物的管理上，它强调的是使生产操作标准化、材料标准化、工具标准化，建立合理的组织结构、有效的组织系统和明确的职责分工等，而忽视了个人的需要和个人的目标，甚至把人看成是机器，从而忽视了人的主动性和创造性。行为科学与此相反，它强调要重视人这一因素的作用。它显然是认识到，一切事情都要靠人去做，一切产品的生产都要靠人去操作，一切组织目标都需要人实现。因而，应当把管理的重点放在人及其行为的管理上。这样，管理者就可以通过对人的行为的预测、激励和引导，来实现对人的有效控制，并通过对人的行为的有效控制，达到对事和物的有效控制，从而实现管理的预期目标。二是行为科学引起了管理方法的转变。随着对人性的认识和关于管理对象侧重点的变化，管理的方法也发生了重大的变化，由原来的监督管理，转变到人性化的管理。行为科学强调人的欲望、感情、动机的作用，因而在管理的方法上强调满足人的需要和尊重人的个性，以及采用激励和诱导的方式来调动人的主动性和创造性，借以把人的潜力充分发挥出来。与此相对应，企业界提出了"以职工为中心的"、"弹性的"管理方法，出现了"参与管理"、"目标管理"、"工作内容丰富化"等各种新的管理方式。

第四节　现代管理理论

任何管理理论的创新，无不与环境条件的变化密切相关。第二次世界大战后，随着科技的迅猛发展和生产社会化程度的日益提高，企业发展呈现出了新的特点，即企业规模不断扩大、生产技术复杂程度大大增加、产品生命周期越来越短、市场竞争更加激烈。面对企业管理中出现的新情况、新问题、新要求，许多学者开始从不同角度和层面，运用不同的方法和手段对管理问题进行研究，形成了许多新的管理理论和学说，使管理理论空前多样化，这种情况被美国管理学家哈罗德·孔茨称之为"管理理论的丛林"。在"管理理论丛林"中，比较具有影响的有管理科学学派、系统管理学派、权变管理学派、决策理论学派等。

一、管理科学学派

所谓管理科学学派，又称作管理中的数量学派。这个学派认为，解决复杂系统的管理决策问题，可以用电子计算机作为工具，运用数学方法，寻求最佳计划方案，以达到企业的目标。管理科学其实就是管理中的一种数量分析方法，它主要用于解决能以数量表现的管理问题。其作用在于通过管理科学的方法，减少决策中的风险，提高决策的质量，保证投入的资源发挥最大的经济效益。

从管理科学的名称来看，似乎它是关于管理的科学。其实，它主要不是探求有关管理的原理和原则，而是依据科学的方法和客观的事实来解决管理问题，并且要求按照最优化的标准为管理者提供决策方案，设法把科学的原理、方法和工具应用于管理过程，侧重于追求经济和技术上的合理性。就管理科学的实质而言，它是泰勒的科学管理的继续与发展，因为他们都力图抛弃凭经验、凭主观判断来进行管理的行为，而提倡采用科学的方法，探求最有效的工作方法或最优方案，以达到最高的工作效率，以最短的时间、最小的支出，得到最大的效果。不同的是，管理科学的研究，已经突破了操作方法、作业研究的范围，而向整个组织的所有活动方面扩展，要求进行整体性的管理。由于现代科学技术的发展，一系列的科学理论和方法被引进到管理领域。

（一）管理科学理论的基本特征

管理科学理论的基本特征主要有以下内容：

第一，以系统的观点为基础，强调组织是由"经济人"、物质技术和决策网络组成的系统。

第二，以决策为目的，强调其原则、方法和程序是组织管理的核心。

第三，运用数学、统计学的方法和电子计算机的技术，建立数学模型，为现代管理决策提供科学的依据，通过计划与控制以解决各项生产与经营问题。

（二）管理科学理论的评价

"管理科学"理论把现代科学方法运用到管理领域中，为现代管理决策提供了科学的方法。它使管理理论研究从定性到定量在科学的轨道上前进了一大步，同时它的应用对企业管理水平和效率的提高也起到了很大作用。

同其他理论一样，它也有自己的弱点：

第一，这一理论忽略了人的因素，这不能不说是它的一大缺陷。

第二，把管理中与决策有关的各种复杂因素全部数量化，是不可能的也不现实的。

第三，管理问题的研究与实践，不可能也不应该完全只依靠定量分析，而忽视定性的分析。

二、系统管理学派

系统管理理论是应用系统理论的范畴、原理，将企业作为一个有机整体，全面分析和研究企业和其他组织的管理活动和管理过程，重视组织结构和模式的分析，并建立起系统模型。这一理论是弗理蒙特·卡斯特（F. E. Kast）、罗森茨韦克（J. E. Rosenzing）和约翰逊（R. A. Johnson）等美国管理学家在一般系统论的基础上建立起来的。

（一）系统管理理论的主要内容

首先，企业是由人、财、物和其他资源在一定的目标下组成的一体化系统，它的成长和发展同时受到这些组成要素的影响。在这些要素的相互关系中，人是主体，其他要素则是被动的。管理人员需力求保持各部分之间的动态平衡、相对稳定、一定的连续性，以便适应情况的变化，达到预期目标。同时，企业还是社会这个大系统中的一个子系统，企业预定目标的实现，不仅取决于内部条件，还取决于企业外部条件，如资源、市场、社会技术水平、法律制度等，它只有在与外部条件的相互影响中才能达到动态平衡。

其次，企业是一个由许多子系统组成的、开放的社会技术系统，它受到周围环境（竞争者、顾客、供应商、政府等）的影响，也同时影响环境。

最后，如果运用系统观点来考察管理的基本职能，可以把企业看成是一个投入—产出系统，投入的是物资、劳动力、技术和各种信息，产出的是各种产品（或服务）。运用系统观点使管理人员不至于只重视某些与自己有关的特殊职能而忽视了大目标，也不至于忽视自己在组织中的地位与作用，可以提高组织的整体效率。

（二）对系统管理理论的评价

首先，系统理论通过对组织的研究来分析管理行为，体现了管理哲学的改变。它使人们从整体的观点出发，对组织的各个子系统的地位和作用，以及它们之间的相互关系，有了更清楚的了解。同时，它也使人们注意到任何社会组织都具有开放系统的性质，从而要求管理者不仅要分析组织的内部因素，解决组织内部因素的相互关系问题，还必须了解组织的外部环境因素，注意解决组织与外部环境的相互关系问题，为人们处理和解决各种复杂组织的管理问题提供了一种十分有用的思路和方法。

其次，从系统的观点来考察和管理企业，有助于提高企业的整体效率。企业领导人有了系统观点，就更易于在企业各部门的需要和企业整体的需要之间保持适当的平衡，使得企业的管理人员不致因为只注意一些专门领域的特殊职能而忽略了企业的总目标。但是，也有不少学者指出，现代组织和管理面临着十分复杂的条件，系统管理理论企图用系统的一般原理和模式来解决如此复杂的现实问题是难以奏效的。他们认为，系统方法过于抽象，实用价值不大，结果，曾经风行一时的"系统热"渐渐地冷落下去，就连系统管理理论的主要代表人物卡斯特和罗森茨韦克，在他们的后期著作《组织与管理——系统方法和权变方法》中，也把系统管理理论同权变管理理论结合起来。

三、权变管理学派

权变管理理论是 20 世纪 70 年代在美国形成的一种管理理论，它认为，在企业管理中要根据企业所处的内外条件随机应变，没有什么一成不变、普遍适用的"最好的"管理理论和方法。该学派是从系统观点来考察问题的，它的理论核心就是通过组织的各子系统内部和各子系统之间的相互联系，以及组织和它所处的环境之间的联系，来确定各种变数的关系类型和结构类型。它强调在管理中要根据组织所处的内外部条件随机应变，针对不同的具体条件寻求不同的最合适的管理模式、方案或方法。其代表人物有卢桑斯、菲德勒、豪斯等人。

（一）权变管理理论的主要思想

美国学者卢桑斯（F. Luthans）在 1976 年出版的《管理导论：一种权变学》一书中系统地概括了权变管理理论。他认为：

（1）权变管理理论就是要把环境对管理的作用具体化，并使管理理论与管理实践紧密地联系起来。

（2）权变管理理论就是考虑到有关环境的变数同相应的管理理念和技术方法之间的关系，使采用的管理理念和技术方法能有效地达到目标。在一般情况下，环境是自变量，而管理的理念和技术方法是因变量。这就是说，如果已存在某种环境的条件下，为了更快地达到目标，就要采用相应的管理原理、方法和技术。例如，如果在经济衰退时期，企业在供过于求的市场中经营，采用集权的组织结构，就更适于达到组织目标；如果在经济繁荣时期，在供不应求的市场中经营，那么采用分权的组织结构可能会更好一些。

（3）环境变量与管理变量之间的函数关系就是权变关系，这是权变管理理论的核心内容。环境可分为外部环境和内部环境。外部环境又可以分为两种：一种是由社会、技术、经济和政治、法律等所组成；另一种是由供应商、需求者、竞争者等组成。内部环境基本上是正式组织系统，它的各个变量与外部环境各变量之间是相互关联的。

（二）权变管理理论的特点

（1）它强调根据不同的具体条件，采用相应的组织结构、领导方式、管理机制等。

（2）把一个组织看作是社会系统中的子系统，要求组织各方面的活动都要适应外部环境的变化。

四、决策理论学派

决策理论学派是在社会系统学派的基础上发展起来的，它把第二次世界大战之后发展起来的系统理论、运筹学、计算机科学等综合运用于管理决策过程中，形成一门有关决策过程、准则、类型及方法的较完整的理论体系。其主要代表人物是曾获得诺贝尔经济学奖的赫伯特·西蒙（Herhert Simon）。

（一）决策理论要点

1. 决策贯穿管理的全过程，决策是管理的核心

西蒙指出组织中经理人员的重要职能就是做决策。他认为，任何作业开始之前都要先做决策，制订计划就是决策，而组织、领导和控制也都离不开决策。

2. 系统阐述了决策原理

西蒙对决策的程序、准则、程序化决策和非程序化决策的异同及其决策技术等做了分析。西蒙提出决策过程包括四个阶段：

第一阶段，搜集情况，即搜集组织所处环境中有关经济、技术、社会各方面的信息以及组织内部的有关情况。

第二阶段，拟订计划，即在确定目标的基础上，依据所搜集到的信息，编制出可能采取的行动方案。

第三阶段，选定计划，即从可供选用的方案中选定一个行动方案。

第四阶段，评价计划，即在决策执行过程中，对过去所做的抉择进行评价。

这四个阶段中的每一个阶段本身就是一个复杂的决策过程。

3. 在决策标准上，用"令人满意"的准则代替"最优化"准则

以往的管理学家往往把人看成是以"绝对的理性"为指导，按最优化准则行动的理性人。

4. 一个组织的决策根据其活动是否反复出现可分为程序化决策和非程序化决策

此外，根据决策条件，决策还可以分为确定型决策、风险型决策和非确定型决策，每一种决策所采用的方法和技术都是不同的。

（二）决策理论的两点启示

第一，从管理职能的角度来说，决策理论提出了一条新的管理职能。针对管理过程理论的管理职能，西蒙提出决策是管理的职能，决策贯穿于组织活动的全部过程，进而提出了"管理的核心是决策"的命题，而传统的管理学派是把决策职能纳入到计划职能当中的。由于决策理论不仅适用于企业组织，而且适用于其他各种组织的管理，具有普遍的适用意义。因此，"决策是管理的职能"现在已得到管理学家普遍的承认。

第二，首次强调了管理行为执行前分析的必要性和重要性。在决策理论之

前的管理理论，管理学家的研究重点集中在管理行为本身的研究中，而忽略管理行为的分析，西蒙把管理行为分为"决策制定过程"和"决策执行过程"，并把对管理研究的重点集中在"决策制定过程"的分析中。

第五节　管理理论的新发展

20 世纪中叶以来，科技迅速发展，人类社会逐渐进入了知识经济、信息社会时代，这个时代的重要特征是知识、信息更新速度越来越快，世界因此而多变。管理科学必须与时俱进，不断发展。

一、学习型组织

（一）什么是学习型组织

学习型组织理论是由当代著名管理大师彼得·圣吉创立的。1990 年，在他所著的《第五项修炼——学习型组织的艺术与实务》一书中，倡导组织的学习，并在自我超越、改善心智模式、建立共同愿景、团队学习的基础上提出了第五项修炼——系统思考，为企业营造学习型组织提供了理论依据。之后，在他与人合著的《变革之舞——学习型组织持续发展面临的挑战》一书中，又具体论述了创建学习型组织的一系列关键问题，从而使学习型组织理论成为当今管理领域的最新潮流。

圣吉认为，学习型组织是一种与众不同、更符合人性的组织模式，它是由伟大的学习团队形成社会群体，有着崇高而正确的核心价值、信念与使命，具有强劲的生命力与实现梦想的共同力量，不断创造，持续蜕变。在这一过程中，组织中成员心怀志向，心手相连，相互反省，求真务实，勇于挑战极限及过去的成功模式，不为眼前近利所诱，同时以令成员振奋的远大理想及政策与行动，充分发挥生命的潜能，创造超乎寻常的成果，从而在真正的学习中体悟工作的意义，追求心灵的成长与自我实现，并与周围的世界产生一体感。

（二）创建学习型组织的实质是提高企业的集体创新力和学习力

区别于以往的管理理论，学习型组织更加注重集体创新力和学习力的培养。在《变革之舞——学习型组织持续发展面临的挑战》一书中，彼得·圣吉明确指出：对企业领导"英雄"般的迷信已经给很多企业带来困难，使企业为寻找"救世主"付出了惨重的代价。因此，企业变革的成功归根结底依靠的是组织的创新能力，只有充分发挥组织内部各群体的作用，组织集体的创新力和学习力才能提高，从而形成组织内部的"领导群"。一般来说，组织内部的"领导群"应由三类人组成：一是高层领导，如总裁、董事长等。强烈的学习和创新意识是高层领导所必须具备的特质，要勇于放弃已有的陈规，向未来学习，就像以直销模式与品牌销售相竞争那样，要敢于想象不曾体验过的东西，同时还要善于为企业创造持续革新和学习的良好氛围。二是中层领导。中层领导是企业承上启下的中坚力量，发挥他们在学习力培养中的领导作用尤其重要。作为中层领导，要有丰富的想象力和勇于献身的精神，不断地将组织的各种新思想和新观点付诸实践，并对实际效果进行检验。三是组织内部关系网络的领导，如攻关小组、读书会、各种沙龙的负责人或重要成员等。这些人虽然职位不高，但具备很强的活动能力、学习能力和思维能力，最容易获得员工的真实想法，也最容易得到员工的拥护，注重他们的学习积极性，就能够极大地调动广大员工的学习积极性。实践表明，只有当以上三种领导者在企业内部相互配合、有效行动时，才能极大地增强企业的集体学习力和创造力。忽视其中任何一方，都会影响整个组织的集体表现。

（三）创建学习型组织的关键是要坚持以人为本，构筑科学合理的企业组织结构

学习型组织的宗旨是在共同理想的统领下，实现学习个体的互动，最大限度地发挥团体绩效。因此，在创建学习型组织的实践中必须注重以人为本的企业文化氛围，才能为学习型组织的创建提供强有力的精神支持。

学习型组织的实现需要有科学合理的企业组织结构作为保障。为了使企业能经受起未来激烈的竞争，未来的企业组织结构应趋向扁平化，即减少中间环节，逐步形成领导层、管理层、生产层的平面化管理模式，使员工拥有更多的权力和责任。这样不仅有助于克服员工的依赖心理，而且便于上下之间的沟通，促进企业内部成员间的相互理解、相互学习、个体互动和协调合作。此外，随着现代化科技手段在管理中的应用，过多的管理层就没有存在的必要了。从这一角度看，管理中间层的消减也是大势所趋。

二、人力资源管理

（一）什么是人力资源

人力资源是与自然资源或物质资源相对应的、以人和生命为载体的社会资源。从广义上讲，智力正常的人都是人力资源。从狭义上讲，人力资源有不同的解释：

第一，人力资源是指在一定领域内拥有劳动能力的人口总和。

第二，人力资源是指能够推动社会和经济发展的具有智力与体力劳动能力的人的总称。

第三，人力资源是指一切具有为社会创造物质文化财富、为社会提供劳务和服务的人。

第四，人力资源包括劳动者的体质、劳动者的智质、文化教养和受教育程度、劳动者的能力和思想觉悟与道德水平。

（二）人力资源的特点

1. 人力资源的生物性

人首先是一种生物。人力资源存在于人体之中，是有生命的"活"资源，与人的自然生理特征相联系。人的最基本的生理需要带有某些生物性的特征。在管理中，首先要了解人的自然属性，根据人的自然属性与生理特征进行符合人性的管理。人力资源属于人类自身所特有的，因此具有不可剥夺性。这是人力资源最根本的特性。

2. 人力资源的时限性

人力资源的时限性是指人力资源的形成与作用效率要受其生命周期的限制。作为生物有机体的个人，其生命是有周期的，每个人都要经历幼年期、少年期、青年期、中年期和老年期。其中具有劳动能力的时间是生命周期中的一部分，其各个时期资源的可利用程度也不相同。无论哪类人，都有其才能发挥的最佳期、最佳年龄段。如果其才能未能在这一时期充分利用开发，就会导致人力资源的浪费。因此，人力资源的开发与管理必须尊重人力资源的时限性特点，做到适时开发、及时利用、讲究时效，最大限度地保证人力资源的产出，延长其发挥作用的时间。

3. 人力资源的再生性

经济资源分为可再生性资源和非再生性资源两大类。非再生性资源最典型的是矿藏，如煤矿、金矿、铁矿、石油等，每开发和使用一批，其总量就减少一批，决不能凭借自身的机制加以恢复。另一些资源，如森林，在开发和使用过后，只要保持必要的条件，就可以再生，以保持资源总体的数量。人力资源也具有再生性，它基于人口的再生产和劳动力的再生产，通过人口总体内个体的不断更替和"劳动力耗费——劳动力生产——劳动力再次耗费——劳动力再次生产"的过程得以实现。同时，人的知识与技能陈旧、老化也可以通过培训和再学习等手段得到更新。当然，人力资源的再生性不同于一般生物资源的再生性，除了遵守一般生物学规律之外，它还受人类意识的支配和人类活动的影响。从这个意义上来说，人力资源要实现自我补偿、自我更新、持续开发，这就要求人力资源的开发与管理注重终身教育，加强后期的培训与开发。

4. 人力资源在使用过程中的磨损性

人力资源在使用过程中会出现有形磨损和无形磨损，劳动者自身的疾病和衰老是有形磨损，劳动者知识和技能的老化是无形磨损。在现代社会，人力资源的这种磨损呈现以下特点：首先，与传统的农业社会和工业社会里较多地表现为有形磨损不同，现代社会更多地表现为无形磨损；其次，当今社会的一个重要特征是新技术不断取代原有技术，而且更新周期越来越短，致使员工的知识和技能老化加剧，人力资源的磨损速度越来越快；最后，人力资源补偿的难度加大，这是因为当今社会的人力资源磨损主要表现为无形磨损，而无形磨损的补偿比起有形磨损的补偿要困难得多，同时，由于人力资源磨损速度的加快，也使得补偿的费用越来越高。

5. 人力资源的社会性

人处在一定的社会之中，人力资源的形成、配置、利用、开发是通过社会分工来完成的，是以社会的存在为前提条件的。人力资源的社会性，主要表现为人与人之间的交往及由此产生的千丝万缕的联系。人力资源开发的核心，在于提高个体的素质，因为每一个个体素质的提高，必将形成高水平的人力资源质量。但是，在现代社会中，在高度社会化大生产的条件下，个体要通过一定的群体来发挥作用，合理的群体组织结构有助于个体的成长及高效地发挥作用，不合理的群体组织结构则会对个体构成压抑。群体组织结构在很大程度上又取决于社会环境，社会环境构成了人力资源的大背景，它通过群体组织直接或间接地影响人力资源开发，这就给人力资源管理提出了要求：既要注重人与人、人与团体、人与社会的关系协调，又要注重组织中团队建设的重要性。

6. 人力资源的能动性

能动性是人力资源区别于其他资源的本质所在。其他资源在被开发的过程中，完全处于被动的地位；人力资源则不同，它在被开发的过程中，有思维与情感，能对自身行为做出抉择，能够主动学习与自主地选择职业，更为重要的是人力资源能够发挥主观能动性，有目的、有意识地利用其他资源进行生产，推动社会和经济的发展。同时，人力资源具有创造性思维的潜能，能够在人类活动中发挥创造性的作用，既能创新观念、革新思想，又能创造新的生产工具、发明新的技术。

7. 人力资源具有生产者和消费者的角色两重性

人力资源既是投资的结果，又能创造财富；或者说，它既是生产者，又是消费者，具有角色两重性。人力资源的投资来源于个人和社会两个方面，包括教育培训、卫生健康等。人力资源质量的高低，完全取决于投资的程度。人力资源投资是一种消费行为，并且这种消费行为是必需的、先于人力资本的收益。研究证明，人力资源的投资具有高增值性，无论从社会还是个人角度看，都远远大于对其他资源投资所产生的收益。

8. 人力资源的增值性

人力资源不仅具有再生性的特点，而且其再生过程也是一种增值的过程。人力资源在开发和使用过程中，一方面可以创造财富，另一方面通过知识经验的积累、更新，提升自身的价值，从而使组织实现价值增值。

9. 人力资源是具有连续性的资源

作为人力资源重要组成部分的知识和技术是人们实践经验的产物，具有一定的时间性。人力资源的这种连续性表现在知识的连续性和技术的连续性。

10. 人力资源是一个运动过程

人力资源始于开发，经过配置而终于使用。而管理贯穿整个运动过程，是人力资源有效开发、合理配置、充分使用的基本保障。

（三）人力资源管理主要任务

人力资源管理是指对全社会或一个企业的各阶层、各类型的从业人员从招工、录用、培训、使用、升迁、调动直至退休的全过程管理。

人力资源开发主要是指国家或企业对所涉及范围内的人员进行正规教育、智力开发、职业培训和全社会的启智服务，包括教育、调配、培训、使用、核算、周转等过程，源源不断地为全社会提供各类人力资源。

人力资源管理的任务是：预测人力需求，研究人才的合理布局；做好招工录用工作；认真搞好在职培训；认真分析影响人的重要性的基本因素；善于识别人才；关心职工的劳动报酬及分配；创造和谐、安定向上的用人环境等。

三、企业形象

当今的企业竞争不仅仅是资本、技术之间的竞争，更表现为形象管理的竞争。良好的企业形象已成为企业发展的重要因素。有专家断言：形象经济时代正在来临。

（一）形象力是企业的重要支撑

随着市场主体的增多、行业竞争的加剧，企业的形象建设已成为企业经营活动的重要内容。为了生存，任何一家企业都要参与市场竞争，企业形象的塑造已成为基本手段之一。

企业在市场中的竞争力决定着企业的生存状况和持续性，而企业竞争力需要靠科技力、营销力、形象力三力支撑。科技力是企业的科技水平、产品开发能力的集中体现，它是产品质量的根本保证，失掉了科技力就失掉了竞争的物质基础。营销力是企业的市场网络建设和市场开拓能力。形象力是企业形象和产品形象，即企业及其产品对公众的综合吸引力，提高企业的形象力就是要培养企业更多的崇拜者。科技力、营销力、形象力呈三足鼎立之势，相得益彰。这三者中的核心是形象力的竞争，因此，提升企业形象无疑是提升企业竞争力的关键。

（二）形象塑造的四大策略

1. 资源个性化——形象要素的整合

作为生产资料之一的"资源"，在传统经济中就占有重要位置。"资源"对"形象"有直接的影响和制约作用，如"山清水秀"和"穷山恶水"就是两种截然不同的形象写照。从这个层面来理解，"资源"和"形象"之间有着必然的因果关系。但是，企业的哪些资源可以成为形象要素呢？"形象经济"概念中所涉及的资源并不完全是具有共性特征的直接的因果关系的资源，而是更关注它的非共性部分，即资源的"个性化"部分，尤其是与消费者的核心需求相对应的资源。如北京九采罗彩棉产业有限公司的资源：拥有国家第一个获得环保局"绿色认证"的"九彩罗"彩棉品牌；拥有"彩棉杂交育种方法"、"天然彩色棉织物处理工艺"等五项技术专利；拥有国内最完整的彩棉科研体系和彩色长绒棉等国际先进水平的彩棉品种；已经被科技部列入国家级"火炬计划"示范企业。占有这些资源对企业的形象塑造具有重大意义：能够塑造"零污染"、"高科技"、"高档形象"的企业形象。"资源个性化"的实质是强调"资源"在横向比较中表现出的独特性和形象性，突出"资源"的形象效应，从而使"资源个性化"这一在传统经济中并不直接影响经济的因素成为"形象经济"中重要的"生产力要素"。

2. 概念商品化——形象价值的体现

这里强调的是"概念商品化"，而不是"商品概念化"，二者有联系，但更有区别。概念商品化强调的是产品品牌如何转化为商业品牌。通常情况下，"概念"常常只是一种说法、一种想法的概括性表达，但一个无形的概念，却可能为市场所接受，形成买卖双方之间的交易或转让。在形象经济的体系中，"概念"的商品化趋势正日益彰显出来。在市场经济中，"概念"成为商品、概念主导营销的事实，在今天已经比比皆是了。"概念"不仅可以成为商品，而且还可以造就一个组织、一个产业、一种经营模式，或者是一只很牛气的股票。

3. 品牌资本化——形象价值的拓展

在传统经济的概念中，"品牌"并不是资本，至少没有明确并普遍地被当作资本。但在今天，"品牌"可以作为资本已经成为一种比较普遍的认识。"品牌资本化"实际是"品牌价值"的整体表现。"品牌价值"是多方面的，有社会价值、经济价值、经营价值、管理价值、文化价值等，而就其性质而言，这些价值，实际上都可以归纳为"形象价值"，因为"品牌"的基础，是社会公众的"形象认知"。没有形象，就没有认知，没有认知，当然也就无所谓品牌，物质产品和精神产品都要讲究品牌。迄今为止，"品牌资本化"的运行模式，始终伴随着极为明显的"形象"印记——品牌资本的量化评估：既是对企业品牌资本增值的一种认定，更是企业品牌形象效应的一种全面扩展和提升。品牌资本的管理运行：品牌资本的作股和转让等，也几乎都是品牌形象的社会效应在经营管理方面的具体体现。品牌资本的社会认定：这是一种极为普遍的现象，而它也最能说明品牌资本的核心内涵始终是品牌在公众中的形象效应。在时尚服装消费中，品牌的形象效应最为突出，在这一领域，品牌资本最明显地体现出品牌本身的价值。

4. 传播市场化——形象传播的策略

"形象营销"的核心，其实是一种"传播"的概念。从形象经济的观点分析，传播也是生产力。在传播行为的实施和作用的过程中，相关的生产关系和生产价值都将随之发生变化，因此传播是一种有别于其他生产力方式的生产力。换句话说，传播可以直接形成生产力，而且在很大程度上形成的是一种综合生产力。

总之，实现形象塑造、管理，增强企业竞争优势是当今企业面临的长期话题。

四、知识管理

在当今的知识经济时代，企业成功的关键在于如何创新、积累和使用知识，知识管理也相应地成为企业各项管理活动的核心。

（一）知识管理的概念

知识管理，即在知识经济时代，组织围绕发展，以人为本，对知识进行控制、开发和利用的过程，是立体式、多学科、多维式科学决策的一种管理方法。近些年来，以智力资产作为管理内容的知识管理不断调整、改进，形成许多新的发展方向。

在企业中知识管理是对集体的知识或技能的获取，然后将这些知识或技能传递给知识需求者，以帮助企业实现最大产出。

知识管理应从理念的创新开始。只有理念创新的实现，制度创新和组织创新才有可能成为现实，才能真正优化系统的结构，使管理的效能实现真正的最大化。

（二）知识管理必须与时俱进、开拓创新

1. 知识经济时代要求管理必须创新

在知识经济时代，创新能力的基础是知识，知识的创造速度和数量空前增大，知识的传播速度和更替周期空前加快，知识创新的方式也更多样化，它成为决定企业竞争力强大与否的关键要素。作为一种强大力量的知识正决定着组织未来的命运，改变着未来世界的格局。正如美国管理学家维娜艾莉在《知识的进化》中所写的，信息时代之前的旧方程式是"知识＝力量——所以保存它"，管理者和工人为了个人利益掌握、使用新知识和新信息，进而获得力量。而在信息时代，知识爆炸，技术性知识的激增使得旧的方程式不再适用了，没有人能成功地保存知识，知识会在几小时、几天、几星期或最多几个月内贬值。更进一步讲，封锁知识的企图将妨碍系统赖以生存的信息交流，使之丧失自我组织和自我更新的能力。如今，新的知识方程式是"知识＝能力——所以共享它并使它倍增"，此乃信息时代的经济现实。管理创新即要把创新渗透于管理的各个过程之中，不断进行观念创新、制度创新、市场创新，进而实现组织价值和管理效能的最大化。

2. 创新是组织生命活力的源泉

作为一个开放系统的组织，只有不断地与周边环境进行物质、信息和能量

的交换，才能保持对环境的适应性，才能保持组织的活力，这样才能在激烈的竞争中不断创新和发展。管理创新要求组织对环境变化做出积极回应，不断盘活内部资源。然而，在传统的管理理念中过多地强调对组织内部环境的控制，忽视了组织与环境之间的互动，结果严重地制约了组织的应变力和竞争力。例如，在传统的计划经济体制向现代市场经济体制转型的过程中，我国部分国有企业所遇到的困难、面临的挑战，其产生的原因是多方面的，但缺乏对市场环境激烈变化的积极回应、对经济全球化背景下企业的功能和结构定位缺乏清醒的判断与认识、对知识经济时代企业的管理理念和体制安排缺乏适应性的创新，是主要原因之一。所以，管理组织必须创新。

3. 创新是未来管理的主旋律

时代呼唤知识管理创新。"管理是一种权力"、"管理就是控制"，这些是传统管理理念的声音，管理者被视为"组织和企业的大脑与智慧的化身"。组织内部呈现出的"金字塔式"的管理结构扼制了创新，随之而来的是组织的僵化、封闭和停滞，严重地制约了组织的发展。从最早的以标准化、程序化设计为主的美国的"泰勒的科学管理"、法国的"法约尔的组织管理"，到后来美国的马斯洛、麦格雷戈等的"行为管理"，实际上都是那种"金字塔式"的"他控式管理"理念的沿袭，必将为现代的"扁平化"的"互动式知识管理"理念所取代。因此，管理创新的首要使命是围绕着知识管理进行组织设计和体制安排，为充分发挥知识工作者的个性和创造力提供制度平台。管理者应视知识工作者为最重要的财富和组织生存的根本，营造出一种尊重人、关心人、信任人的舆论氛围，进而推动实现知识的创新与共享。

（三）知识管理必须体现先进文化

1. 管理必须坚持正确的价值导向

知识经济时代的管理是科学的管理，体现的是先进文化及价值导向。价值是一个组织的灵魂，也是组织个性化的反映。它一般包括三个方面的内容，即组织存在的意义、价值的标准和价值实现方式。没有明确而科学的价值作为导向，组织就会迷失前进的方向，组织成员就不会产生对组织有效的忠诚感、认同感。组织是由一个个有生命的个人组成的有机整体，每个人也都有自己的认知、情感、需要、信仰和价值取向。如果个体的个性内容能够得以伸展，潜能得以开发，就会产生莫大的成就感和归属感，进而就会把自己的行动和组织的绩效紧密地联系起来，实现组织的最大价值。反之，如果个体的利益诉求、价值取向与组织相背离，就会影响组织管理效能的最大化。

2. 管理必须提高人的科学知识水平

随着知识经济的深入发展，作为组织或企业改革基本力量的白领阶层、知识工作者，对知识的管理和对知识工作者的激励将成为他们管理的核心任务。因此，提高管理中的文化含量，实现组织和个人的价值融合，就成为未来文化面临的一项紧迫课题。这就要求组织或企业的主流价值文化必须具有包容性、开放性和差异性。管理中的文化理念就是解决组织价值和成员价值的一致性问题，以价值关怀来调动组织成员的积极性、主动性和创造性，使之与组织结成命运共同体，以此回应环境变化对组织带来的挑战。只有这样，面对各种思想、价值的激荡和渗透的组织才能形成灵活、柔性、合作、共享的管理机制，为知识的开发和共享创造条件。

3. 管理必须促使人的全面自由发展

传统的管理理念更多的是强调组织价值、组织目标，把人完全看成被管理的对象，却忽视了组织成员的个体价值和目标，忽视了组织价值和个体价值的融合，忽视了人的个性的激励和潜能的开发，最终导致管理效能的下降。组织存在的意义实际上就是组织为什么要创造价值，创造什么样的价值，怎么去创造价值。为组织成员提供价值取向是组织必须要做的一项任务，使人的素质得到全面提高、人的能力得到充分发挥、人的社会关系得到日益丰富、人与自然的关系得以和谐、人的个性得以充分发挥、人的需求不断地得到满足。这是组织存在的基础，也是动员组织力量、整合组织资源的保证。

（四）知识管理必须"用知识开发知识"

1. 知识经济时代的管理必须把知识改变组织命运的理念渗透于管理的全过程

"以知识开发知识"是时代发展的必然。未来最成功的企业将是"学习型组织"的企业，因为组织在未来唯一持久的优势，是要有比竞争对手学习得更快的能力。谁拥有前沿高效的知识，谁就占有竞争的制高点。世界著名的跨国公司，如IBM、微软、可口可乐等，都已建立了比较完备的知识开发系统和与此相适应的人才开发全球战略，并把它看作是保持全球竞争优势的支柱所在。展望21世纪，拥有终身学习的理念和机制，建立多元化反馈和开放的学习系统，形成学习共享和互动的组织氛围，使工作学习化、学习工作化，在学习中不断超越能力边界，将是未来管理发展的大趋势。

2. 知识经济时代的管理必须把知识最大限度地转化为生产力

在20多年前，美国管理学家彼得·德鲁克就开始注意到知识经济的重要性，提出管理就是"用知识开发知识"。利用知识把现有知识最大限度地转化为生产力，这个过程实际上就是我们所说的"知识管理"。知识管理是继工业经济时代泰勒的科学管理之后的又一管理革命，是对传统的管理理念的反思和超越。其核心理念就是要连接起组织系统与信息、信息与活动、信息与人，实现知识共享，运用集体智慧和创新能力，赢得组织的核心竞争力。

3. 知识经济时代的管理必须发挥人的创造力

人是社会生产力中最活跃、最革命的因素。在传统的管理理念中，资本、设备、劳动力、权力常常被视为最重要的组织资源，认为管理就是这些组织资源的内部配置，而对知识的开发、整合与共享没有给予应有的关注，没有给予那些拥有知识并知道如何利用知识提高效率的知识工作者应有的关怀和重视。知识经济时代将大大突破那种传统管理模式的羁绊，开启知识管理的新时代。管理所做的一切，就是提高知识工作者的生产率。在知识经济时代，无论是营利组织还是非营利组织，最宝贵的资源不是它的固定资产，而是它的知识工作者。大师彼得·圣吉在其名著《第五项修炼——学习型组织的艺术与实务》中提到，在全球竞争风潮中，人们日益发觉 21 世纪的成功关键与 19 世纪和 20 世纪的成功关键有很大的不同。在过去，低廉的天然资源是一个国家发展的关键，而传统的管理系统也是被设计开发这些资源的。然而，这样的时代已离我们远去，充分发挥人们的创造力已成为管理努力的重心。在知识经济时代必须实现知识管理，管理理念也必须与时俱进，开拓创新。

【本章小结】

（1）管理就是组织中的人在组织经营过程中对各种资源进行有效利用以实现组织运行有效性的过程，管理的目的在于实现组织的有效性。就组织整体而言，管理的本质是为确保组织运行有效性从而实现组织目标的一种活动。就管理活动的特点而言，管理是一种资源整合性活动。

（2）管理思想来源于管理实践。几大文明古国以及产业革命后的西方国家都对早期管理思想的形成做出了巨大贡献。

（3）西方管理理论经历了古典管理理论、行为科学理论、现代管理理论三个阶段。其中，泰勒的科学管理理论、法约尔的一般管理理论和韦伯的行政组织理论构成了古典管理理论的基本框架；梅奥的人际关系学说为行为科学理论的产生奠定了理论基础；而第二次世界大战以后出现的各种管理新思想，又形成了一个现代管理理论的"丛林"。

（4）纵观西方管理理论的发展轨迹，对管理的探讨理解是一个不断深化、由浅入深、由低级到高级的渐进过程。我们应予以学习、借鉴和吸收，逐渐完善我国管理理论的研究和实践。

【案例分析】

某公司行为科学的运用

某公司是一家洗涤用品生产企业，在众多企业中脱颖而出，得到了消费者的好评。

2000 年，公司王总经理因年龄已大，提出了辞职退休的要求。董事会再三挽留不住，只好另外聘任年轻有为的张勇为公司新的总经理。临别时，王总告诉他的后任张勇："公司过去之所以取得良好的业绩，在市场竞争中保持了相当大的优势和市场份额，全依赖公司员工上下一条心，有很强的凝聚力。只要万众一心，就没有战胜不了的困难。"对于王总的一番话张勇颇为赞同，深感自己责任重大，因为自己过去虽然也做过一些高级管理工作，但大都与具体业务有关，对于如何激励员工、保持凝聚力确实缺乏实战经验。

张勇走马上任后，对公司各方面进行了调查研究，召开了各职能部门管理人员、公司一般员工的座谈会，仔细地了解情况。一个月后，一个如何增强企业内部和谐氛围、增强员工协作力的方案在张勇的脑海中形成了，于是他召开了总经理办公会议，组织大家一起讨论这个方案。

"各位同事，经过一个月的了解，我感到公司的确是在各方面都有骄人的业绩，管理方面尤其突出，这些成绩的取得的确应归功于全体员工上下一条心，把公司看作是自己的家，把公司的事业看作是自己的事业。在这方面我们应该继续下去，大家可以大胆地照原来的惯例进行工作。但是，在成绩的背后，在经验的背后，还有一些问题尚未解决，如员工间、部门间因工作产生的纠纷近来时有出现，纠纷出现是正常的，关键是解决问题的方法。公司原来采用的方法是由上级或上级部门裁决，裁决后尽管纠纷各方都服从了，但其中一定有一方心中不痛快或不服帖，如果长此以往，必定会使公司这种凝聚力受到影响、上下一条心的集体精神遭到破坏。为此，我们提出一个解决员工之间、部门之间工作纠纷的新方案。具体地说，就是纠纷双方自己坐下来协商解决，即自我管理。"

望着下属们不解的眼光，张勇继续说："公司专门设一个大房间，注意，这房间我特别请心理学家和行为科学家来布置。凡发生工作纠纷的各方请自动一起到那个房间坐一坐，我相信，最终一定会使各方心情愉快，纠纷圆满解决。"

张总的话刚结束，大家议论纷纷，觉得好像是天方夜谭一般，充满了迷惑。"这样吧，我先带大家参观一下这个房间，然后我们再接着开会。"于是大家来到了那间神秘的大房间。

这间大房间被分隔成四个小间，一间套一间。进入这个大房间先得进第一小间，第一小间迎面立着的一个屏风，上面装有一大块玻璃镜，绕过镜子几步就进入第二小间；第二小间的门口挂着一个大沙袋，非得推着它人才能进去；第三小间的墙上挂满公司历年所获各种奖状，公司优秀员工的事迹与照片，公司各年业绩的图示等；第四小间就是几个沙发和小桌椅，旁边还有可自取的咖啡、茶、饮料等，似乎就是一个小会议室，另外还有一扇门可供外出。

张总带着他们回到会议室，这下可好了，大家议论开来……

讨论题：

1. 张勇上任后应该先做什么工作？

2. 张勇的新方案是基于什么理论？为什么这么做？

3. 有没有更好的方法来解决员工间与部门间因工作产生的矛盾冲突？

【复习思考题】

一、关键概念

管理　组织　技术技能　人际技能　概念技能　例外管理原则　人力资源知识管理　学习型组织

二、单项选择题

企业的重要支撑是（　　　）。

A. 形象力　　　B. 科技力　　　C. 营销力　　　D. 创造力

三、多项选择题

管理者的角色包括（　　　）。

A. 人际角色　　B. 信息角色　　C. 管理角色　　D. 领导角色　　E. 决策角色

四、判断题

管理的目的在于实现组织的效率。

五、简述题

1. 劳动分工为什么能大大提高劳动生产率？有无负面影响？

2. 实行标准化为什么也能提高劳动生产率？

3. 科学管理的主要内容是什么？

4. 法约尔的一般管理有哪些原则？

5. 韦伯的理想组织模式有什么特点？

6. 巴纳德认为组织的存在和发展需要什么条件？

7. 什么是霍桑试验？它在管理思想发展过程中处于什么地位？

8. 梅奥为什么能提出与古典管理理论不同的人群关系论？什么是人群关系论？

9. 应该怎样对待正式组织中的非正式组织？

10. 管理科学学派的思想有无局限性？为什么？

11. 请你对权变理论学派的主张进行评论。

12. 泰勒与法约尔的管理思想有什么差别？

13. 管理理论今后会呈现出什么样的发展趋势？

14. 请论述科学技术的发展对管理思想的影响。

【管理技能训练】

查阅有关管理思想与实践方法的文献资料，了解其主要观点，分析其贡献的局限性。要求每位同学据此写一份分析报告。

第三章 决 策

学习目标:

1. 掌握决策的含义、特点及决策类型;
2. 了解决策的过程和影响因素;
3. 掌握决策的定性方法中的SWOT法、经营单位组合法;
4. 清楚各种定性、定量的决策方法;
5. 明确群体决策的概念、特点和方法。

开篇案例

阿斯旺水坝的灾难

规模在世界数得着的埃及阿斯旺水坝在20世纪70年代初竣工了。从表面上看,这座水坝给埃及人带来了廉价的电力,控制了水旱灾害,灌溉了农田。然而,实际上却破坏了尼罗河流域的生态平衡,造成了一系列灾难:由于尼罗河的泥沙和有机质沉积到水库底部,使尼罗河两岸的绿洲失去了肥源——几亿吨淤泥,土壤日益盐碱化;由于尼罗河河口供沙不足,河口三角洲平原内陆收缩,使工厂、港口、国防工事有跌入地中海的危险;由于缺乏来自陆地的盐分和有机物,致使沙丁鱼的年收获量减少1.8万吨;由于大坝阻隔,使尼罗河下游的活水变成相对静止的"湖泊",使血吸虫病流行。埃及造此大坝所带来的灾难性后果,使人们深深地感叹:一失足成千古恨!

思考题:

1. 埃及建造阿斯旺水坝决策的失误,最可能发生在决策的哪一环节?

2. 阿斯旺水坝的决策属于哪种类型?

3. 你认为,为了避免阿斯旺水坝决策的失误,决策者在决策过程中,一定要注意做到哪几条?

第一节 决策概述

在一切社会组织的管理活动中，决策都居于重要的地位，它是一项重要的管理活动。事实上，决策贯穿于管理的全过程，在计划、组织、领导以及控制等管理活动中，都要预先明确该项活动要解决什么问题、达到何种目的、为达到预期目的有哪些方法可以利用、哪种方法好、怎样做、何时做等问题，这就需要做出一定的决策。因此，人们把决策看作管理的核心问题。决策是科学，决策也是艺术。它既要求决策者按科学的程序、依据科学的理论、采用科学的方法进行分析决策，又需要决策者的智慧、判断力和经验。

一、决策的定义及特点

关于决策的定义，中外学者从不同的角度给出了许多不同的说法。著名社会科学家、管理学家西蒙（H. A. Simon）认为"管理就是决策"。路易斯（Pamela S. Lewis）、古德曼（Stephen H. Goodman）和范特（Patricia M. Fandt）将决策定义为"管理者识别、解决问题以及利用机会的过程"。

从实际操作的角度来看，有学者认为："决策是指从两个或两个以上的可行方案中选择一个合理方案的分析判断过程"。

从决策的过程来定义，"决策是组织的决策者以其知识、经验和掌握的信息为依据，遵循决策的原理和原则，采用科学的方法，确定组织未来的行动目标，并从两个以上可能实现目标的行动方案中选择一个较为满意的方案的分析决断过程"。

以上这些说法从决策的不同角度说出了一定的道理，综合以上观点，我们认为，决策是一个提出问题、分析问题、解决问题的过程，是人们在明确问题的基础上为未来的行动确定目标，并在多个可供选择的行动方案中选择一个合理方案的活动。

从决策的定义看，决策具有下列特点。

1. 目标性

决策要有明确的目标，它是为了解决一定的问题，达到一定的目标。在对行动方案做出选择前，首先要有明确的目的。如果没有目的或目的性不明，决策就没有方向，往往会导致决策无效甚至失误。所以，必须明确为什么要进行决策、决策最终要达到的目标是什么。

2. 选择性

决策应有若干个可供选择的可行方案。可行方案是指能够解决决策问题、实现决策目标、具备实施条件的方案。只有一个方案而无从比较，则谈不上是决策，只有多个方案的选择才能评价优劣，得到满意的结果。因此，"多方案选择"是决策应该遵循的重要原则。

3. 超前性

决策所涉及的问题一般都与未来有关，是为了解决目前面临的、待解决的新问题以及将来可能出现的任何问题，找出各种可行的解决方案。任何决策都是针对未来行动的，所以决策是未来行动的基础，具有超前性。这就要求决策者具有超前意识、思维敏锐，能预见到事物的发展变化，适时地做出正确的决策。

4. 风险性

决策的超前性也决定了其风险性。正因为任何备选方案都是在预测未来的基础上制定的，作为决策对象的备选方案不可避免地带有某种不确定性。决策者对所做出的决策能否达到预期目标不可能有百分之百的把握，都要冒一定的风险，所以说决策具有风险性。进行正确的决策不但要求管理者需要具有一定的决策水平，还需要有过人的胆识。

5. 过程性

决策是一个分析判断过程。决策在本质上是一个多阶段、多步骤的分析判断过程，而不是一个"瞬间"做出的决定。决策是一个提出问题、分析问题和解决问题的系统分析过程。在进行决策时，决策者首先需要做大量的调查分析和预测工作，然后确定行动目标，找出可行方案，并进行判断、权衡、选择，最后结合起来组成一个完整的决策过程。无论决策的复杂程度如何，决策都有一个过程。

6. 动态性

决策目标的制定以过去的经验和组织当前的状况为基础，决策的实施将使组织步入不断发展变化的未来。在此过程中，任何可能对决策条件产生影响的因素的变化都要求在一定程度上修正决策，甚至重新决策以适应变化了的决策条件。另外，决策活动的相互关联性也要求决策者必须根据对其决策结果产生重大影响的其他人的决策，灵活调整自己的决策方案。

7. 满意性

所谓满意决策是指在现实条件下，决策者的决策使得目标的实现在总体上已达到预期的效果。决策过程是一个研究复杂的、多变的和多约束条件问题的过程，同时人们对客观事物的认识也是一个不断深化的过程，对于任何目标，都很难找出全部的可行方案。因此，决策者只能得到一个适宜和满意的方案，不可能得到最优的方案。

二、决策的类型

决策贯穿于整个组织活动的全过程，涉及各方面的内容。因此，根据不同的要求、从不同的角度对决策过程加以分类，将有助于决策者把握各类决策的特点，根据决策问题的特征、按不同的决策种类采用相应的划分，进行有效的决策。

（一）按决策的重要程度来划分，可以分为战略决策、战术决策及业务决策

战略决策，是所有决策问题中最重要的决策，是指具有全局性的、长期性的、作用大的和影响深远的决策。如企业长期发展战略、企业营销战略、产品开发战略、技术改造和引进、组织机构改革等，均属此类。战略决策一般需要经过较长时期才能看出决策后果，所需解决的问题复杂，环境变动性较大，往往并不过分依赖复杂的数学模式及技术，定量分析与定性分析并重，对决策者的洞察力、判断力有很高的要求。在战略决策中，找出关键问题比利用复杂计算更为重要。

战术决策又称管理决策，属于执行战略性决策过程中的具体决策。例如，销售、生产等专业计划的制定、产品开发方案制定、员工招收与工资水平、更新设备的选择等方面的决策等，均属此类。战术决策旨在实现组织内部各个环节活动的高度协调和资源的合理利用，以提高经济效率和管理效能。它不直接决定组织的命运，但其正确与否，也将在很大程度上影响组织目标的实现程度和工作效率的高低。

业务决策又称执行性决策，是日常活动中有关提高效率和效益的决策，一般由中、基层管理者做出。如生产管理、销售管理、劳动力调配、个别工作程序和方法的变动、企业内的库存控制、材料采购等，均属此类。

以上三类决策的重要性不同，各级领导层应有所侧重。高层领导者显然应侧重于战略性决策，并吸收部分中层和基层领导者参加；中层领导者应侧重于战术性决策；而基层领导者则侧重于业务决策。

（二）按决策所要解决的问题的重复程度来划分，可以分为程序化决策和非程序化决策

程序化决策是按原来规定的程序、处理方法和标准去解决管理中经常出现的问题，又称常规决策、重复性决策、例行决策。这类决策问题比较明确，有一套固定的程序来处理，如任务的日常安排、常用物资的订货与采购、定期的会计与统计报表的编制和分析等，均属此类。程序化决策所涉及的变量比较稳定，可以预先建立数学模型，编成计算机处理程序，由计算机辅助做出决策。在管理工作中，约有80%的决策属于程序化决策。

非程序化决策是解决以往无先例可循的新问题，具有极大的偶然性和随机性，很少发生重复，又称非常规决策、例外决策。其决策步骤和方法难以程序化、标准化，不能重复使用。战略性决策一般都是非程序化的，例如，新材料和新生产方法的采用、企业的合并、重组等问题。由于非程序化决策需要考虑内外部条件变动及其他不可量化的因素，除采用定量分析外，决策者个人的经验、知识、洞察力和直觉、价值观等因素对决策都有很大的影响。

（三）按决策影响的时间长短来划分，可以分为长期决策和短期决策

长期决策是指有关组织今后发展方向的长远性、全局性的重大决策，又称长期战略决策，如企业投资方向选择、组织规模确定等问题的决策。

短期决策则是实现长期战略目标所采取的短期策略手段，又称短期战术决策，如企业的日常营销、生产决策等。

（四）按决策问题的可控程度来划分，可以分为确定型决策、风险型决策和不确定型决策

确定型决策是指决策所面临的条件和因素是确定的，每一个方案只有一种确定的结果。如把资金存入银行，利率根据存款期限长短是固定的。在实际工作中，确定型决策是比较少见的。

风险型决策也称随机决策，即决策方案未来的自然状态不能预先肯定，可能有几种状态，但每种自然状态发生的概率可以做出客观估计，所以不管哪个决策方案都是有一定的风险。这类决策的关键在于衡量各备选方案成败的可能性（概率），权衡各自的利弊，做出选择。

不确定型决策所面临的条件和因素是不确定的，决策者不知道有多少种自然状况，即使知道，也不能知道每种自然状态发生的概率。在这种类型的决策

中，每一种行动方案的结果是不可知的，也无法确定其概率。例如，我国上市的股份有限责任公司的股票市场价格受到各种因素（包括国家政策、供求关系、股民心理、公司的前景、股票每股税后利润和每股净资产的多少等因素）的影响，投资者无法确定一年后股票价格变动幅度和变动方向。

（五）按决策的主体来划分，可以分为组织（群体）决策和个人决策

组织（群体）决策是由一个或几个群体来完成的决策。由于决策是一件非常复杂的工作，大部分的决策都是由一个或几个群体来完成的。个人决策是由一个决策者完成的决策。群体决策与个人决策各有其优缺点，在决策过程中，应根据问题的性质来确定决策的方式。

（六）按决策需要解决的问题来划分，可以分为初始决策和追踪决策

初始决策是指组织对从事某种活动或从事该种活动的方案所进行的初次选择；追踪决策则是在初始决策的基础上对组织活动方向、内容或方式的重新调整。如果说，初始决策是在对内外环境某种认识的基础上做出的话，追踪决策则是由于这种环境发生了变化，或者是由于组织对环境特点的认识发生了变化而引起的。显然，组织中的大部分决策当属追踪决策。

三、决策在管理中的重要地位

（一）决策是管理的基础，决策贯穿于组织管理的全过程与所有方面

首先，一切管理职能中都渗透着决策职能，在组织管理过程中，每个管理活动要发挥作用都离不开决策，无论是计划、组织职能，还是领导、激励、沟通、控制及创新等职能，其实现过程都需要决策。没有正确的决策，管理的各项职能就难以充分发挥作用。其次，决策贯穿管理的始终，在每一次管理循环中都自始至终离不开决策。

（二）决策是管理者的首要工作

一切管理者都是决策者，决策不仅仅是"上层主管人员的事"，上至国家的高级领导者，下到基层的班组长，均要在自己的职责范围内做出决策、实施

决策，只是决策的重要程度和影响的范围不同而已。在实际管理工作中，决策作为主管人员的首要工作已得到普遍验证。研究表明，基层管理者每天约有80个问题有待处理，每解决一个问题就需要做出一个决定，即进行一次决策。越是往管理的上层推进，决策的数量就会越少，但是难度也会越大。因此，管理者首先必须具备的能力就是决策能力，一个管理者所处的层次越高，其所应具备的决策能力就必须越强。

（三）决策的正确与否决定着组织行动的成败

决策正确能指导组织沿着正确的方向、合理的路线前进，可以提高组织的管理效率和经济效益，使组织兴旺发达；决策失误会使组织走向错误的道路，使组织的正常发展受到影响，降低组织的发展速度，甚至会给组织带来灾难性的损失。因此，对每个决策者来说，不是是否需要做出决策的问题，而是如何使决策做得更好、更合理、更有效率。因而，改进管理决策、提高决策水平应当成为各级主管人员经常注意的重要问题之一。

四、科学决策的原则

（一）系统原则

系统原则是科学决策应有的思维内容。管理决策必须进行系统的思考，把要解决的问题看作是一个系统，这个系统是由若干个相互关联的子系统组成的。而决策本身又是更大系统中的一个子系统。因而不能单一、孤立地去处理问题。

系统性客观上要求决策应达到整体化、综合化、最佳化的要求。整体化要求决策不能只从事物的某一部分、某一指标去考虑问题，而必须从整体出发、从全局出发，全面考虑系统与系统之间、系统与子系统之间的相互联系和相互作用，正确处理好部门利益和整体利益的关系。综合化要求对决策的各项指标和利害得失进行全面衡量、综合分析，不仅要分析决策对象，也要分析决策对象和社会其他系统的相互作用和相互关系。最佳化要求决策者在动态中去调整整体与部门的关系，使部门的功能和目标服从于系统的总体的最佳目标，使系统达到总体最优。

（二）满意原则

满意原则就是指在一定的内外环境条件下，对各种方案进行技术、经济、社会的综合比较，依据"技术先进、经济合理、实施可行、政策允许"的评价标准选择出满意的方案。

一些组织在选择决策方案时，常常容易犯两种极端性错误：一是片面认为决策方案应是最佳方案，不是最佳方案就不能选择。二是片面认为，既然难以选择出最佳方案来，那么，随意选择一个决策方案就可以了，这些都是不可取的。

由于组织处在复杂多变的环境中，决策者对未来一个时期做出"绝对理性"的判断时必须具备以下条件：决策者应掌握一切相关信息；决策者对未来的外部环境和内部条件的变化能准确预见；决策者对可供选择的方案及其结果完全知道；决策不受时间和其他资源的约束。显然，这四个条件对任何决策者，无论是个人还是集体，也不论其素质有多高，都不可能完全具备。因此，决策就不可能避免一切风险，就不可能利用一切可以利用的机会去实现"最优化"，而只能要求是"令人满意的"或"较为适宜的"。任何一项决策方案，都不能使人达到百分之百的满意，就一项决策而言，如能达到相对满意、利大于弊就算可以了。

（三）信息原则

信息在决策中的作用非常重要，它是决策者进行科学决策的基础和前提。没有准确、全面、有效和及时的信息，决策就是无水之源、无本之木。管理决策的信息原则是指决策者要进行科学的决策，首先就必须通过调查研究和各种其他渠道获取大量的、准确的、全面的、系统的、有效的和及时的信息，在占有信息的基础上，运用科学的方法和手段加工、处理、分析、评价信息，为科学决策服务。

管理决策对信息的要求是全面、及时、准确、有效的。所谓"全面"，就是要收集和掌握决策所需要的全部信息。如果是国家或地区战略决策，要求有各方面、较长时间的信息，至少应该包括上级有关指示、综合国情国力、地区优势和制约因素、预测结论、历史资料等；如果是企业经营决策，要求有市场、技术、资源、人才、发展趋势等。所谓"及时"，就是所有信息必须在尽可能短的时间内进入决策活动，要不失时机、灵敏地为决策提供信息，并利用时间差，获得有价值的时效。所谓"准确"，它强调信息是真实表征了事物的客观运动规律和变化情况，否则将严重影响决策的科学性。如果是一条虚假的信息，比没有信息更糟。所谓"有效"，是指信息对决策有帮助、有作用，使决策更科学。

在正常情况下，决策的科学性、准确性与决策所需信息的质量和完整性成正比。信息越全面、越及时、越准确、越有效，决策的基础就越坚实，决策过程中的思维广度和深度就越大，决策的科学化程度就越高。从某个意义上讲，决策过程实际上是一个信息的收集、加工、分析、评判和转换的过程。

（四）环境原则

决策者在进行管理决策时离不开对决策环境的分析、判断和利用。因为管理决策是按管理决策目标来进行的，而管理决策目标的确定是依据事物所处的内外环境条件来考虑的。外部环境是决策者无法控制而只能去适应的环境，对决策有两类作用：为决策提供机会或者对决策造成威胁。内部条件是决策者可以控制的环境因素，包括决策者的使命、组织的人力、物力、财力、信息、技术资源条件等。

管理决策的环境原则告诉决策者：决策活动受制于内外环境条件，决策活动要充分利用内外环境条件，主动适应内外环境条件。除重视硬环境条件因素外，更应高度重视软环境条件因素对决策结果的影响。

（五）可行原则

管理决策的可行原则主要用于决策方案的评价阶段，这是一个十分重要的决策原则。如果说一个决策从"问题的发现"、"目标的确定"到"方案的拟定"都满足管理决策的系统原则、满意原则、信息原则、环境原则，还不能说决策就是科学的，最多也只能说在理性思维方面是科学的。管理决策是一个需要实践的活动过程，决策不去实践，不去接受实践的检验，就不是真正的决策。因此，管理决策的科学性就必须符合"可行原则"。

管理决策的可行原则是指：决策方案可以在实践中付诸行动。为此应当从"技术先进、经济合理、实施可行、政策允许、方案可比"五项准则上对方案进行全面的可行性评价，并给出结论。

所谓"技术先进"是指被项目准备选用、采纳的技术是当时的、适用的、先进的水平，并具有较长的使用寿命期。所谓"经济合理"，是指项目总的经济效益应尽可能高，投入要少，产出要多。所谓"实施可行"，是指项目的资金来源、偿还能力、人员素质、工艺装备、技术手段、时间因素等各要素应能保证项目正常、顺利地进行并完成。所谓"政策允许"，是指方案应是政策和法律所允许的，包括法规、法律、产业发展政策、环境保护政策、可持续发展政策、财政、金融、税收和安全等方面的政策等。所谓"方案可比"，是指在对项目进行论证时，会遇到多个方案，这些方案的优缺点也各不相同，到底采纳何种方案为最佳，这需要通过比较才能解决，而方案的比较必须要有公认的基准，这就是方案可比准则。

（六）动态原则

管理决策的动态原则又称管理决策的变化原则，它告诉决策者在进行决策时一定要有动态的观念、变化的观念，而不能用固定的、一成不变的观念去决策。

事物永远在运动、在变化，这是自然界的普遍规律。由于决策总是在行动之前做出，那么，变化的世界、变化的内外环境条件就成为决策的不确定因素，给决策带来风险性，这是决策者在决策时必须重视的问题。

决策者树立了管理决策的动态原则思想后，决策时就会考虑未来可能给决策带来的有利或不利影响，做好多个预备方案的拟定、评审、排序工作，一旦情况发生变化，就可主动调整、更换决策方案，使决策工作更具有适应性。决策的动态原则还要求决策者懂得：决策方案一经选定就不要轻易变更；变化了的环境条件迫使方案更改时，要做好各项耐心细致的说服工作和准备工作，使决策方案的调整被更多执行者、贯彻者顺理成章地接受并照办。

（七）民主原则

管理决策的民主原则要求决策者在决策活动中的每个阶段有民主意识、群众意识，听取群众的意见；同时，要求决策者要发扬民主作风，善于集中群体的经验和智慧。

坚持管理决策的民主原则是决策必须遵循的一条重要原则。因为随着社会的发展，决策的难度越来越大，组织面临的环境越来越复杂多变，决策所涉及的专业领域和知识范围，往往超出个人能力驾驭的范围，要做出一个令人满意的正确决策，单靠决策者个人的智慧和力量是远远不够的。在决策者决策时，必须借助众人头脑，充分发挥群体中每个成员的作用，广泛听取有关专家和群众的意见，所以，决策逐渐由个人决策发展为集体决策乃至集团决策。集团决策既不是简单地集体讨论决定，也不是少数服从多数，而是根据科学决策的程序，由决策的决断机构根据决策的信息机构提供的信息，根据参谋咨询机构提供的可选方案，采用科学的决策方法，遵循若干决策原则做出决策。

（八）创新原则

决策是一种创造性劳动，是一种充分发挥决策者、参与者、关心者聪明才智的创造性劳动。决策之所以可贵，贵在创新。外部环境和内部条件的变化使决策者面对越来越激烈的竞争态势，靠保守和墨守成规很难做出具有时代性的、科学性的决策。决策者的决策只有不断创新，锐意进取，才能开创新的局面。

管理决策的创新原则就是指在管理决策活动的全过程中，以新的思想为指导，创造出不同于过去的新方案、新思路、新方法，使决策结果以新取胜、以奇取胜。这要求决策者在决策的内容、步骤、方法、方案和政策措施上要敢于提出独到的见解，敢于采用新方法，这是时代发展的内在要求。

管理决策的创新应注意如下几个方面：一是在管理决策全过程中充分发挥"创新"思维，特别是在"决策目标"和"方案拟定"阶段更应重视创新活动的开展。二是注意创新与维持相协调。维持是创新的基础，创新是维持的发展；维持是为了实现创新的成果，创新为维持提供更高的起点；维持使决策保持稳定，创新使决策具有适应性。三是在创新中注意统一性和灵活性相结合。四是创新具有风险，应该允许有缺陷。只要人们不断用创新思维去修正缺陷，完善方案，总会产生新的决策方案。

（九）时机原则

中国有句古话："机不可失，时不再来。"也有古人曰："先之则不过，后之则不及。"这说明决策必须掌握适当的时机。决策者所掌握的各种信息绝非唯我独有，时机成熟了，决心仍摇摆不定、行动仍迟疑不决时，别人就可能先期登峰。不管什么行业的决策者，抓不住恰当的时机就等于葬送正确的决策。

管理决策的时机原则主要是告诫决策者：审时度势是管理决策工作的第一要义。审时就是审察时机，是确定事物必要性的先决前提；度势就是把握形势，了解自己所处的环境，权衡自己所具有的优劣，从而决定自己能否有所作为、何时作为、如何作为。

第二节　决策过程与影响因素

一、决策的基本程序

由于决策所要解决的问题复杂多样，决策的程序也不尽相同，管理者只能结合自己的能力选择相适应的问题进行决策，但一般都遵循一些基本程序。管理决策的过程可分为问题识别、确定目标、拟定备选方案、评估和优选方案、贯彻实施、反馈及控制六个阶段（如图3-1所示），这种划分是相对的，既可简化步骤，也可具体细分，有的分三大步骤，有的分八个阶段，但其逻辑顺序和科学要求基本是一致的。每个步骤都可能是向前一个或前几个步骤反馈的循环过程。

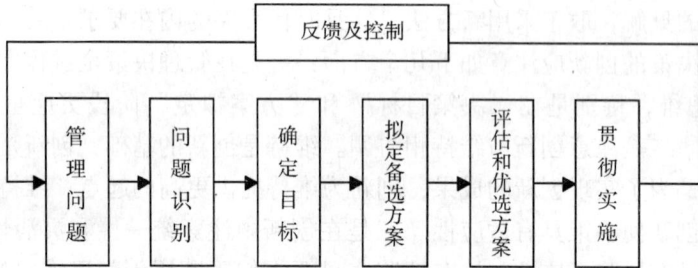

图3-1 管理决策的基本程序

（一）问题识别

任何决策都是从发现和提出问题开始的。大多数时候，识别决策问题、明确决策的需要并不简单，往往会有多种因素在起着重要的作用。作为管理者来说，需要在管理活动中对现实与理想状况自觉地进行比较。管理者在识别某一决策需要的时候，可能是主动去识别，也可能是被动地去识别，重要的问题在于，管理者必须识别决策的需要，并且要以及时和正确的方式做出反应。

所谓问题，是指应该或可能达到的状况同现实状况之间的差距，也表现为需求、机会、挑战、竞争、愿望等，是一个矛盾群，是客观存在的矛盾在主观世界中的反映。矛盾的复杂性决定着决策中问题的复杂程度，矛盾群是决策的问题源。但并非任何问题都要决策，面对纷繁复杂的问题，要经过一系列思维活动，对问题进行归纳、筛选和提炼，善于抓住有价值的问题，把握其关键和实质。如果主要的问题没有抓住，或者抓得不准，决策就很盲目了。

管理决策的问题识别包括两个方面，一是要弄清问题的性质、范围、程度以及它的价值和影响。不能停留在表面现象和笼统的感觉上，要分析问题的各种表现同未来需要的不适应状况。区分问题的不同类型，诸如全局性的或局部性的，战略性的还是战术性的，长远性的或暂时性的，已经显现的或潜在的，能够解决的或暂时无条件解决的等。要搞清问题之间的相关性、层次性、历时性，认识其状态趋势和特点。没有对问题本质的、整体的认识，没有把握客观事物的运动规律，就没有决策的正确方向和前提。为能抓准问题，必须深入进行调查研究，搞清事实，明确问题。二是要找出问题产生的原因，分析其主观原因与客观原因，主要因素与次要因素，直接原因与间接原因等。对问题产生的原因作纵向和横向分析，纵向解剖是指从问题的表面开始进行分析，层层深入，究其根底；横向分析是指将同一层次的原因及其相互关系搞清楚，从而找出主要原因。

（二） 确定目标

识别出管理决策问题后，需要确定目标。所谓目标，是指在一定条件下，根据需要和可能，在预测的基础上的终极要求，或决策所要获得的结果。有的企业需要解决扭亏为盈问题，有的企业需要解决微利问题，而有的企业需要解决因产品质量下降带来的困境等。需要解决的问题各种各样，而这些需要解决的问题又都是非程序化的新问题；或者虽已程序化，但由于情况发生变化，需要重新识别问题。这些问题，都可以作为管理决策的目标。因此，确定决策目标是整个决策过程的出发点，是科学决策的重要一步。

竞争条件下企业产品市场销售期望利润、期望收入、市场占有率及设备投资期望达到的产品生产增长量等都可以作为企业的决策目标。决策目标应当符合先进性、合理性和可能性，即技术上的先进性、经济上的合理性和客观条件的可能性相结合，并尽量做到定量化，避免由于模糊不清的目标所造成的混乱。

具体来说，确定目标时要考虑以下几个问题：

（1）目标要可以计量，并限定完成的时间及主要负责人。决策最终是为了达到最初确定的决策目标，对于目标成果的计量使决策工作的方向性更为明确，时间的有限性提高了工作效率。

（2）目标要确定约束条件。约束条件主要有资源条件、质量规格、时间要求及法律、制度、政策等限制性规定。如把产值、利润增长一倍作为目标，同时要规定在产品的品种、结构、质量、规格符合一定的前提条件下来完成。执行的结果如不符合这些条件，那么即使产值、利润的计划已经完成，也不算达到了目标。

（3）建立目标体系要有层次结构。目标是由总目标、子目标、二级子目标等从上到下组成的一个有层次的目标体系，是一个动态的复杂系统。决策目标必须有总有分，目标之间相互衔接，体现目标体系的整体性。

（4）目标的确定，要经过专家与领导的集体论证。是否科学、合理和明确地确定目标关系到整个决策工作的成败，是决策顺利完成的基本保证，因而在下结论之前，专家和领导的集体论证是非常必要的。

（三）拟定备选方案

拟定备选方案就是针对已确定的决策目标，制定出多套可能的方案，以供选择。这些方案都务必使现有的人力、物力和财力资源得到最合理、最充分的使用。同时，每一种方案又都要有一些重要的区别。例如，确定的决策目标是要获得一定的市场销售收入和市场占有率，而在市场经济条件下，影响企业市场销售的主要因素通常为市场需求、社会购买力、竞争企业营销策略及其促销手段和本企业的市场营销策略及促销手段等，在测算出产品市场需求量、分析出竞争企业可能采取的营销策略和促销手段后，企业即可拟定出多套不同的经营方案：如给定较高的产品销售价格，同时辅以较高的广告费用投入、较好的产品质量和较多的销售网点予以支持，以较少的产品数量就可获得一定的销售收入和市场占有率；或给定较低的产品销售价格，薄利多销，同时适当降低广告费用、产品质量改进费用和销售网点配置费用的投入，以较少的经营费用获得相应的产品销售收入和市场占有率等。不同的营销策略和促销手段的运用，形成了不同的经营方案，还可进一步拟定出其他多种不同的方案。当然，各种备选方案的成本、效益也将是不同的。

（四）评估和优选方案

在方案选择之前，先要对各种备选方案进行评估。选择满意方案是决策的关键一环，也是领导的至关重要的职能，在此可以用上"一着不慎，满盘皆输"这个警句。做好方案优选，需要满足两个条件：一是要有合理的选择标准；二是要有科学的选择方法。要尽可能采用现代科学的评估方法和决策技术，如"头脑风暴法"、"德尔菲法"、"决策树"、"盈亏平衡法"等技术，对预选方案进行综合评价。这项工作主要由智囊机构的高级研究人员、政策研究人员及外聘的专家小组来承担。其主要内容是通过定性、定量、定时的分析，评估各预选方案的近期、中期、远期效能价值，分析方案的后果及其影响。在评估的基础上，权衡各个方案的利弊得失，并将各方案按优先顺序排列，提出取舍意见，并交决策机构定夺。

（五）贯彻实施

方案的实施是决策过程中至关重要的一步，在方案选定以后，管理者就要制定实施方案的具体措施和步骤。实施过程中通常要注意做好以下工作：

（1）制定相应的具体措施，保证方案的正确实施；

（2）确保与方案有关的各种指令能被所有有关人员充分接受和彻底了解；

（3）应用目标管理方法把决策目标层层分解，落实到每一个执行单位和个人；

（4）建立重要的工作报告制度，以便及时了解方案进展情况，及时进行调整。

（六）反馈及控制

一个方案可能涉及较长的时间，在这段时间，环境可能发生变化，对问题或机会必须有初步估计，因此，管理者要不断对方案进行修改和完善，以适应变化了的环境。同时，连续性活动因涉及多阶段控制而需要定期进行科学分析。

由于组织内部条件和外部环境的不断变化，管理者要不断修正方案来减少或消除不确定性，建立新的分析程序。具体来说，职能部门应对各层次、各岗位履行职责情况进行检查和监督，及时掌握执行进度，检查有无偏离目标，及时将信息反馈给决策者。决策者则根据职能部门反馈的信息，及时追踪方案实施情况，对与既定目标发生部分偏离的，应采取有效措施加以纠正，以确保既定目标的顺利实现；若客观情况发生重大变化，原定目标无法实现时，则要重新寻找问题或机会，确定新的目标，重新拟定可行的方案，并进行评估、选择和实施。

任何一个科学的决策过程都是一个动态的过程，往往不可能一次就完成，而是需要在各个阶段之间进行多次的往返循环，才能达到较为理想的决策效果。

二、决策过程的影响因素

（一）环境

环境从两个方面对决策施加影响。

1. 环境的特点影响着组织的活动选择

就企业而言，如果市场相对稳定，则今天的决策基本上是昨天决策的翻版与延续；而如果市场急剧变化，则需要经常对经营方向和内容进行调整。处在垄断市场上的企业，通常将经营重点放在内部生产条件的改善、生产规模的扩大以及生产成本的降低上；而处在竞争市场上的企业，需要密切关注竞争对手的动向，不断推出新产品，努力改善促销宣传，建立健全销售网络。

2. 对环境的习惯反应模式也影响着组织的活动选择

对于相同的环境，不同的组织可能作出不同的反应。而这种调整组织与环境关系的模式一旦形成，就会趋于稳固，限制着决策者对行动方案的选择。

（二） 过去决策

今天是昨天的继续，明天是今天的延伸。历史总要以这种或那种方式影响着未来。在大多数情况下，组织中的决策不是在一张白纸上进行的初始决策，而是对初始决策的完善、调整或改革。

过去的决策是目前决策的起点；过去方案的实施，给组织内部状况和外部环境带来了某种程度的变化，进而给"非零起点"的目前决策带来了影响。

过去的决策对目前决策的影响程度取决于过去决策与现任决策者的关系情况。如果过去的决策是由现在的决策者作出的，决策者考虑到要对自己当初的选择负责，就不会愿意对组织活动做重大调整，而倾向于将大部分资源继续投入到过去方案的实施中，以证明自己的一贯正确。相反，如果现在的决策者与过去的决策没有什么关系，重大改变就可能被其接受。

（三） 决策者对风险的态度

人的理性是有限的。决策者对未来的预知不可能与实际发生的情况完全一样，导致方案实施后未必能产生期望的结果。也就是说，决策是有风险的（在现实世界中，确定型决策是少之又少的）。

决策者对风险的态度会影响其对方案的选择。喜好风险的人通常会选取风险程度较高但收益也较高的行动方案；而厌恶风险的人通常会选取较安全同时收益水平也较低的行动方案。

（四） 伦理

决策者是否重视伦理以及采用何种伦理标准会影响其对待行为或事物的态度，进而影响其决策。

不同的伦理标准会对决策产生影响，可以从下面这个例子①中看出。不同的国家可能有不同的伦理标准。如在巴西，一个人可能认为，只要金额较小，贿赂海关官员在伦理上就是可接受的。因为他想的是："海关工作人员需要这笔钱，我国政府是根据他们可以捞一点外快来规定他们工资的。"可见，其伦理标准是以对社会最佳为出发点的，因此无可厚非。而在美国，人们却认为这样做不符合伦理，因为他们信奉的是："只有每个人都变得诚实，制度才会更加有效。"这种伦理标准也是以对社会最佳为出发点的，因此，也是值得肯定

---

① 张文贤，朱永生，张格. 管理伦理学 ［M］. 上海：复旦大学出版社，1995：93-94.

的。在前一种伦理标准下，人会做出以较小的金额贿赂海关官员的决策，以加快货物的通关速度；而在后一种伦理标准下，人会采取其他办法来达到同样目的。

（五）组织文化

什么样的组织文化会影响到组织成员对待变化的态度，进而影响到一个组织对方案的选择与实施。

在决策过程中，任何方案的选择都意味着对过去某种程度的否定，任何方案的实施都意味着组织要发生某种程度的变化。决策者本人及其他组织成员对待变化的态度会影响到方案的选择与实施。在偏向保守、怀旧、维持的组织中，人们总是根据过去的标准来判断现在的决策，总是担心在变化中会失去什么，从而对将要发生的变化产生怀疑、害怕、抗御的心理与行为；相反，在具有开拓、创新精神的组织中，人们总是以发展的眼光来分析决策的合理性，总是希望在可能发生的变化中得到什么，因此渴望变化、欢迎变化、支持变化。很明显，欢迎变化的组织文化有利于新方案的通过与实施；而抵御变化的组织文化不利于那些对过去做出重大改变的方案的通过，即使决策者几经周折让方案勉强通过，也要在正式实施前，设法创建一种有利于变化的组织文化，这无疑增加了方案的成本。

（六）时间

美国学者威廉·R.金和大卫·I.克里兰把决策划分为时间敏感型决策和知识敏感型决策。时间敏感型决策是指那些必须迅速做出的决策，战争中军事指挥官的决策多属于此类。这类决策对速度的要求甚于一切，例如，一个走在马路上的人突然看到一辆疾驶的汽车向他冲来时，最需要做的就是迅速跑开，至于跑向马路的哪一边更近，对此时的他来说不够重要。

而知识敏感型决策是指那些对时间要求不高而对质量要求较高的决策。在做这类决策时，决策者通常有宽裕的时间来充分利用各种信息。组织中的战略决策大多属于知识敏感型决策。

三、科学决策的基本要求

决策理论认为，决策是为了实现某一目的而从若干个可行方案中选择一个满意方案的分析判断过程。科学的决策需要满足一些基本要求。

（1）决策要有明确的目的。决策或是为了解决某个问题，或是为了实现一定的目标。没有问题则无需决策，没有目标就无从决策。在决策时，要解决的问题必须十分明确，要达到的目标必须有一定标准可予以评价。

（2）决策要有若干可行的备择方案。一个方案无从比较其优劣，也无选择的余地。"多方案抉择"是科学决策的重要原则。

（3）决策要进行方案的分析比较。每个可行方案都有其可取之处，也有其不利的一面，必须对每个备择方案进行综合的分析与评价，以比较各方案的优劣。

（4）决策应选择满意的方案。最优方案既不经济又不可行，科学决策遵循的是满意原则：在诸多方案中，在现实条件下，选择能够使主要目标得以实现、其他次要目标也能兼顾的合理方案。

（5）决策必须是一个分析判断过程。决策有一定的程序和规则，但它又受诸多价值观念和决策者经验的影响。管理者要做出科学的决策，就必须进行科学的分析和判断。

（6）管理者要把决策作为管理工作的核心。决策是管理者从事管理工作的基础，是衡量管理者水平高低的重要标志之一，在管理活动中具有重要的地位与作用。

（7）决策必须要有一定的预测性。除了要制定出方案的最终实施计划外，还应通过对潜在问题的分析和研究，寻找经济而可行的防患于未然的措施。有人把这种系统分析潜在问题的方法，称为防范分析。决策者要事先考虑在管理决策执行过程中，会不会产生某些不良后果。一旦问题发生可以采取某些应变措施，使发生的问题对管理决策目标实施的影响减到最低限度，并适当加以补救；而且，关键的是潜在问题是隐藏在事物背后或反映深层的矛盾，往往不容易看出，还可能不在管理决策的直接目标范围之内，因此，极容易被人忽视。防范分析要求具有系统的观点，要求对管理决策全过程心中有数，全盘考虑。这样，才能保证管理决策的连续性和成功的可能性。

第三节　决策的方法

决策过程的每一个阶段和步骤都需要运用许多方法，包括各种预测方法。现代决策的具体方法很多，概括起来有两类，即定性决策方法和定量决策方法。定性决策方法也称"软方法"，是指运用社会科学方面的方法，采取一些有效的组织形式充分发挥人的智慧和创造力，从而使某些决策更加准确有效的方法，如专家会议法、头脑风暴法等。定量决策方法也称为"硬方法"，是指决策时采用基本属于自然科学方面的方法，是现代迅速发展起来的数学化、模型化、计算机化的方法。同时，在决策过程中，人们还采用某些"软""硬"结合的综合方法，如系统分析法和系统设计等。

一、定性决策法

定性决策法又称软方法，是建立在心理学、社会学和行为科学等基础上的"专家法"，是在决策过程中利用已知的、现有的资料，充分发挥专家集体的智慧、能力和经验，在系统调查研究分析的基础上进行决策的方法。侧重于确定决策的方向，也被称为决策软技术，能够充分发挥人们的潜在能力和创造力。主要有企业活动方向的决策方法、群体决策法等。

（一）有关活动方向的决策方法

1. 经营单位组合法

经营单位组合法是美国波士顿咨询公司制定并推广的一种有效的经营活动方向分析方法。该方法的主要工具是由相对于最大竞争者的市场份额和市场年增长率两个坐标组成四个方格的矩阵，每个方格代表不同类型的业务领域，如图 3-2 所示。

图 3-2　经营单位组合分析法矩阵

（1）问号领域，位于高的市场增长率和低的市场份额，说明公司力图进入一个已有领先者占据的高速增长的市场，这一领域需要大量的资金来开发，以提高它们的市场占有率，成为公司的"明星"，但该领域有较大的风险性，需要慎重选择。在这一组合，组织可运用增加营销投资或收购竞争企业的战略，提高市场占有率，使产品向"明星"方向发展。

（2）明星领域，这一领域的市场份额和市场增长率都很高，具有一定的竞争优势，但维持竞争力需要很多投入，组织需要运用投资、改进产品、提高生产效率等战略，维持组织的高市场占有率。而当市场增长率减慢以后，它就会转变为现金牛，源源不断地为组织创造财富。

（3）现金牛领域，这一领域处于低的市场增长率和高的市场份额区域，是低市场成长率与高市场占有率的组合，组织能生产低成本的产品，因此具有很强的竞争地位。公司从这里获得利润来支持明星类、问号类领域及新项目的研究与开发。决策应集中在维持市场的优势地位，延缓进入成熟期的时间。

（4）瘦狗领域，这是处于低市场增长率和低市场份额区域的业务领域。在竞争中处于劣势，没有太大的发展前途，公司需要考虑其生存的必要性，适当地收缩或淘汰。

利用经营单位组合分析法进行决策，是以"企业的目标是追求增长和利润"这一基本假设为前提的。拥有多个经营单位的企业具有这样的优势：它可以将获利较高而潜在增长率不高的经营单位所创造的利润投向那些增长率和潜在利润都很高的经营单位，从而使资金在企业内部得到最有效的利用。表3-1列出了不同经营单位的决策选择及相应要求。

表3-1　不同经营单位的决策选择

单位类型	对策选择	利润率	需要投资	现金流
明星	维持或提高市场占有率	高	高	零或略小于零
现金牛	增加市场份额	高	高	为正且大
问号	提高市场占有率 收获或放弃	零或负 低或负	非常高 不需投资	为负且大 正数
瘦狗	收获、放弃、清算	低或负	不需投资	正数

2. 政策指导矩阵

这种方法由荷兰皇家壳牌公司创立。这种方法用矩阵形式，根据市场前景和相对竞争地位来确定企业不同经营单位的现状和特征。市场前景由盈利能力、市场增长率、市场质量和法规限制等因素决定，分为吸引力强、中等和无吸引力三种；相对竞争能力受到企业在市场上的地位、生产能力、产品研究和开发等因素的影响，分为强、中、弱三类。这两种标准、三个等级的组合，可把企业经营单位分成九种不同类型，如图3-3所示。

		吸引力强	吸引力中等	吸引力弱
经营单位竞争能力	强	1	4	7
	中	2	5	8
	弱	3	6	9

行业市场前景

图 3-3 政策指导矩阵

根据经营单位所处的不同位置，应选择不同的活动方向。

处于区域 1 和 4 的经营单位竞争能力较强，也有足够理想的市场前景，应优先发展，保证这些经营单位所需的一切资源，以维护它们有利的市场地位。

处于区域 2 的经营单位，虽然市场前景很好，但企业未能充分利用；竞争实力已有一定基础，但还不够充分。因此，应不断强化，努力通过分配更多的资源来加强其竞争能力。

处于区域 3 的经营单位可以采取两种不同的决策。由于企业在一定时期内的资金能力有限，只能选择少数最有前途的产品加速发展，而对其余产品则逐步放弃。

位于区域 5 的经营单位一般在市场上有 2～4 个强有力的竞争对手，因此没有一个公司处于领先地位，可行的决策是分配足够的资源，使之能随着市场的发展而发展。

区域 6 和 8 的经营单位，由于市场吸引力不大，且竞争能力较弱，或虽有一定的竞争实力（标志着已为此投资并形成了一定的生产能力），但市场吸引力很小，因此应缓慢地从这些经营领域退出，收回尽可能多的资金，投入到盈利更大的经营部门。

区域 7 的经营单位可利用自己较强的竞争实力，去充分开发有限的市场，为其他快速发展的部门提供资金来源，但该部门本身不能继续发展。

区域 9 的经营单位因市场前景暗淡，企业本身实力又很小，所以应尽快放弃，抽出资金转移到更有利的经营部门。

3. SWOT 法

SWOT 分析法是制定企业战略决策、竞争情报分析中常用的方法之一。这种研究方法，最早是由美国旧金山大学的管理学教授在 20 世纪 80 年代初提出来的，其研究基础是波特提出的波特模型。

（1）定义。

所谓 SWOT 分析，也称为态势分析、知己知彼战略，就是将与研究对象密切相关的各种主要内部优势因素（Strengths）、弱点因素（Weaknesses）、机会因素（Opportunities）和威胁因素（Threats），通过调查罗列出来，并依照一定的次序按矩阵形式排列起来，然后运用系统分析的思想，把各种因素相互匹配起来加以分析，从中得出一系列相应的结论或对策。

（2）SWOT 分析主要步骤。

①分析环境因素。运用各种调查研究方法，分析出公司所处的各种环境因素，即外部环境因素和内部能力因素。外部环境因素包括机会因素和威胁因素，它们是外部环境对公司的发展直接有影响的有利和不利因素，属于客观因素，一般归属为经济的、政治的、社会的、人口的、产品和服务的、技术的、市场的、竞争的等不同范畴；内部环境因素包括优势因素和弱点因素，它们是公司在其发展中自身存在的积极和消极因素，属于主动因素，一般归类为管理的、组织的、经营的、财务的、销售的、人力资源的等不同范畴。在调查分析这些因素时，不仅要考虑到公司的历史与现状，而且更要考虑公司的未来发展。

②构造 SWOT 矩阵。将调查得出的各种因素根据轻重缓急或影响程度等排序方式，构造 SWOT 矩阵。在此过程中，将那些对公司发展有直接的、重要的、大量的、迫切的、久远的影响因素优先排列出来，而将那些间接的、次要的、少许的、不急的、短暂的影响因素排列在后面。

③制定行动计划。在完成环境因素分析和 SWOT 矩阵的构造后，便可以制定出相应的行动计划。制定计划的基本思路是：发挥优势因素，克服弱点因素，利用机会因素，化解威胁因素；考虑过去，立足当前，着眼未来。运用系统分析的综合分析方法，将排列与考虑的各种环境因素相互匹配起来加以组合，得出一系列公司未来发展的可选择对策。

（3）SWOT 的引用和评价。

SWOT 分析法，不仅适用于企业的各种日常经营、管理与决策，同样也适用于生活中，我们对所发生的事情，通过 SWOT 分析，做出正确的反应和决策。

分析直观、使用简单是它的重要优点。即使没有精确的数据支持和更专业化的分析工具，也可以得出有说服力的结论。但是，正是这种直观和简单，使得 SWOT 不可避免地带有精度不够的缺陷。例如，SWOT 分析采用定性方法，通过罗列 S、W、O、T 的各种表现，形成一种模糊的企业竞争地位描述。以此为依据做出的判断，不免带有一定程度的主观臆断。所以，在使用 SWOT

方法时要注意方法的局限性，在罗列作为判断依据的事实时，要尽量真实、客观、精确，并提供一定的定量数据弥补 SWOT 定性分析的不足，构造高层定性分析的基础。

（二）群体决策法

见本章第四节。

二、定量决策法

定量决策法又称硬方法，是指建立在数学模型的基础上，运用统计学、运筹学和电子计算机技术来对决策对象进行计算和量化研究以解决决策问题的方法。主要有确定型决策方法、风险型决策方法和非确定型决策方法三种。

（一）确定型决策方法

决策条件已经明确，一个方案只有一个结果的决策属于确定型决策。确定型决策常用的方法有盈亏平衡分析法和线性规划法等。

1. 盈亏平衡分析法

（1）盈亏分析的概念。

盈亏分析是在一定市场环境和经营管理水平下，研究企业成本与效益平衡关系的方法，它是企业经营决策常用的一种有效方法。它的基本方法是运用产品的销售量、成本和利润三者之间的关系，所以也称为本量利分析法，其主要分析各种方案对企业盈亏的影响，并从中选择出最佳的方案。

在一般的情况下，生产任何一种产品的成本都包括三种成本，即固定成本、变动成本和总成本。固定成本即生产产品所需要的厂房租金、机器设备折旧费和管理费等；变动成本即原材料成本和直接参加生产的工人的工资等；总成本即固定成本和变动成本的总和。

用盈亏分析法可以找出收入与成本的平衡点。所谓收入即产品销售价格的总和。而利润则是总收入除去总成本的部分。如果收入与总成本平等，则达到了盈亏平衡。必须注意到，由于固定成本的自然存在，因此，总成本始终都是大于固定成本的，如果一个公司要达到盈亏平衡，它的产品销售量就一定要达到盈亏平衡点（如图 3-4 中的 X_0），如其销售量高于盈亏平衡点越多（如图 3-4 中的 X_1），其利润就越大；如其销售量低于盈亏平衡点越多，其亏损就越大，如图 3-4 所示。

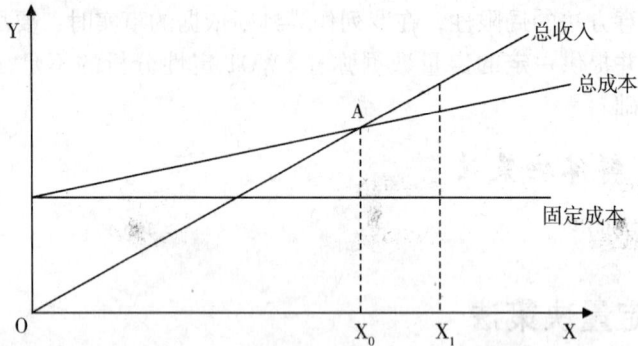

图 3-4　盈亏平衡分析图解法

（2）盈亏平衡分析的基本假设。

①产品的产量等于销售量；

②产品成本由固定成本和变动成本构成，单位产品的变动成本不变；

③单位产品的销售单价不变；

④生产的产品可以换算为单一产品计算。

其基本公式如下：

销售收入＝销售量×单价

总成本＝固定成本＋单位成本费用×销售量

利润＝销售收入−总成本＝销售量×单价−（固定成本＋单位变动成本×销售量）

利用上述公式可求出盈亏平衡点：

保本销售量＝固定费用/（单价−单位变动成本）

保本销售收入＝单价×保本销售量

【例 3-1】某企业每年的固定成本为 100 万元，生产一种产品，单价为 120 元，单位变动成本为 80 元，则该企业的保本销售量和保本销售额分别为多少？

解：

保本销售量＝1000000/（120−80）＝25000（件）

保本销售收入＝120×25000＝3000000（元）

当企业的目标利润已定时，也可以通过上述公式来计算达到目标利润应完成的销售量及销售收入。

【例 3-2】某企业生产甲产品，年固定成本为 150 万元，产品单位售价为 100 元，单位变动成本为 50 元，若目标利润为 50 万元，问企业应完成的销售量为多少？

解：根据前面的公式

$500000 = 销售量×100-(1500000+50×销售量)$

可计算出：应完成的销售量=40000（件）

盈亏平衡分析也可用来比较和选择不同的决策方案。如果同一产品有若干个生产或者经销方案，因产品相同，同量产品的总收益相同，因此在方案比较时可只考虑其成本，以成本较低的方案为最佳方案。

【例3-3】某种产品有两种生产方案，其成本状况如表3-2所示。问应如何对这两个方案进行选择？

表3-2　某产品成本状况表

	方案A 手工为主	方案B 半自动
单位变动成本（元）	150	75
全年固定成本（元）	50000	350000

解：以C表示总成本，Q表示产量，两个方案的总成本如下：

$C_A = 50000+150Q$

$C_B = 350000+75Q$

由上述条件可解出$C_A=C_B$时的交点为$Q_o=4000$。当产量小于4000件时，方案A的成本较低，应选择方案A；当产量大于4000件时，方案B的成本较低，应选择方案B。

（3）盈亏平衡分析法的评价。

在制定计划中，盈亏平衡分析法被广泛采用。但是，这种方法也有其缺点：它只注意到盈亏平衡点的分析，而没有考虑到时间代价的问题。也就是说，用于支付固定成本和变动成本的资金是可以用来进行投资的。如果一个组织只注意达到盈亏平衡点的话，就有可能失去在其他方面取得更大的利润的机会。因此，在很多的情况下，采用盈亏平衡分析法时应同时采用一些更复杂的方法，如资金回收率分析法、现值折算分析法等。这些方法有助于管理者考虑是否有必要继续原来的生产，或者向其他更为有利的方面投资。

2. 线性规划法

在计划工作中经常会碰到这样的问题，如何将有限的人力、物力和资金等合理地投入使用，产出社会所需要的更多使用价值，为本企业取得最佳的经济效益。线性规划就是研究对本身拥有的资源如何进行全面安排，进行统一的调配、协作，以达到最佳的设计方案。线性规划运用一组线性数学方法来表示，就是要在一定的条件下，寻求某一目标函数的最大值或最小值。当限制的条件表示为线性等式或不等式，目标函数表示为线性函数时，就称为线性规划问题。

【例3-4】一个电子厂下属的生产车间和调制车间都生产两种产品 T 和 R，T 的价格为30，R 的价格为20，已经知道每种产品都有一定的利润和市场。因此，如何才能在一定的时间条件内提高两个车间的效率，使两种产品的生产能最大限度地协调起来，获得最大的利润呢？有关条件如表3-3所示。这个问题的线性规划模型如图3-5所示。

表3-3　T 产品和 R 产品的生产条件

部门	制造每件产品所需时间/（h/件）		每天最大生产能力/h
	T 产品	R 产品	
生产部门	10	6	150
检测部门	4	4	80

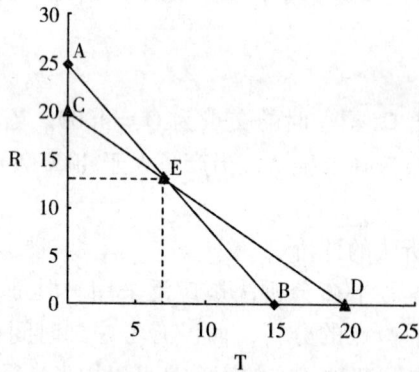

图3-5　线性规划模型

最大利润 $= 30X_T + 20X_R$

限制条件：$10X_T + 6X_R \leqslant 150$

$\qquad 4X_T + 4X_R \leqslant 80$

$\qquad X_T, X_R \geqslant 0$

式中：X_T——T 产品的生产量；

$\qquad X_R$——R 产品的生产量。

在各种条件的限制下，我们如何取得最大的利润呢？在这个例子中最大的限制条件是时间，即每个生产部门生产每件产品的时间以及总时间。根据上面的限制条件：

$10X_T+6X_R \leqslant 150$

$4X_T+4X_R \leqslant 80$

要解出两种产品的各种相互关系，我们假设一种产品 R 达到最大值时，另一种产品 T 则为 0。因此，生产部门的产品 $X_T=0$ 时，就得出：

$0X_T+6X_R \leqslant 150$

$X_R \leqslant 150/6=25$

如果生产部门的产品 $X_R=0$ 时，那么，

$10X_T+0X_R \leqslant 150$

$X_T \leqslant 150/10=15$

同样，在检测部门，如果 $X_T=0$ 时，就得出：

$4X_R+0X_T \leqslant 80$

$X_R \leqslant 80/4=20$

如果 $X_R=0$ 时，那么

$4X_T+0X_R \leqslant 80$

$X_T \leqslant 80/4=20$

上述解法就是线性图解法。图 3-5 中：

A——生产部门的 $X_T=0$；

B——生产部门的 $X_R=0$；

C——检测部门的 $X_T=0$；

D——检测部门的 $X_R=0$；

BECO 区——两个部门可行性幅度区域。

根据方程作两条直线，两条直线交点 E 即为工厂的利润最大时的最优产量。生产 T 产品的最大限度为 B（15 件），生产 R 产品的最大限度为 C（20 件）；E 为最佳点（$X_{TE}=7$；$X_{RE}=13$）。因此，就可以计算出 E 点的值为：

$(10 \times 7+6 \times 13)h=(70+78)h=148h$（生产部门所花时间）

$(4 \times 7+4 \times 13)h=80h$（检测部门所需时间）

求得的利润为：

$30 \times 7+20 \times 13=470$ 元

因此，470 元是两个车间、两种产品在所有条件的限制下，每天可能获得的最高利润额。

要注意的是，只有在面临两个线性问题时，才能用线性图解法。上面举的

例子极为简单，如果碰到两个以上的线性问题时，就要采用数学方法了。在实际生产中问题可能极为复杂，也许需要许多数学等式才能解决，如果没有高效的计算机，要解决复杂的数学问题是有困难的。

用以解决线性规划问题，特别是复杂的线性规划问题的一种方法是单纯形法。从前面的图解中可以看到，图中的 E 点是两个限制等式问题解决的最佳点，这个交点又叫顶点。单纯形法就是确定在可能范围内所有顶点的位置，然后再通过鉴定，选出最优的解决方案。

线性规划法是用于制定计划和决策过程中的极为有用的方法。它既可以用来规划生产、选择最佳的投资方案，又可以用来部署各地的销售人员，还可以规划出用最小代价来最好地完成某一项任务。

（二）风险型决策方法

风险型决策是指决策者能预知各种自然状况出现的概率，并在此基础上进行计算、比较和分析，依据判别的标准，选取其中一个合理的方案，验证后作为决策的依据。其特点是：根据概率计算期望值，但无论采用哪个方案，都存在着一定的风险。风险型决策主要采用决策树法。

决策树法是根据逻辑关系将决策问题绘制成一个树型图，按照从树梢到树根的顺序，逐步计算各结点的期望值，然后根据期望值准则进行决策的方法。

决策树由决策点、方案分枝、自然状态点、概率分枝和结果节点组成。决策点是进行方案选择的点，在图中用□表示；方案分枝是从决策点引出的若干直线，每条线代表一个方案；自然状态点是方案实施时可能出现的自然状态，在图中用○表示；概率分枝是从自然状态点引出的若干条直线，每条直线表示一种可能性。结果节点是表示不同方案在各种自然状态下所取得的结果。

【例3-5】某公司准备生产某种新产品，可选择两个方案：一是引进一条生产线，需投资 500 万元，建成后如果销路好，每年可获利 150 万元，如果销路差，每年要亏损 30 万元；二是对原有设备进行技术改造，需投资 300 万元，如果销路好，每年可获利 60 万元，如果销路差，每年可获利 30 万元。两方案的使用期限均为 10 年，根据市场预测，产品销路好的概率为 0.6，销路差的概率为 0.4，应如何进行决策？

首先，绘制决策图，如图3-6所示。

其次，计算期望收益值：

方案 A：（150×0.6-30×0.4）×10-500=280（万元）

方案 B：（60×0.6+30×0.4）×10-300=180（万元）

最后，根据期望值选择方案：

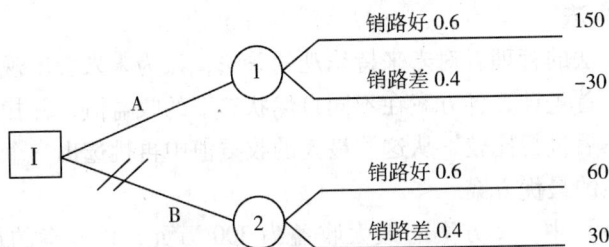

图 3-6 两种方案的决策树

比较 A、B 方案的收益可知，A 方案的期望收益值大于 B 方案，所以决策者应选择 A 方案，即引进一条生产线。

(三) 非确定型决策方法

在比较活动方案时，如果管理者不知道未来情况有多少种，或虽知道有多少种，但不知道每种情况发生的概率，则需要采用非确定型决策方法。常用的方法有：小中取大法、大中取大法和最小最大后悔值法等。

1. 小中取大法

采用这种方法的管理者对未来持悲观的看法，认为未来会出现最差的自然状态。决策时，首先计算各方案在不同自然状态下的收益值，并找出各方案的最小收益值；然后进行比较，从这些最小的收益值中再挑选出一个收益最大或损失最小的收益值作为决策的最优方案。

【例 3-6】某企业计划生产某种新产品，根据市场预测，产品销路有三种情况：销路好、销路一般和销路差。生产该产品有三种方案：新建生产线、改进生产线和与其他单位合作。根据估计，各方案在不同情况下的收益如表 3-4 所示。问企业应选择哪种方案？

从表中收益数据可知，A 方案的最小收益为 -80，B 方案的最小收益为 -30，C 方案的最小收益为 10。经过比较，C 方案的最小收益最大，因此选择 C 方案。

表 3-4 各方案在不同情况下的收益表   (单位：万元)

方案	销路好	销路一般	销路差
A. 新建生产线	300	140	-80
B. 改进生产线	220	160	-30
C. 与其他单位合作	120	80	10

2. 大中取大法

采用这种方法的管理者对未来持乐观的看法，认为未来会出现最好的自然状态。决策时，首先计算各方案在不同自然状态下的收益值，并找出各方案的最大收益值；然后进行比较，从这些最大的收益值中再挑选出一个收益最大的收益值作为决策的最优方案。

在【例3-6】中，A方案的最大收益为300万元，B方案的最大收益为220万元，C方案的最大收益为120万元。经过比较，A方案的最大收益最大为300万元，因此选择A方案。

3. 最小最大后悔值法

管理者在选择了某种方案后，如果将来发生的自然状态表明其他方案的收益更大，那么他会为自己的选择而后悔，这种方法就是使后悔值最小的方法。决策时，首先计算各方案在自然状态下的后悔值（后悔值是指在自然状态下，最大收益值与各方案收益值的差额），并找出各方案的最大后悔值，然后进行比较，选择最大后悔值最小的方案作为最优的决策方案。

在【例3-6】中，各个方案的后悔值计算结果如表3-5所示。

表3-5　各方案在自然状态下的后悔值　（单位：万元）

方案	销路好	销路一般	销路差
A. 新建生产线	0	20	90
B. 改进生产线	80	0	40
C. 与其他单位合作	180	80	0

从表3-5中计算结果可以看出，A方案的最大后悔值为90，B方案的最大后悔值为80，C方案的最大后悔值为180。经过比较，B方案的最大后悔值最小，因此选择B方案。

第四节　群体决策

决策是在一定历史阶段产生并发展起来的，体现着时代的特征。随着环境的变化，决策也日益呈现出一些新的特点，其中最典型的就是群体决策受到重视并获得迅速发展。

一、群体决策的兴起

群体决策是为充分发挥集体的智慧，由多人共同参与决策分析并制定决策的整体过程。其中，参与决策的人组成了决策群体。

对于那些复杂的决策问题，往往涉及目标的多重性、时间的动态性和状态的不确定性，这是单纯个人的能力远远不能驾驭的。为此，群体决策因其特有的优势得到了越来越多的决策者的认同并日益受到重视。

首先，决策者面临的内外部环境日益复杂多变，许多问题的复杂性不断提高。相应地，要求综合许多领域的专门知识才能解决问题，这些跨领域的知识往往超出了个人所能掌握的限度。

其次，决策者个人的价值观、态度、信仰、背景有一定的局限性。一方面，这些因素会对要解决的问题类型和解决问题的思路和方法产生影响。例如，如果决策者注重经济价值，他们就会倾向于对包括市场营销、生产和利润问题在内的实质情况进行决策；如果他们格外关注自然环境，就会用生态平衡的观点来考虑问题。另一方面，决策者个人不可能擅长解决所有类型的问题，进行任何类型的决策。

最后，决策相互关联的特性客观上也要求不同领域的人积极参与，积极提供相关信息，从不同角度认识问题并进行决策。

二、群体决策的利弊分析

在多数组织中，许多决策都是通过委员会、团队、任务小组或其他群体的形式完成的，决策者经常必须在群体会议上为那些具有新颖和高度不确定性的非程序化决策寻求和协调解决方法。结果，许多决策者在委员会和其他群体会议上花费了大量的时间和精力，有的决策者甚至花费高达80%以上的时间。因此，分析群体决策的利弊以及其影响因素，具有重要的现实意义。

（一）群体决策的优点

尽管人们并不一致认为群体决策是最佳的决策方式，但群体决策之所以广泛流行，正是在于群体决策具有以下几个明显的优点：

（1）群体决策有利于集中不同领域专家的智慧，应付日益复杂的决策问题。通过这些专家的广泛参与，专家们可以对决策问题提出建设性意见，有利于在决策方案得以贯彻实施之前，发现其中存在的问题，提高决策的针对性。

（2）群体决策能够利用更多的知识优势，借助于更多的信息，形成更多的可行性方案。由于决策群体的成员来自于不同的部门、从事不同的工作、熟悉不同的知识、掌握不同的信息，容易形成互补性，进而可以挖掘出更多的令人满意的行动方案。

（3）群体决策还有利于充分利用其成员不同的教育程度、经验和背景。具有不同背景、经验的不同成员在选择收集的信息、要解决问题的类型和解决问题的思路上往往都有很大差异，他们的广泛参与有利于提高决策时考虑问题的全面性，提高决策的科学性。

（4）群体决策容易得到普遍的认同，有助于决策的顺利实施。由于决策群体的成员具有广泛的代表性，所形成的决策是在综合各成员意见的基础上形成的对问题趋于一致的看法，因而有利于与决策实施的有关部门或人员的理解和接受，在实施中也容易得到各部门的相互支持与配合，从而在很大程度上有利于提高决策实施的质量。

（5）群体决策有利于使人们勇于承担风险。根据有关学者研究表明，在群体决策的情况下，许多人都比个人决策时勇于承担更大的风险。

（二）群体决策可能存在的问题

群体决策虽然具有上述明显的优点，但也有一些特殊的问题，如果不加以妥善处理，就会影响决策的质量。群体决策容易出现的问题主要表现在三个方面：

（1）速度、效率可能低下。群体决策鼓励各个领域的专家、员工的积极参与，力争以民主的方式拟定出最满意的行动方案。在这个过程中，如果处理不当，就可能陷入盲目讨论的误区之中，既浪费了时间，又降低了速度和决策效率。

（2）有可能为个人或子群体所左右。群体决策之所以具有科学性，原因之一是群体决策成员在决策中处于同等的地位，可以充分地发表个人见解。但在实际决策中，这种状态并不容易达到，很可能出现以某个人或子群体为主发表意见、进行决策的情况。

（3）很可能更关心个人目标。在实践中，不同部门的管理者可能会从不同角度对不同问题进行定义，管理者个人倾向于对与各自部门相关的问题更为敏感。例如，市场营销经理往往希望较高的库存水平，而把较低的库存水平视为问题的征兆；财务经理则偏好于较低的库存水平，而把较高的库存水平视为问题发生的信号。因此，如果处理不当，很可能发生决策目标偏离组织目标而偏向个人目标的情况。

三、进行有效的群体决策

群体决策是群体成员相互作用的产物，每个人的选择可能会存在差异，甚至截然相反，有时还往往与个人或某一集团的利益密切相关，因而群体的选择受到群体成员行为的影响，特别是任务与情绪交织在一起。因此，人们设计出诸如德尔菲法、戈登法、头脑风暴法等方法，试图消除可能的紧张、变化无常、对抗等消极力量。同时，群体结构的模式、规范和作用对群体决策也有着深远的影响，而友谊、权利、地位在群体成员相互作用中又起着微妙的作用。事实上，群体的内聚力、团队精神、择优规则和时间的紧迫性等都会对决策质量产生重要影响。

（一）有效的群体决策应具备的主要特征

根据群体决策实践中积累的经验，有效的群体决策应至少包括以下几个特征：

（1）决策的有效性。即能够迅速地做出决策。这与决策者所期望的急迫程度、正确程度以及创新程度有关，并由群体决策成员的知识、能力、参与的程度以及发挥影响的程度所决定。

（2）决策的开放性。即决策群体不受个人特定的见解（有时可能是偏见）所支配。这是由决策群体成员的价值观的差异和思想的开放程度所决定的。

（3）决策的合理性。即采用合理的决策程序，做出合理的选择。这是由决策步骤的合理性和科学性所决定的。

（二）对群体决策产生消极影响的因素

群体决策的优势来源之一就是公开讨论，但一些行为因素却妨碍这种优势的产生，主要表现在：

（1）求同的压力。即所谓的"随大流效应"。经过一定时间的讨论之后，意见一致的倾向在成员间可能突然加强。

（2）群体中主要气质类型的影响。

（3）地位歧视。结果导致地位较低的参与者受到地位较高的参与者的排挤而随波逐流，尽管他们深信他们的观点才是最正确的。

（4）被认为是某个问题领域专家的参与者企图影响他人的努力。

（5）宗派与集团。群体中往往分化成三人一帮、两人一伙，相互间缺乏共同利益，对问题的看法也不一致，一旦出现分裂，就很难重归于好，从而影响决策质量。

(三) 群体决策所应遵循的原则

总的来看，群体决策是利大于弊的。只要我们采取适当的措施，就可以充分发挥群体决策的优势，避免其不足之处，搞好群体决策，应注意好以下几方面的问题：

1. 把群体决策与个人负责统一起来

群体决策与个人负责是不矛盾的。群体决策是为了集思广益，充分发挥集体的智慧，而个人负责则是为了强化对决策的负责，所以，应把群体决策与个人负责统一起来。具体来说即是：重大问题必须经集体讨论，但方案的最终选择权归最高行政领导人掌握，他对决策的后果负责。只有这样，才能防止集体决策中容易出现的争论不休，议而不决，决策后果无人负责的不良现象。

2. 根据问题的性质和决策条件确定决策的范围和方式

一般来说，参与群体决策的人数越多，范围越广，意见就越多，分歧也就可能越大，那么，统一认识、做出一致同意决定所需要的时间就越长，决策过程的成本就可能越高。所以在实行集体决策之前，首先，要分析问题的性质，明确应在什么范围内讨论，参加决策讨论的人都必须是直接有关人员，可参加可不参加的人员不应参加讨论。其次，要分析决策的时间约束条件。如果时间允许，可以进行较长时间的讨论和争论，参与集体决策的人员范围就可适当大一些，即使如此，也要明确时间界限，避免无休止争论；如果时间紧迫，就应缩小范围，尽快统一认识，早做决策。

3. 做好组织和引导工作

做好群体决策的组织和引导工作是使决策中的意见分歧统一起来、认识一致的重要途径，决策负责人应努力做好群体决策的组织和引导工作，特别是产生严重的意见分歧时，更要积极采取措施使矛盾缓和下来，如暂时休会，让矛盾双方冷静下来，同时做好双方的思想工作。要帮助他们认识问题的本质，以及各种不同意见中所存在的共同点，使各方能够求同存异，消除分歧。

4. 做好对各种意见的分析、采纳工作

在群体决策中，等到意见完全统一再做决断常常是不可能的。决策的负责人应能够从众多的意见中分辨出正确的、优秀的意见，采纳最优的意见，同时，还要注意采纳不正确、不可行意见中所包含的合理的、有价值的内容，这样，既有助于坚持正确意见，又有利于说服持不同意见的成员接受正确的意见。所以，决策负责人应认真分析各种意见，以科学、公正的态度对待各种意见，不带偏见，不搞先入为主，只有这样，才有助于采纳最有价值的意见。

四、群体决策的方法

（一）德菲尔法

德菲尔法又称专家意见法，它是由美国兰德公司的研究者提出来的。这种方法要求参加决策的人员都是专家或者是对要决策的问题有一定经验的内行。决策的主要步骤如下：

第一步，参加决策的每个成员单独地、不记名地写出自己对集体所面临的问题的意见以及解决问题的办法。

第二步，将所有成员的意见及解决问题的方案在一个信息处理中心集中，进行系统化整理。

第三步，将除其本人以外的其他成员所写的意见方案送交给每一个成员。

第四步，每个人对其他人的意见进行分析，提出新的意见，再送交信息处理中心。

第五步，信息中心对送交上来的新意见再进行处理，按上述步骤反复几次，直到基本取得一致意见。

德菲尔法有这样几个优点：其一，避免了集体决策中面对面的争论，有利于新的意见和看法讲出来；其二，避免了面对面的集体决策可能形成的对权威的崇拜，有利于名不见经传的小人物的新思想、新观念、有价值的方案产生；其三，能较好地使参与决策的每个专家都能畅所欲言。当然，德菲尔法也存在着一定的不足之处：决策时间较长，信息处理的工作量较大，不利于直接交流。

（二）名义集体决策法

名义集体决策法指的是参加集体决策的成员面对面地接触，在所有的意见还没有全部提出来之前，成员之间不进行讨论，而是等到所有的方案都提出来之后，再进行讨论，直到达成一致意见，名义集体决策法按以下五个步骤进行：

第一步，参与决策的每个成员进行面对面的接触，但每个成员都只记下要解决的问题，并独立地写出自己对解决这个问题的想法和意见。

第二步，每个成员依次详细地将自己的意见作一次公开阐述，在所有成员阐述完其想法之前，不作讨论。

第三步，大家共同讨论所提出的办法，并进行详细的说明和评价。

第四步，每个成员单独地、不记名地给这些意见方法划分等级，然后交给决策组织者。

第五步，对每个方案的决策评价等级进行统计，最高等级的方案将是最终的决策方案。

这个方法与德菲尔法的本质是一样的，其优缺点也基本相同。

（三）头脑风暴法

头脑风暴法是比较常用的集体决策方法，便于发表创造性意见，因此主要用于收集新设想。通常是邀请一些业内人士和专家学者，在完全不受约束的条件下，畅所欲言地发表自己的看法，通过相互启发、集思广益，使每个人的看法趋向一致，从而做出决策。头脑风暴法的创始人奥斯本为该决策方法的实施提出了四项原则：对别人的意见不做任何评价，将相互讨论限制在最低限度之内；建议越多越好，在这个阶段，参与者不要考虑自己建议的质量，想到什么就应该说出来；鼓励每个人独立思考，广开思路，想法越新颖、越奇异就越好；可以补充和完善已有的建议，使某种意见更具说服力。

头脑风暴法的目的在于创造一种畅所欲言、自由思考的环境，诱发创造性思维的共振和连锁反应，从而产生更多的创造性思维。这种方法的时间安排在1～2个小时，参与者以5～6人为宜。

你能够很好地组织一次"头脑风暴会"吗？

以10～15人为一组，由你来指挥这个小组用20分钟的时间为下面的问题寻找尽可能多的答案。

问题：两个苹果轻重不同，在不称重的情况下，怎么知道哪个苹果重，哪个苹果轻？

完成之后，请回答下面的问题进行自我测试。测试问题如下：

（1）所有的人都发言了吗？

（2）大家提出的答案重复的多吗？

（3）有人提出过让大家觉得可笑的答案吗？

（4）如果有人提出过让大家觉得可笑的答案，这个答案引起了别人的评论了吗？评论的时间长吗？

（5）如果有人提出过让大家觉得可笑的答案后，他又继续提供答案了吗？

（6）在整个过程中，大家的发言有较长时间的间断吗？

（7）在整个过程中，作为主持人，你是始终坐在一处负责记录，还是到处走动鼓励大家发言？

（8）你对每个人提出的答案都给予同样方式的肯定了吗？

（9）当你宣布结束时，还有人在想主意吗？还有人在讨论吗？

（10）整个过程的气氛热烈吗？

【本章小结】

决策活动广泛存在于诸如计划、组织、控制、领导等各项管理职能中，在管理中处于极其重要的地位。广义的决策指为了达到某个行为目标，在占有一定信息的基础上，借助于科学的理论、方法和工具，对影响目标的各种因素进行分析、计算和评价，结合决策者的经验，从两个以上的可行方案中选择一个最优的方案。

现代企业经营管理活动的复杂性、多样性，决定了经营管理决策有多种不同的类型。从不同角度出发，有不同的决策分类方法。如按决策的影响范围和重要程度不同，可分为战略决策和战术决策；按决策的主体不同，则分为个人决策和集体决策；而按照管理的职能划分，决策又可分为生产决策、营销决策、财务决策、人事决策、研究与开发决策等。

尽管决策的程序不尽相同，但一般都遵循一些基本程序。管理决策的过程可分为问题识别、确定目标、拟定备选方案、评估和优选方案、贯彻实施、反馈及控制六个阶段。

现代决策方法可划分为"软、硬"两种方法，即定性决策方法和定量决策方法。集体决策法、SWOT方法等是最常见的几种定性决策方法；定量决策方法主要包括风险型决策、确定型决策和非确定型决策三种。

【案例分析】

安娜该如何决策

安娜从一所不太著名的大学计算机学院毕业后，10年来一直在某发展中的大城市里的一家中等规模的电脑公司当程序设计员。现在，她的年薪为50000美元。她工作的这家公司，每年要增加4~6个部门，这样扩大下去，公司的前景还是很好的。并且，公司也增加了很多新的管理职位，其中有些职位，包括优厚的年终分红在内，公司每年要付给90000美元。有时，还会提升程序员为分公司的经理，虽然，过去没有让妇女担任过这样的管理职位，但安娜小姐相信，凭她的工作资历和这一行业女性不断增加的现实，在不久的将来，她会得到这样的机会。安娜的父亲雷森先生自己开了一家电脑维修公司，主要是维修计算机硬件，并为一些大的电脑公司做售后服务，同时也销售一些计算机配件。最近由于健康和年龄的原因，雷森先生不得不退休。他雇了一位刚从大学毕业的大学生来临时经营电脑维修公司，店里的其他部门继续由安娜的母亲经营。雷森想让女儿安娜回来经营她最终要继承的电脑维修公司，而且，由于近年来购买电脑的个人不断增加，电脑维修行业的前景是十分被看好的。雷森先生在前几年的经营过程中，建立了良好的信誉，不断有大的电脑公司委托其做该城市的售后维修中心。因此，维修公司发展和扩大的可能性是很大的。安娜和双亲讨论时，得知维修公司现在一年的营业额大约为 400000 美元，而毛利润差不多是 170000 美元。由于雷森先生的退休，他和他的太太要提支工资 80000 美元，加上每年 60000 美元的经营费用，税前的净利润为每年 30000 美元。自雷森先生退休以来，从维修公司得到的利润基本上和从前相同。目前，他付给他新雇用的大学毕业生的薪金为每年 36000 美元，雷森夫人得到的薪金为每年 35000 美元，雷森先生自己不再从维修公司支取薪金了。如果安娜决定接手维修公司的管理工作，雷森先生打算也按他退休前的工资数付给她 50000 美元的年薪。他还打算，开始时，把维修公司经营所得利润的25% 作为安娜的分红；两年后，增加到 50%。因为雷森夫人将不再在该公司任职，就必须再雇一个非全日制的办事员帮助安娜经营维修公司，他估计这笔费用大约需要 16000 美元。雷森先生已知有人试图出 600000 美元买他的维修公司。这笔款项的大部分，安娜在不久的将来是要继承的。对雷森夫妇来说，他们的经济状况并不需要过多地去用这笔资产来养老送终。

讨论题：

1. 对安娜来说，有什么行动方案可供选择？
2. 你建议采用哪种备选方案？
3. 安娜的个人价值观会对她做出决策有何影响？

【复习思考题】

一、简答题
1. 如何理解决策的定义？
2. 集体决策的优点有哪些？
3. 什么叫风险型决策？
4. 什么叫量本利分析法？
5. 德尔菲技术运用的关键是什么？

二、计算题

1. 某企业生产一种产品，市场预测结果表明有三种可能：销路好，销路一般，销路差。备选方案三个，一是扩建，二是技术改造，三是维持现状。扩建需投资 25 万元，技术改造需投资 15 万元。各方案在不同自然状态下的损益值如下表。

（1）试用乐观决策法、悲观决策法、最小后悔值法进行决策。

（2）若知销路好的概率为 0.5，销路一般的概率为 0.3，销路差的概率为 0.2，试用决策树法进行决策。

方案	损益值		
	销路好	销路一般	销路差
A. 扩建	210	100	-60
B. 技术改造	160	80	-40
C. 维持现状	90	40	-20

2. 某地为满足某种产品的市场需求，拟规划建厂，提出三个方案：

（1）新建大厂，需投资 300 万元。据初步统计，销路好时，每年可获利 100 万元，销路不好时，每年亏损 20 万元，经营期限为 10 年。

（2）新建小厂，投资 140 万元。销路好时，每年可获利 40 万元，销路不好时，每年仍可获利 30 万元。

（3）先建小厂，3 年后销路好再扩建，投资 200 万元，经营期限为 7 年，每年估计获利 95 万元。

其中市场销售形势预测是产品销路好的概率为 0.7，销路不好的概率为 0.3。

根据上述情况要求使用决策树法进行决策。

第四章　计划职能

学习目标：

1. 了解计划的含义、特点、与决策的关系；
2. 了解计划的种类和类型；
3. 熟悉制定计划的方法和程序；
4. 熟悉目标管理的含义、应用过程、优缺点；
5. 掌握网络计划技术、滚动计划法和 MRP/ERP 等几种常见的计划方法。

开篇案例

通辽第一毛纺厂营销计划

1998 年 10 月，位于我国东北通辽的第一毛纺厂的厂长邱政廉，从在广西柳州召开的用户座谈会上得到如下信息：全国抢购风潮过后，产品销售市场将出现困难，资金紧张将成为企业发展的主要矛盾，销售旺季 11 ~ 12 月将会"旺季不旺"。面对这一客观形势，作为厂长，邱政廉感到肩上的担子很重，压力很大。他一直在思考，1998 年马上就要来了，该怎么做才好？

通辽第一毛纺厂坐落在通辽市，是内蒙古自治区哲里木盟的一家纺织企业，是拥有 2000 多名职工、7500 锭生产能力的中型企业。1986 年实现利税 1358 万元，创历史最好水平；1987 年上缴利税升到 2040 万元，较上年增长 32%；1988 年上半年在极其困难的情况下，仍完成工业产值 3841.72 万元，实现利税 600 多万元，均接近完成计划的 60%。显然，企业的形势不错，但企业要在市场竞争中立于不败之地，必须要再接再厉。企业面对新的情况，如不采取新的经营决策，资金紧张这一难关是很难闯过去的。为此，邱厂长认为，1989 年，企业的龙头必须由抓原材料转为抓经营销售，大打经营战。那么，这一仗该怎么打？邱厂长在思考：

第一方案，正当国内毛纺织品价格居高不下，并且继续酝酿上调之时，降低产品价格，分品种下降5%~8%，个别品种下降10%以上，使产品价格处于较低水平。用这种方法既可以减少产品积压带来的贷款利息和罚息损失，又可以回笼资金。这样做，预计一季度可收回货款2088万元，其中3月份可回收货款1200万元，但用这种方式降价，经计算将会减少销售收入800万元。

第二方案，企业过去基本上是做大宗买卖的，现在要改变经营战略，重点改为向中小城市、农村、牧区、国家重点工矿企业推销产品，这样大宗和小笔生意都不放过，双管齐下。预计1989年底销售、回收货款可达1086万元，约占同期货款回收额的42%，上半年预计销售实现货款1250万元，占同期货款回收额的39%。但是，这样做又存在销售人员（商品推销员和售货员）严重缺乏的问题。

第三方案，为了提高市场占有率，还可以组成由产品设计人员、经销人员参加的调研队伍，深入市场，走访用户和销售网点，研究消费者习惯及心理变化，筛选和处理产品需求信息，及时开发和生产适销对路的产品，提高市场占有率。另外，还可以在生产中从原料到产品及售后服务道道工序把住质量，做到不合格的半成品不流入下道工序，不合格产品不出厂。这样做可以提高产品在市场上的信誉，从而扩大市场占有率，多售产品，回收货款。但是，由于重点技术力量薄弱，迅速开发新产品还存在一定难度。另外，新产品开发到投放市场还需要一个过程。恐怕采取这种方法明年底才能产生效果，远水解不了近渴。因此，这种做法的资金回收效果并不明显，仍不能很好解决资金紧张这一问题。

思考题：

1. 结合案例分析如何制定计划？
2. 这是什么类型的计划？
3. 假如你是邱厂长，你将如何选择计划的各种备选方案？为什么？

第一节　计划职能概述

一、计划的含义与内容

计划是管理最基本的职能，也是管理的基本活动。计划职能就是使人们知道他们被希望去实现什么，这样组织整体的努力才有效。

（一）计划的含义

计划是管理者确定目标、预测未来、制定实现这些目标的行动方针的过程。"计划"一词既可以是名词，也可以是动词。从名词方面看，计划（Plans）就是指计划行动的结果，包括组织使命和目标的说明，以及战略、政策、预算等计划方案。从动词方面看，计划（Planning）是指对各种组织目标的分析、制定和调整以及对组织实现这些目标的各种可行方案的设计这一系列相关联的行为、行动或活动。我们有时用"计划工作"表示动词意义上的计划内涵。

管理者的计划工作，就是把计划作为一种待定的管理行为。只有组织中每个人都清楚了解了工作的目标和目的，以及实现它们的方法，工作才能取得有效的成果。计划既涉及目标（做什么），也涉及达到目标的方法（怎么做）。而缺乏计划则会走许多弯路，从而使实现目标的过程失去效率。

计划是面向未来的，而在未来，无论是组织生存的环境还是组织自身都具有一定的变化性。而计划工作可以让组织通过周密细致的预测，尽可能地变"意料之外的变化"为"意料之内的变化"。计划工作就像一座桥梁，尽管我们所处的现实与预期的目标有很大的距离，但计划工作能帮助我们实现预期的目标。

（二）计划的内容

计划的内容可以概括为 5W2H，即做什么（What to do），为何做（Why to do），何时做（When to do），何地做（Where to do），谁来做（Who to do），怎么做（How to do），需要多少成本（How much）。

"做什么"是要明确计划的目标和内容。例如，企业面临激烈的市场竞争，现有的产品已经不能满足市场的需求，需要研发新的产品，从而获得竞争优势。那么近期的计划就是要围绕新产品开展一切工作，包括筹措资金、组织研发等。

"为何做"是要明确计划的宗旨、目标和战略，并论证可行性。这部分内容非常重要，如果计划者对宗旨、目标和战略非常明确，则有利于他们在计划工作中发挥主动性、积极性和创造性。

"何时做"是要明确规定计划中的各项工作具体的开始时间和结束时间。企业做任何事情都要讲求时间效率，因为时间就是金钱。在激烈的市场竞争中，企业能否在某产品市场夺取先机，往往取决于其产品对进入该市场的时机把握。捷足先登者将会先抢占商机，并抢占可观的市场份额。

"何地做"是要明确计划实施的地点。企业做任何事情都要有一个明确的实施地点。

"谁来做"是要明确计划中的各项工作具体完成的部门或人员，每一项工作责任到人，从而把计划落到实处，避免出现互相推诿现象。

"怎么做"是要明确实施计划的具体措施。措施不可太空，可操作性要强，只有这样，计划才能够真正得到实施。

"需要多少成本"是要明确计划完成需要多少成本。企业存在的目的就是要获取最大的利润，成本与利润的关系非常大，成本太高，企业就没有利润可言，因此要做好预算。

（三）计划的特征

计划的特征可以概括为目标性、首位性、普遍性、效率性、时效性、动态性和创造性。

1. 目标性

在组织中，各种计划及其所有的派生计划，都应该有助于完成组织的总目的和各个阶段的目标。一个组织能够生存，首要的一点就是通过有意识的合作来完成群体的目标，这是管理的基本特征，计划工作是最明确反映管理基本特征的主要职能活动。

2. 首位性

管理过程中的计划、组织、人事、领导和控制等方面的活动，都是为了支持实现企业的目标，而计划具有确认组织目标的独特作用，是其他各项执行职能的基础。计划直接影响且始终贯穿于组织、人事、领导和控制等管理活动中。计划既是组织一切活动的开始，也是组织进一步采取活动的依据。

3. 普遍性

每一个管理者，无论是高层、中层还是基层管理者都要从事计划工作，计划工作是每位管理者无法回避的职能工作。高层管理者不可能也没必要对自己组织内的一切活动做出确切的说明，他的任务应该是负责制定战略性计划，而那些具体的计划由下级完成。这种情况的出现主要是由于人的能力是有限的，而现代组织中工作却是纷繁复杂的，即使是最聪明、最能干的领导人也不可能包揽全部的计划工作。另外，授予下级某些制定计划的权力，还有助于调动下级的积极性，挖掘下级的潜力，使下级感受到自身存在的价值。这无疑对贯彻执行计划、高效地完成组织目标大有好处。

4. 效率性

计划的效率是用来衡量计划的经济效益的。计划的效率是实现企业的总目标和一定时期的目标所得到的利益，是根据扣除为制定和实施计划所需要的费用和其他预计不到的损失之后的总额来测定的。要使计划工作有效，不仅要确保实现目标，还要从众多方案中选择最优的资源配置方案，以求合理利用资源和提高效率。就效率这个概念而言，一般是指投入和产出之间的比率，但计划效率这个概念，不仅包括人们通常理解的按资金、工时或成本表示的投入产出比率，还包括组织成员个人或群体的满意程度，后者对计划效率的影响也是不难理解的，如果计划使一个组织内很多人不满意或不高兴，那么这样的计划甚至连目标都不可能实现，更谈不上效率了。例如，一个赔本公司新任的总经理企图通过成批裁减员工来达到改组公司和迅速削减支出的目的，这样做的后果使员工终日忧心忡忡，导致生产率大大降低，最后，这位新上任总经理消灭亏损获得利润的目标不得不以失败告终。

5. **时效性**

任何计划都是针对一定的时间段制定的，有开始时间和结束时间。计划期开始之前制定好计划，计划期结束要完成计划。例如，我国制定的"十一五"规划，计划期是从 2006 年开始，到 2010 年结束，2010 年就要制定下一个五年计划了，计划期应从 2011 年到 2015 年，当然计划的内容也会有所不同。

6. **动态性**

计划是面向未来制定的，而未来是什么样的，包括企业的外部环境和内部环境，是由我们经过预测得来的。由于未来的不确定性，任何人都不可能对未来做出全面而准确的判断，因此要根据现实情况，及时调整计划。也就是说，任何计划都不是一成不变的，当环境发生变化时，计划也应随之进行改变。

7. **创造性**

计划工作总是针对需要解决的新问题和可能发生的新变化、新机会而做出决定的。因而它是一个创造性的管理过程，是对管理活动的设计，这一点类似于一项产品或一项工程的设计。同时，管理是一个不断上升的过程，原来制定的计划完成后，会有新的计划产生，新的计划与原来的计划会不同。

二、计划的作用

（一）计划与决策

决策与计划是两个既相互区别，又相互联系的概念。说它们是相互区别的，是因为这两项工作需要解决的问题不同。决策是关于组织活动方向、内容以及方式的选择。我们是从"管理的首要工作"这个意义上来把握决策的内涵的。任何组织，在任何时期，为了表现其社会存在，必须从事某种为社会所需要的活动。在从事这项活动之前，组织当然必须首先对活动的方向和方式进行选择。计划则是对组织内部不同部门和不同成员在一定时期内行动任务的具体安排，它详细规定了不同部门和成员在该时期内从事活动的具体内容和要求。

但计划与决策又是相互联系的，这是因为：

第一，决策是计划的前提，计划是决策的逻辑延续。决策为计划的任务安排提供了依据，计划则为决策所选择的目标活动的实施提供了组织保证。

第二，在实际工作中，决策与计划是相互渗透的，有时甚至是不可分割地交织在一起的。

决策制定过程中，不论是对内部优势或劣势的分析，还是在方案选择时关于各方案执行效果或要求的评价，实际上都已经开始孕育着决策的实施计划。反过来，计划的编制过程，既是决策的组织落实过程，也是决策的更为详细的检查和修订的过程。无法落实的决策，或者说决策选择的某些任务无法安排，必然导致决策在一定程度上的调整。

（二）计划的作用

组织管理的好坏、能否达到预期的目标，在有了正确的决策之后，主要取决于计划职能的完善与否。计划职能对于任何组织都是至关重要的。所以，建立和加强组织的计划管理，对于实现组织目标、满足市场需要、提高企业的经济效益，都具有重要的意义和作用。

计划对组织管理的作用主要表现在以下几个方面：

1. 指明方向，协调工作

管理学家孔茨说："计划工作是一座桥梁，它将我们所处的此岸和要去的彼岸连接起来，以克服这一天堑。"这说明，计划起到了目标与现实位置之间桥梁的作用，计划工作使组织全体成员有了明确的努力方向，并在未来不确定性和变化的环境中把注意力始终集中在既定目标上，同时，各部门之间相互协调，有序地展开活动。

尽管实际工作结果往往会偏离预期目标，但是计划会给管理者以明确的方向，从而使偏离比没有计划时要小得多。而且，不管结果如何，计划工作能迫使管理者认真思考工作和工作方式，弄清这两个问题就是计划工作价值体现之一。

2. 预测变化，降低风险

计划是指向未来的，未来常常会有我们无法准确预知的事情发生，对计划产生冲击，因而未来具有一定的不确定性和风险。面对未来的不可控因素，计划促进组织采用科学的预测，提出预案，早作安排，多手准备，变不利为有利，减少变化带来的冲击，从而把风险降低到最低限度。

但是不要误认为"计划可以消除变化"。变化总会有的，计划并不能消除变化，但计划可以预测变化并制定应对措施。

3. 减少浪费，提高效益

一个严密细致的计划，可以减少未来活动中的随意性，能够消除不必要的重复所带来的浪费，同时，还可以在最短的时间内完成工作，减少非正常工作时间带来的损失，有利于组织实行更经济的管理。

4. 提供标准，便于控制

计划是控制的基础，控制中几乎所有的标准都来自于计划，如果没有既定的目标和指标作为衡量尺度，管理人员就无法检查目标的实现情况以及纠正偏差，也就无法控制。

5. 明确目标，激励人员

计划通常包含有目标、任务、时间安排、行动方案等。由于计划中的目标具有激励人员士气的作用，所以包含目标在内的计划同样具有激励人员士气的作用。不管是长期、中期还是短期计划，也不管是年度、季度还是月度计划，甚至每日、每时的计划都有这种激励作用。例如，有的研究发现，当人们在接近完成任务的时候会出现一种"终末激发"效应，即在人们已经出现疲劳的情况下，当人们看到计划将要完成时会受到一种激励，使人们的工作效率又重新上升，并一直会坚持到完成计划，达成目标。

三、计划的类型

组织活动的多样和复杂，使得组织的计划种类也很多，它们的重要程度也有差别。为便于研究和指导实际工作，有必要按不同的标准对计划进行分类。

（一）按计划的表现形式分类

1. 宗旨

任何组织活动都有一定的目的和任务，宗旨就是一个组织最基本的目标，它是一个组织继续生存的理由，也是社会赋予它们的基本职能。宗旨明确了一个组织是干什么的，应该干什么。例如，一个企业的宗旨是追求股东权益最大化或是向社会提供有价值的商品和服务等。

2. 目标

目标是在充分理解组织宗旨的条件下建立起来的，是组织活动在一定条件下要达到的预期结果。确定目标本身也是计划工作，目标不仅是计划工作的终点，而且也是组织工作、人员配备、指导与领导以及控制等活动所要达到的结果。组织中各个管理层次都应该建立自己的目标，组织低层次目标必须与高层次目标相一致，组织要完成一个高层次目标，必须完成较低层次的目标，循序渐进。

3. 战略

"战略"一词来自于军事用语，是指通过对交战双方进行分析判断而作出对战争全局的筹划和指导。对于组织来说，战略是为了实现组织长远目标所选择的发展方向。战略的目的是通过一系列的主要目标和政策，来决定组织未来的发展方向，总目标和总战略要通过分目标和分战略来逐步加以实现。

4. 政策

政策是指组织在决策时或处理问题时指导以及沟通思想活动的方针和一般规定。政策是管理的指导思想，它为管理人员的行动指明了方向，并明确了在一定范围内怎样进行管理。政策的种类有很多，一个组织的各个部门都要制定各部门相应的政策，制定政策要充分分析组织的目标，要保持一贯性、完整性和稳定性。

5. 程序

程序也是一种计划，它规定了某些经常发生的问题的解决方法和步骤。如果说政策是人们思考问题的指南，那么程序则是行动的指南，它具体规定了某一件事情应该做什么、如何去做，其实质是对未来要进行的行动规定时间顺序，对组织内大多数政策来说，都应该规定相应的程序来指导政策的执行。

6. 规则

规则是一种最简单的计划，它规定了某种情况下能采取或不能采取的某种具体行动。程序由许多步骤组成，如果不考虑时间顺序，其中的某一步就是规则。在通常情况下，一系列规则的总和就构成了程序。

7. 规划

规划是为了实现既定方针所必需的目标、政策、程序、规则、任务分配、执行步骤、使用资源以及其他要素的复合体。规划是粗线条的、纲领性的计划。规划有大有小，有长远的和近期的，其目的在于划分总目标实现的进度。

8. 预算

预算也被称为数字化的计划，是用数字表示预期结果的一份报表。预算可以用财务术语或其他计量单位来表示，这种数字形式有助于更准确地执行计划。通过预算可以考核管理工作的成效和对预算目标的偏离情况，从而实现控制的目的。

（二）按计划的期限分类

按计划的时间跨度可把计划分为长期计划、中期计划和短期计划。长期计划通常称为远景计划，是为实现组织的长期目标服务的具有战略性、纲领性指导意义的综合发展规划。长期计划的期限一般在五年以上。中期计划是根据长期计划提出的目标和内容并结合计划期内的具体条件变化进行编制的，它比长期计划更为详细和具体。中期计划具有衔接长期计划和短期计划的作用，期限一般在一至五年。短期计划通常又称年度计划，是根据中长期计划规定的目标和当前的实际情况，对计划年度的各项活动所作出的具体安排和落实。短期计划的期限一般在一年左右。

（三）按组织职能分类

组织的类型和规模不同，具体职能部门的设置也不同。通常根据职能部门把计划划分为供应计划、生产计划、销售计划、财务计划、人力资源计划、新产品开发计划和安全计划等。

（四）按计划范围的广度分类

按计划范围的广度可将计划划分为战略计划、策略计划和作业计划。战略计划是指应用于整个组织，为组织设立总体目标和寻求组织在环境中的地位的计划，一般由组织的高层管理人员来制定。策略计划是为实现战略计划而采取的手段，比战略计划具有更大的灵活性，一般由中层管理人员制定。作业计划是指规定总体目标如何实现的细节的计划，是根据战略计划和策略计划而制定的执行性计划，一般由下级管理人员制定。

（五）按计划的明确程度分类

按计划的明确程度可把计划划分为指导性计划和具体性计划。指导性计划只规定一些重大方针，指出重点但不把管理者限定在具体的目标或特定的行动方案上。具体计划则明确规定了目标，并提供了一整套明确的行动步骤和方案。

第二节　计划工作过程

以前，在企业界流行着这样一句顺口溜："计划计划，写在纸上，贴在墙上，风一吹落在地上，就是落实不到行动上。"即使在今天，很多企业的管理人员还在以"计划跟不上变化快"为理由忽视计划管理工作。计划是管理的首要职能，这一结论早已在理论界和实践界得到共识。一个组织，特别是大规模的组织活动，要提高管理水平，必须切实做好计划管理工作，使计划转变为工作绩效。为此，有必要了解计划工作程序。

计划工作必须紧紧围绕着两个基本问题：①拟实现哪些目标；②如何实现所制定的目标。围绕这两个问题，完整的计划工作程序可展开为如图4-1所示的过程。

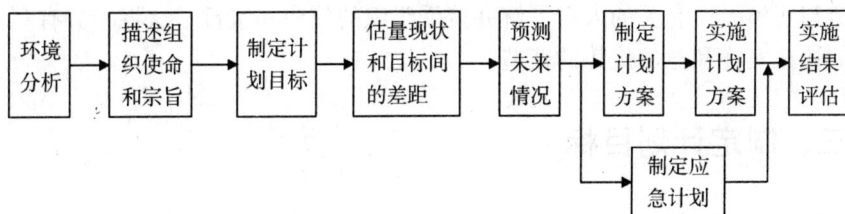

环境分析 → 描述组织使命和宗旨 → 制定计划目标 → 估量现状和目标间的差距 → 预测未来情况 → 制定计划方案 → 实施计划方案 → 实施结果评估

制定应急计划

图4-1　计划工作的一般过程

一、环境分析

计划工作的一个重要的工作环节是对组织的当前状况作出评估，这是制定和实施计划工作方案的前提。从大的方面看，当前状况的评估工作要对组织自身的优势和劣势、外部环境的机会和威胁进行综合分析，即SWOT分析。当然，对于那些局部的作业性质的计划工作，往往并不需要特别复杂和综合的内外部环境分析。但即使如此，也要对内部的资源与外部关系作出基本的判断。

分析内部资源，主要应考虑组织的财务状况、员工技能、技术水平，以及那些能反映组织当前工作状况的信息资料。分析内部资源可以了解组织目前的优势和劣势。如果组织在内部资源上优于竞争对手，那将意味着组织的计划工作有强有力的资源保障；反之，将意味着组织只能制定较低的目标或正常目标，在实施过程中可能会面临各种困难。

与此同时，还应分析组织的外部关系，如与供应者之间的关系、与顾客之间的关系、与银行等公共群体之间的关系等。分析外部关系可展示出计划工作必须予以关注的潜在机会和限制因素。

二、描述组织的使命和宗旨

计划工作过程起源于组织的使命和宗旨。这里存在两种情况：一是组织并不存在明确的使命和宗旨，界定并描述组织的使命和宗旨便成为计划工作的重要内容。新创办的组织、处于重大变革时期的组织往往属于这种情况；二是存在明确的组织使命和宗旨，需要正确地理解组织的使命和宗旨，并将其贯彻到计划的制定与实施工作中。在正确理解组织的使命和宗旨的基础上，还要把组织的使命和宗旨传播给组织成员、顾客及各种各样的相关利益群体，让与计划的制定与实施工作有关的人们了解并接受组织的使命和宗旨，这将十分有利于计划的快速实施和竞争优势的营造。

三、制定计划目标

分析了组织的现状之后，要回答"往何处去"这一问题，即要确定目标。目标是组织期望达到的最终结果。一个组织在同一时期可能有多个目标，但任何一个目标都应包括以下内容①：

（1）明确的主题，是扩大利润，提高顾客的满意度，还是改进产品质量。

（2）期望达到的数量或水平，如销售数量、管理培训的内容等。

（3）可用于测量计划实施情况的指标，如销售额、接受管理培训的人数等。

（4）明确的时间期限，即要求在什么样的时间范围内完成目标。

表面上看，目标的制定并不难，但事实上，有很多因素限制了目标制定的科学性。

首先，人们对目标的认识和理解可能会存在很大的差异。目标只有在被人们普遍认同并接受的情况下才容易付诸实施，而这是非常困难的。所以，在目标制定过程中，鼓励人们参与，多沟通、多讨论是必要的。

其次，环境的快速变化使得计划跟不上变化。这是客观事实，但以此否定计划的作用是绝对错误的。一方面，可以利用滚动计划方法把长期计划与短期计划衔接起来；另一方面，对于一些作业计划，可以制定短期目标，然后经常检查目标的实施情况，不断修正计划目标，使之适应环境的变化。

① Robert D. Gatewood, Robert R. Taylor & O. C. Ferrell. Management: Comprehension, Analysis, and Application. Chicago, IL: Austen Press, 1995: 250.

最后，计划制定者的错误认识干扰。如短期行为倾向、过于强调避免风险而缺乏把握机会的能力等。

四、估量现状与目标之间的差距

组织的将来状况与现状之间必然存在着差距，客观地度量这种差距，并设法缩小这种差距，是计划工作的重要任务。

一般来说，缩小现状与目标之间的差距，可采取两类措施：一类是不打破现状，在现状的基础上力求改进，随着时间的推移不断地逼近目标。例如，针对市场占有率低的现状，可以通过加大广告开支和营销力度、降低产品价格等措施，实现企业扩大市场占有率的目标。这类措施风险相对小。另一类措施是变革现状，有时甚至是对组织进行根本性的调整，如调整产品品种、大幅度精简人员等。这类措施风险相对大，但如果成功，组织绩效将会得到明显的改进。具体采用哪一类措施，需要对现状与目标之间的差距作出客观而准确的分析。

五、预测未来情况

在计划的实施过程中，组织内外部环境都可能发生变化。如果能够及时预测内外部环境的可能变化，对制定和实施计划来说将十分有利。所以，计划工作人员应设法预见计划在未来实施时所处的环境，对影响既定计划实施的诸环境要素进行预测。在此基础上，设计可行的计划方案。所谓预测，就是根据过去和现在的资料，运用各种方法和技术，对影响组织工作活动的未来环境作出正确的估计和判断。预测有两种，一种预测是计划工作的前提，如对未来经营条件、销售量和环境变化所进行的预测，这是制定计划的依据和先决条件；另一种预测是从既定的现行计划发展而来的对将来的期望，如对一项新投资所作的关于支出和收入的预测，这是计划工作结果的预期。

预测的方法是多种多样的。概括地讲，可归纳为两大类：一是定性预测方法，主要靠人们的经验和分析判断能力进行预测，如德尔菲法等；二是定量预测方法，就是根据已有的数据和资料，通过数学计算和运用计量模型进行预测，如时间序列分析、回归分析等。这些方法往往具有较强的专业技术特征，每一种方法都需要各自的情况、资料和数据，而且各种方法的复杂程度不同，应用条件和范围亦不尽相同，所以应当有选择地加以运用。

六、制定计划方案

在上述各阶段任务完成之后，接下来应制定具体的计划方案。计划方案类似于行动路线图，是指挥和协调组织活动的工作文件，要清楚地告诉人们做什么（What）、何时做（When）、由谁做（Who）、何处做（Where）以及如何做（How）等问题，即我们常常用到的5W2H法。5W2H法由美国陆军兵器修理部首创，诞生于第二次世界大战中，由于易记、应用方便，曾被广泛用于企业管理和各项工作中。5W2H都是英文的第一个字母，即通过设问来诱发人们的创造性设想，发问的具体内容可根据具体对象灵活应用：

（1）Why？（为什么？）为什么需要改革？为什么非这样做不可？……

（2）What？（什么？）目的是什么？做哪一部分工作？……

（3）Where？（何处？）从何入手？何处最适宜？……

（4）When？（何时？）何时完成？何时最适宜？……

（5）Who？（谁？）谁来承担？谁去完成？谁最适合？……

（6）How？（怎样？）怎样去做？怎样做效率最高？怎样实施？……

（7）How much？（多少？）要完成多少数量？成本多少？利润多少？质量达标多少？……

这七问概括得比较全面，把实际要做的事情和可能遇到的问题都包括进去了。我国教育学家陶行知先生曾对5W2H法给予高度的评价，认为是指导我们工作的"好老师"，并作诗曰："我有几位好朋友，曾把万事指导我。你若想问其姓名，名字不同都姓何：何事、何故、何人、何时、何地、何去，好像弟弟和哥哥。还有一个西洋派，姓名颠倒叫几何。若向八贤常请教，甚是笨人不会错。"

计划是面向未来的管理活动，未来是不确定的，不管计划多么周密，在实施过程中都可能因为内外部环境的变化而无法顺利开展，有的情况下甚至需要对预先制定的计划予以调整。僵化的计划有时比没有计划还糟，因此，在制定计划方案的同时，还应该制定应急计划（或称权变计划），即事先估计计划实施过程中可能出现的问题，预先制定备选方案（有时甚至是几套备选方案），这样可以加大计划工作的弹性，使之更好地适应未来环境。

制定应急计划是计划工作的组成部分，应急方案所需要的费用应一并纳入整体预算中。在环境多变、竞争日趋激烈的时代，每位管理人员都必须牢牢地树立起权变的意识，争取主动，而不是等到出现问题后再予以补救。

七、实施和总结计划方案

选择确定出计划方案之后，很多人认为计划工作就完成了。但是，如果不能转化为实际行动和业绩，再好的计划也没有用处。因此，实施全面计划管理的组织，应把实施计划包括在计划工作中，组织中的计划部门应参与计划的实施过程，了解和检查计划的实施情况，与计划实施部门共同分析问题，采取对策，确保计划目标的顺利实施。当然，大部分组织的计划部门并不承担具体实施计划的任务，但是，如果参与实施计划，可以及时获取有关计划实施情况的信息，总结和积累经验，将有助于计划的实施和计划工作科学化水平的提高。

第三节　计划的方法

制定计划时，根据工作的性质不同可选择的计划方法有很多种，这里主要介绍滚动计划法、网络技术法、MRP/ERP 等几种常用的计划方法。

一、制定计划原则

计划工作作为一种基本的管理职能活动，有自己应遵循的规律和原则。计划工作的主要原则有：限定因素原则、灵活性原则、承诺原则和改变航道原则。

（一）限定因素原则

所谓限定因素，是指妨碍组织目标实现的因素，如果它们发生变化，即使其他因素不变，也会影响组织目标的实现程度。其含义正如木桶原理所表述的那样：木桶所盛的水量，是由木桶壁上最短的那块木板条决定的。这就是说，管理者在制定计划时，应该尽量了解那些对目标实现起主要限制作用的因素或战略因素，才能有针对性地、有效地拟定各种方案，计划方案才可能趋于最优。

（二）灵活性原则

确定计划实施的预期环境靠的是预测，但未来情况有时是难以预测的。

因此，计划需要有灵活性，才有能力在出现意外时改变方向，不至于使组织遭受太大的损失，这就是计划的灵活性原则。灵活性原则在计划工作中非常重要，特别是承担任务重、计划期限长的情况，如战略计划，它的作用更明显。虽然，计划中体现的灵活性越大，出现意外事件时适应能力越强，对组织的危害性越小，但灵活性是有一定限度的。例如，不能为保证计划的灵活性而一味推迟决策的时间，未来总有些不确定的因素，当断不断，则会错失良机。

（三）承诺原则

计划应是长期的还是短期的？计划期限的合理选择应该遵循承诺原则。长期计划的编制并不是为了未来的决策，而是通过今天的决策对未来施加影响。这就是说，任何一项计划都是对完成各项工作所做出的承诺，承诺越多，计划期限越长，实现承诺的可能性越小。这就是承诺原则。该原则要求合理地确定计划期限，不能随意缩短计划期限，计划承诺也不能过多致使计划期限过长，如果主管人员实现承诺所需的时间比他可能正确预见的未来期限还要长，他的计划就不会有足够的灵活性来适应未来的变化，因此，他应减少承诺，缩短计划期限。

（四）改变航道原则

计划是面向未来的，而未来情况随时都可能发生变化，所制定的计划显然也不能一成不变，在保证计划总目标不变的情况下，随时改变实现目标的进程（航道），就是改变航道原则。应该注意的是，该原则与灵活性原则不同，灵活性原则是使计划本身具有适应未来情况变化的能力。而改变航道原则是使计划执行过程具有应变能力，就像航海家一样，随时核对航线，一旦遇到障碍就绕道而行。

二、制定计划的方法

（一）滚动计划法

滚动计划法是一种动态编制计划的方法。它不像静态分析那样，等计划全部执行完了之后再重新编制下一个时期的计划，而是在每次编制或调整计划时，均将计划按时间顺序向前推进一个计划期，即向前滚动一次。

1. 滚动计划法的基本思想

（1）含义。

滚动计划法是按照"近细远粗"的原则制定一定时期内的计划，然后按照计划的执行情况和环境变化，调整和修订未来的计划，并逐期向后移动，把短期计划和中期计划结合起来的一种计划方法。

（2）适用范围。

从时期上看，滚动计划法适用于长期计划的编制，因为计划工作很难准确地预测将来影响企业经营的经济、政治、文化、技术、产业、顾客等各种变化因素，而且随着计划期的延长，这种不确定性就越来越大。这样，远期计划就只能是粗略的，而近期计划则可以制定得具体些，以指导生产经营活动。

从内容上看，滚动计划法主要适用于产品品种比较稳定的生产与销售计划以及物资供应计划的编制。因为这些计划都具有一定的连续性，便于按期进行不断的滚动。

2. 滚动计划的编制方法

（1）编制程序。

①通过调查和预测，掌握有关情况，然后按照近细远粗的原则，制定一定时期的计划；

②在一个滚动时期终了时，分析计划的执行结果，找出差距，了解存在的问题；

③根据企业内、外部条件的变化，及上一个滚动期计划的执行情况，对原有的计划进行必要的调整和修订；

④根据修改和调整的结果，又按照近细远粗的原则，将计划期向后滚动一个时期，制定出第二个计划期的计划。

滚动计划的编制就是上述过程的不断重复。图4-2所示的是一个五年期的滚动计划编制方法。

（2）计划修正因素。

编制滚动计划时，应考虑影响计划的各种因素，对计划进行调整和修订。这些因素统称为计划修正因素，主要有：

①计划与实际的差异。即将计划的执行结果与原有的计划进行对比分析，找出两者的差距，分析出现差距的原因，以此作为调整计划的依据。

②客观条件的变化。这种客观条件包括企业的内部条件和企业的外部条件。企业的内部条件包括劳动力构成、技术水平、自动化程度等在企业内部发生的情况；企业的外部条件包括市场情况、政治环境、经济政策、法律因素等

具体计划	比较具体计划		比较粗略计划	
2000年	2001年	2002年	2003年	2004年

绩效分析 → 计划本身的原因

实际执行中的情况

2000年实际执行情况

五年计划调整的措施方案选择

加强或改善措施

具体计划	比较具体计划		比较粗略计划	
2001年	2002年	2003年	2004年	2005年

绩效分析

2001年实际执行情况

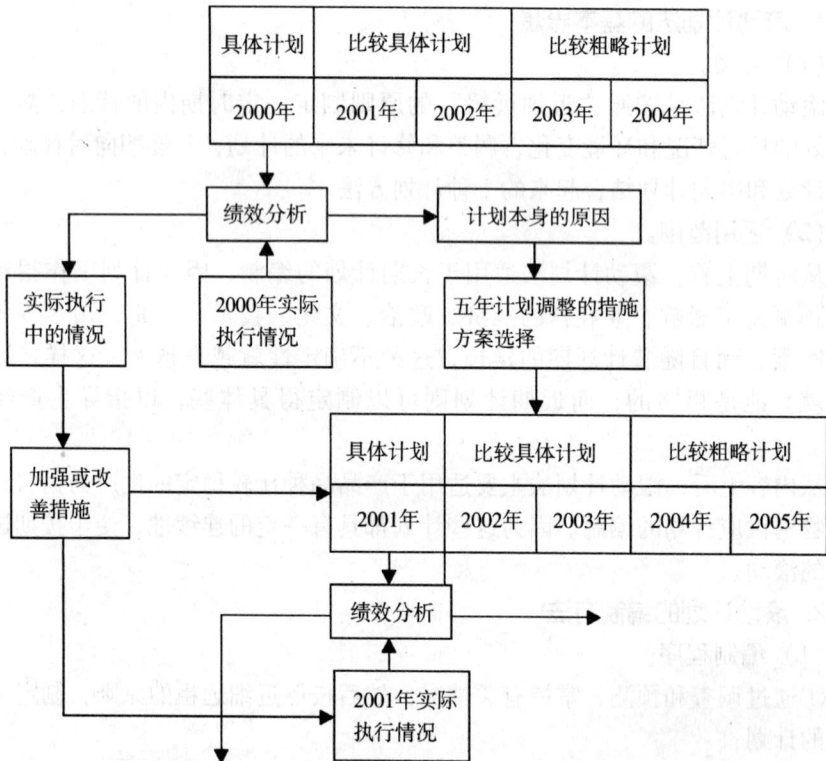

图4-2 五年期的滚动计划法

企业自身影响范围之外的情况。

　　③企业经营方针的调整。企业的经营方针是企业制定计划最根本的依据，是企业生产经营活动的行动纲领。因此企业经营方针的调整必然影响企业计划的制定。

　　3. 滚动计划法的评价

　　滚动计划方法虽然使得计划编制和实施工作的任务量加大，但在计算机普遍应用的今天，其优点十分明显。首先，计划更加切合实际，并且使战略性计划的实施更加切合实际。其次，滚动计划方法使长期计划、中期计划与短期计划相互衔接，短期计划内部各阶段相互衔接。这就保证了即使由于环境变化出现某些不平衡时，也能及时地进行调节，使各期计划基本保持一致。最后，滚动计划方法大大加强了计划的弹性，这对环境剧烈变化的时代尤为重要，它可以提高组织的应变能力。

（二）甘特图法

甘特图是在 20 世纪初由亨利·甘特开发的，它基本上是一种线条图，横轴表示时间，纵轴表示要安排的活动，线条表示在整个期间上计划的和实际的活动完成情况。甘特图直观地表明任务计划在什么时候进行，完成各项任务的起始时间、结束时间和延续时间，以及实际进展与计划要求的对比。它虽然简单但却是一种重要的工具，它使管理者很容易搞清一项任务或项目还剩下哪些工作要做，并且能够评估工作是提前了还是拖后了，或是按计划进行着，这对提高管理工作水平和促进生产的发展起了重要的作用。

图 4-3 绘出了一个图书出版的甘特图，时间以月为单位，表示在图的上方，主要活动从上到下列在图的左边。计划需要确定书的出版包括哪些活动，这些活动的顺序，以及每项活动应当持续的时间。时间框里的线条表示计划的活动顺序，空白的线框表示活动的实际进度。甘特图可以作为一种控制工具，帮助管理者发现实际进度偏离计划的情况。在本例中，除打印长条校样以外，其他各项活动都是按计划完成，而长条校样比计划进度落后了 2 周。给出这些信息，项目的管理者就可以采取纠正行动，或是赶出落后的 2 周时间，或是保证不再有延迟发生。

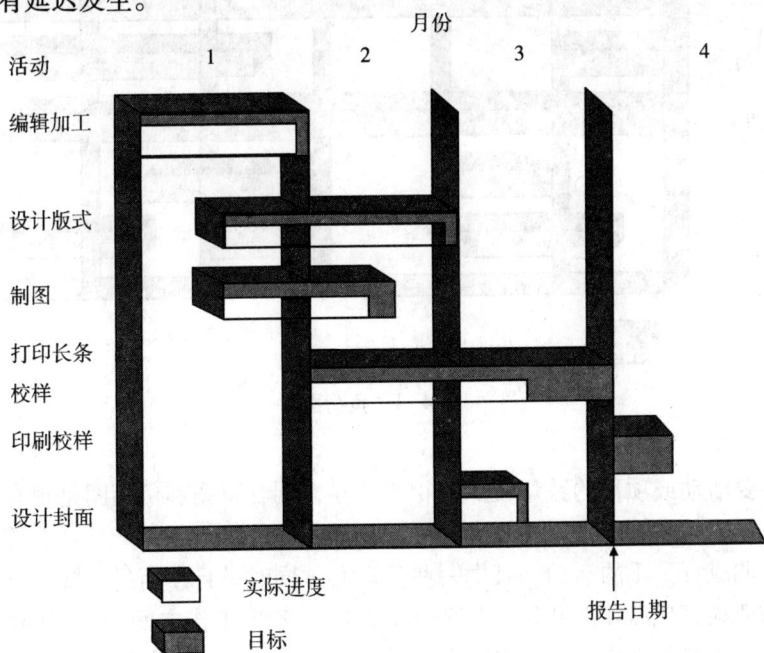

图 4-3 图书出版的甘特图

（三）负荷图

负荷图（Load Chart）是一种修改了的甘特图，它不是在纵轴上列出活动，而是列出整个部门或者某些特定的资源。负荷图可以使管理者计划和控制生产能力的利用，换言之，它是工作中心的能力计划。

例如，图4-4是某出版公司的6个责任编辑的负荷图，每个责任编辑负责一定数量书籍的编辑和设计。通过检查图4-4的负荷情况，管理6个责任编辑的执行编辑可以看出，谁有空闲时间可以编辑其他的书，如果所有的责任编辑都是满负荷的，则执行编辑或许决定不再接受任何新书，或是接受新项目同时推迟别的项目，或是安排责任编辑加班，再不就增加责任编辑。在图4-4中，只有利萨和莫里斯未来6个月的任务排得满满的，其他编辑人员还有空闲时间可接受新项目。

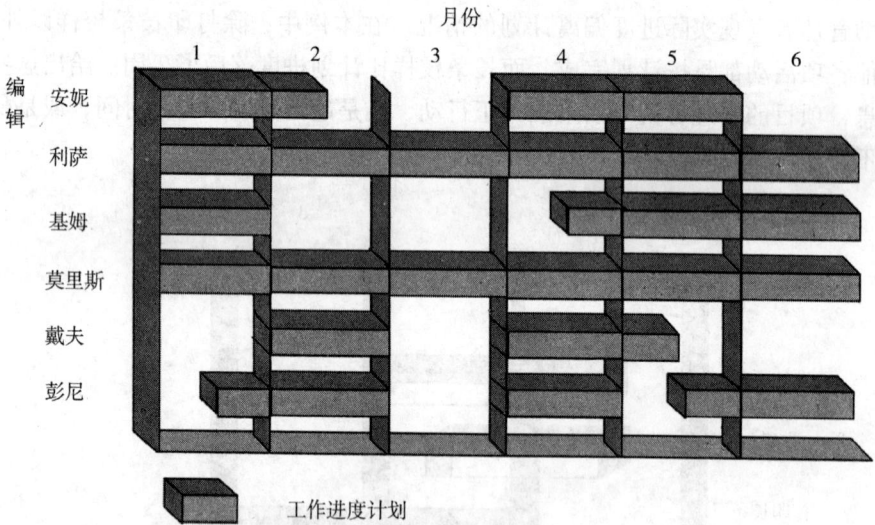

图4-4　负荷图

只要活动或项目的数量较少且相互独立，则甘特图和负荷图是很有效的工具。但是，如果管理者要计划大型项目，如企业的重组和新产品开发等，它们要求协调成百上千的活动，其中一些活动必须同时进行，而另一些活动必须待前期的活动完成后才能开始。各个环节之间、各项工作之间的关系错综复杂，影响各项工作的因素越来越多，在这种情况下，甘特图和负荷图表现出下列明显的缺点：

（1）甘特图和负荷图无法反映大型项目成千上万道工序之间的关系，更难统筹安排各个工作环节。

（2）应用甘特图和负荷图无法确定哪些工序是关键工序，哪些是非关键工序。

（3）应用甘特图和负荷图无法进行资源和工期的优化。

所有这些，都要求有一种新的、更好的编制计划的方法和计划的表达方式。网络计划技术就应运而生。

（四） 网络计划技术

网络计划技术是 20 世纪 50 年代后期在美国产生和发展起来的，是一种应用于组织大型工程项目或生产计划安排的科学的计划管理方法。它以网络图的形式，来反映组成一项生产任务或一项工程中各项作业的先后顺序及相互关系，并通过相应计算方法找出影响整项生产任务或项目的关键作业和关键路线，对生产任务或项目进行统筹规划和控制，是一种能缩短工期、降低成本、用最高的速度完成工作的有效方法。

这种方法包括各种以网络为基础制定计划的方法，如关键路径法（Critical Path Method，CPM）、计划评审技术（Program Evaluation & Review Technique，PERT）、组合网络法等。1956 年，美国的一些工程师和数学家组成了一个专门小组首先开始这方面的研究。1958 年，美国海军武器计划处采用了计划评审技术，使北极星导弹工程的工期由原计划的 10 年缩短为 8 年。1961 年，美国国防部和国家航空署规定，凡承制军用品必须用计划评审技术制定计划上报。从那时起，网络计划技术就开始在组织管理活动中被广泛地应用。

1. 网络计划技术的基本步骤

网络计划技术的原理是把一项工作或项目分成各种作业，然后根据作业顺序进行排列，通过网络图对整个工作或项目进行统筹规划和控制，以便用最少的人力、物力、财力资源，用最快的速度完成工作。网络计划技术的基本步骤如图 4-5 所示。

2. 网络图

网络图是网络计划技术的基础。任何一项任务都可以分解成许多步骤工作，根据这些工作在时间上的衔接关系，用箭头表示它们的先后顺序，画出一个由各项工作相互联系，并注明所需时间的箭头图，这个箭头图就称为网络图。图 4-6 是一个网络图实例。

分析图 4-6 可以发现，网络图由以下部分组成：

（1）活动。活动是指一项工作或一道工序。一般来讲，活动需要花费时

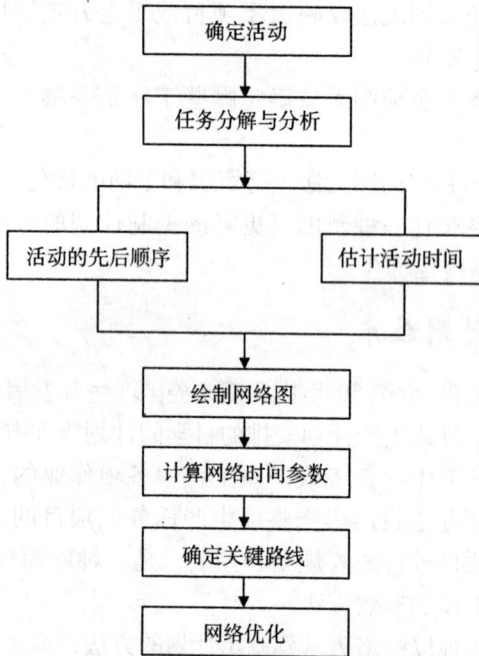

图4-5　网络计划技术的基本步骤

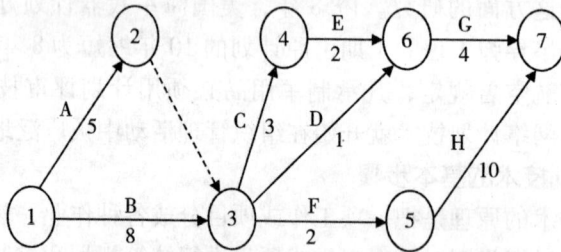

图4-6　网络图实例

间，消耗一定的资源。活动用"→"表示，一般规定，箭线上方注明活动内容，下方注明活动消耗时间。

（2）事项。事项是指一项活动的开始或完成，一般用带有编号的圆圈表示。在网络图中，圆圈是两条或两条以上箭线的交接点，故又称节点（Node）。事项不占用时间和资源，它只是表示某项活动的开始或结束。为了便于识别、检查和计算，对节点要进行编号，编号按箭头方向由小到大，并常用箭线首尾的编号表示某一项活动的名称，应特别注意，每一项活动都应有自己唯一的节点编号。另外，同一节点号码不能重复使用。

（3）虚工序。因为箭线首尾的节点编号只能唯一地表示一项活动，但对于平行活动来讲，要正确表示活动之间的关系，往往借助虚工序。

虚工序用虚箭线表示，它仅仅起着表示活动先后顺序的作用，并不是一项真正的活动，它没有活动名称，既不占用时间，也不消耗资源，计算网络时间参数时，可以把虚工序看成作业时间为零的一项活动，如图中连接 2、3 的虚工序。

（4）线路和关键线路。线路是指从网络始点事项开始，顺着箭线方向，到网络终点为止，中间由一系列首尾相连的节点和箭线所组成的通路。关键线路是网络中花费时间最长的事项和活动的序列。

为了反映工序的先后顺序关系，经常使用紧前工序或紧后工序的概念。若有 A、B 两道工序，当 A 工序完工以后，才能紧跟在它后面开始 B 工序，则称 A 是 B 的紧前工序，或 B 是 A 的紧后工序。一道工序可能有若干道紧前工序，也可能有若干道紧后工序，没有紧前工序的工序是项目的初始工序，没有紧后工序的工序是项目的最后工序。

3. 网络时间参数的计算和关键路线的确定

网络计划技术作为组织与控制工程项目进度的方法，在把工程项目绘制成网络图的基础上，要进行各项时间参数的计算和关键路线的确定，以便对工程项目中各道工序在时间上进行科学合理的安排。

4. 网络计划技术的评价

网络计划技术之所以被广泛地运用是因为它有一系列的优点：

（1）该技术能清晰地表明整个工程的各个项目的时间顺序和相互关系，并指出了完成任务的关键环节和路线。因此，管理者在制定计划时可以统筹安排，全面考虑，重点管理。

（2）可对工程的时间进度与资源利用实施优化。在计划实施过程中，管理者调动非关键路线上的人力、物力和财力从事关键作业，进行综合平衡，这既可节省资源又能加快工程进度。

（3）可事先评价达到目标的可能性。该技术指出了计划实施过程中可能发生的困难点，以及这些困难点对整个任务产生的影响，准备好应急措施，从而减少完不成任务的风险。

（4）便于组织与控制。管理者可以将工程，特别是复杂的大项目，分成许多支持系统来分别组织实施与控制，这种既化整为零又聚零为整的管理方法可以达到局部和整体的协调一致。

（5）易于操作，并具有广泛的应用范围，适用于各行各业以及各种任务。

（五）MRP/ERP

20 世纪 50 年代以后，随着计算机的普遍使用，出现了以 MRP、ERP 为代表的计划制作应用新方法。

1. MRPⅡ/ERP 的发展概述

在 20 世纪 50 年代中期，计算机的商业化应用开辟了企业管理信息处理的新纪元。大约在 1960 年，计算机首次在库存管理中获得了应用，这标志着制造业的生产管理迈出了与传统方式决裂的第一步。这时，在美国出现了一种新的库存与计划控制方法——物料需求计划（Material Requirements Planning, MRP）。

初期的 MRP，即物料需求计划，是以库存管理为核心的计算机辅助管理工具。20 世纪 80 年代发展起来的 MRPⅡ，已延伸为制造资源计划（Manufacturing Resource Planning）。它进一步从市场预测、生产计划、物料需求、库存控制、车间控制延伸到产品销售的整个生产经营过程以及与之有关的所有财务活动中，从而为制造业提供了科学的管理思想和处理逻辑，以及有效的信息处理手段。到了 20 世纪 90 年代，又出现了 ERP（Enterprise Resource Planning）的概念，进一步发展了 MRPⅡ 的理论和方法。

MRPⅡ/ERP 的发展大致经历了四个阶段：

第一阶段，作为一种库存的订货点计划：初期 MRP。

制造业中通常采用的物料库存计划与控制方法是定量订购法和定期订购法，主要适用于对独立需求的控制。MRP 方法则通过产品结构将所有物料的需求联系起来，适用于对相关需求的计划与控制。

初期 MRP 处理过程如图 4-7 所示。先通过称为物料清单（Bill of Material, BOM）的产品结构文件将主生产计划中对产品的需求进行分解，生成对部件、零件以及材料的毛需求量计划。进而，确定在产品结构各层次上零部件的净需要量，以及零部件的生产（或订购）计划。

初期 MRP 将产品计划转化为零部件生产（订购）计划，对制造业的物资管理有重要意义。它主要的缺点是没有解决如何保证零部件生产计划成功实施的问题。

第二阶段，作为一个生产的计划与控制系统：闭环 MRP。

在初期 MRP 的基础上，引入资源计划与保证、安排生产、执行监控与反馈等功能，形成闭环的 MRP 系统，其处理过程如图 4-8 所示。

在闭环 MRP 中，主生产计划及物料需求计划计算以后，要通过粗能力计划、能力需求计划等模块进行生产能力平衡。若生产能力不能满足计划要求，

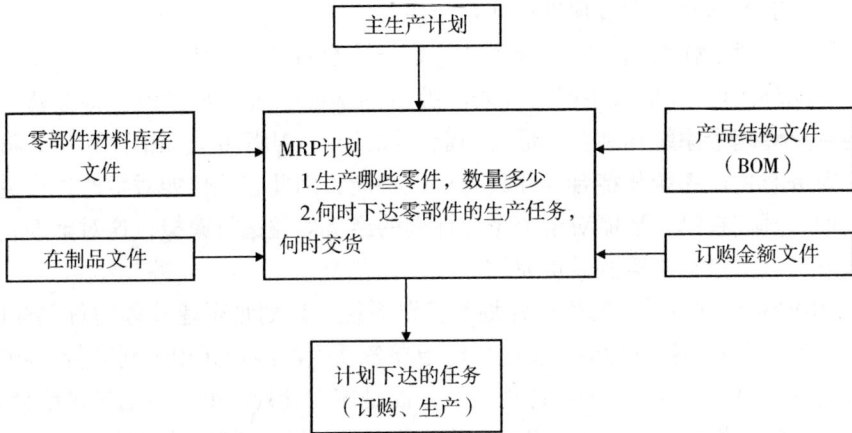

图4-7　MRP 处理过程

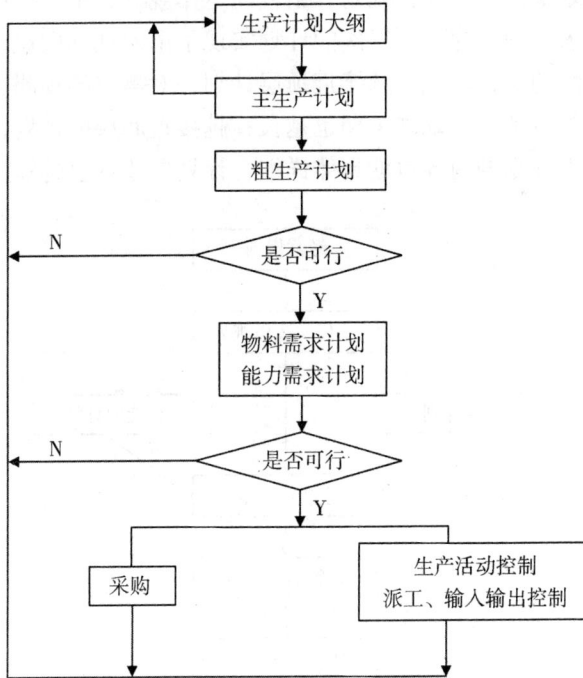

图4-8　闭环 MRP

应根据能力调整相应的计划。同时，它还能收集生产（采购）活动的执行结果，以及外界环境变化的反馈信息，作为制定下一周期计划或调整计划的依据。由于增加了上述功能，闭环 MRP 形成"计划—执行—反馈"的生产管理循环，能有效地对生产过程进行计划与控制。

第三阶段，作为企业的经营生产计划与控制系统：MRP Ⅱ。

在闭环 MRP 完成对生产的计划与控制的基础上进一步扩展，将经营、财务与生产管理子系统相结合，形成制造资源计划（MRP Ⅱ）。由于 MRP Ⅱ 将经营、财务与生产系统相结合，并具有模拟功能，因此它不仅能对生产过程进行有效的管理和控制，还能对整个企业计划的经济效益进行模拟，这对辅助企业高级管理人员进行决策意义重大。

MRP Ⅱ 是计划主导型的生产计划与控制系统。计划是企业管理的首要职能，只有具备强有力的计划功能，企业才能指导各项生产经营活动顺利进行。MRP Ⅱ 的计划管理中包括两个方面的计划，一方面是需求计划，另一方面是供给计划。两方面的计划相辅相成，从而实现企业对整个生产经营活动的计划与控制。

MRP Ⅱ 的计划和执行过程如图 4-9 所示。由图 4-9 可以看到，MRP Ⅱ 主要包括五个计划层次，即经营规划、销售与运作规划、主生产计划、物料需求计划和能力需求计划。这五个层次的计划实现了由宏观到微观、由战略级到战术级、由粗到细的深化过程。越接近顶层计划，对需求的预测成分越大，计划内容也越粗略和概括，计划展望期也越长；越接近底层的计划，需求就由估计变为现实，因而计划的内容也就具体详细，计划展望期也越短。

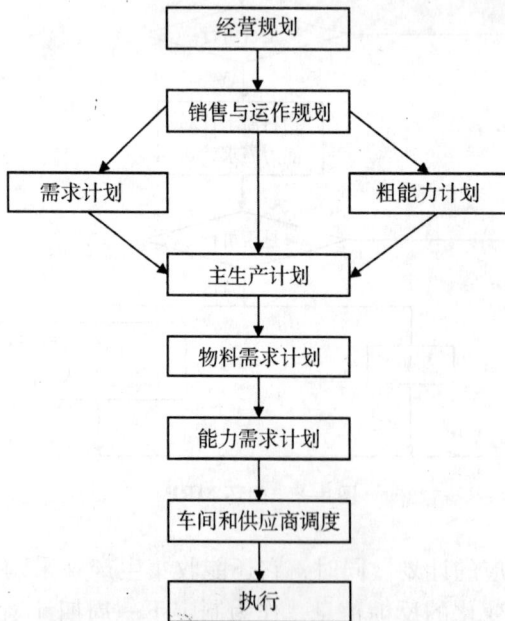

图 4-9　MRP Ⅱ 的计划和执行过程

第四阶段，融合其他现代管理思想和技术，面向更广泛市场的企业资源计划：ERP。

ERP 是企业资源计划（Enterprise Resource Planning）的英文缩写，作为新一代 MRP Ⅱ，其概念由美国 Gartner Group 公司于 20 世纪 90 年代初首先提出。目前，MRP Ⅱ 软件供应商已普遍宣布自己的集成系统是 ERP 产品。ERP 同 MRP Ⅱ 的区别主要表现在以下方面：

（1）在资源管理范围方面的差别。

MRP Ⅱ 主要侧重对企业内部人、财、物等资源的管理，ERP 系统在 MRP Ⅱ 的基础上扩展了管理范围，它把客户需求和企业内部的制造活动，以及供应商的制造资源整合在一起，形成企业一个完整的供应链，并对供应链上所有环节，如订单、采购、库存、计划、生产制造、质量控制、运输、分销、服务与维护、财务管理、人事管理、实验室管理、项目管理、配方管理等进行有效管理。

（2）在管理功能方面的差别。

ERP 除了 MRP Ⅱ 系统的制造、分销、财务管理功能外，还增加了支持整个供应链上物料流通体系中供、产、需各个环节之间的运输管理和仓库管理；支持生产保障体系的质量管理、实验室管理、设备维修和备品备件管理；支持对工作流（业务处理流程）的管理。

（3）在事务处理控制方面的差别。

MRP Ⅱ 是通过计划的及时滚动来控制整个生产过程，它的实时性较差，一般只能实现事中控制。而 ERP 系统支持在线分析处理 OLAP（On-line Analytical Processing）、售后服务即质量反馈，强调企业的事前控制能力，它可以将设计、制造、销售、运输等通过集成来并行地进行各种相关的作业，为企业提供了对质量、适应变化、客户满意、绩效等关键问题的实时分析能力。

此外，在 MRP Ⅱ 中，财务系统只是一个信息的归结者，它的功能是将供、产、销中的数量信息转变为价值信息，是物流的价值反映。而 ERP 系统则将财务计划和价值控制功能集成到了整个供应链上。

（4）在计算机信息处理技术方面的差别。

随着 IT 技术的飞速发展，网络通信技术的应用使得 ERP 系统得以实现对整个供应链信息进行集成管理。ERP 系统采用客户/服务器（C/S）体系结构和分布式数据处理技术，支持 Internet/Intranet/Extranet、电子商务（E-business、E-commerce）、电子数据交换（EDI）。此外，还能实现在不同平台上的互操作。

2. MRP Ⅱ/ERP 软件介绍

国外 MRP Ⅱ/ERP 软件有 SAP 的 R/3、Oracle 公司的 Oracle Application、J. D. Edwards 公司的 ONEWorld、SSA 公司的 BPCS、QAD 公司的 MGF/PRO、EMS 公司的 TCM-EMS、SYMIXS 公司的 Syteline、SSAGT 公司的 BPCSR 等。

我国的 MRP Ⅱ/ERP 软件商主要有用友、金蝶、东软、神州数码、利玛、开思、启明 MAS、金航联、北京并捷、山西经纬、浪潮国强、安易等。

第四节　目标管理

日本人在总结战后经济腾飞的原因时，重点强调了两位外国学者的贡献：一位是彼得·德鲁克，他把目标管理介绍给了日本；另一位是全面质量管理理论的创造者戴明，他的全面质量管理理论在日本经济腾飞中产生了巨大的贡献。由此可以看出，目标管理理论和方法的重要性。

目标管理，简称 MBO，是英文 Management By Objectives 的缩写。它是由彼得·德鲁克在 20 世纪 50 年代提出的，经由其他一些人发展，逐步成为西方许多国家所普遍采用的一种系统地制定目标并进行管理的有效方法。

一、目标管理的定义

目标管理的概念可以概括为：组织的最高领导层与各级管理人员共同参与制定出一定时期内经营活动所要达到的各项工作目标，然后层层落实，要求下属各部门主管人员以至每个员工根据上级制定的目标制定出自己工作的目标和相应的保证措施，形成一个目标体系，并把目标完成情况作为各部门或个人考核依据的一套管理方法。

二、目标管理的性质

目标管理的目的在于让组织内的每个人对目标的制定和实施都有发言权，使每个人都了解自己在规定的时间内应完成的工作任务以及可能得到的相应报酬和奖励。

（一）目的性

企业实行目标管理，使企业在一定的时间内各项活动的目的都非常简单、明了，它是以企业目标的形式表现的。目标管理中所制定的企业目标都非常具体、明确，它包括质量目标和数量目标，如使产品质量达到国家标准，使利润增长率达到一定水平，使费用率降低到一定水平等。目标管理的目的性还反映在企业目标的制定上，在社会主义条件下，制定目标要体现社会主义基本经济规律的要求，适应市场的变化，保证企业的生产目的与社会主义基本经济规律要求的一致性。

（二）整体性

现代化的大企业要求精细的劳动分工和严密的协作，以适应生产过程中机器运转体系的要求和高度社会化的要求，而且生产过程具有高度的比例性和连续性，以及适应外界条件变化的应变性。在这样的情况下，局部与整体的利益并不总是一致的。有些工作，从局部看是有利的，但是从整体上看，并不一定理想。目标管理对企业生产经营活动的全过程实行全面的综合性管理。企业管理通过确定和落实目标，建立纵横交错、全面完整的目标体系，这个体系使企业上下的每个层次、每个环节都互相关联，融为一体，每个职工的目光都集中到企业的总目标上，每个分目标都是企业总目标的组成部分，每个人的工作都与企业的总目标紧密相连。因此，目标管理对企业生产经营活动的全局具有决定性的影响。

（三）层次性

企业目标能否按期、按质、按量地实现，很大程度上取决于能否分清层次。目标管理系统中研究的层次性，主要是研究和解决目标管理中上下级之间的领导关系和领导方法问题。

随着企业总目标的逐层分解、展开，也要逐层下放目标管理的自主权。这时，企业内部承担目标的车间（部门）之间的横向联系，就可以由各单位自己进行。只有在他们不协调或发生矛盾时，才需要上一层次的领导出面解决。这样才能最大限度地发挥下层次的积极性和主动性。企业领导在目标管理中只抓两项工作：一是根据企业总目标向下一层次发出指令性信息，最后考核指令的执行结果；二是解决下一层次各单位间的不协调关系，对有争议的问题做出裁决，使目标管理的层次清晰，各层次的任务明确。

（四）民主性

目标管理是组织职工群众的意见和要求，上级与下级共同协商、共同讨论、共同决定。在实施目标时，职工不是依靠上级摊派任务，而是上下结合，自觉地对照自己的工作目标，对目标的要求与进度负责，有效地实行自我控制，自觉地发挥自己最大的积极性，尽最大的可能把工作做好。

三、目标设立的原则

制定目标看似一件简单的事情，每个人都有过制定目标的经历，但是如果上升到技术的层面，必须学习并掌握 SMART 原则。所谓 SMART 原则，即目标必须具体（S—Specific）、目标必须可以衡量（M—Measurable）、目标必须可以达到（A—Attainable）、目标必须和其他目标具有相关性（R—Relevant）、目标必须具有明确的截止期限（T—Time-based）。除此之外，目标必须有明确的方向、目标必须先进可行。

（一）目标必须有明确的方向

目标为组织管理工作指明方向，明确的目标确定了组织所希望达到的未来状况。正如灯塔的信号灯为轮船导航，目标的作用首先在于指导和协调管理者和员工的工作，使他们同心同德，共同完成组织的目标。从管理的角度来看，管理正是为达到同一目标而协调集体所做努力的过程，如果不是为了达到一定的目标，就无需管理。为使目标方向明确，就要使目标尽量简化，以利于表达和理解。

（二）目标必须具体

绩效考核要切中特定的工作指标，不能笼统，要明确。所谓明确就是要用具体的语言清楚地说明要达成的行为标准。明确的目标几乎是所有成功团队的一致特点。很多团队不成功的重要原因之一就是因为目标定的模棱两可，或没有将目标有效地传达给相关成员。

（三）目标必须可以衡量

绩效指标是数量化或者行为化的，验证这些绩效指标的数据或者信息是可以获得的。目标的衡量标准遵循"能量化的量化，不能量化的质化"。使制定人与考核人有一个统一的、标准的、清晰的、可度量的标尺，杜绝在目标设置中使用形容词等概念模糊、无法衡量的描述。对于目标的可衡量性应该首先从数量、质量、成本、时间、上级或客户的满意程度五个方面来进行，其次可考虑将目标细化，细化成分目标后再从以上五个方面衡量，如果仍不能衡量，还可以将完成目标的工作进行流程化，通过流程化使目标可衡量。

（四）目标必须可以达到

绩效指标在付出努力的情况下可以实现，避免设立过高或过低的目标。目标设置要坚持员工参与、上下左右沟通，使拟定的工作目标在组织及个人之间达成一致。既要使工作内容饱满，也要具有可达性。可以制定出跳起来"摘桃"的目标，不能制定出跳起来"摘星星"的目标。

（五）目标必须和其他目标具有相关性

目标的相关性是指实现此目标与其他目标的关联情况。如果实现了这个目标，但对其他的目标完全不相关，或者相关度很低，那这个目标即使被达到了，意义也不是很大。

（六）目标必须具有明确的截止期限

注重完成绩效指标的特定期，目标设置要具有时间限制，根据工作任务的权重、事情的轻重缓急，拟定出完成目标项目的时间要求，定期检查项目的完成进度，及时掌握项目进展的变化情况，以方便对下属进行及时的工作指导，以及根据工作计划的异常情况变化及时地调整工作计划。

（七）目标必须先进可行

目标是一种激励组织成员为实现组织目标发挥最大作用的力量源泉。从组织成员个人的角度来看，这种激励作用表现在两个方面：一方面，个人只有明确了目标，才能发挥潜能，创造出最佳成绩。并且，个人只有在达到目标后，才会产生成就感和满意感。要使目标能够对组织成员产生激励作用，它应该是经过努力可以实现的，而不是可望而不可即的。另一方面，目标又必须具有挑战性，否则实现了目标，也不会有成就感和满意感。因此，目标既要可以实现，同时又要具有挑战性。

总之，无论是制定团队的工作目标，还是员工的绩效目标，都必须符合上述原则，缺一不可。制定的过程也是对部门或科室先期的工作掌控能力提升的过程，完成计划的过程也就是对自己现代化管理能力历练和实践的过程。

四、目标管理的程序

目标管理是根据企业目标，对企业生产经营活动的全过程进行有效控制的一种科学方法，它是按照一定的程序进行的。

（一）确定目标

确定企业目标必须以满足国家计划的要求和市场的需要为前提，从本企业实际出发，充分考虑需要与可能，促使企业不断提高经济效益。

1. 企业目标的内容

每个企业都应根据自己的任务和本企业的具体情况，确定企业目标的内容。企业的具体情况不同，企业目标的具体内容也不同。就是同一个企业，在不同时期内，其企业目标的内容也是不断发展变化的，不论何种企业，一般都从以下方面考虑企业目标的基本内容。

（1）计划目标。即企业按既定计划应达到的成果。其目标可用产品（销售量）、品种、规格、产值（销售额）、成本、费用、利润等统计数表示，也可用劳动效益、废品率、费用率、利润率等相对数表示。

（2）市场目标。即企业在经营活动方面应达到的成果，体现企业占有市场的广度和深度。其数量可用市场覆盖面、市场占有率等表示。

（3）发展目标。即企业在增加品种、推进技术、提高质量、扩大市场、开发人才等方面应达到的成果，体现企业的实力与潜力。其数量可用企业规模的扩大，固定资产、流动资金的增加，品种、产量和销售额的上升，机械化、自动化水平的提高等来表示。

（4）利润目标。即企业在物质利益方面应达到的成果，体现企业生产经营成果的好坏与职工切身利益的直接关系。其数量可用利润总额、产值利润率和由此决定的利润留成和奖励、福利基金等来表示。

除了从以上四个方面考虑企业目标的内容外，也可以以国家考核企业经济的指标为基础，在综合分析的基础上，确定企业目标的内容。根据企业目标的内容和目标值，可用高度概括的语言，归纳出企业的方针。企业方针和目标值组合构成企业目标。

2. 确定企业目标的过程

确定企业目标，实际上是一个完整的决策过程，它不是单指拍板定案的瞬间，而是指制定目标前后需进行的大量工作，包括采取一定的步骤和应用必要的科学预测、决策方法。一般说来，制定企业目标的过程可分为以下步骤。

（1）掌握情报信息。即全面收集、调查、了解、掌握企业系统的外部环境和内部条件的资料，作为确定企业目标的依据。企业外部环境资料，主要包括社会环境、政策法令、市场预测等；企业内部资料，主要包括企业的人力、物力、财力、技术状况等。

（2）拟定目标方案。即要在对情报信息进行系统整理分析的基础上，提出目标方案。方案所规定的目标应明确表示将把企业引向何处，达到什么目的，对国家、集体、个人将起到什么作用等。拟定的方案应有若干个，以便比较、鉴别和选择。

（3）评估目标方案。即对拟定的目标方案进行分析论证，选择最优方案，最终确定企业目标。

（二）目标展开

将企业目标从上到下、层层分解落实的过程，称为目标展开。主要包括以下内容。

1. 目标分解

企业目标确定以后，要把它分解为部门、车间、班组和个人等各个层次的分目标和目标最小单位，以便于采取措施实现目标。企业总目标和分目标之和，构成企业目标体系。

分解目标的基本方法是：自上而下，将企业目标按其内部机构设置和组织层次依次分解，从经理层分解到各个职能科室，再分解到各个车间（部门），一直分解到每一个班组、岗位和个人。分目标自上而下层层分解，直到能具体地采取措施为止；同时还要自下而上地层层保证，保证总目标的实现。从而形成一层接一层、一环套一环的目标体系。

2. 目标对策

企业目标经过分解，形成企业的目标体系后，还要进一步采取对策，并进行对策展开。

对策就是实现目标的具体措施，它是企业总目标实现的保证，由于企业总目标要分解成各个分目标，因此，要在各个层次上针对分目标制定出实现该目标的具体对策或措施。

制定对策的基本方法是：按照层次，通过对企业的诊断分析和所掌握的现状，找出各部门的实际情况与目标（或分目标）之间存在的差距。对这些差距进行归纳、整理、分类，就可以找出实现企业目标所必须解决的重要问题，即问题点。针对各个问题点，研究、制定其对策，以便有的放矢地缩短现状与目标之间的差距，保证企业目标的实现。

3. 目标协商

在目标展开过程中，企业上下级之间围绕企业目标的分解、层次目标的落实所进行的思想交流和意见商讨，称为目标协商。目标协商是目标展开中的一个重要环节，也是目标民主管理的重要内容。它可以使企业目标上下统一，消除各级领导管理人员及全体职工的意见分歧，加深对目标的了解和理解，调动各方面的积极性，保证总目标和分目标的实现。

目标协商有如下基本要求。

（1）要有民主气氛。领导者要把自己放到与下级平等的地位上，加强上下级之间、干群之间的相互信任，使目标的协商按照民主的方式进行。

（2）要尊重下级的意见。一方面，要让下级充分地思考，并提出意见、问题和措施，正确的就采纳，不正确的则疏导；另一方面，要尊重下级的自尊心，不要随意地、过早地下结论。

（3）要上下结合，切忌上级居高临下，单纯地说服，并命令其服从，而要让下级实事求是地提出自己的要求和应该承担的任务。

（4）要做好协商前的准备工作。对要协商的内容、问题、目的等都要事先研究，并通知下级，以保证下级对协商的问题也有充分的准备。

4. 目标责任

经过目标协商，确定了企业部门、车间、班组和个人各个层次上的目标，然后把各层次目标与各层次上的具体人员紧密地结合起来。明确目标责任是目标展开中的一个重要环节。

在每一层次上，都应该在明确集体目标责任的基础上，再明确个人目标责任。因为如果只有个人目标责任而无集体目标责任，个人的力量就难以聚合为完成集体目标的力量；同样如果只有集体目标责任而无个人目标责任，显然，大家负责势必会导致无人负责，集体目标责任就有落空的危险。在具体明确目标责任时，应注意从目标要求出发，明确对目标责任在范围、内容、数量、质量、时间、程度等多方面的要求。

5. 目标展开图

经过目标分解、目标展开、目标协商和明确目标责任，企业目标就得到了基本展开。为使全企业职工更直观地明确各自的目标和目标责任，还要编制好目标展开图，将企业目标、层次目标和目标对策等方面的主要内容用图表的形式表示出来，公布于众，由职工自觉执行，这是目标展开的最后一个环节。

（三）目标实施

企业目标一经确定和展开，企业从上到下、方方面面都要按照目标体系的要求，同心协力，分工协作，努力为实现企业的共同目标而尽职、尽责、尽力，这就是目标的实施过程。目标实施的好坏，直接关系到预期目标能否稳步实现。因此，实施目标在目标管理中处于极其重要的地位。

1. 实施前的准备工作

目标实施前的准备工作，主要有以下几个方面。

（1）人员准备。实现企业目标要靠人——企业全体职工，要想实施目标，对企业人员的基本要求是：一要有一定的数量保证；二要有一定的质量保证，即职工必须具有实施目标所具备的科学知识、生产经营经验和劳动技能；三要考虑到实施目标过程中人员的流动、补充和调整，并有储备。

（2）技术文件准备。技术文件准备工作包括设计图纸、配方、工艺文件等。在实施目标前，按计划进度，把技术文件及时送到工作地点，使职工在实施前就熟悉技术文件，了解实现目标所要达到的质量标准，掌握操作规程的具体要求。

（3）设备、工具准备。机器设备和备件工具是实施目标的重要手段，因此，要按照设备修理计划的规定，提前为待修设备建立备件储备，以便按期进行修理。

（4）原材料准备。实施目标必须具备质量合格、品种齐全、数量合适的备件原料、材料、外购半成品、燃料动力等。因此，物质供应部门应当按照计划的进度要求，把生产所需的各种物资及时供给车间和工作地，并要保持合理的储备。同时，生产部门要建立联系制度，避免不合理的现象出现。

（5）资金准备。企业进行生产经营活动，要有一定的资金保证。对资金的管理要注意开源节流，管好用好。

2. 目标实施的自我控制

自我控制是实施目标管理中一个很重要的指导思想，这是针对许多企业在管理中上级对下级时常采用"紧逼"或鞭策的不良办法而提出来的。所谓自我控制，就是企业职工按照自己所担负的目标责任，按照目标责任制的要求，在实施目标中进行自主的管理。自我控制的最大成效，就是使广大职工感到不是哪个上级"要我干"，而是从内心发出"我要干"的愿望，并以此指导自己的行动，从而充分发挥自己最大的积极性，把此项工作做好。

自我控制在实行过程中要做到以下几点。

（1）要不断进行自我分析和自我检查，不断发现在目标实施中做出了什么成绩，还存在什么问题，以便采取措施、发扬成绩、克服缺点，达到目标的要求。

（2）要把握实施目标的进度、质量和协作情况。因为总目标是由若干分目标组合而成的，各分目标应在进度上大体相适应，在质量上不断改进提高，互相配合、密切协作、协同前进，以实现总目标的要求。

（3）要进行对比、分析和检查。经常把自己实施目标的情况与目标要求对比，看是否符合要求，找出差距，予以分析、检查，并采取措施，设法缩小差距。

（4）要下情上达，统一行动。实行自我控制要和加强领导统一起来，下级要与上级保持密切联系，并与协作部门加强联系，把联系经常化、制度化，使整个企业真正形成目标管理的系统组织机构，统一行动，提高组织领导的有效性。

3. 实施目标的监督和检查

实施目标一方面要依靠广大职工的自我控制，另一方面，为使目标实施过程有秩序、有成效地进行，还要实行目标实施中的监督和检查。实施目标中的监督和检查，是指企业各级管理组织对实施目标过程所进行的查看和督导。通过监督和检查，对实施目标中好的典型要加以表扬和宣传；对偏离原定目标的情况，要及时指出和纠正；对实施目标中遇到的其他问题，要认真采取措施，加以解决。

（1）监督检查的基本要求。时间上要定期进行；内容上包括目标项目数和目标实施的均衡情况、目标实施的质量情况，如产品（商品）质量、工作质量、服务质量等；方法上要把自检（由目标执行部门或个人定期进行自我检查）和上级检查（由目标执行者的直接领导检查）两种形式结合起来，并规定明确的检查程序。

（2）归口检查与全面检查。实施目标过程中还要进行归口检查，由各职能科室按自己的业务范围，对各车间（商品部）目标实施情况进行监督和检查。归口检查要和企业全面检查结合起来，全面检查是在目标实施中，通过掌握目标的实施情况，为了促进目标实施工作，而对目标的整个情况所作的了解和观察。归口检查是全面检查的保证，全面检查是归口检查的综合。每一项归口检查都是单方面的，是某一个归口职能部门对下级进行的检查，而全面检查是对全部目标的实施情况统一进行检查。

（3）综合诊断。在全面检查中发现的问题要及时解决，这主要依靠综合诊断。综合诊断是在对目标实施情况进行全面检查的基础上，发现存在的问题，找出原因，采取补救措施，这是使目标实施工作正常进行的一种科学管理方法。

目标实施中，无论采取哪一种检查方法，其目的都是为了发现问题，及时解决，使目标管理得以正常进行。因此，在进行某一阶段或某个目标项目的检查时，都要认真总结实施中的经验和教训，纠正目标实施中的偏差，以保证目标的最终实现。

（四）目标成果评价

在实施目标的基础上，应对实施目标的成果做出客观的评价，以总结本期目标管理的经验教训，从而发扬优点，克服缺点，为开展下一期目标管理、进行新的循环做好准备。

1. 目标成果评价的基本要求

（1）评价标准只有一个——目标。应按目标中严格规定的定量和定性分析的各项指标，客观地进行评价。

（2）坚持一视同仁，不讲情面，不照顾"关系"，不夹杂私人感情。

（3）分清功过，不搞好人主义。评价就是要按标准分出上下高低，避免吃"大锅饭"的现象出现。

（4）实事求是。不能弄虚作假，随意另立或降低评价标准。

只有按以上要求去做，才能激励先进、教育后进、改进工作方法、推动新的循环。

2. 评价的内容

目标成果评价的内容，概括地说，就是制定目标时有什么内容，成果评价时就有什么内容，主要包括目标值、协作情况、目标进度的均衡性、措施手段、评价个人工作等。

在实际开展目标成果评价时，对上述各项内容，重点要抓住目标值和个人成绩这两项。因为这两项直接涉及评价后企业的全面总结和表彰先进问题，其他内容可作为参考，但不能丢掉。评价中缺少哪一项，对下期目标的制定、实施和完成都是不利的。

3. 评价的方法

（1）自我评价，站在个人的角度评价成果。它分为部门自我评价和个人自我评价两种。自我评价要用数据说话，严格掌握标准。既要看到成绩的一面，又要看到不足和存在问题的一面，以便总结经验，吸取教训。

（2）领导评价，是上级对下级的评价，上级要允许下级讲话，说明问题。评价时要以事实为出发点，客观地评价。在事实的基础上得出结论，并考虑客观条件的变化情况，肯定成绩，指出不足，提出如何有效地适应情况变化的要求和希望。

（3）打分法，是按照一定的评分标准计算应得分数，以得分多少来评价成果。这种方法可以综合地反映对目标成果的评价。评分标准要由企业目标管理小组提出，经企业职工反复讨论，由领导小组修订，经审核通过后贯彻执行。由于各个企业生产类型、组织方式不同，打分评价的方法也不尽相同。各企业可根据本企业的情况自行拟定。

（4）逐月评分累计法，是一种月评分累计的评价方式，它是把根据年目标分解的各项具体目标按 12 个月平均，从而确定目标，每月进行一次考核。

（5）评价表法，从重视成果评价的原则出发，对个人的工作评价，通过目标完成程度、目标复杂程度、主观努力程度三个内容的评价可基本完成。如果再考虑各个评价因素的比重、修正值等，所得的综合评价成绩就有更大的代表性。

4. 评价结果的处理

目标管理具有周期性。一个周期的结束，恰恰是下一个周期的开始，所以说，目标成果的评价，既是上一周期的总结，又是下一周期开始前的动员。要使评价达到这两个目的，做好评价结果的处理是一项十分关键的工作。

对评价结果的处理，应着重从以下三个方面进行。

（1）把目标成果评价作为奖惩的依据。因为，第一，制定的目标一般都略高于责任者原有能力，目标责任者必须通过努力才能达到目标；第二，评价是根据目标项目责任者的目标值完成情况和完成目标过程中的表现进行的。所以，评价的结果就是对目标项目责任者成绩和缺点的最后结论。

（2）个人评价存档。目标评价的结果一般比较客观地反映了目标责任者的工作能力、技术水平、克服困难的能力、组织能力及思想觉悟水平等方面的情况，使企业领导者了解职工的情况，有助于领导者任人唯贤、知人善任。

（3）总结经验教训。对目标成果做出正确的评价结论，这只是完成了目标评价阶段的一部分任务，更主要的是，要组织职工认真回顾自己在目标实施过程中取得了哪些成功，并总结获得成功的经验，以便在下一周期目标循环中发扬光大。同时，还要找出自己在目标实施中的缺点，分析其原因，以便在下一周期的目标循环中引以为戒，并有所改进。

五、目标管理的优缺点

在美国，相当多的企业公司如杜邦公司和通用汽车公司等都采用了目标管理。根据美国《幸福》杂志的最新调查，在美国最大的 500 家工业企业公司中，有 40% 的公司采用了目标管理。作为一种广泛采用的管理方式，目标管理有成功也有失败。通过大量的研究证明，对目标管理效用的评定有很大的难度，一方面，各组织采用目标管理的方法和规定大不相同，另一方面，目标管理的绩效很难确定，无法分清是外部条件的作用，还是目标管理的作用。为了对目标管理有一个切实的看法，利于组织扬长避短，收到实效，这里对目标管理的优缺点进行客观的分析。

（一）目标管理的优点

1. 提高管理效率

目标管理能在很大程度上提高组织管理水平和效率。目标管理使管理者是为了达到一定的结果而考虑计划工作，而不仅仅是计划活动和任务。为保证目标的实际意义，管理者要考虑到实现结果的方式和所需的人员和部门及相应的资源。明确目标可以更好地行使控制职能和激励手段。目标管理是将目标层层分解成一个目标体系，形成一个有机整体，使整个管理工作表现出良好的整体性。

2. 组织明晰化

目标管理可以促使管理者明确组织的规章和机构。目标管理要求管理人员尽可能地按照关键结果去设置职位，并尽可能地将一个目标的责任和成果划分到一个部门和职位。这个原则会使管理者认清组织中的缺陷，同时避免责任不清和授权不足。

3. 个人承诺和自我实现

目标管理能够促进人们为自己的目标作出承诺。人们不仅仅是做分配到的工作、执行命令、等待指示，他们参与到目标的设置中，有机会将自己的想法和建议纳入计划工作中，了解自己的权责，通过上级的适当帮助和指导来完成目标。当员工可以掌握自己的命运，就会激发出内心的热情，形成强烈的使命感和责任感。

4. 有效开展控制

在目标管理中，尽量将目标具体化、责任化，有助于开展有效的控制。控制包括对结果的衡量和按计划纠正偏差，而目标管理为控制工作提供了明确的指标和标准。

（二）目标管理的缺点

目标管理在具体实施过程中也存在着许多缺陷和不足。

1. 目标难以设定

真正可检验的目标都是难以设立的，尤其是一些不可抗拒的外来因素的变化使目标必须具有一定的弹性时。一个组织的总体目标设立相对是容易的，而每一个员工都要制定出量化了的目标却是非常困难的。可能是总目标本身就不能完全量化，也可能是员工无法清晰地认识到总目标和他的具体目标的关系，更可能是目标是团队的集体协作的结果，无法分解到个人或某个部门。

2. 目标的短期性

因为目标管理过程中设立的目标具体而且定量，所以这些目标通常是短期目标。为了完成这些目标，在执行过程中会过分强调短期利益，甚至是以牺牲长远利益作为代价。虽然上级在制定这些目标时是本着为长期目标服务的思想，但具体执行人员在实际操作过程中，一些短期行为却难以避免。

3. 参与性难以确保

目标管理强调目标的设立必须得到组织成员的广泛参与。但在目标的商定过程中，上级和下级之间目标通常是存在一定差距的，且难以达成一致意见，最后通常变为上级对目标进行分派，目标管理的基本思想难以得到体现。

4. 哲学假设不一定都存在

Y理论对于人类的动机作了过分乐观的假设，实际中的人是有"机会主义本性"的，尤其在监督不力的情况下。因此许多情况下，目标管理所要求的承诺、自觉、自治气氛难以形成。

5. 目标商定可能增加管理成本

目标商定上下沟通、统一思想是很费时间的，每个单位、个人都关注自身目标的完成，很可能忽略了相互协作和组织目标的实现，滋长本位主义、临时观点和急功近利倾向。

6. 缺乏灵活性

明确的目标和明确的责任是目标管理的主要特点，也是目标管理取得成效的关键。但是，计划是面向未来的，而未来存在许多不确定因素，这又使得必须根据已经变化了的计划工作前提对目标进行修正。管理人员对改动目标往往表现出迟疑和犹豫不决，一是因为如果目标经常改动就说明它不是经过深思熟虑和周密计划的结果，目标本身便无价值可言；二是若修订一个目标体系，那么所花费的精力可能与制定一个目标体系相差无几，牵涉面和付出代价较大。

鉴于上述分析，在实际工作中推行目标管理时，除了掌握具体的方法以外，还要特别注意把握工作的性质，分析其分解和量化的可能；提高员工的职业道德水平，培养合作精神，建立健全各项规章制度，注意改进领导作风和工作方法，使目标管理的推行建立在一定的思想基础和科学管理基础上；要逐步推行，长期坚持，不断完善，从而使目标管理发挥预期的作用。

【本章小结】

计划是一个确定目标和评估实现目标最佳方式的过程。计划指明方向、减少因变化所带来的影响，使浪费和冗余减至最少，以及设立标准以利于控制。

计划的类型多种多样，可划分为战略计划与作业计划、长期计划与短期计划、指导性计划与具体性计划等几大类。计划工作的步骤一般有：①描述宗旨；②评估状况；③确定目标；④估量现状与目标差距；⑤预测未来情况；⑥制定计划方案；⑦实施和总结计划方案。

在目前广泛应用的现代计划技术与方法中，滚动计划法、MRP/ERP 和网络计划技术等为较常用的技术和方法。

目标是组织期望达到的最终结果，目标具有层次性、多样性和网络性特征。制定目标应遵循一定的原则：方向性原则、可考核性原则、相关性原则、具体性原则、时限性原则和创新可行性原则等。目标管理就是让组织的管理者和员工亲身参加目标的制定，在工作中实行"自我控制"和"自我管理"，并努力完成工作目标的一种管理制度和方法。目标管理的具体做法可分为三个阶段，即目标体系的建立、目标实施和目标成果的评价。

【案例分析】

新宇化工的目标管理

新宇化工公司是一个地方中型企业，在实行目标管理之前，公司领导总感到职工的积极性没有最大限度地发挥出来，上下级之间关系也比较紧张，管理很不顺畅，所以公司效益从 1993 年以来连续下滑。为从根本上扭转这种被动的管理局面，从管理中要效益，公司领导班子达成共识，从"九五"计划第一年（1996 年）开始在公司实行目标管理。

一、确定目标

新宇化工公司根据企业"九五"计划的总体要求来确定公司的总目标。总目标包含以下四个方面，并尽量用定量指标表达，目标又分期望达到和必须达到两种。分别如下（以 1996 年为准）：

（1）对社会贡献目标。新宇化工公司作为一个地方化工企业，不仅要满足地区经济发展的物质要求，而且要满足人民群众对化工产品的不断增长需求。具体指标为：总产值必须达到 7914 万元，期望达到 8644 万元；净产值必须达到 1336 万元，期望达到 1468 万元；上缴税收必须达到 517 万元，期望达到 648 万元。

（2）对市场目标。随着市场经济的发展与深入，化工产品市场竞争越来越激烈。新宇公司在本省是具有竞争力的企业，所以在力图巩固现有市场份额的基础上，强化市场营销策略，不断扩大销售量，并开拓外省（市）市场，从而提高市场占有率。对销售的指标：期望年增 8%～10%，必须达到年增 6%～7%；对市场占有率的指标：期望达到 38%，必须达到 34%。

（3）公司发展目标。新宇公司根据"九五"计划发展规划，确定其发展目标为：销售收入必须达到 6287 万元，期望达到 7100 万元，且年增 6%～8%；资产总额 650 万元，且年增 10%～12%；必须开发 5 个新系列化工产品，期望开发 6 个新产品系列；职工人数年增长 3%，且实行全员培训，职工培训合格率必须达到 85%，期望达到 98%。

（4）公司利益和效益目标。确定的具体表达指标如下：利润总额必须达到 480 万元，期望达到 540 万元；销售利润率必须达到 7.6%，期望达到 8.5%；劳动生产率必须年增 85%，期望年增 105%；成本降低率递减 5%；合格品率必须达到 92%，期望达到 95%；物质消耗率年下降 7%；一级品占全部合格品比重必须达到 50%，期望达到 60%。

二、目标分解

新宇化工公司对于总目标的每一个表达指标，都按纵横两个系统从上至下层层分解。从横向系统看，即公司每一个职能部门都细分到各自的目标，并且一直到科室人员。从纵向系统看，从公司总部到下属车间、段、班组直至每个岗位工人都要落实细分的目标。由此形成层层关联的目标连锁体系。

现以公司实现利润总额 480 万元为例，对其目标进行分解。为确保 1996 年实现利润总额 480 万元，经过分析，实现利润要取决于成本的降低，而成本降低又分解为原材料成本、工时成本、废品损失和管理费用降低四个第三层次的目标，然后继续分解下去，共细分成 96 项具体目标，涉及降低物耗，提高劳动生产率，保证和提高产品质量以及管理部门节约高效的具体要求。最后按归口分级原则落实到责任单位和责任人。

三、执行目标

新宇化工公司按照目标管理的要求，让各目标执行者"自主管理"，使其能在"自我控制"下充分发挥积极性和潜能。为职工实现自己的细分目标创造一个宽松的管理环境，不再强调上级对下属严密监督和下级任何事情都必须请示上级才行动的陈旧管理模式。

在此阶段，新宇化工公司领导注重做到以下几点：

（1）对于大多数公司所属部门和岗位，都进行充分的委权和放权，提高自主管理和自我控制的水平。对于极少数下属部门和岗位，上级领导对下属部门和成员仍应实施一定的监督权，以确保这些关键部门和岗位的目标得以实现。

（2）公司建立和健全了自身的管理信息系统，创造了执行目标所需的信息交流条件，使得上下级和平级之间的不同单位、部门、人员都能在执行各自目标时得到信息的支持。

（3）公司各级领导人员对下属及成员并不是完全放任、不管不问。他们的职责主要表现在以下方面：一是为下属创造良好的工作环境；二是对下级部门和下属人员做好必要的指导和协调工作；三是遇到例外事项时，上级要主动到下属中去协商研究解决，而不是简单下指令。

在上述新宇公司成本降低的 96 项具体目标落实到公司有关部门和个人后，他们就按各自目标制定具体实施方案。实施方案包括执行目标所需的权限、工作环境、信息交流渠道、工作任务、计划进度、例外事项处理原则等。在每天的工作中，每个执行目标者都要自己问自己，我今天要做到些什么才能对自己目标的完成做出贡献？然后对每天的工作和时间进行最佳组合安排，尽可能取得最大工作效率。

四、评定成果

新宇化工公司在进行目标管理时，很重视成果评定。当预定目标实施期限结束时（一般为一年），就大规模开展评定成果活动。借以总结成绩，鼓励先进，同时发现差距和问题，为更好地开展下一轮的目标管理打好基础。

新宇化工公司强调评定成果要贯彻三项原则：一是以自我评定为主，上级评定与自我评定相结合；二是要考虑目标达到程度、目标的复杂程度和执行目标的努力程度，并对这三个主要因素进行综合评定；三是按综合评定成果进行奖励，体现公平、公正的激励原则。

例如，三车间聚丙乙烯产品成本目标是 6500 元/吨，公司考核部门的标价标准是：达到 6500 元/吨，得 100 分；降至 6400 元/吨以下，得 120 分；超过 6600 元/吨，得 10 分；处在 6500 元/吨至 6600 元/吨之间时，得 50 分。三车间全体职工经过一年奋斗，最终自评成绩是 120 分，成功使成本降至 6400 元/吨以下，在达到目标程度这一因素上取得了最优级，并得到公司考核部门的认可。

成本是一个综合项目，涉及企业管理的许多方面。三车间的成本目标定为 6500 元/吨，确实属于比较复杂、困难、繁重的目标。公司考核部门在制定评价标准时，把 6500 元/吨定为难度比较大的目标，记为 100 分；6400 元/吨以下为难度极大的目标，记为 120 分；6600 元/吨以上为较为容易目标，记为 10

分。在评定时，影响成本的环境和条件没有大的改变。所以，三车间和公司考核部门一致确认，6500元/吨的成本目标应记为100分。

在评定执行目标的努力程度时，公司考核部门也制定了很努力、比较努力、一般努力三个等级，分值分别是120分、100分和80分。三车间自评结论是在全车间同心协力、努力奋斗一年的情况下，应该记120分。

当然，在确定目标的复杂程度和执行的努力程度时，公司考核部门都有一些更多的细分指标和因素来保证。例如，执行努力程度要看出勤率、工时利用率，合理化建议多少等。对于不同层级的部门和岗位，三个因素在评定成果中所占的比例有所不同。一般越是上级职位和部门，第一要素所占比重越大。本例三车间属基层部门，可按5：3：2的比例，对其成果分值最终予以确定。

三车间综合评价分 $= 120 \times 50\% + 100 \times 30\% + 120 \times 20\% = 114$（分）

$$\left(\begin{array}{c}\text{目标达}\\\text{到程度}\end{array}\right)\left(\begin{array}{c}\text{目标复}\\\text{杂程度}\end{array}\right)\left(\begin{array}{c}\text{执行中}\\\text{努力程度}\end{array}\right)$$

由于三车间进行的目标管理成绩很大，新宇化工公司对其进行了表彰和奖励。三车间每个职工也通过评定成果，做了一次认真全面系统的总结。每个职工也有自己细分目标的评定结果，成绩并非一刀切，完全相同，后进职工可以认真总结教训和学习先进职工的经验，以便把下一轮目标管理搞好。

新宇化工公司执行目标管理的第一年就取得了丰硕成果。公司总目标都超额实现，总产值达到8953万元，净产值达1534万元，上缴税收680万元，总目标中对社会贡献的目标全部超过期望目标。在市场目标方面：1996年比1995年销售量增长9%，市场占有率达到35%，都超过了必达目标。在公司发展目标方面：销售额达到7130万元，比上年增长85%；资产总额730万元，比上年增长15%；已开发出6个新品种系列；职工培训上岗合格率已达93%。在公司利益和效益目标上，已实现利润总额630万元，其他各项经济效益指标也全部达到甚至超过预定目标。

同时，在公司内部的上下级关系和人际关系方面开始变得融洽、和睦，职工群众的积极性、主动性、创造性得以真正发挥出来。全公司呈现一种同心协力、努力奋斗、力争实现公司目标的新景象。

讨论题：

1. 新宇化工公司为什么要推行目标管理？推行目标管理有哪些作用？

2. 从管理角度分析，目标管理有何特色？

3. 新宇化工公司是如何按照目标管理的程序来操作的？你认为在实际应用目标管理中还要注意什么问题？

【复习思考题】

1. 什么是计划？在市场经济条件下，计划具有什么作用？
2. 计划有哪几种类型？试制定你的五年计划。
3. 简述制定计划的步骤。在选择计划方案时应考虑到哪些因素？
4. 目标管理的含义是什么？日常管理中应注意哪些方面？
5. 滚动计划有何特点？

第五章 组 织

学习目标：

1. 理解组织的含义及类型；
2. 理解组织结构、组织设计的内涵和原则；
3. 掌握组织设计过程；
4. 掌握组织结构的基本类型、特点及发展趋势；
5. 明确组织运行中的权力分配；
6. 掌握组织文化的内容及构建方法；
7. 理解组织变革的层次和实施模式；
8. 明确组织进行人力资源管理的基本内容和要求；
9. 掌握职业生涯管理的基本理论和方法。

开篇案例

H 股份公司发展的瓶颈

H 股份公司是一家有着 20 多年历史的国有传媒企业。20 世纪 90 年代，该公司改制成股份制公司。公司领导凭借超前的战略眼光和正确的决策，成功地把握产业发展的机会，并借助资本市场，使公司获得了高速的发展。目前，该公司已经发展成为以广告、网络和节目三大主业为核心，涉足旅游、房地产、酒店等产业的综合性传媒集团。但是，在公司高速发展和规模扩大的同时，却出现了资产收益率和资产周转率逐年下降的现象。经过反复对比和深入研究，公司高层发现，与当时很多国企一样，公司的股份制改造并没有从根本上改变企业的组织结构和管理方式。

研究人员经过员工访谈和问卷调研分析，发现 H 公司的主要问题在于：第一，公司战略定位基本正确，但是在战略目标分解成部门或子、分公司的子目标以及子目标的实现上存在严重缺陷，战略无法落实。第二，公司总部治理结构相对规范，但子公司的治理结构问题突出，多元化后公司总部与各个子公司、分公司的关系和管理模式不合理，岗位责权不清，存在责任交叉和空缺的现象，出现问题后互相推诿和找不到责任人的情况时常发生。第三，公司组织结构中存在着部门职责与权力不匹配，因人设职的情况，组织层级过多，指挥链条混乱，存在严重的多头指挥现象。第四，公司组织结构的紊乱造成公司资源的流失，如因为销售决策的制定权分配和执行流程混乱造成了客户和市场的丢失，又如有的人利用公司的资源为私人牟利的现象也是层出不穷。

H公司高层决定，是时候进行组织的变革了，这将是一场深刻的变革，涉及重新构建企业的组织结构、业务流程的重组、权力的重新分配、人员的重新组合等企业的各方各面，否则公司将难以突破这个发展的瓶颈，甚至走向消亡。

思考题：

H股份公司发展为什么会遇到瓶颈？如何才能突破这样的瓶颈，实现公司的持续发展呢？

第一节 组织概念与结构

一、组织的概念

关于组织概念，国内外学者各有不同的解释和说明，大体归纳起来说，组织包括如下两层含义，一是指组织体系或组织结构，二是指组织活动和组织工作。前者是把组织作为名词来说明和使用的，后者则是把组织当作动词来使用和解释的。

组织作为一项管理职能，是根据计划任务要求和按照权力责任关系原则，将所必需的活动进行分解与合成，并把工作人员编排和组合成一个分工协作的管理工作系统或管理机构体系，以便实现人员、工作、物资条件和外部环境的优化组合，圆满达成预定的共同目标。

二、组织的分类

根据不同的划分方法，组织可分为不同的类型：

（一）按组织目标的性质以及所决定的基本任务分类

组织可分为经济组织（如生产企业、银行、超市等）、政治组织（如美国的共和党、民主党、政治团体等）、宗教组织（如佛教、基督教等）、军事组织（如各国的军队）、教育组织（如学校、新东方等）和学术组织（如经济研究所、某市的管理学会等）。其中，经济组织是人类社会最基本、最普遍的社会组织。在现代社会，经济组织已经形成庞大的体系，履行着社会经济职能。

（二）按组织形成过程与目的分类

组织可分为正式组织和非正式组织。正式组织规范了组织成员在活动中的关系，这种组织有明确的目标、任务、结构、职能以及由此而决定的成员间的责权关系。对个人具有某种程度的强制性，以成本和效率为主要标准。非正式组织则是伴随着正式组织而必然出现的，是人们在彼此交往和联系中自发形成的，最初的工作关系可能转变成工作以外的联系，导致了非正式组织的产生，维系其成员的纽带主要是感情因素。应深入研究非正式组织的形成、发展、消亡的规律，使其能为社会的发展、为完成正式组织的目标而服务。非正式组织往往是因为人们之间的共同的兴趣爱好、相似的教育背景和经历、一致的利益等而在感情上比较接近，从而沟通和交往更加频繁而结成的关系网络，如大学中的"老乡会"，公司里下班后因经常一起打网球而成为朋友的人们等。

图 5-1 中实线表示的正是正式组织中的各级职位及其相互关系，而虚线表示的则是非正式组织。

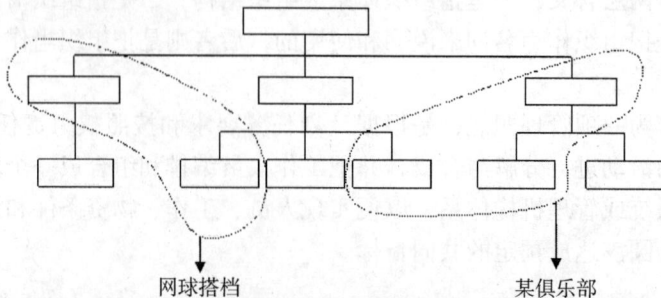

图 5-1　正式组织与非正式组织

非正式组织是自愿形成的，可以满足员工的心理需要，有助于形成团结合作的精神并规范成员的行为，还是正式组织培训与信息沟通的补充，但如果非正式组织的目标与正式组织冲突，则会对正式组织的工作产生极为不利的影响，并且基于非正式组织对成员一致性的压力，这种不利影响会被放大。非正式组织与正式组织的并存是管理者无法改变的事实，因此需要正确对待非正式组织，发挥其积极的作用，减轻其对正式组织的消极影响。

管理者必须首先正确认识非正式组织存在的客观必然性，在做出一项决策尤其是重大决策时，要考虑非正式组织对该决策可能的影响，适当考虑非正式组织成员的利益，尤其通过做好非正式组织中核心人员的工作，争取其配合，并利用核心成员在非正式组织中的关键作用来引导非正式组织在正式组织目标完成过程中发挥积极作用。另外，要加强与非正式组织成员的沟通，强化正式组织的凝聚力，并利用组织文化正确影响非正式组织的组织规范。

（三）按组织人数多寡或生产能力大小分类

组织可分为大型组织、中型组织和小型组织。不同规模的组织，其管理的特点和侧重点都有所不同。目前，各国对企业组织规模的划分并没有统一标准，对不同行业而言，也没有一个统一的划分大型、中型、小型企业组织的标准，这是由不同国家经济发展水平和不同行业特征所决定的。

（四）按组织与外部的关系分类

组织可分为独立组织（如依法成立的股份有限公司）和非独立组织（如公司内部的分公司）。

第二节 组织设计与运作

一、组织设计

（一）组织设计的原则

组织所处的环境、采用的技术、制定的战略、发展的规模不同，所需的职务和部门及其相互关系也不同，但任何组织在进行机构和结构的设计时，都需要遵守一些共同的原则。

1. 目标统一

目标统一性原则可以表述为：组织结构的设计和组织形式的选择必须有利于组织目标的实现。任何一个组织，都是由它的特定的目标决定的，组织中的每一部分应该都与既定的组织目标有关系，否则，它就没有存在的意义。例如，医院的目标是"治病救人，为人民服务"，那么它的组织机构及其形式是：内科、外科、妇科、儿科、门诊科室、药房、供应科、财务科等，就是围绕实现医院的目标而设置的。同样道理，每一机构又有自己的分目标来支持总目标的实现，则这些分目标就又成为机构进一步细分的依据。为此，目标层层分解，机构层层建立下去，直至每一个人都了解自己在总目标的实现中应完成的任务，这样建立起来的组织机构才是一个有机整体，才能为保证组织目标的实现奠定组织基础。

这一原则还要求在组织设计中要以事为中心，因事设机构、设职务，做到人与事高度配合，避免出现因人设事、因人设职的现象。

2. 分工协作

分工协作是社会化大生产的客观要求。组织工作要坚持分工协作的原则，是指分工要合理，协作要明确，对于每个部门和每个职工的工作内容、工作范围、相互关系、协作方式都应有明确规定。具体来说，分工就是按照提高管理专业化程度和工作效率的要求，把组织的目标分成各级、各部门以至每个人的目标和任务，使组织的各个层次、各个部门、每个人都了解自己在实现组织目标中应承担的工作职责和职权。有分工就必须有协作，协作包括部门之间的协作和部门内部的协作。

分工协作原则可以这样来总结：组织结构的设计和组织形式的选择越是能反映目标所必需的各项任务和工作的分工，以及彼此间的协调，委派的职务越是能适合于担任这一职务的人的能力与动机，其组织结构和形式就越是有效。组织结构中的管理层次的分工、部门的分工及职权的分工，各种分工之间的协调就是分工协调原理的具体体现。

3. 权责一致

权责一致原则可以表述为职权和职责必须相等。有了分工，就意味着明确了职务、承担了责任，就要有与职务和责任相应的权力，并享有相应的利益。在进行组织结构的设计时，既要明确规定每一管理层次和各个部门的职责范围，又要赋予完成其职责所必需的管理权限。职责与职权必须协调一致，要履行一定的职责，就应该有相应的职权，这就是权责一致原则的要求。根据这一原则，责任要明确，权力要恰当，利益要合理。在设置职务时，应当做到有职就有责，有责就有权。只有职责，没有职权，或权限太小，则其职责承担者的积极性、主动性和创造性就必然会受到束缚，实际上也不可能承担起应有的责任，往往管理组织缺乏应有的活力。相反，只有职权而无任何责任，或责任程度小于职权，将会导致滥用权力和"瞎指挥"，产生官僚主义等。因此，在实际的组织设计中应尽量避免这两种倾向。科学的组织结构设计应该是将职务、职责和职权形成规范，制定出章程，使无论什么人，只要担任该项工作就得有所遵从。

4. 命令统一

命令统一原则可表述为：在管理工作中实行统一领导，建立起严格的责任制，组织的各级机构以及个人必须服从一个上级的命令和指挥，只有这样，才能保证命令和指挥的统一，避免多头领导和多头指挥，使组织最高管理部门的决策得以贯彻执行。命令统一原则对管理组织的工作具有下列要求（周宁，1996）：

（1）在确定管理层次时，要使上下级之间形成一条命令链。从最高层到最低层的命令链必须是连续的，不能中断，并要求明确上下级的职责、权力和联系方式。

（2）任何一级组织只能有一个人负责，实行首长负责制。

（3）正职领导副职，副职对正职负责。

（4）下级组织只接受一个上级组织的命令和指挥，防止出现多头领导的现象。

（5）下级只能向直接上级请示工作，不能越级请示工作。下级必须服从上级命令和指挥，不得各自为政，各行其是。有不同意见，可以越级上诉。

（6）上级不能越级指挥下级，以维护下级组织的领导权威，但可以越级进行检查工作。

命令统一的原则在实践中可能会出现一些麻烦，如缺乏横向联系和必要的灵活性等。为弥补这一缺陷，在应用中往往还规定主管人员有必要的临时处置、事后汇报之权，其依据的原则是"法约尔桥"。这个原则规定，根据统一指挥的原理，上级可授权下级相互进行直接的联系，但必须将行动结果报告各方的上级，这样才不至于削弱而且还有助于统一指挥的实施。

5. 执行和监督分设原则

这一原则要求组织中的执行性机构和监督机构应当分开设置，不应合并为一个机构。如企业中的财务监督和安全监督等部门应与生产执行部门分开设立。只有分开设置，才能使监督机构起到应有的监督作用。必要的监督和制约，有利于暴露矛盾。只有暴露矛盾，才能去解决矛盾。当然，监督机构分开设置后，又必须强调在监督的同时，加强对被监督部门的服务，做到既监督又服务。因为单纯实行监督和制约，不利于监督职能的履行，不利于搞好双方的关系。例如，质量检验人员，既要严格把住质量关，当好质量检验员；又要热心为生产服务，做好质量宣传工作，帮助生产部门提高产品质量。

6. 因事设职与因人设职相结合的原则

组织中各部门、各职务都必须由一定的人员来完成规定的工作任务。组织目标和任务进行分解后，所有的事必须有合适的人做才能保证组织目标的实现。所以组织设计中就要坚持从工作特点和需要出发，因事设职，因职用人。但这并不意味着组织设计可以忽略"人"的因素，如果无视"人"的特点和能力，也会带来麻烦，因为组织设计往往是组织的再设计，不得不考虑现有成员的安排，即使是全新的企业进行组织设计，由于需要从社会上进行员工招聘，也难以保证聘用到完全理想的人员，所以也不得不考虑组织内外现有人力资源的状况和特点。因此，组织设计必须在保证有能力的人有机会去做他们真正胜任的工作的同时，使工作人员的能力在组织中获得不断提高和发展。

7. 稳定性与适应性相结合的原则

组织需要一定的稳定性，这是保证组织各项工作正常进行及秩序的连贯性的基础条件。所以组织结构不应该频繁调整，要保持一定程度的稳定。但组织同时又是一个开放的有机系统，所确定的发展战略、目标、任务等都会随着环境条件的变化而调整。因此，组织结构的稳定只是相对的，它是为组织战略和目标服务的，应该而且也必须具有一定的适应性，使之能够随着组织环境及战略目标的变化而做出相应的调整。

（二）组织设计过程

组织设计（Organization Design）则是指管理人员设立或变革一个组织的结构的工作，是把为实现组织目标而需要完成的工作，划分为若干性质不同的业务工作，然后把这些工作组合成若干部门，并确定各部门的职责与职权，组织结构设计处于组织工作的中心环节，通常用组织结构图来表示。我们在这里介绍管理者在进行组织设计必须要考虑的四个过程：劳动分工、部门化、命令链、管理跨度确定。

1. 劳动分工

劳动分工描述组织中把工作任务划分成若干步骤来完成的细化程度，其实质是：一个人不是完成一项工作的全部，而是分解成若干步骤，每一步骤由一个人独立去做。管理人员认为，如果所有的员工都参与组织制造过程的每一个步骤，那么，每个人不仅具备完成最简单的任务所需的技能，而且具备完成最复杂任务所需要的技能，这无疑是对组织资源的浪费。通过实行劳动分工，重复性的工作会使员工的技能有所提高，也有利于提高组织的培训效率，并且挑选并训练从事简单任务的员工比较容易，成本也较低。

20世纪50年代以前，劳动分工的应用尚不够广泛，管理人员把工作专门化看作是提高生产的源泉。但到了20世纪60年代以后，劳动分工使人的非经济性因素的影响（表现为厌烦情绪、疲劳感、压力率、低质量、缺勤率上升、流动率上升等）超过了其经济性影响。在这种情况下，通过扩大而不是缩小工作活动的范围会提高生产率。例如，通过丰富员工的工作内容，让他们加入到需要相互交换工作技能的团队中，他们的生产率会提高，工作满意度也会增强。

2. 部门化

劳动分工完成任务细分之后，就需要按照类别对它们进行分组以便使工作可以进行协调。工作分类的基础是部门化。部门化是将整个管理系统分解、并再分解成若干个相互依存的基本管理单位，它是在管理劳动横向分工的基础上进行的。分工的标准不同，所形成的管理部门以及系统亦不同。组织设计中经常运用的部门划分的标准是：职能、产品以及地区等。

（1）职能部门化。职能是指互相关联的活动，之所以说关联，是因为在进行特定的一种工作时，要求有许多相似的技能。按职能划分部门的方法，是基于这样的假设：很少人能够对各个方面的知识样样精通。特别是在规模较大的组织里，管理业务及管理人员都增加了，分工具有极大的优越性，组织管理划分为若干个职能部门来进行便是一个必然的趋势。

按职能划分部门是首要的、最基本的方法，它的优点是：①它是一个合乎逻辑的和经过时间考验的方法；②它遵循了职业专业化的原则，因而简化了职业训练工作；③在人力的利用上能够显示出更高的效率；④职能专业化减轻了主管部门经理承担最终成果的责任，因而提供了在上层加强控制的手段。

按职能划分部门的缺点是：①职能人员往往养成了一心一意忠于职守的态度和行为方式，各职能部门往往会强调自己部门的重要性，职能人员观点的狭隘会破坏整体性，职能部门之间的协调就是比较困难的事情；②缺乏更多的位置，使得经理人才的训练受到限制。

（2）产品部门化。拥有不同产品系列的公司常常根据产品建立管理单位。

按产品划分部门的优点是：①它使得注意力及努力放在产品上，这对于激烈竞争的、多变的市场环境是非常重要的；②按产品分部门可以形成以利润为目标的责任中心，它承担了总公司的一部分责任，其本身也具有高度的完整性；③按产品划分部门，容易适应产品与劳务的迅速发展与变化，任何一种产品发展到一定程度，就可以分化出去，成为一个新的独立分部，避免部门的无限制膨胀带来管理的复杂化；④有利于高层管理人才的培养。每个部门的经理都需独当一面，完成同一产品制造的各种职能活动。这类似于对一个完整企业的管理。

产品部门化的局限性是需要较多的具有像总经理那样能力的人去管理各个产品部，同时各个部门的主管也可能过分强调本单位利益，从而影响企业的统一指挥。此外，产品部门某些职能管理机构与企业总部的重叠会导致管理费用的增加，从而提高了待摊成本，影响企业竞争能力。

（3）区域部门化。区域部门化是根据地理因素来设立管理部门，把不同地区的经营业务和职责划分给不同部门的经理。组织活动在地理上的分散带来的交通和信息沟通困难曾经是区域部门化的主要理由。但是，随着通讯条件的改善，这个理由已不再那么重要，取而代之的是社会文化方面的理由。不同的文化环境，决定了人们不同的价值观，从而使人们的劳动态度、对物质利益或工作成就的重视程度以及消费偏好不同。因此，根据地理位置的不同设立管理部门，甚至使不同区域的生产、经营单位成为相对自主的管理实体，可以更好地针对各地区的劳动者和消费者的行为特点来组织生产和经营活动。在国际范围内从事经营业务的跨国公司尤其如此。

（4）顾客部门化。还有一种部门化方法是根据顾客的类型来进行部门化。例如，办公设备的公司可下设三个部门：零售服务部、批发服务部和政府服务部。比较大的法律事务所可根据其服务对象是公司还是个人来分设部门。其理论假设是，每个部门的顾客存在共同的问题，通过为他们分别配置有关专家，能够满足他们的需要。

另外还可以根据生产过程和序列来进行部门化。生产、检验、包装、运输等不同的环节需要不同的技术，因此这种部门化方法对于在生产过程中的归并提供了基础过程部门化方法，既适用于产品的生产，也适用于顾客的服务。还可以按序列来划分部门，例如，部门有时是按字母顺序或时间的序列排列的，对于那些还未做好电子计算机化的组织，簿记科可以分设两个组，一组登记顾客的姓氏字母属于从 A 至 M 范围之内顾客的账目，另一组则负责顾客姓氏字母属于从 N 至 Z 的账目。

在现代公司中，很少有公司部门的划分只是按照某一种标准进行的，而是综合采用。例如，在公司的某一层可能是产品部，而在次一层，可能是职能专业化，在第三层，可能是以地理位置为依据的部门化。

3. 命令链

命令链的概念曾是组织设计的基石，虽然其重要性现在大大降低了，但在设计组织结构时，命令链的问题仍是我们要考虑的重要问题之一。命令链

（Chain of Command）是一种不间断的权力路线，从组织最高层扩展到最基层，澄清谁向谁报告工作。它能够回答员工提出的这种问题："我有问题时去找谁?"、"我对谁负责?"

4. 管理跨度确定

管理跨度简单地说就是一个管理人员指挥着多少个下属。管理的跨度问题在很大程度上决定组织要设置多少个层次，配备多少个管理人员。所以研究管理跨度的效率也是组织集中的一个重要问题。

如果一个管理人员只有一两个下属，即管理跨度很窄，这可能就是对他能力的一种浪费。但管理跨度窄也有其好处，可以对员工实行严密的控制。管理跨度窄主要有三个缺点：其一，管理层次会因此而增多，管理成本会大大增加。其二，会使组织的垂直沟通更加复杂。管理层次增多也会减慢决策速度，并使高层人员趋于孤立。其三，控制跨度过窄易造成对下属监督过严，妨碍下属的自主性。

从成本的角度来看，管理跨度越宽，组织效率越高。因为对于拥有相同数目基层操作员工的两个组织来说，管理跨度越宽，意味着管理层次越少，所需要的管理人员也就越少。一般来说，管理人员的工资较高，这样一来，宽管理跨度组织每年在管理人员工资上就可以节约一大笔开支。另外，加宽管理跨度还有利于组织加速决策过程、增加灵活性、缩短与顾客的距离、授权给下属等。如果管理跨度过宽，管理人员就会缺乏足够的时间为下属提供必要的领导和支持，员工的绩效也就会相应地受到不良的影响。

二、组织结构类型

（一）组织结构基本类型

企业的组织结构是全面反映组织内各要素及其相互关系的一种模式。它是围绕着组织目标，结合组织的内部环境，将组织的各部分结合起来的框架。组织结构是随着社会的发展而发展起来的，各类组织没有统一的优劣之分，不同的环境、不同的企业、不同的管理者，都将有不同的组织结构。目前，企业组织结构的基本形式大致有以下几种。

1. 直线型

直线型又称作"军队式结构"或"简单结构"，是从最高管理层到最低管理层垂直建立的一种组织形式，这是最早、最简单的一种组织结构形式，也是一种集权式的组织结构形式。其一般结构如图5-2所示：

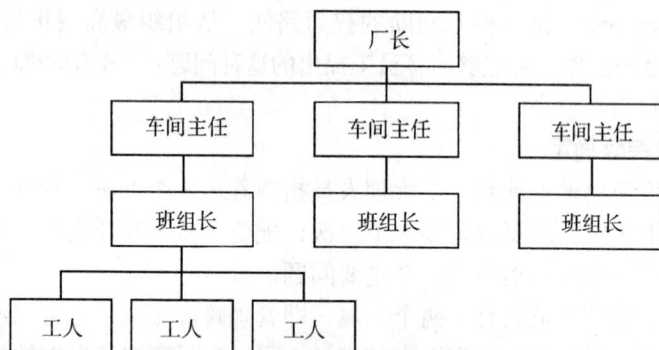

图5-2　直线型组织结构

直线型组织结构的特点是：组织中各种职务按照垂直系统直线排列；各级行政管理者执行统一指挥和管理职能，不设专门的职能机构；命令直线式流动，从最高层管理者经过各级管理人员，直至组织最底端；组织中每个成员只接受最近的一个上级的指挥，仅对该上级负责，并汇报工作，彻底贯彻统一指挥原则。

这种组织结构的优点主要来源于其简单性。这一结构下，机构设置简单，管理人员少，权力集中，命令统一，责任明确，容易维持组织秩序，且管理费用比较低。但这一结构导致每个人只注意听上级的指示，每个部门只关心本部门工作，缺乏横向的协调关系，而权力完全集中于一人，对高层领导者个人素质要求较高，也容易顾此失彼，难以进行有效管理。整个组织上下级之间层层节制、结构呆板、缺乏弹性，下级对上级负责，要求绝对服从，压抑了下属的积极性。因此直线制组织结构的适用范围比较窄，一般只适用于企业员工人数较少、生产和管理工作都比较简单、没有必要按照职能实行专门化管理的小型企业，或者组织突然面临困难甚至敌对环境等极端情况，如松下幸之助在1945~1952年第二次世界大战后经济不景气时期，毅然解散部门式的组织，采用直线制组织结构，一人独揽大权。

2. 职能型

职能型组织结构又称为"U型"结构，最早是由泰勒提出的，并在米德维尔钢铁公司以职能工长制的形式加以采用。这种组织结构是在组织内除了直线主管外，按专业分工设立相应的职能机构，把相应的管理职责和权力交给这些职能机构，各职能机构在自己的业务范围内可以向下级单位下达命令和指示，直接指挥下级单位。其一般组织结构如图5-3所示：

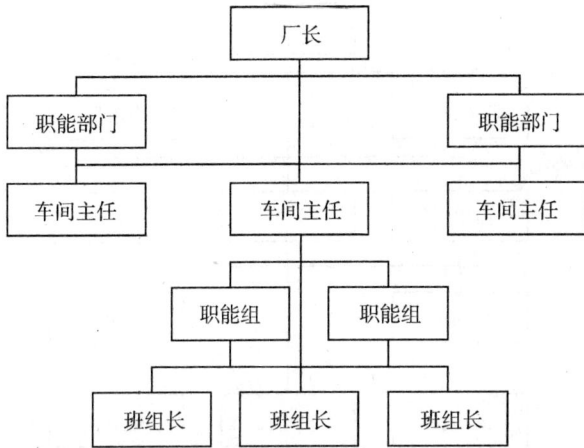

图 5-3 职能型组织结构

这种组织结构的优点主要是适应了现代生产技术比较复杂和管理分工较细的特点，提高了管理的专业化程度，能够充分发挥职能机构的专业管理作用；由于吸收了专家参与管理，减轻了直线管理人员的工作负担，使他们能够将更多的注意力集中于自己的职责。但这种组织结构的缺点也比较明显：由于存在多头领导，容易出现命令的重复或矛盾，造成管理混乱，不利于明确划分直线领导人员和职能机构的职责和权限，容易造成争夺权力、推卸责任，也缺乏横向联系，不能实现很好的配合。

这种组织结构是直线型的发展，如新开了一家小饭馆，老板雇用了三个伙计，实行直线型管理，随着饭店生意越来越成功，开始开设连锁店，原来单纯的直线型方式无法再维系，需要借助各方面专业人才来进行管理，于是老板聘请了一些专业人士来打理事业，逐渐形成了财务部门、营销部门、菜品开发部门等职能机构。职能型组织结构多见于医院、高等院校、设计院、图书馆、会计师事务所等组织，但由于该组织结构的诸多限制，在实践中并没有得到广泛推广。

3. 直线职能型

这种结构是以直线型为基础，最早是由法国管理学家法约尔提出并采用的，实际上是综合了直线型和职能型组织的优点而形成的。在保持直线组织的统一指挥原则下，增加了参谋机构，但骨干是直线部门，因为其担负着实现组织目标所需要完成的直线业务，如生产、销售等。其一般组织结构如图 5-4 所示：

```
                    ┌──────────┐
                    │   厂 长   │
                    └────┬─────┘
          ┌──────────────┼──────────────┐
    ┌──────────┐                   ┌──────────┐
    │ 职能部门  │                   │ 职能部门  │
    └────┬─────┘                   └────┬─────┘
    ┌──────────┐   ┌──────────┐   ┌──────────┐
    │ 车间主任  │   │ 车间主任  │   │ 车间主任  │
    └────┬─────┘   └────┬─────┘   └────┬─────┘
    ┌──────────┐                   ┌──────────┐
    │  职能组   │                   │  职能组   │
    └────┬─────┘                   └────┬─────┘
    ┌──────────┐   ┌──────────┐   ┌──────────┐
    │  班组长   │   │  班组长   │   │  班组长   │
    └──────────┘   └──────────┘   └──────────┘
```

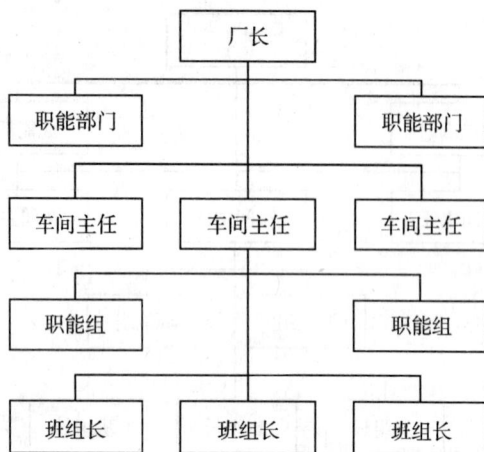

图 5-4　直线职能型组织结构

这种组织结构既保持了直线型集中统一指挥的优点，指挥权集中、决策迅速、易于贯彻，又吸取了职能型发挥专业管理职能作用的长处，分工细密、职责分明、效率较高。另外，这种组织结构稳定性高，在外部环境变化不大的情况下，易于发挥组织的集团效率。这种组织结构在管理实践中也存在不足之处，主要是权力集中于最高管理层，部门间缺乏横向信息交流，易产生脱节与矛盾，增加了上级主管的协调工作量，而且组织内部信息传递线路较长，反馈较慢，不易迅速适应新情况，实际上是典型的"集权式"管理组织结构。

因此，这种结构主要适用于简单稳定的环境，适用于标准化技术进行常规性大批量生产的场合，目前我国大多数企业，甚至机关、学校、医院等都采用此种组织结构，而对多品种生产和规模很大的企业以及强调创新的企业，这种结构就不太适宜了。

4. 事业部型

事业部型组织结构是美国通用汽车公司总裁斯隆于 1924 年提出的，所以又称为"斯隆模式"，目前已成为大型企业、跨国公司普遍采用的组织结构，是一种分权式的企业组织形式。企业把生产经营活动按照产品或地区的不同，建立不同的经营事业部，同时每个经营事业部均是一个独立的利润中心，在总公司领导下，实行统一管理、分散经营、独立核算、自负盈亏的经营。产品事业部和区域事业部组织结构如图 5-5 所示：

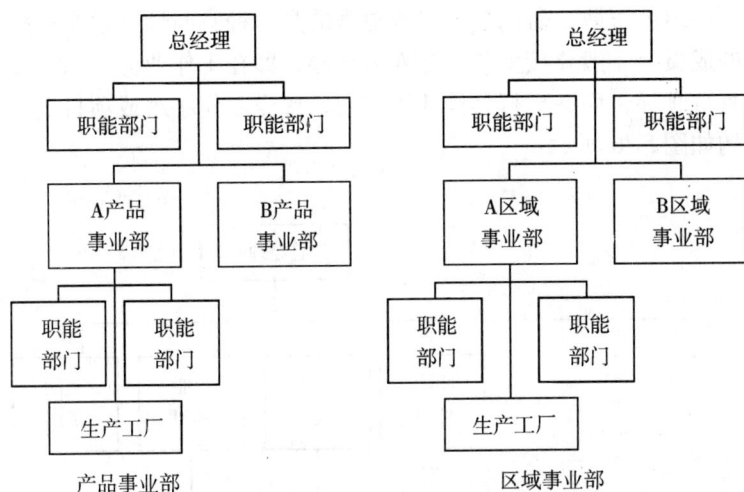

图 5-5 事业部型组织结构

这种结构的优点主要有：最高管理部门摆脱了日常行政事务，成为决策机构，改善了企业的决策结构，充分发挥经营管理的主动性和灵活性，实现了"政策制定集权化，业务经营分权化"，同时提供了全面管理人才的培养机会。当然这种结构也存在缺点，主要体现在：管理部门和人员重叠设置，增加了管理费用的负担，另外各事业部受到本位主义影响，缺乏部门之间协作，且如果公司总部控制不力，容易导致总公司被架空。

事业部型不适合于规模较小的企业，当企业规模比较大，而且其下层单位能够成为一个"完整的企业机构"，即具有独立的产品、独立的市场、成为利润中心的时候才适宜采用这种组织结构。

如果在最高管理层与各个事业部之间增加一级管理机构，来负责统辖和协调所属各个事业部的活动，则事业部结构就成为一种新的结构形式——超事业部结构。超事业部结构又称为"执行部结构"，通常是随着企业规模和经营范围的扩大，总公司难以直接有效管理所有的事业部，因此对有关的几个事业部进行统一领导，以便协调和利用有关的几个事业部的力量，搞好共同性产品开发和市场开发以及服务性的管理，避免各事业部执行相同职能所造成的不经济或低效率的现象。

5. 矩阵型

矩阵型是由专门从事某项工作的工作小组形式发展而来的一种组织结构，主要是在直线职能型垂直形态组织系统的基础上，再增加一种横向的领导系统，即工作小组。这种结构的特点是根据任务的需要把各种人才集合起来，任务完成后，小组就解散，所以矩阵结构更多的是一种临时性的组织结构。参加工作小组的成员，一般要接受两个方面的领导，即在工作业务方面接受原单位或部门的垂直领导，而在执行具体任务方面，接受工作小组或项目负责人的领导。该结构如图5-6所示：

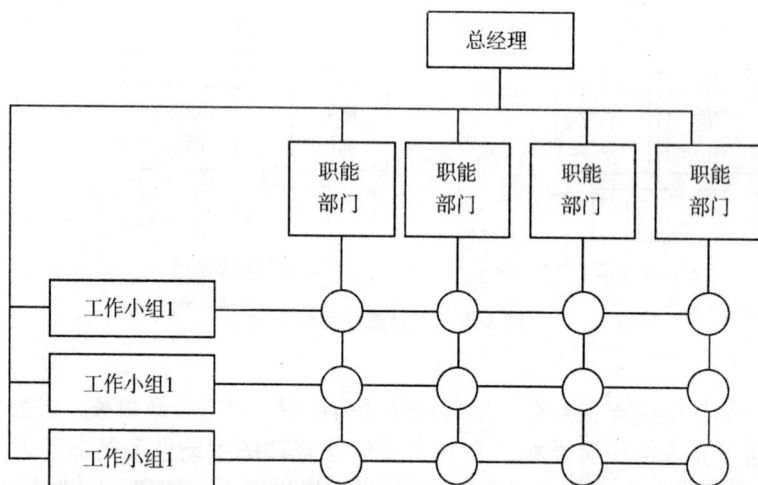

图5-6　矩阵型组织结构

矩阵型组织结构机动灵活，有较强的应变能力，可以适应变化较大的环境，组织中的纵横结合的联结方式有利于各职能部门以及职能部门与任务之间的协调，并充分整合组织资源，发挥更大的效用。由于任务完成后，项目小组成员需要回到原来的工作部门，因此稳定性比较差，成员容易产生临时观念，导致人心不稳，这种结构还造成了多头领导，组织关系复杂，对权力分享有较高的要求。所以，这种组织结构比较适用于大型协作项目以及以开发与实验项目为主的单位，如大型运动会的组委会、电影制片厂、应用研究单位等。

6. 委员会组织

有时组织还常常设立委员会组织来达到某种特定的管理目的，委员会多数是为了对直线组织进行补充和加强，是与直线组织结合起来建立的，其活动特点是集体行动，这与其他组织形式存在着不同。

委员会有利于综合各种意见，提高决策的正确性；便于协调各种职能，加强部门之间的合作；组织参与管理，利于调动执行者的积极性；在一定程度上，委员会还可以防止个人滥用权力。

但是委员会也存在一些局限性：集体决策容易造成时间上的拖延和结果的折中，还带来权力和责任的分离以及个人责任不清等问题。

（二）新型组织结构

1. 网络型组织结构

网络型组织结构又称"虚拟制组织结构"，是基于现代信息技术手段而建立和发展起来的一种新型的组织结构形式，组织中只保留很精干的中心机构，以契约关系的建立和维持为基础，将大部分的诸如制造、销售或其他重要业务的经营活动通过外包、外协的方式，依靠外部机构来完成。如一些社会办学机构，实际上就是一种虚拟的结构，虽然有许可证，但大部分教师甚至行政人员都是外聘的。当今社会，也许用很少的几个人、很少的资金就可以办起一项很大的事业来，因此这一结构在出版、贸易等领域，都有着比较广泛的应用。网络型组织结构如图5-7所示：

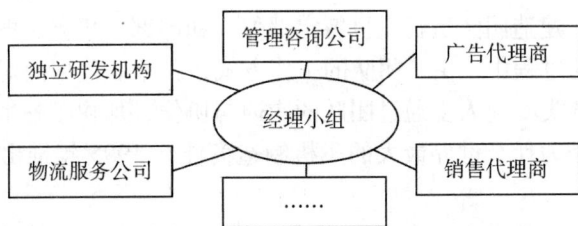

图5-7　网络型组织结构

2. 水平型组织结构

扁平化组织的极限状态就是水平型组织结构，在此结构中，没有中间层次。这种情况比较少见，但日益引起组织的关注，已经有部分企业虽然整体上采用别的组织形式，但局部采取了水平型组织结构。通常情况下，构成水平结构的基层单位表现为各种各样的团队，也叫流程小组。各个小组间紧密配合，各司其职来完成整个营运过程。这种小组常常以跨职能或者多技能为主要特征，也就是围绕某一个项目或者某一个产品构成一个团队。这种组织结构如图5-8所示：

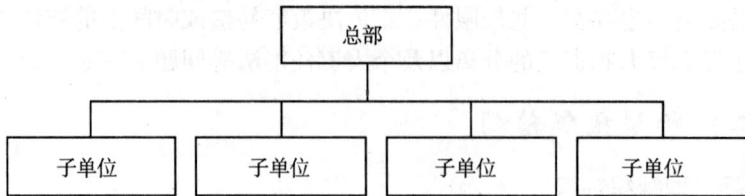

图5-8　水平型组织结构

3. 团队组织

当今组织所处的环境充满变化无穷的挑战。它意味着组织要想在动态的环境中获得竞争优势，必须不断采取有效策略保持组织效能。

20世纪80年代以来，基于团队水平的组织发展形式是一种全新的尝试，工业巨头波音的举措开创了工作团队的经典范式。波音777喷气式飞机的发展包含着交叉机能团队的广泛运用，为了波音777的生产，成百个设计—建造团队形成了。他们的成员来自多元化机能领域，包括市场、财务、设计、信息系统。每个设计—建造团队负责飞机特定部位，如尾部、机翼、电子系统等。在波音777诞生的过程中，由于团队的工作方式，各个职能部门对每个计划和步骤了如指掌；各类专业人士通过团队的沟通与协作，加快了整个设计、生产和销售。这也就是为什么世界最大的飞机制造商能在1995年推出新一代喷气式飞机的原因。

团队具有巨大的潜力。有资料显示，大约40%的组织利用并发展了工作团队的组织形式。以团队为基础的工作方式已取得了比任何人所预言的都要显著的经济效果。

在通用电气公司、美国电话电报公司、惠普公司等国际知名企业中，团队已成为主要运作形式。事实表明，如果某种工作任务的完成需要多种技能、经验，那么团队通常比个人的效果更好。团队是组织提高运行效率的可行方式，它有助于组织更好地发挥雇员的才能。在多变的环境中，团队比传统的部门结构或其他形式的稳定性群体更灵活、反应更迅速。

（1）团队的含义。团队即是一种为了实现某种目标而由相互协作的个体组成的工作群体。具体而言，团队是一群人以任务为中心，互相合作，每个人都把自己的智慧、能力和力量贡献给正在从事的工作，团队体现出团结合作的特征。

（2）团队建设原则。第一，确定团队规模。最好的团队规模一般较小。如果团队成员多于12人，就很难顺利开展工作。难以形成凝聚力、忠诚感和相互信任感，而这些却是高绩效团队不可或缺的。所以规模要控制在12人内。

第二，树立共同目标。有效团队具有大家共同追求的、有意义的目标。它能够为团队成员指引方向、提供推动力，让团队成员愿意为它贡献力量。成功团队的成员通常会用大量的时间和精力来讨论、修改和完善一个在集体层次上和个人层次上都被大家接受的目标。成功的团队会把他们的共同目标转变成具体的可以衡量的现实可行的目标。目标会使个体提高绩效水平；目标也能使群体充满活力。具体的目标可以促进沟通与合作，还有助于团队把自己的精力放在取得有效的结果上。

第三，明确领导和结构。目标决定了团队最终要达到的结果。但高绩效团队还需要领导和结构来提供方向和焦点。如确定一种成员认同的方式就能保证团队在达到目标的手段方面团结一致。在团队中，对于谁做什么和保证所有的成员承担相同的工作负荷问题，团队成员必须取得一致意见。另外，团队需要决定的问题还有：如何安排工作日程、需要开发什么技能、如何解决冲突、如何做出和修改决策、决定成员具体的工作任务内容，并使工作任务适应团队成员个人的技能水平。所有这些都需要团队的领导和团队结构发挥作用。有时，这些事情可以由管理者直接来做，也可以由团队成员通过担当各种角色来做。

第四，建立绩效评估与激励体系。怎样才能使团队成员在集体和个人两个层次上都具有责任心呢？传统的以个人导向为基础的评估与奖酬体系必须有所变革才能充分衡量团队绩效。个人绩效评估、个人激励等与高绩效团队的开发是不同的。因此，除了根据个体的贡献进行评估和奖励之外，管理者还应考虑以群体为基础进行绩效评估、利润分享、小群体激励及其他方面的变革，来强化团队的进取精神和承诺。

第五，培养相互信任精神。管理者和团队领导对于团队的信任具有重要影响。因此，管理人员和团队领导之间首先要建立起信任关系，然后才是团队成员之间的相互信任关系。

三、组织运作

根据组织的目标任务设计出的组织结构，仅仅是一个框架，为了使组织结构在运转过程中有利于目标的实现，领导者还必须对下级恰当地授权，明确各岗位的职权以及在职权运用过程中做到适度的集权和分权，只有这样，才能使组织正常运作。

（一）授权

1. 授权的含义

所谓授权，就是上级授给下属一定的权力，使下属在一定的监督之下拥有相当的自主权和行动权。授权者对被授权者有指挥、监督的权力，被授权者对授权者负有报告和完成任务的责任。可见，授权是一个过程，这个过程包括职责的分配、权力的委任、责任的确立和监督权的确认。目标管理是授权的一种形式。组织中的每个成员都应当承担一定的职责，这是实现组织目标的客观需要。因此，首先要明确每个组织成员的职责，然后才能授予他们相应的权力。权力委任是由权力者把权力委任给受委托的受权人，由受权人来代替委权人采取行动。但是，委任权力并不是放弃权力，也不是说受权人将永久享有这个权力。权力的委任是为了满足承担职责和义务的需要，这是权力委任的前提条件，因此，委权人要始终保留着对委任权力的最终的、完全的控制权。下级接受了组织分配的职责，获得了相应的权力，就有责任正确运用所委任的权力去完成所承担的工作任务。明确责任是完成职责所分派的目标任务的需要，也是向授权人承担责任的需要。授权不等于弃权，授权者授予受权者的只是代理权，而不是权力的所有权。因此，必须明确授权者与受权者之间的权责关系，主要是授权者拥有最终的监督权，并根据实际情况随时调整所授权力。授权也并不等于授责，授权只是把一部分权力分散给下级，而不是把与权力同时存在的责任分散下去。因此，要对授权与代理职务、助理职务、分工加以区分。

（1）授权与代理职务：代理职务是在某一时期，依法或受命代替某人执行任务。代理期间相当于该职，能全权代理该职位的职权，而不是上级授权。

（2）授权与助理职务：助理职务人员主要是协助领导者的工作，并不承担责任；而授权者虽然也承担责任，但是，受权者也应承担相应的责任。

（3）授权与分工：分工是指在一个组织内，由各组织成员按其岗位各负其责，成员之间一般无明确的隶属关系；而授权者与受权者之间则有上下级的监督、控制和报告的关系。

在现代组织内，恰当的授权是必要的。它有利于使高层领导者从繁杂的事务性工作中解脱出来，去专心处理组织的重大问题，充分考虑组织的战略问题；也有利于提高组织下级成员的工作热情，增强责任心，提高他们工作的主动性、创造性，最终提高工作效率。

2. 授权应遵循的原则

授权是一门领导艺术，正确而恰当的授权才能收到理想的效果，否则会因授权不当而造成损失。因此，每位授权者都应注意研究授权的方法与技巧。虽然不同的组织在不同的时期和在具有不同的组织成员的情况下，在授权过程中具有各自不同的特点，但授权都应遵守一些共同的原则。

（1）视能授权。受权者的权力与职责的大小依其能力大小而定。"职以能授，爵以功授"。

（2）因事授权。工作的需要是授权的前提，切不可因人设事。

（3）适度授权。授权以完成工作任务所需为度，要权责相当，切忌授权过度或授权不足。

（4）适度控制。授权者对授权的控制是必要的，根本而有效的控制是建立一套健全的控制制度。控制过频，则是授权不足；过度弱化的控制，则是监督不力。

（5）授权明确。明确所授事项的任务目标及权责范围，既有利于下级完成任务，又可避免推卸责任。

（二）职权

1. 职权的含义

职权，即职务范围内的管理权限。属于组织中某一职位的管理者为了带领下属完成某项工作，必须拥有指挥、命令、协调等各项权力，这是领导者行使职权的工具。因此，职权是构成组织结构的核心要素，是由于占据了组织中的某一职位才拥有的权力。可见，职权对于组织的合理构建与有效运行起着关键性的作用。

同职权共存的是职责，职责是指由于占据组织中某一职位而必须承担的责任。正如法约尔所说，职责与职权是一对孪生子，职责是职权的当然结果与必要补充。作为一名主管人员，占据了组织中的某一职位，就必须承担职位要求的职责，同时也必须拥有完成职责的职权，权责相等，且共存于一体。可见，职权是履行职责的必要条件与手段，职责则是行使职权所要达到的目的。

在正式组织内部，最基本、最主要的信息沟通就是通过职权关系来实现的，通过职权关系上传下达，一方面使下级按指令行事，另一方面通过下级及时向上级反馈信息，使上级进行有效的控制，做出合理的决策。

2. 职权的种类

组织中的职权有三种基本类型，即直线职权、参谋职权和职能职权。

（1）直线职权。直线职权是上级直接指挥下级的权力，表现为上下级之间的命令权力关系。例如：一所大学校长对系主任拥有的职权就是直线职权，系主任对各教研室主任拥有的职权也是直线职权。这样，组织中从上到下的主管人员之间便形成了一条权力线，这条权力线被称为指挥线，又称指挥系统。

在这条权力线中，职权的指向是向下指挥、向上反馈。所以，指挥链既是一条权力线，又是一个信息通道。在直线职权关系建立的过程中，必须遵循以下两条原则：

第一，分级原则，是指每一管理层次的直线权力应明确，这样既有利于执行决策和信息沟通，又不至于超越层次。如果上级越俎代庖，会挫伤下级职员的积极性和主动性。

第二，职权等级原则，是指每一管理层次的主管者要用足、用活自己的职权，在自己的职权范围内做出有效的决策，如果对超越自己职权范围之外的问题随意决策，或者自己职权范围之内的问题不决策而上交上级主管人员，一方面会使上级主管人员忙于具体事务，另一方面有时也会造成上级主管人员措手不及。

（2）参谋职权。参谋职权是指参谋人员所拥有的辅助性的职权，是顾问性、服务性、咨询性和建议性的职权，旨在帮助直线权力有效地完成组织目标。因为，随着组织规模的扩大、业务活动的扩展、信息量的膨胀，直线主管人员没有精力事事顾及，也不可能事事精通，这就要求参谋人员能为主管人员出谋划策、协助工作。拥有参谋职权的参谋人员也可分为两类：个人参谋和专业参谋。

第一，个人参谋。个人参谋是直线主管人员的咨询人和个人助理，其职责是专门向直线主管人员提供建议和意见，并协助直线主管人员完成工作。在正式组织中，个人参谋可以以副职的身份出现，协助直线主管人员正式策划全盘工作，在实际工作中，有以下四种情况：

①经理助理，这在多数情况下，相当于高级顾问，他既可以全面考虑组织工作，也可以受托处理一些重大的难以解决的问题。

②主管助理，是直线主管人员的重要助手，他们长期受托并定向处理某一方面的问题。

③特别助理，对主管人员从某一方面提供专业性的建议或服务的人员，因此特别助理有时也可列为专业参谋人员这一类。

④行政助理，帮助主管人员从事一些较次要的行政事务的人员，也称为私人秘书，其工作包括处理主管人员的来信和来访接待等。

第二，专业参谋。专业参谋常常表现为一个单独的组织或部门，人们往往称之为智囊团或者顾问班子。随着时代的发展，某些决策需要考虑的因素越来越多，为使决策更加科学，这就需要运用不同门类专家们的集体智慧，共同协助主管人员。有时专业参谋人员可以拥有在特定职能领域内做出决策的职能权力。

（3）职能职权。职能职权是指参谋人员所拥有的，由直线主管人员授予的部门决策权和指挥权。在纯粹参谋的情况下，参谋人员所拥有的仅仅是辅助性的职权，并无指挥权。随着组织业务不断扩展，管理活动日趋复杂，主管人员受时间、精力和专业知识与能力的限制，仅仅依靠参谋人员的建议还很难做出最后的决定，为了提高和改善管理效率，主管人员就可以将职权关系作某些变动，把一部分本属于自己的直线职权授予给参谋人员，这就产生了职能职权。在一般情况下，职能职权是由组织的业务职能部门或参谋职能部门的负责人来行使的，而这些部门一般由职能管理专家所组成。

3. 职权的有效性

职权的运用只有与组织目标的实现相一致，并发挥出有助于组织目标实现的作用，才能实现有效的管理，职权的运用才具有有效性。要做到职权运用的有效性，每个领导者应该明白如下要点：

第一，任何权力不是绝对的。没有不受约束的绝对的权力，每一级职权既受到上一级职权的限制，也会受到其他权力或下一级职权范围的约束，不得随意干涉自己职权范围之外的事务，即使是组织的最高权力也要受法律、法规和政策的约束。因此，任何权力都有局限性和相对性，在有限的范围内正确行使权力才能发挥职权的有效性。

第二，在职权运用过程中，主管人员的每一道指令不一定都是科学的，也并不一定能得到圆满的贯彻执行。职权的有效性一要依赖正确决策，即决策有助于组织目标的实现，二要依赖下级能否正确执行上级的正确决策，两者缺一不可。

（三）集权与分权

1. 集权与分权的含义

集权与分权是指职权在不同的管理层次之间的分配与授予。所谓集权是指较多的权力和较重要的权力集中在组织的高层管理者，下级部门和机构只能依上级的决定、指示、指令行事。许多管理实践活动已经证明：组织目标的一致性必然要求组织行为的统一性，可见，集权是必要的。所谓分权是指较多的权力和较重要的权力分散授予组织的基层管理者，以便他们在行使这些权力时，能自主支配组织的有效的资源，自主决策、自主解决组织运行过程中的问题。随着组织规模的扩大、专业化的分工，分权也是必然的。

集权和分权是任何组织正常运行所必然存在的现象，同时集权与分权也是相对的，没有任何组织是绝对的集权，也没有任何组织是绝对的分权。因为，绝对的分权，会形成无组织的局面，最终势必造成组织的解体；同样，绝对的集权，会影响组织的活力。应该集中的权力而过于分散，称为上级领导的失职；应该分散的权力而过于集中，称为上级领导的擅权。

在一般情况下，对于基层的或决策数目较多的问题，分权的程度就应高一些；反之，基层需要决策的数目越少，分权的程度就应越低。决策时涉及面广、影响又大，则集权程度就高；反之，集权程度就低。

2. 影响集权与分权程度的因素

（1）主观因素。

①领导者的个人因素。应该说，领导者的个人性格、兴趣爱好、气质、能力等个性心理特征以及个人的经历，对决策问题重要性的主观判断，都会影响其在管理活动中集权与分权的程度；不同领导者的领导观念、领导方式也会影响集权与分权的程度。

②被领导者的个人因素。被领导者的个人因素主要有被领导者的能力、素质及对分权的兴趣等。对于具有较高素质、较强工作能力的被领导者来说，适度的分权能更大限度地调动他们工作的积极性和主动性。

（2）客观因素。

①组织规模。组织规模越大，管理层次越多，决策数目也就越多，协调、沟通及控制的难度就越大，适宜分权；反之，适宜集权。

②组织业务性质。组织业务的内容、范围和性质不同，集权与分权的程度也会不同。对于生产组织而言，单一产品结构宜于集权；而多品种，特别是差异大的产品结构则宜于分权。

③职责与决策的重要程度。一般来说，事关组织发展根本性问题的决策宜于集权；而对于一般事务性问题的决策则宜于分权。

④管理控制技术的改进程度。集权与分权都是为了有助于组织目标的实现。为了避免组织的瓦解，分权的同时要加以控制，管理控制技术越先进，对分权的控制就越有效。

⑤环境要求。如果组织所处的环境复杂而多变，为了更及时、更准确地适应环境变化的要求，必须实行分权；但是，当环境发生巨变时，为了有利于组织的整体协调，还必须保有相当集中的权力。同时，组织成长的历史、组织的文化，也会影响集权与分权的程度。

⑥政策的一致性要求。在组织内，对于需要全体组织成员共同贯彻执行的政策，为了提高效率、降低费用，权力以相对集中为宜；对于在政策上允许不同的某些事物，或者说在统一政策的前提下鼓励创新、鼓励多样性的，则以相对分权为宜。

第三节 组织文化与组织变革

一个动物有机体不仅有外在的躯体，而且还有内在的灵魂。一个组织也是如此，组织除了有它的外在而有形的"躯体"——组织要素之外，也有它内在而无形的"灵魂"——组织文化。一个组织如果只有组织结构，而没有组织文化，这个组织就会逐渐陷入涣散境地而土崩瓦解，不再成其为组织，企业组织尤其如此。组织文化对于组织的重大意义已被广大管理学家、组织学家和企业家们所高度重视。

一、组织文化

（一）组织文化的概念和基本特征

1. 组织文化的概念

"文化"一词来源于古拉丁文，本是指"耕作"、"教习"、"开化"的意思。在中国古籍中最早把"文"和"化"两个字联系起来的是《易经》，"观乎天文，以察时变；观乎人文，以化成天下。"意思是指圣人在考察人类社会的文明时，用儒家的诗书礼乐来教化天下，以构造修身、齐家、治国、平天下的理论体系和制度，使得社会变得文明而有秩序。然而在欧洲的历史中，"文化"一词主要是指由于人类在思维和理性方面的发展而引发的整体社会生活的变化。英国文化人类学家爱德华·泰勒在1871年出版的《原始文化》中第一次把文化作为一个中心概念来使用，并系统表述为："文化是一个复杂的总体，包括知识、信仰、艺术、道德、法律、风俗，以及人类在社会里所获得的一切能力与习惯。"

一般而言，文化有广义和狭义两种理解，广义的文化是指人类在社会历史实践过程中所创造的物质财富和精神财富的总和，狭义的文化是指社会的意识形态，以及与之相适应的礼仪制度、组织机构、行为方式等物化的精神。文化具有民族性、多样性、相对性、积淀性、延续性和整体性的特点。

每个组织都有自己特定的环境条件和历史传统，从而也就形成了自己独特的哲学信仰、意识形态、价值取向和行为方式，于是每个组织也都具有自己特定的组织文化。正如美国哈佛大学教授迪尔和肯尼迪曾经指出的那样："每个企业（事实上也是组织）都有一种文化。不管组织的力量是强还是弱，文化在整个组织中都有着深刻的影响，它实际上影响着企业中的每一件事：从某个人的提升到采用什么样的决策，以至职工的穿着和他们所喜爱的活动。"①

对组织文化的界定向来是众说纷纭。比较经典的是西方学者希恩于1984年下的定义："组织文化是特定组织在适当处理外部环境和内部整合过程中出现的种种问题时，所发明、发现或发展起来的基本假说的规范。这些规范运行良好，相当有效，因此被用作教导新成员观察、思考和感受有关问题的正确方式。"

就组织特定的内涵而言，组织是按照一定的目的和形式而建构起来的社会集团，为了满足自身运作的要求，必须要有共同的目标、共同的理想、共同的追求、共同的行为准则以及相适应的机构和制度，否则组织就会是一盘散沙。而组织文化的任务就是努力创造这些共同的价值观念体系和共同的行为准则。在这个意义上来说，组织文化是指组织在长期的实践活动中所形成的，并且为组织成员普遍认可和遵循的，具有本组织特色的价值观念、团体意识、行为规范和思维模式的总和。

2. 组织文化的基本特征

组织文化本质上属于"软文化"管理的范畴，是组织的自我意识所构成的文化体系。组织文化是整个社会文化的重要组成部分，既有社会文化和民族文化的共同属性，也有自己的不同特点。

（1）组织文化的核心是组织价值观。任何一个组织总是要把自己认为最有价值的对象作为本组织追求的最高目标、最高理想或最高宗旨，一旦这种最高目标和基本信念成为统一本组织成员行为的共同价值观，就会构成组织内部强烈的凝聚力和整合力，成为统领组织成员共同遵守的行动指南。因此，组织价值观制约和支配着组织的宗旨、信念、行为规范和追求目的。从这个意义上来说，组织价值观是组织文化的核心。

（2）组织文化的中心是以人为主体的人本文化。人是整个组织中最宝贵的资源和财富，也是组织活动的中心和主旋律，因此组织只有充分重视人的价值，最大限度地尊重人、关心人、依靠人、理解人、凝聚人、培养人和造就人，充分调动人的积极性，发挥人的主观能动性，努力提高组织全体成员的社会责任感和使命感，使组织和成员成为真正的命运共同体和利益共同体，这样才能不断增强组织的内在活力和实现组织的既定目标。

（3）组织文化的管理方式是以柔性管理为主。组织文化是以一种文化的

---

① 迪尔，肯尼迪. 企业文化［M］. 上海：上海科技文献出版社，1989：4.

形式出现的现代管理方式，也就是说，它通过柔性的而非刚性的文化引导，建立起组织内部合作、友爱、奋进的文化心理环境，以及协调和谐的人群氛围，自动地调节组织成员的心态和行动，并通过对这种文化氛围的心理认同，逐渐地内化为组织成员的主体文化，使组织的共同目标转化为成员的自觉行动，使群体产生最大的协同合力。事实证明，由柔性管理所产生的协同力比刚性管理制度有着更为强烈的控制力和持久力。

（4）组织文化的重要任务是增强群体凝聚力。组织中的成员来自于五湖四海，不同的风俗习惯、文化传统、工作态度、行为方式、目的愿望等都会导致成员之间的摩擦、排斥、对立、冲突乃至对抗，这往往不利于组织目标的顺利实现。而组织文化通过建立共同的价值观和寻找观念共同点，不断强化组织成员之间的合作、信任和团结，使之产生亲近感、信任感和归属感，实现文化的认同和融合，在达成共识的基础上，使组织具有一种巨大的向心力和凝聚力，这样才有利于组织成员采取共同行动。

（二）组织文化的结构与内容

1. 组织文化的结构

一般认为，组织文化有三个层次结构，即核心层、制度层和显现层。

（1）核心层。这是指组织文化中的精神层，是广大员工共同而潜在的意识形态，包括管理哲学、敬业精神、人本主义的价值观、道德观念等。

（2）制度层。制度层也称为中间层，是指体现某个具体组织的文化特色的各种规章制度、道德规范和员工行为准则的总和，也包括组织体内的分工协作关系的组织结构。它是组织文化核心层与显现层的中间部分，是由虚文化（意识形态）向实文化转化的中介。

（3）显现层。显现层又称为物质层，是指凝聚着组织文化抽象内容的物质体的外在显现，它既包括了组织整个物质的和精神的活动过程、组织行为、组织体产出等外在表现形式，也包括了组织实体性的文化设备、设施等，如带有本组织色彩的工作环境、作业方式、图书馆、俱乐部等。显现层是组织文化最直观的部分，也是人们最容易感知的部分。

2. 组织文化的内容

从组织文化的形式来看，其内容可以分为显性和隐性两大类。显性内容就是指那些以精神的物化产品和精神性行为表示形式的，通过直观的视听器官能感受到的，又符合组织文化实施的内容。它包括组织标志、工作环境、规章制度和经营管理行为等方面。

组织标志是指以标志性的外化形态来表示本组织的组织文化特色，并和其他组织明显区别开来的内容，包括厂牌、厂服、厂徽、厂歌、商标、标志性建筑等。组织标志有助于组织形象的塑造，有助于激发员工的自豪感和责任感。工作环境是指员工在组织中办公、生产、休息的场所，良好的工作环境一方面是领导爱护员工、保障员工权利的表现，另一方面又能激发员工热爱组织、积极工作的自觉性。因此，以改善工作环境为主要内容的环境建设是组织文化的一个部分。规章制度是组织成员所必须遵循的行为规范总和，体现组织特色、反映组织精神面貌的规章制度是组织文化的组成部分。经营管理行为如以"质量第一"为核心的生产活动，以"顾客至上"为宗旨的销售活动，以"建立良好人际关系"为目标的公共关系活动等，都是组织哲学、价值观念、道德规范等的具体实施和直接体现，属于组织文化的显性内容。组织文化的显性内容是组织文化的重要组成部分，但它们毕竟是精神的外化，不是组织文化的根本内容。

组织文化的隐性内容是组织文化的根本，也是最重要、最核心的内容，直接表现为精神活动，直接具有文化的特质。组织文化的隐性内容大致包括组织价值观、组织精神、伦理规范等。

(三) 组织文化的功能与塑造

1. 组织文化的功能

组织文化作为一种自组织系统，也具有许多独特的功能：

(1) 自我内聚功能。组织文化通过培育组织成员的认同感和归属感，建立起成员与组织之间的相互依存关系，使个人的行为、思想、感情、信念、习惯与整个组织有机地统一起来，形成相对稳固的文化氛围，凝聚成一种无形的合力与整体趋向，以此激发出组织成员的主观能动性，为组织的共同目标而努力。正是组织文化这种自我凝聚、自我向心、自我激励的作用，才构成组织生存发展的基础和不断成功的动力。从这个意义上来说，任何组织若想取得非凡的成功，其背后无不蕴藏着强大的组织文化作为坚强的后盾。但是，要指出的是，这种内聚力量不是盲目的、无原则的、完全牺牲个人一切的绝对服从，而是在充分尊重个人价值、承认个人利益、有利于发挥个人才干的基础上而凝聚的群体意识。

(2) 自我改造功能。组织文化能从根本上改变员工的旧有价值观念，建立起新的价值观念，使之适应组织正常实践活动的需要。尤其对于刚刚进入组织的员工来说，为了减少他们个人带有的在家庭、学校、社会所养成的心理习惯、思维方式、行为方式与整个组织的不和谐或者矛盾冲突，就必须接受组织文化的改造、教化和约束，使他们的行为与组织保持一致。一旦组织文化所提倡的价值观念和行为规范被接受和认同，成员就会做出符合组织要求的行为选择；倘若违反了组织规范，就会感到内疚、不安或者自责，会自动修正自己的行为。从这个意义上说，组织文化具有某种程度的强制性和改造性。

（3）自我调控功能。组织文化作为团体共同价值观，并不对组织成员具有明文规定的具体硬性要求，而只是一种软性的理智约束，它通过组织的共同价值观不断地向个人价值观渗透和内化，使组织自动地生成一套自我调控机制，以"软约束"操纵着组织的管理行为。这种以尊重个人思想、感情为基础的无形的非正式控制，会使组织目标自动地转化为个体成员的自觉行动，达到个人目标与组织目标在较高层次上的统一。组织文化具有的这种软性约束和自我协调的控制机制，往往比正式的硬性规定有着更强的控制力和持久力，因为主动的行为有着被动的适应所无法比拟的作用。

（4）自我完善功能。组织在不断的发展过程中所形成的文化积淀，通过无数次的辐射、反馈和强化，会不断地随着实践的发展而更新和优化，推动组织文化从一个高度向另一个高度迈进。也就是说，组织文化的不断深化和完善一旦形成良性循环，就会持续地推动组织本身的上升发展，反过来，组织的进步和提高又会促进组织文化的丰富、完善和升华。国内外成功组织和企业的事实表明，组织的兴旺发达总是与组织文化的自我完善是分不开的。

（5）自我延续功能。组织文化的形成是一个复杂的过程，往往会受到社会环境、人文环境和自然环境等诸多因素的影响，因此，它的形成和塑造必须经过长期的耐心倡导和精心培育，以及不断地实践、总结、提炼、修改、充实、提高和升华。同时，正如任何文化都有历史继承性一样，组织文化一经固化形成，就会具有自己的历史延续性而持久不断地起着应有的作用，并且不会因为组织领导层的人事变动而立即消失。如美国英特尔公司的领导人历经数次变动，但其经过多年培育出来的创新精神仍然存在，成为公司不断进取的精神支柱和追求卓越的公司信条。

2. 组织文化的塑造

企业文化首先是在企业中的主要管理者的倡导下形成的，同时只有当企业家倡导的价值观念和行为准则为企业员工广泛认同、普遍接受并自觉地作为自己行为的选择依据时，企业文化才能在真正意义上形成。

（1）管理者的倡导。企业文化首先是企业家文化。企业家倡导某种价值观念和行为准则主要借助两种途径：

①在日常生活中，不仅言传，而且身教。

②借助重大事件的成功处理，促进企业成员对重要价值观和行为准则的认同。

（2）组织成员的接受："社会化"与"预社会化"。社会学的相关研究把一定文化相对应的价值观和行为准则被组织成员接受的过程称为文化的"社会化"过程。从严格意义上说，文化被组织成员的接受包括了"社会化"与"预社会化"两个不同路径。

所谓社会化是指组织通过一定形式不断向员工灌输某种特定的价值观念，如通过组织培训、宣传和介绍反映特定价值观的英雄人物的事迹，借助正式或非正式渠道传送体现特定价值观的企业内部的各种"神话"以及企业家在各种场所的言传身教，从而使组织成员逐渐接受这些价值观和行为准则。

所谓预社会化是企业在招募新员工时不仅提出相应的技能和素质要求，而且注意分析应聘者的行为特征，判断影响应聘者外显行为的内在价值观与企业文化是否一致，从而保证新聘员工接受组织文化，并迅速融入特定的文化氛围中。

3. 企业文化的塑造途径

组织文化的塑造是一个长期的过程，同时也是组织发展过程中的一项艰巨、细致的系统工程。许多组织致力于导入 CIS 系统，颇有成效，它已成为一种直观的、便于理解和操作的组织文化塑造方法。从路径上讲，组织文化的塑造需要经过以下几个过程：

（1）选择合适的组织价值观标准。组织价值观是整个组织文化的核心，选择正确的组织价值观是塑造良好组织文化的首要战略问题。选择组织价值观首先要立足于本组织的具体特点，根据自己的目的、环境要求和组成方式等特点选择适合自身发展的组织文化模式。其次，要把握住组织价值观与组织文化各要素之间的相互协调，因为各要素要经过科学的组合与匹配才能实现系统整体优化。

在此基础上，选择正确的组织价值观标准要注意以下四点：

①组织价值标准要正确、明晰、科学，具有鲜明特点；

②组织价值观和组织文化要体现组织的宗旨、管理战略和发展方向；

③要切实调查本组织员工的认可程度和接纳程度，使之与本组织员工的基本素质相和谐，过高或过低的标准都难以奏效；

④选择组织价值观要发挥员工的创造精神，认真听取员工的各种意见，并经过自上而下和自下而上的多次反复，审慎地筛选出既符合本组织特点又反映员工心态的组织价值观和组织文化模式。

（2）强化员工的认同感。在选择并确立了组织价值观和组织文化模式之后，就应把基本认可的方案通过一定的强化灌输方法使其深入人心。具体做法可以是：

①利用一切宣传媒体，宣传组织文化的内容和精要，使之家喻户晓，以创

造浓厚的环境氛围。

②培养和树立典型。榜样和英雄人物是组织精神和组织文化的人格化身与形象缩影，能够以其特有的感召力和影响力为组织成员提供可以仿效的具体榜样。

③加强相关培训教育。有目的的培训与教育，能够使组织成员系统地接受组织的价值观并强化员工的认同感。

（3）提炼定格。组织价值观的形成不是一蹴而就的，必须经过分析、归纳和提炼方能定格。

①精心分析。在经过群众性的初步认同实践之后，应当将反馈回来的意见加以剖析和评价，详细分析和比较实践结果与规划方案的差距，必要时可吸收有关专家和员工的合理意见。

②全面归纳。在系统分析的基础上，进行综合化的整理、归纳、总结和反思，去除那些落后或不适宜的内容与形式，保留积极进步的内容与形式。

③精炼定格。把经过科学论证和实践检验的精神、组织价值观、组织伦理与行为予以条理化、完善化、格式化，在经过必要的理论加工和文字处理后，用精练的语言表述出来。

（4）巩固落实。要巩固落实以提炼定格的组织文化首先要建立必要的制度保障。在组织文化演变为全体员工的习惯行为之前，要使每一位成员在一开始就能自觉主动地按照组织文化和组织精神的标准去行动是比较困难的，即使在组织文化业已成熟的组织中，个别成员背离组织宗旨的行为也是经常发生的。因此，建立某种奖优罚劣的规章制度十分必要。其次，领导者在塑造组织文化的过程中有着决定性的作用，他们应起到率先垂范的作用，必须更新观念并能带领组织成员为建设优秀组织文化而共同努力。

（5）在发展中不断丰富和完善。任何一种组织文化都是特定历史的产物，当组织的内外条件发生变化时，组织必须不失时机地丰富、完善和发展组织文化。这既是一个不断淘汰旧文化和不断生成新文化的过程，也是一个认识与实践不断深化的过程。组织文化由此经过不断的循环往复达到更高的层次。

二、组织变革

今天的组织生存在动态的、急剧变化的环境中，这样的环境对组织的生存和发展提出了更高的挑战。正所谓物竞天择，适者生存，不变革就在很大程度上意味着灭亡。从那些在激烈的竞争中成功存续和发展的企业的经验中，我们不难发现，主动迎接和适应、根据环境已经发生的和将要发生的变化做出相应的变革和调整是它们成功的唯一依据。组织变革已经成为管理的重要任务之一。

（一）组织变革的概念

组织变革是组织为实现目标，更好地生存和发展，根据组织内外环境的变化，主动对组织现状进行修正、改编和创新的过程。从本质上说，组织变革是依据变化而重新组织和分配组织所拥有的资源的。

（二）组织变革的原因

组织变革受多种因素综合驱动，这些因素大体上可以分为两类：组织外部环境变化和组织内部因素变化。

1. 外部环境变化

组织的外部环境包括经济、政治、法律、社会、文化、人口、市场竞争、技术、外部利益相关者、物质资源、自然环境等。外部环境是一个动态的环境，具有很大的不确定性。根据是否有利于组织目标的实现，可以把外部环境因素划分为外部威胁和外部机会。这里需要注意的是，任何一种因素都既可能成为推动组织变革的强大力量，也可能成为阻碍组织变革的强大力量。另外，不同组织对同一因素的敏感程度可能存在很大的差异，这与组织的使命、目标、结构、管理等都有联系。作为组织的管理者，对组织进行变革就是要重新安排组织各种资源，以充分利用外部机会，回避外部威胁或者减轻威胁对组织的影响。

通常，组织管理者和决策者无法直接控制外部环境，外部环境发生变化意味着对组织的需求发生了变化，而这些需求恰恰是组织存续的基础，所以组织就必须采取应对措施以适应变化。如信息技术的迅猛发展正改变人们的思维方式，对传统的组织结构和工作模式都提出了巨大的挑战；再如源于竞争对手、客户等方面的压力日益增大，被并购的威胁会使管理层变革组织结构和内部流程。在经济全球化和科技迅速发展的今天，与传统的相对稳定的组织外部环境相比，当今这种竞争日趋激烈的动态环境无疑向组织变革提出了更多的要求。

2. 内部因素变化

组织变革的内部动因主要是由组织目标的变化、成员的变化、组织运行和成长中的矛盾引起的。组织目标和战略的改变必然改变组织整体的"航向"，组织的任务、各项工作的基础、组织决策和活动的依据等都必然随之变化，组织变革势在必行。组织运行状况不佳、经营业绩长期下降，组织处于运作效能低下状态，需要通过组织变革来诊治病症，焕发生机，提高运作效能。组织内部员工构成和员工素质的变化可能会带来工作任务的重新分配，尤其是核心员工的变动更容易激发组织的变革。微软中国区前总裁唐骏加盟盛大而带来了盛大公司管理的大变革就是一个例子。同时，随着社会文化的变迁，员工的价值观和需要也会表现出变化，这种变化对任何组织而言都是一个巨大的压力，组织设计和运行必须给人的能动性和创造性发挥创造更有利的条件，必须能在员工新价值观下调动其积极性。

组织本身的成长要求也会带来组织变革。组织在生命周期不同阶段的转换时期，由于对组织结构的要求、组织生产经营方式、组织的市场竞争状况等也处在转换时期，所以随着组织规模的扩大和年龄的增长，组织需要在许多方面做出相应的变革调整。

这些组织内的因素虽然能促使组织进行变革，但也可能会成为组织变革的阻力来源。如组织长期的低效能运作可能导致资金问题，从而使得组织因缺乏相应的资金支持而无法获得足够的变革所需的资源。

（三）组织变革的阻力及对策

1. 组织变革阻力的来源

组织就其本质来说是保守的，一旦发生变革，必定会存在阻力。组织变革的阻力源主要包括：

（1）习惯。人类是有习惯的动物，当面对变革时，人们倾向于以惯常方式做出反应，这种趋向会成为阻力源，因为改变习惯是很痛苦的事情，这种痛苦和不适应自然使得人们可能对变革产生抵触。

（2）安全。变革会带来不安全感，安全需要较高的人可能会强烈抵制变革。当然，不同的人对安全的定义不同，有的人认为有钱就有安全感，而有的人要有人陪才有安全感，还有很多人只有当他们拥有一份稳定的工作才觉得有安全感。所以当西尔斯公司宣布要解雇50000名员工或福特公司引进新的机器人设备时，这些公司的许多员工感到自己的工作受到了威胁，会产生担忧甚至抵制变革的情绪。

（3）经济因素。如果人们担心自己不能适应新的工作或新的工作规范，尤其是当报酬和生产率息息相关时，工作任务或工作规范的改变会引起经济恐慌，从而使人们害怕变革，进而采取措施抵制变革。

（4）对未知的恐惧。组织变革是用模糊和不确定性代替已知和确定的东西，员工对未知的恐惧带来的担忧会影响其对变革的态度。例如，全面质量管理的引进意味着生产工人不得不学习统计过程控制技术，那么一些能力较差的人就会担心他们不能胜任，因此会产生消极态度。

2. 消除组织变革阻力的措施

实际上，阻力客观上对变革也具备一定的积极意义。如迫使管理者重新审视变革的方案，做出更合乎实际的修正，加强变革计划和实施的正确性，减少了出现严重问题的可能性。同时，组织变革的阻力也会间接促进管理者与员工之间的交流和沟通，为管理工作的顺利开展创造了条件。但无论如何，组织变革的阻力大部分时间会抵制组织变革的顺利进行，因此，组织在进行变革的全过程中都应该致力于消除组织变革阻力的不利影响。通常，克服组织变革阻力的策略主要有六种：

（1）加强沟通与交流。管理者通过与员工进行沟通，使他们充分了解客观情况，消除误解，认识变革的必要性，从而减少变革的阻力。可以通过个别交谈、小组讨论、备忘录或报告来实现有效的沟通与交流。当变革的阻力确实来自于沟通不良，并且管理者与员工之间是相互信任的时，沟通是会有效的。但如果这些条件不具备，就不能起到良好的作用。

（2）员工参与。让员工直接参与变革的决策过程是消除变革阻力的有效措施，在变革决策之前，应把持反对意见的人吸引到决策过程中来，对组织中存在的问题和目标进行讨论，对问题的性质和解决方法提出建议。如果参与者具有一定的专业知识，能为决策做出有意义的贡献，那么他们的参与就可以减少阻力，并提高变革决策的质量。

（3）促进与支持。如果员工对变革怀有恐惧、担忧的心理，可以提供心理咨询和治疗或短期的带薪休假。对于技术上难以适应变革的员工，可以提供技术培训。子曰："工欲善其事，必先利其器。居是邦也，事其大夫之贤者，友其士之仁者。"员工在技术上的落后，必然会影响组织的效率，要使员工能够达到组织的要求，就必须利其器——培训。对于员工的其他实际问题，也应尽可能采取相应的措施帮助他们解决或减轻问题。孟子曰："死徙无出乡，乡田同井。出入相友，守望相助，疾病相扶持，则百姓亲睦"，可见，同情和互助是解决员工各种个人问题的有效方式，也是和谐和稳定人际关系的有效工具。

（4）谈判。当变革的阻力非常强大时，可以通过谈判，给予这些个人和部门一定的补偿以换取他们对变革的支持，至少换取他们不反对变革的承诺。但其潜在的高成本和风险是不应忽视的。

（5）操纵和收买。操纵是指隐含的影响力，如封锁不受欢迎的信息，制造谣言使员工接受变革。有的管理者说要是不进行全面的变革，企业很快就要关门，而实际上如果并不存在如此危急的情况的话，管理层使用的就是操纵手段。这要求管理者本身"正"，为员工所信任，否则威胁不会产生效果。收买可以是一种包括了操纵与参与的形式，通过让某个变革阻力群体的领导者在变革决策中承担重要角色来收买他们。相对而言，操纵和收买的成本都较低，并且易于获得反对派的支持。但如果对方意识到自己被利用了，变革推动者会因此而信誉扫地。

（6）强制。也有时候需要管理者力排众议，强制推行变革，直接对抵制者实施威胁和压力。我国在国有企业改革中，在很多时候采取了强制的手段。采取这种方法的变革促进者必须是组织的强势领导人。这种方法不宜孤立地使用，应当结合其他方法，且一般也不宜作为变革的主要方法。

3. 组织变革的实施模式

组织变革是一个过程，有着自身的规律和模式，如果不按照规律和模式进行变革，就会导致无序和混乱。因此，有效的变革需要遵循一定的程序。其中有代表性的是苛特·勒温提出的经典三步骤模式、杰里·W. 吉雷和安·梅楚尼奇提出的变革过程模型以及我国企业组织普遍采用的四阶段模式。

（1）三步骤模式。美国管理心理学家苛特·勒温认为成功的组织变革应该遵循冻结、变革、再冻结的步骤，这三个步骤是一个不断变化的螺旋式发展的过程。再冻结不是变革的终结，而是新的变革的开始。

①冻结。抛弃旧的观点和做法，为树立新的行为和观念做好准备。一般说来，除去旧习与学习知识一样不易。在全神贯注于改革本身时，往往容易忽视这一阶段，但不能摒弃旧观念常常会造成对变革的抵制。正如农夫在撒播种子前一定要先清理田地一样，经理也一定要帮助员工清除思想中的旧角色与旧目标，只有这样他们才能接受新思想。

②变革。向组织成员指明变革的方向和方法，使之形成新的态度和接受新的行为方式，实现行为转化，通过认同和内在化，加速变革的进程。此过程包括帮助员工按新的方法进行思考、推理和做事，是从旧的观念、行为转变为新观念、新行为的阶段。这时会有迷惑不解、茫无头绪、负载过重以及绝望。同时，变革阶段也伴有希望、发现和激动。

③再冻结。新观念和新行为得到巩固，成为新的行事方式，这是变革后的行为强化阶段。通过连续强化（指在被改变的人每次接受新的行为方式时予以强化）和断续强化（指在预定的反应次数间隔时间给予强化），使已经实现的变革（如态度和行为方法等）趋于稳定化、持久化，形成模式行为。把学到的东西付诸实践，除了理智上接受以外，还要在感情上接纳新做法，并把其融入到员工的日常行为当中。仅仅知道一个新程序并不能保证它的应用，正如一位农民对建议作物改良的农业扩展代理所说的话："我已经掌握的技术在耕作时连一半都用不出来。"因此，成功的工作实践，是这一阶段的最终目标。

（2）变革过程模型。杰里·W. 吉雷和安·梅楚尼奇认为，变革过程模型涉及五个方面的活动：识别假设、分析选择、作出承诺、选择合适的行动和参与批判性反思活动。

①识别假设。组织在发起变革前，首先需要识别其有关变革的假设。假设是对想当然的现实的信念、指导人们行为的原则或一整套共同的信念和传统的智慧。假设涵盖一系列被认为是真实且明确的条件、原则、伦理道德和期望。其实，假设是大多数决策的基础。因此，在从事变革活动前识别人们关于环境和事件的假设变得尤为重要。除非对假设进行识别和理解，否则个体和组织将在推进和接受组织变革过程中受挫，尤其当采用如组织转型那样较激进的变革时。

②分析选择。分析组织的选择以揭示决策制度过程中的关键要素。分析选择过程包括考察决策是如何制定的、谁参与了决策过程、有什么原则以及结果如何。从事这一分析过程使组织能够更好地确定他们的决策是否带来了期望的变革。

③作出承诺。承诺对于带来真正的、持久的变革至关重要。没有组织成员真诚的和富有奉献精神的承诺，变革的倡议活动注定会失败。

④选择合适的行动。实施变革要求组织采取行动。合适的行动可能包括财力和人力资源配置、组织重构和确定发展战略等。所有这些都有助于个体和组织为了获得期望的结果而做出必要的改变。

⑤参与批判性反思活动。批判性反思能够揭示以前所不了解的或不理解的含义，并能够说明以前和现在在期望上的差异。个体和组织可以通过参与批判性反思活动来了解其决策制定过程。

（3）四阶段模式。综观我国各类企业、组织机构的组织变革，就目前来说，一般情况下都要经历如下四个阶段：

①样板阶段，也就是试点阶段。在这一阶段，组织把先进的管理理念、生产方式和技术等在组织的一定范围内进行试点，以发现它们在运行过程中产生的各种问题，找出相应的解决方案，并在试点后对经验教训进行总结归纳，以便在其他地方推广。

②学习阶段。即苛特·勒温三步骤中的解冻阶段。在这一阶段，组织的主要任务是让组织的全体学习样板的经验，以改变陈旧的思维方式和工作方式，为变革的推广做好准备。

③推广阶段。在这一阶段，其他部门或子组织在学习样板的基础上，结合自身的特点，把学到的知识、理念等付诸实践，推广实施样板的成功经验，全面变革组织。

④稳固阶段。组织通过一系列强化措施，稳定巩固变革的成果，使已经实现的变革（如工作态度、行为方式等）趋于稳定化、持久化，和组织融为一体。

这四个阶段的划分，并不是绝对的，在它们之间，没有泾渭分明的界限。同样，这四个阶段在时间上也没有绝对的先后之分。有很多企业组织在变革的时候，其样板阶段和学习阶段是同时进行的，或虽然不是同时进行，但这两个阶段也很难明确区分；也有一些组织，它们经常把学习阶段和推广阶段结合在一起，一边学习，一边推广；还有一些组织，它们的再冻结阶段基本随着变革的深入而悄悄开始，正所谓"润物细无声"。

第四节　人力资源管理

一、人力资源概述

（一）人力资源管理的概念

人力资源管理是指组织为了实现既定的目标，运用现代管理措施和手段，对人力资源的取得、开发、保持和运用等方面进行管理的一系列活动的总和。从以上概念可知，人力资源管理包括以下几方面内容：

（1）任何形式的人力资源开发与管理都是为了实现一定的组织目标。

（2）人力资源管理必须充分有效地运用计划、规划、组织、指挥、监督、协调、激励和控制等现代管理手段才能达到人力资源管理的目标。

（3）人力资源管理主要研究人与人关系的利益调整、个人的利益取舍、人与事的配合、人力资源潜力的开发、工作效率和效益的提高以及实现人力资源管理效益的相关理论、方法、工具和技术。

（4）人力资源管理不是单一的管理行为，它必须使相关管理手段相互配合才能取得理想的效果。例如，薪酬管理必须与绩效考核、晋升、人员流动等相配套。

可见，人力资源管理的主要任务就是以人为中心、以人力资源投资为主线，研究人与人、人与组织、人与事的相互关系，掌握其基本理念和管理的内在规律，充分开发、利用人力资源，充分调动人的主动性和创造性，促使组织绩效的提高和组织目标的实现。

（二）人力资源管理的过程

人力资源管理是组织在特定环境中进行的一种以人为对象的、包括一系列活动步骤的专项或专业管理工作，其基本过程如图 5-9 所示。

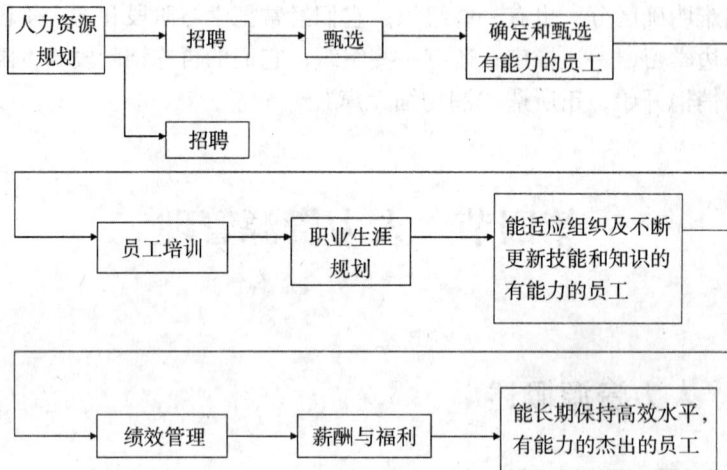

图 5-9　人力资源管理的过程

二、人员配备

（一）工作分析

工作分析是人力资源管理最基本的工作。工作分析是对组织中各项工作职务的特征、规范、要求、流程，以及对完成此项工作员工的素质、知识和技能要求进行描述的过程。工作分析一般包括两个方面的内容：一是确定工作的具体特征，二是找出工作对任职人员的各种要求。前者称为职务说明，后者称为工作规范。工作分析结束后要编制职务说明和工作规范两种书面文件，以作为指导各阶段人力资源管理工作（如招聘、绩效考评、激励和培训等）的依据与指导。

职务说明具体描述了工作的物质条件和环境特点，主要解决工作内容与特征、工作责任与权力、工作目的与结果、工作标准与要求、工作时间与地点、工作岗位与条件、工作流程与规范等问题。职务说明并无统一的标准，但规范的职务说明应包括工作名称、工作活动和工作程序、物理环境、社会环境和聘用条件等内容。

职务规范是用来说明担任某项职务的人员必须具备的生理要求和智力要求，主要包括年龄、性别、学历、工作经验、健康状况、力量与体力、运动的灵活性、感觉器官的灵敏度，以及观察能力、记忆能力、理解能力和学习能力等内容。

案例学习

发达机械设备有限公司的工作分析

发达机械设备有限公司最近遇到了比较棘手的问题，公司正值新老员工交替，有25名老员工即将退休，公司不得不重新雇用25个新员工以取代退休者。然而问题在于，老员工对他们的工作很熟悉，因此当时为了省事就没有为他们编写工作说明书，但25名新员工走上工作岗位之后，就产生了混乱，他们根本不知道应当做什么以及如何做。目前，公司有一批订单要完成，公司总经理韩总现在处于束手无策的困境，他决定去向当地一所大学工商管理学院的杨教授寻求帮助。公司现在的人员构成如下：有25名新员工，10名老员工，还有原来的工厂主管老梅。杨教授要求老员工们填写工作描述问卷，列举出他们的工作任务。看完问卷后，争议随之而起，因为韩总和老梅都认为，老员工为了显示他们在企业中的重要地位，夸大了他们的工作分量；而这些老员工则认为他们很诚实地描述了自己的实际工作情况。一方面，公司内部的这种争论得不到解决；另一方面，顾客在等待他们所订购的产品。

讨论题：

1. 韩总和杨教授应当忽略老员工的意见而按照他们自己认为合适的内容来编写工作说明书吗？

2. 你认为应当如何进行工作分析？

（二）人力资源规划

人力资源规划就是确保组织根据自身的需要，在适当的时候为适当的职位选配到适当数量和类型的人员，并为促进人员的不断发展而对组织人力资源进行全面的规划与安排。人力资源规划一般包括如下几方面内容。

1. 通过任务目标分析，确定人力资源需求计划

人力资源需求计划可以预估组织未来对人和职务的需求。任何企业对人力资源的需要，从根本上说都是由企业落实其未来发展目标和战略的需要决定的，战略规划确定了组织的方向和所需的人员数量、质量和结构方面的变化。例如，决定开发一项新产品或建立一个新部门，就意味着需要增加新的成员和岗位；如果计划紧缩业务，则会削减人员数；如果战略上需要维持现状，则只有在岗人员离岗时，才会雇用新员工。人力资源需求计划是对企业未来经营状况的一种反映，基于对企业发展目标和经营规模的估计，管理者可以估算出为达到预定的目标和经营规模所需配备的人力资源的规模和素质状况。

2. 通过职位分析，确定具体的职位空缺计划

职位分析旨在确定某项工作的任务和性质是什么，以及应寻找具备何种资格条件的人来承担这项工作。职位分析无论是由直线管理人员还是人力资源管理专业人员来做，都必须着眼于了解和规定以下几方面的信息：这一职位包含的工作有哪些；工作中人的行为应该是怎样的；工作中使用什么机器、设备、工具以及其他辅助用具；衡量工作的绩效标准是什么；此职位对人的素质条件有什么要求。一旦组织中需要开展的工作明确下来，那么，将它与现有组织的职位设计情况相比较，就可以制定出具体的职位空缺计划。职位空缺计划反映了企业未来需要补充的人力资源的类别和结构。

3. 结合对人力资源现状的分析，制定满足未来人力资源需要的行动方案

根据组织任务目标和职位分析的要求，确定组织在未来某一时刻需要填补空缺的职位后，就要针对当前人力资源供应情况制定人力资源增补的计划与方案。我们要分析组织现有的人力资源的供应情况，以便确定人力资源上的供求差距。为此，可在组织范围内开展人力资源调查。在计算机技术高度发达的今天，对于绝大多数组织来说，要形成一份准确、全面的人力资源调查报告应该不是一件困难的事。这份报告的数据来源于员工填写的调查表，调查表可能会开列员工的姓名、学历、所受培训情况、能力和专长等栏目，它能帮助管理者评价组织中现有的人员与技能状况。对人员未来需求和组织现有人力资源情况作了以上评估以后，管理者可以测算出未来人力资源的短缺情况和组织中可能出现超员配置的领域，然后决定增补、选拔员工或减员。

案例学习

芳华会计师事务所的人员管理

芳华会计师事务所成立于1999年，多年以来公司逐渐趋于稳定经营，

2008 年形成稳定局面，并维持一定规模。但公司的人员管理制度不完善，总是等到人员流失后才开始招聘新的人员，进而出现人员不到位或即使到位后也不能马上适应新的工作环境的情况。

公司提供内部资料如下：公司员工职位有四层，分别为合伙人、经理、高级会计师和会计师，如表5-1所示：

表 5-1　2008 年芳华会计师事务所各职位人员数

职位	人数
合伙人	40
经理	80
高级会计师	120
会计师	160

在 2004~2008 年中，员工调动的概率如表5-2所示，其中包括各职位人员升迁和离职的比率。在升迁部分，各个职位除合伙人之外，只要表现好，皆有升迁的机会，特别优异的高级会计师还有机会直接升为合伙人，只是机会不大；在离职方面，由于人才竞争激烈，每年在各职位上的人员皆有离职的情况。

表 5-2　员工调动的概率

职位 年度	合伙人		经理		高级会计师		会计师	
	离职	升高层 合伙人	离职	升为 合伙人	离职	升为 经理	离职	升高级 会计师
2004	0.20	0.08	0.13	0.08	0.11	0.07	0.11	0.19
2005	0.23	0.07	0.27	0.02	0.12	0.05	0.29	0.15
2006	0.17	0.13	0.20	0.04	0.10	0.08	0.20	0.11
2007	0.21	0.12	0.21	0.05	0.09	0.03	0.19	0.11
2008	0.19	0.10	0.19	0.06	0.08	0.02	0.21	0.13

讨论题：

1. 从提供的员工调动概率表中你看出了什么问题？

2. 你认为出现这种问题的原因是什么？

3. 请策划一个方案来解决该会计师事务所目前和将来可能面临的人力资源问题。

（三）招聘

在编制出组织人力资源规划后，就可以结合职务分析进行组织人员的招聘和录用工作了。人力资源规划是组织招聘人员的基本前提，规划的结果决定了组织是通过内部提升来满足人员需求，还是必须通过外部招聘以补充人员不足；规划还决定了外部招聘人员的数量、结构和类型。换言之，任何招聘都必须服从于企业目标和规划，应针对组织的需要和性质进行，它包括外部招聘和内部提升。

1. 外部招聘

外部招聘是根据一定的标准和程序，从组织外部的众多候选人中选拔符合空缺职位工作要求的管理人员。外部招聘具有许多优点：

（1）应聘者具有"外来优势"。所谓"外来优势"，主要是指被聘者没有"历史包袱"，成员只知其目前的工作能力和成绩，而对其历史，特别是职业生涯中的失败记录知之甚少，因此，如果他确有工作能力，便可迅速干出一番事业。相反，如果从内部提升，成员可能对新上司在成长过程中的失败记录有着非常深刻的印象，从而可能影响其大胆地放手工作。

（2）外部招聘有利于平息和缓和内部竞争者之间的紧张关系。对于组织中空缺的管理职位，可能有好几个内部竞争者都希望得到。如果员工发现自己的同事，特别是原来与自己处于同一层次、具有同等能力的同事得到提升而自己却没有时，就可能产生不满情绪，以致懈怠工作。从外部选聘可以使这些竞争者得到某种心理上的平衡，从而有利于缓和他们之间的关系。

（3）外部招聘能够为组织带来新鲜空气。来自外部的人员可以为组织带来新鲜的管理方法与经验，他们没有被太多的框框束缚，工作起来可以放开手脚，从而给组织带来较多的创新机会。此外，由于他们新加入组织，与上级或下属不存在个人恩怨，从而在工作中可以很少顾忌复杂的人情关系。

外部招聘也有许多局限性，主要表现在以下三个方面：

（1）外聘者不熟悉组织的内部情况。由于不熟悉组织的历史和现状，同时也缺乏一定的人事基础，因此，需要一段时期的适应才能有效地开展工作。

（2）组织对应聘者的情况不能深入了解。虽然选聘时可借鉴一定的测试、评估方法，但一个人的工作能力是很难通过几次短暂的会晤、几次书面测试而得到反映的。被聘者的实际工作能力与选聘时的评估能力可能存在很大差距，因此组织可能聘用一些不符合要求的人，这种错误的选聘可能给组织造成极大的损失。

（3）外部招聘的最大局限性莫过于对内部员工的打击。大多数员工都希望在组织中有不断发展的机会，都希望能够承担越来越重要的工作。如果组织经常从外部招聘管理人员，且形成制度和习惯，则会堵死内部人员的升迁之路，从而挫伤他们的工作积极性。同时，有才华、有发展潜力的外部人才在了解到这种情况后也不敢贸然应聘，因为一旦应聘成功，虽然在此组织中工作的起点较高，但今后提升的希望却很小。

2. 内部提升

内部提升是指在组织成员的能力增强并得到充分证实后，被委以需要承担更大责任的更高职务。作为填补组织由于发展或伤老病退而空缺的管理职务的主要方式，内部提升具有以下优点：

（1）有利于鼓舞士气，调动组织成员的积极性。内部提升制度会给每个人带来希望，因为每个组织成员都知道，只要在工作中不断提高能力、丰富知识，就有可能被委以重任，这种职业生涯中的个人发展对于每个人都是非常重要的。职务提升的前提是要有空缺的管理岗位，而空缺管理岗位的产生主要取决于组织的发展，只有组织发展了，个人才可能有更多的提升机会。因此，内部提升制度能更好地维持成员对组织的忠诚度，使那些有发展潜力的员工能自觉地积极工作，以促进组织的发展，从而为自己创造更多的职务提升机会。

（2）有利于吸引外部人才。内部提升制度表面上是排斥外部人才，不利于吸收外部优秀的管理人员，其实不然。真正有发展潜力的管理人员知道，加入到这种组织中担任管理职务的起点虽然比较低，有时甚至需要一切从头做起，但是凭借自己的知识和能力，可以花较少的时间熟悉基层的业务，从而迅速地提升到较高的管理层次。由于内部提升制度也为新来者提供了较好的发展前景，因此外部的人才愿意到这样的组织中工作。

（3）有利于保证选聘工作的正确性。组织对已经在组织中工作若干年的候选人的了解程度必然要高于外聘者。候选人在组织中工作的时间越长，组织越有可能对其全面、深入地考察和评估，从而使选聘工作的正确程度越高。

（4）有利于被聘者迅速展开工作。管理人员能力的发挥要受到他们对组织文化、组织结构及其运行特点的了解。从内部提升上来的管理者，由于熟悉组织中错综复杂的机构和人事关系，了解组织运行的特点，因此可以迅速地适应新的管理工作，工作起来要比外聘者更加得心应手，从而能迅速打开局面。

同外部招聘一样，内部提升也可能带来某些弊端：

（1）引起同事的不满。在若干个内部候选人中提升一个管理人员，可能会使落选者产生不满情绪，从而不利于被提拔者展开工作。避免这种现象的一个有效方法是不断改进干部考核制度和方法，正确地评价、分析、比较每一个内部候选人的条件，努力使组织得到最优秀的管理人员，并使每一个候选人都能体会到组织的选择是正确的、公正的。

（2）可能造成"近亲繁殖"的现象。从内部提升的管理人员往往喜欢模仿上级的管理方法，这虽然可使优秀经验得到继承，但也有可能使不良作风得以发展。况且，组织中缺少"新鲜血液"的输入，不利于引进新思想和新的工作方法。因此，在评估候选人的管理能力时，必须注意对他们创新能力的考察，当组织在组织内部找不到所需的人才时，仍坚持内部提升和培养，则会影响组织的绩效和未来发展。

（四）甄选

招聘过程吸引来一批应聘者后，人力资源管理过程的下一步就是要确定谁是该职位最合格的人选，这一步骤称为甄选。甄选是对应聘者进行甄别和筛选，以确保最合适的候选人得到这一职务。

管理者可以使用以下方法对申请者进行甄选：

1. 查看申请表

几乎所有的组织都要求应聘者填写一份求职申请表，提交自己的个人资料。申请表可能是一份让应聘者填上姓名、地址和电话号码的简表，也可能是一份综合性的个人简历表，要求仔细地填写个人的活动、技能和成就。通常，申请表中只有一些栏目被证明具有效度，而且常常只对某些特定工作具有绩效预见功能。人力资源管理部门可根据简历和申请表提供的资料，对应聘者进行初选，筛选出较适合的人选，再进行笔试、面谈等。

2. 笔试

典型的笔试包括智商、情商、能力、专业知识和个性等方面的内容。有充分的证据证明，对智商能力、空间和机械能力、认知准确性和运动能力进行测试，对工业组织中许多半熟练和非熟练的操作工作具有中等程度的效度。不过，笔试也有不足，即智商及其他测试指标可能在一定程度上与来自工作的实际业绩脱钩。例如，智商测试的高分并不一定能很好地预见应聘者会出色地完成计算机程序编制工作。另外，求职者的工作意愿和动机水平很难通过笔试了解。

3. 绩效模拟测试

绩效模拟测试是基于职务分析资料做出的，所测验的是人的实际工作行为，因此自然应当比笔试更能满足工作表现相关性的要求。最有名的绩效模拟测试方法有工作抽样法和测评中心法两种。前一种方法适用于常规的职务，后一种方法更适用于挑选从事管理工作的人员。

工作抽样法是给应聘者提供一项职务的缩样复制物，让他们完成该项职务的一种或多种核心任务。应聘者通过实际执行这些任务，展示他们是否拥有所需的才能。人力资源管理部门借助于职务分析得来的资料对工作样本进行仔细设计后，可以确定该项职务需要哪些知识、技术和能力，并将这些工作样本因素与相应的职务绩效因素匹配起来。工作抽样法一般会产生比笔试更好的效果。

测评中心法是由直线主管人员、监督人员及受过训练的心理学家组成一个测评中心，模拟性地设计出实际工作中可能面对的一些问题，让应聘者经受几天的测试练习，从中评价其管理能力。练习活动根据实际工作者会遇到的一系列可以描述的活动要素来设计，可能包括与人面谈、解决出现的问题、小组讨论和经营决策博弈等。测评中心法能预见应聘者以后在管理职位中的工作表现，特别适用于评价应聘者的管理潜能，但使用这种方法的成本较高。

4. 面谈

面谈与申请表一样，几乎是普遍得到使用的一种人员甄选方法。面谈可以成为既有效度又有信度的甄选方法，但很多时候并非如此。面谈对应聘者的评价带有一定的主观性，一般的面谈通常不会提供多少有价值的信息，如果没有按标准化的方式进行，还可能潜伏着各种潜在的偏见和障碍。精明的应聘者往往会突出其最佳的一面，而掩盖其缺点。为此，在面谈时应该注意以下几点：对所有应聘者设计一些固定的问题；尽量减少对应聘者履历、经验、兴趣、测试成绩或其他方面的先前认识；多提问那些要求应聘者对实际做法给予详尽描述的行为问题；采用标准的评价准则；面谈中要做笔记；避免短时间面谈而导致过早形成决策等。

5. 履历调查

履历调查的主要形式是核实申请资料，这种形式已被证实是获取应聘者有关信息的一个有价值的渠道。研究证明，对申请表中填写的"事实"进行核实是有益的。有相当大比例的职务应聘者对他们的就业日期、职务头衔、过去薪金或离开原工作岗位的原因夸大其词或叙述不准。因此，将这些申请表上的硬性资料通过其原来的雇主进行核对，是一种有意义的行为。

6. 身体检查

对于某些具有体力要求的职务，身体检查具有一定的效度。但在今天，有体力要求的职务越来越少了，如今的身体检查是为确保健康而做的检查，通过此方法可以对患有传染病的或体能上不适合某类工作的人员预先筛选，以减少组织未来的管理成本。

（五） 解聘

如果在人力资源规划工作中发现存在超员情况，或是发现会给该组织带来重大不良影响和后果的员工，管理者就需要减少和辞退组织所配备的员工，我们把这种活动称作解聘。解聘的方案不止一个，无论实施哪种方案，作为人力资源管理来说都应当做好三个方面的准备：第一，要有完善的人力资源管理的解聘制度；第二，要有规范的员工绩效考核体系与实施方案；第三，要有耐心进行多次、不同形式的沟通。表 5-3 列出了各种解聘方案。

表 5-3　解聘方案

方案	说　明
解雇	永久性、非自愿终止合同
暂时解雇	临时性、非自愿终止合同
自然减员	对自愿辞职或正常退休腾出的职位空缺不予填补
提前退休	为员工提供补偿，使其在正常退休前提早离岗

案例学习

亚特公司的人员问题

亚特公司是一家化工企业，主要生产和销售医疗药品。随着生产业务的扩大，为了对生产部门的人力资源进行更为有效的管理开发，公司总经理把生产部经理罗云和人力资源部经理胡刚叫到办公室，商量在生产部设立一个处理人事事务的职位，主要负责生产部与人力资源部的协调工作。最后，总经理说希望通过外部招聘的方式寻找人才。

在走出总经理办公室后，人力资源部经理胡刚就开始做一系列的工作，在招聘渠道的选择上，人力资源部设计了两个方案：一个方案是在本行业专业媒体上做专业人员招聘广告，费用为4000元，此方案的好处是对口的专业人才比例会高些，招聘成本低，不利条件是对专业的宣传力度小。另一个方案是在大众媒体上做招聘广告，费用为8000元，此方案的好处是对企业的宣传力度大，不利条件是非专业人才的比例很高，前期筛选工作量大，招聘成本高。经研究，初步决定选用第一种方案。而总经理在看过招聘计划后，认为公司在本地区处于初期阶段，不应放过任何一个宣传企业的机会，于是决定选择第二种方案。

公司招聘广告刊登的内容如下：

您的就业机会在亚特化学有限公司

职位：生产部人力资源主管，主管生产部和人力资源部两部门的协调工作

抓住机会！充满信心！

请把简历寄到：亚特公司人力资源部（收）

在一周内的时间里，人力资源部收到了700多份简历。胡刚和人力资源部的其他人员在其中筛选出60份有效简历，经筛选后，留下6人。于是他来到生产部经理罗云的办公室，将此6人的简历交给了罗云，并让她直接约见面试。罗云经过筛选后选择了两人——黄建国和马华：

黄建国，男，企业管理学士学位，31岁，有6年一般人事及生产管理经验，在之前的两份工作中均有良好表现。

马华，男，企业管理学士学位，31岁，5年人事及生产管理经验，以前曾在两个单位工作过，第一个单位主管的评价很好，没有第二个单位主管的评价。

从以上资料可以看出，黄建国和马华的基本情况相当。与此二人面谈后，公司通知他们一周后等待通知。在此期间，黄建国在静候佳音；而马华打过两次电话给胡刚，第一次表示感谢，第二次表示非常想得到这份工作。

生产部经理罗云在反复考虑后，来到人力资源部与胡刚商谈，胡刚说："两位候选人看来都不错，你认为哪位更合适？"罗云说："两位都合格，唯一存在的问题就是马华的第二家公司主管给的资料太少，但是，我也看不出他有何不好的背景，你的意见呢？"

胡刚说："很好，显然你我对马华的面谈表现都有很好的印象，人嘛，有点圆滑，但我想我会很容易与他共事，相信在以后的工作中不会出现大的问题。"

罗云说："既然他将与你共事，当然由你做最后的决定。"于是，胡刚最后决定录用马华。

马华来到公司工作了6个月，在工作期间，公司发现他的表现不如期望得好，对于指定的工作经常不能按时完成，有时甚至出现不能胜任此工作的情况，所以引起了管理层的不满，显然他对此职位不适合。

讨论题：

1. 试述影响人力资源供应的因素有哪些。
2. 试述此案例在招聘操作中的不足。
3. 公司应采取何种方案来解决这些不足？

三、人员培训

培训是一个组织为改善内部员工的价值观、工作能力、工作行为和工作绩效而进行的有计划的学习活动。培训是现代人力资源开发的基本手段。由于技术进步、生产经营活动的国际化和人力资源结构的多样化，如何在竞争中保持人力资源的优势，成为企业在市场中立于不败之地的关键。对员工而言，由于许多工作的内容和要求经常变动，因而也需要不断学习新的知识和技能。同时，外在的压力也需要员工不断调整他们对工作质量、技术、同事和顾客的态度。总之，人员的培训正是保持组织人力资源优势、培养员工适应不断变化的工作环境的能力，从而有效实现组织目标的重要措施。

至于培训的方式，应根据培训目标、培训对象和培训类型等具体情况而定。培训类型一般可分为在岗培训和脱岗培训两类。

（一）在岗培训

在岗培训是指受训者通过实际参与某项工作、操作某种设备，并接受相应现场指导来学会有关技能。大量的培训是在工作岗位上进行的，这是一种将学习和应用直接结合起来的培训方法，不存在从理论到实践的转化问题。在岗培训一般由经验丰富的管理人员或员工骨干实地示范工作，此种培训可以是在工作过程中进行，也可以利用工余时间或节假日进行。下面是几种在岗培训的常用方式。

1. 示范

受训者先观摩演示者的工作示范，然后自己动手练习。而对于新员工而言，通常是跟随经验丰富的老员工学会如何工作的，在作业活动领域中，通常将此二人的关系称为师徒关系。示范的优点是学习的内容与工作直接相关，针对性强，缺点是可能会由于演示者自身的不足而造成失误。要避免失误的发生，应在示范之后尽快进入辅导教育阶段，建立受训者与培训者之间的互动关系，以促使受训者尽快掌握操作技能。

2. 指导

这是由受训者先观察指导者的工作过程，再对其进行模仿，而指导者在受训者进行一系列模仿的过程中提供必要的支持和帮助。受训者是在有经验的指导者的指导下开展工作的，如果指导者在组织中有一定的地位，则两者之间的持续对话，可以使指导者施加其影响于受训人，并为受训人争取更多的锻炼机会，使其增强自信，同时对组织方针和文化有更透彻的了解。这种方式特别适合对管理人员的培养。

3. 岗位轮换

也称职务轮换，是通过横向的交换，使员工从事另一岗位的工作。它使员工在逐步学会多种工作技能的同时，也增强其对工作间相互依赖关系的认识，并产生对组织活动的更广阔的视角。这种系统的换岗安排，可以使员工参与不同工作活动，有利于其发挥自身的灵活性，增长和丰富自己的才干和经验，并使不同部门之间建立更紧密的联系。岗位轮换的主要缺点是，由于时间限制，从事每种工作的时间都不会很长，受训者可能没有机会完整地运用某些技能。

4. 业余进修

这是指员工利用工作之外的时间，通过自学或函授、网上教育等形式获得新知识，进行个人能力的开发。随着知识社会的来临和竞争的加剧，这种业余进修已越来越受员工的重视。对于员工的这种自我开发行为，组织应制定相应的政策予以鼓励，这样可以激发员工的上进心和学习热情。

大多数的培训是以在岗培训方式进行的，这可以归因于该类方法简单易行且成本较低。但是，在岗培训可能会扰乱工作的正常秩序，并导致工作失误增加。另外，有些技能的培训相当复杂，难以在工作的同时进行学习，在这种情况下就需要脱岗培训。

（二） 脱岗培训

脱岗培训是指受训者脱离工作岗位，在工作场所以外的环境下接受培训。脱岗培训是指培训对象脱离工作岗位，集中时间和精力参加培训活动。脱岗培训的好处是比较系统、正规、有深度，培训效果较好，尤其对提高管理人员和技术人员的素质非常有效。缺点是短期内会在一定程度上影响工作，培训成本较高。脱岗培训的具体方式包括课堂讲授、视听教学、研讨、角色扮演、案例分析、商业游戏和网络培训等。

1. 课堂讲授

这是一种最普遍的传统培训方法。由教师在课堂中讲解培训课程的概念、知识和原理，它的最大优点是可以在较短的时间内向较多的培训对象传递大量的信息，平均培训成本较低，缺点是受训人员参与性较差。

2. 视听教学

它是用录像带、光盘、幻灯片等教学手段实施培训的方法。其优点是视听的感官刺激，可以使参训人员留下深刻印象。缺点是缺乏交流沟通，实际效果较差。

3. 研讨

它是指先由专家或专业人士就某一培训专题进行讲座，随后由培训对象就此主题进行自由讨论，以达到深入理解的目的。此法较适用于管理人员的培训。

4. 角色扮演

它是指为受训者提供某种工作情景，要求某些受训人担任工作角色并现场表演，其余受训者观看表演，并观察与模仿培训对象有关的行为，培训师则予以现场指导和评价。此法较适用于具体技能的培训。

5. 案例分析

它是围绕一定的培训目的，把实际工作中面临的问题加以典型化并形成案例，提供给培训对象，让他们通过阅读、思考、分析与讨论，发现问题、分析问题并提出解决问题的办法。这种培训方法对培养分析和解决实际问题的能力很有帮助。

6. 商业游戏

它是将参加培训的人员分为若干小组，每个小组代表一家公司，根据公司目标对各项经营策略做出决策，并通过计算机和网络在模拟的市场中与其他公司竞争。这种培训方法可以用来开发领导决策能力，培养团队合作精神。

7. 网络培训

这是通过互联网进行的、以自我学习为中心的一种培训方式，即在公司的网站上设立虚拟课堂，所有的培训活动都在网上进行。其特点是培训不受时空限制，员工可以随时随地上网学习所需的知识。要想开展网络培训，企业必须投资建立良好的网络培训系统。

案例学习1

体育器械公司的人员培训

王霞是北京一家体育器械公司的人力资源部经理，公司最近招了一名销售员小郑，经过面谈后，王霞认为小郑在销售方面具有很大的潜力，具备公司招聘销售人员的条件。可是，两个星期后，销售部经理却告诉她，小郑提出离开公司。王霞把小郑叫到办公室，就他提出辞职一事进行面谈。

王霞：小郑，我想和你谈谈。希望你能改变你的主意，留在公司继续工作。

小郑：对不起，我不能留下。

王霞：那么请你告诉我，为什么你想走，是别的企业给你的薪水更高吗？

小郑：不是。实际上我还没有找到其他的工作。

王霞：你没有新的工作就辞职？

小郑：是的，我不想在这里呆下去了，我觉得这里不适合我。

王霞：能告诉我为什么吗？

小郑：在我上班的第一周，别人告诉我，正式的培训要一个月后才进行，他们给我一本销售手册，让我在这段时间里阅读学习。第二周，有人告诉我在海淀区有一个展览，要我去公关部帮忙一周。第三周，又让我整理公司的图书。在产品培训课程开课的前一天，又有人通知我说，由于某些原因课程推迟半个月，安慰我不要着急，说先安排公司的销售骨干老刘给我做一些在职培训，并让我陪老刘一起访问客户。所以我觉得这里不适合我。

王霞：小郑，在我们这种行业里，每个新员工前几个月都是这样的，其他地方也一样。

讨论题：

1. 你认为这家公司对新员工的培训存在哪些问题？

2. 针对此案例，就如何避免上述问题提出你的建议。

案例学习 2

快餐公司的培训工作

美味快餐公司虽开办不足四年，但发展得很快，从开业时的三家店面，到现在已经有 11 家分店了。不过，公司分管人员培训工作的总经理陈天明却发现，直接寄到公司和由消费者协会转来的顾客投诉信越来越多，上个季度竟达80 多封。这不能不引起他的不安和关注。所投诉的问题主要集中在菜及主食的品种少、味道不好、价格太贵，以及有关服务员的服务不好，不仅指态度欠热情、上菜太慢、卫生打扫不彻底、语言不文明，而且业务知识差，顾客询问有关食品的问题（如菜的原料规格、烹饪程序等）时，常常一问三不知，并且当顾客抱怨店规不合理时，服务员听了不但不予接受，还粗暴反驳。陈总分析，服务员业务素质差、知识不足、态度不好，也不能全怪他们，因为生意扩展快，需要大量招入新职工，而对有的新职工，只草草地做半天或一天岗前培训，有的甚至未培训就上岗了，当然会影响服务质量。

服务员们的工作是两班制。陈总指示人事科武科长拟定一个计划，对全体服务员进行两周业余培训，每天三小时。开设的课既有公共关系实践、烹饪知识与技巧、本店特色菜肴、营养学常识、餐馆服务员操作技巧训练等硬性课程，也有公司文化、敬业精神等软性课程。并派公司的乔副总去讲公司文化课，同时指示武科长制定服务态度奖励细则并予以宣布。培训后效果显著，以后连续两季度，投诉信分别减至 35 封和 23 封。

讨论题：

1. 你认为这项培训计划制定得如何？你有何理论或内容增删的建议？

2. 你觉得这次培训奏效，起主要作用的是哪些内容？

3. 要是你去主讲那两门软性课程，你将讲些什么内容？请列出一份课程提纲。你会采用哪种教学方法？为什么？

四、绩效评估

绩效评估是对员工的工作绩效进行评价，以便形成客观公正的人事决策的过程。组织根据绩效评估的结果做出许多有关人力资源的决策，比如确定管理人员的工作报酬，为员工升迁调遣提供依据，为管理人员的培训提供依据等。

(一) 绩效评估的内容

一般来说，为确定工作报酬提供的考评侧重管理人员的当前表现，而为人事调整或组织培训而进行的考评则偏向技能和潜力的分析。然而，组织中具体进行的绩效评估，往往不是与一种目的有关，而是为一系列目的服务的。因此，考评的内容不能只侧重于某一方面，而应尽可能地全面。

1. 贡献考评

贡献考评是考核和评估管理人员在一定时期内担任某个职务的过程中，对实现组织目标的贡献程度。贡献往往是与努力程度和能力强度相关联的，因此，贡献考评可以成为决定管理人员报酬的主要依据。贡献评估需要注意以下两个问题：

(1) 尽可能把管理人员的个人努力和部门的成就区别开来。这项工作可能在实践中是非常困难的，但也是非常重要的。因为在个人提供的努力程度不变的情况下，外部可能发生不可抗拒的、内部无能为力的，但对部门目标的实现起着重要的促进或阻碍作用的变化。环境发生了重大的变化后，该部门业务的性质就可能发生重大改变，业务量急剧膨胀，而组织对该部门的性质及其与其他部门的关系却未做相应的调整。在这种情况下，需要考察和分析的不是管理人员的表现和能力，而是组织机构的合理性。

(2) 贡献考评既是对下属的考评，也是对上级的考评。贡献考评是考核和评价具体管理人员及其部门对组织目标实现的贡献程度，而具体人员和部门对组织的贡献往往是根据组织的要求而做出的。因此，只有在考评开始之前，组织对每个部门和管理岗位制定具体的工作目标和要求，考评才可以进行。否则，不仅会使下级不能了解努力的方向，从而不能做出有效的贡献，而且会使考评失去客观的标准。这样，下级不能做出贡献的原因就不在他们自己，而在于上级。所以说，对下级贡献的考评，也是对上级进行考评，即考评上级组织安排下属工作的能力。

2. 能力考评

贡献虽可在一定程度上反映管理人员的工作能力，但是，能力的大小与贡献的多少并不存在严格的——对应关系。为了有效地指导组织的人事调整或培训与发展计划，还必须对管理人员的能力进行考评。能力考评是指通过考察管理人员在一定时期内的管理工作，评估他们的现实能力和发展潜力，即分析他们是否符合现任职务的要求，任职后素质和能力是否有所提高，从而能否担任更重要的工作。

由于管理人员的能力要通过日常的具体工作来表现，而处理这些工作的技术与方法又很难与那些抽象地描述管理者素质特征或能力水准的概念相对应。因此，能力考评中要注意切忌只给抽象概念打分。"决策能力"、"用人能力"、"沟通能力"和"创新精神"等无疑是优秀的管理人员必须具备的基本素质，但这只是一些抽象的概念，用这些未加细分的、笼统的，甚至是模糊的概念去组织考评，只能增加考评的难度，使考评者仅根据自己的主观判断给被考评对象任意打分，难以得到真实、可靠、客观的能力考评结论。美国管理学家孔茨等人认为，应将管理工作进行分类，然后用一系列具体的问题说明每项工作，以此来考评管理人员在从事这些工作中所表现出的能力。因此，为了尽可能地得到客观的评价意见，对于上述具体问题应力求设计成判断题的形式，在难以设计成判断题的情况下，应努力对可供选择的多种答案（如"优秀"、"良好"、"一般"、"不符合要求"等）给予明确的界定。根据对管理者的工作要求来进行能力考评，不仅具有方便可行、能够保证得到客观结论的好处，而且可以促使被考评者注重自己的日常工作，根据组织的期望注意改进和完善自己的管理方法，从而能起到促进管理能力提高的作用。

（二）绩效评估的方法

1. 书面描述法

书面描述法也许是最简单的一种绩效评估方法。评估人写一份记叙性材料，描述一个员工的所长、所短、过去的绩效和潜能等，然后提出予以改进和提高的建议。书面描述不需要采取某种复杂的格式，也不需要经过多少培训就能完成，但评定的质量在很大程度上与评估者的写作技能有关。

2. 关键事件法

关键事件法是指评估者把注意力集中在那些区分有效的和无效的工作绩效的关键行为方面。评估者通常记下一些细小但能说明员工所做的是特别有效果的或无效果的事件，评估时只述及具体的行为，而非笼统地评价一个人的个性特征。记下某一个人一长串关键事件，就可以给员工指明哪些是要求的行为，哪些是不期望的行为。

3. 评分表法

评分表法是一种最古老的、最常用的绩效评估方法。它列出一系列绩效因素，如工作的数量与质量、职务知识、协作与出勤，以及忠诚、诚实和首创精神等，评估者逐一对表中的每一项给出评分。评分通常采用5分制。这种方法虽然不像前两种方法那样可以提供详细的信息，但其设计和执行所耗费的总时间较少，而且便于作定量分析和比较，因此，这种方法得到了普遍的采用。

4. 行为定位评分法

行为定位评分法是近年来日益得到重视的一种绩效评估方法。这种方法综合了关键事件法和评分表法的主要优点，考评者按某一序数值尺度对某人从事某项职务的具体行为事例打分，而不是一般的个人特质描述。行为定位评分法侧重于具体而可衡量的工作行为，它将职务的关键要素分解为若干绩效因素，然后为每一绩效因素确定有效果或无效果行为的一些具体示例。

5. 多人比较法

多人比较法是将一个员工的工作绩效与一个或多个人进行比较。这是一种相对的而不是绝对的衡量方法。该类方法最常用的三种形式是分组排序法、个体排序法和配对比较法。其要求是：

（1）分组排序法要求评价者按特定的分组将员工编入诸如"前1/5"、"次1/5"的次序中。管理者可以使用这种方法将其所有的下属作一排列，假定他有20名下属，那么只能有4人可排在前1/5，同样，当然也只有4人被排在末1/5的范围内。

（2）个体排序法要求评估者将员工按能力从高到低的顺序加以排列，因此只有1人可以是最优的。如果要对20个下属作出评价，第1名和第2名之间的差别就被假定为与第11名和第12名之间的差别是一样的。尽管某些员工的水平可能非常接近，以致可以将他们编入同一个组中，但个体排序法并不考虑这种关系。

（3）配对比较法是把每个员工——与比较组中的其他每一位员工配对进行比较，评出其中的"优者"和"劣者"。在所有的配对比较完成后，将每位员工得到的"优者"数累计起来，就可以排列出一个总的顺序。这种方法可以确保每一位员工都与其他的所有人作对比，但当要评估的员工人数相当多时，配对比较法就很不容易进行了。

6. 目标管理法

目标管理法不仅在计划工作中可以得到采用，同时也是绩效评估的一种手段。事实上，它是对管理人员和专门职业人员进行绩效评估的首选方法。在这种方法下，对每个员工都制定若干个具体的指标，而指标的完成情况可以作为评价员工的依据。

7. 360 度考核法

360 度考核法是一种从不同层面的人员中收集考评信息，从多个视角对员工进行综合绩效考评并提供反馈的方法，或者说是一种基于上级、同事、下级和客户等信息资源的收集信息、评估绩效并提供反馈的方法。360 度考核法作为绩效管理的一种新工具，正被国际知名大企业广泛使用。据调查，在《财富》杂志排名前 1000 位的企业中，已有 90% 的企业在使用不同形式的 360 度考核法，如 IBM、摩托罗拉、诺基亚、福特、迪斯尼、西屋、美国联邦银行等，都把 360 度考核法用于人力资源管理和开发中。

🌀 案例学习

食品公司的考核

刘军在田园绿色食品有限公司担任地区经理快一年了，他分管 8 家供应站，每家供应站都有 1 名主任，负责向一定范围内的客户销售产品和提供服务。

刘军手下的 8 名主任中资格最老的是钱伯光。他只念过一年大专，后来就进了田园，从基层班长做起，三年前当上了站主任。近一年的接触，刘军了解了老钱的优点和缺点。老钱很善于和他重视的人（包括他的部下和客户们）搞好关系，他的客户都是"铁杆"客户，三年来没一个去其他公司订货的，他招来的部下，经过他的指点培养，有好几位已被提升，当上其他地区经理了。

不过他的不良饮食习惯给他带来严重的健康问题，由于身体过胖，患有心血管病和胆结石，这一年里他请了三个月病假。其实医生早给过他警告，但他置若罔闻。再则，他太爱表现自己，做了一点小事，也要来电话向刘军表功，他给刘军打电话的次数超过另 7 位主任的电话总和，刘军觉得过去共过事的人没有一人是这样的。由于营业扩展，盛传公司要给刘军添一名副手。老钱已公开说过，站主任中他资格最老，他觉得地区副经理的职位非他莫属。但刘军觉得若让老钱当他的副手，他会受不了，两人管理风格迥异，再说，老钱的行为准会激怒地区和公司的工作人员。

正好年终考核要到了。公正地讲，老钱这一年的工作，总的来说，干得挺不错。田园的年度考核总体评分是 10 分制：10 分为最优，7～9 分为良，5～6 分为合格，3～4 分为较差，1～2 分为最差。刘军不知道该给老钱评几分。评高了，老钱就更认为该提升他了；评低了，老钱准会恼火，会吵着说对他不公平。

考虑再三，刘军给老钱总体评分为 6 分。他觉得这是有充足理由的：因为他不注意身体，请了三个月病假。他知道这个分数远低于老钱的期望，但他还是坚持自己的评分，然后他开始考虑给老钱各考评维度的分项分数，并思考应该怎样跟老钱面谈，向他传达考核结果。

讨论题：

1. 你认为刘军对钱伯光等的考核用的是什么方法？

2. 刘军对老钱绩效的考评合理吗？老钱不服气有理由吗？

3. 田园公司的考核制度有什么需要改进的地方？你建议公司应做哪些改革？

五、薪酬管理

一个组织除了要有一个公平合理的考核制度外，还必须有一个好的报酬制度。理想的报酬制度不仅能有助于吸引人才、留住人才，而且能在合理成本的基础上激励职工取得良好的绩效。但是，许多组织的报酬制度并没能成功地实现这些目标。为此，组织必须设置一个有效的报酬制度。一般组织的薪酬包括直接薪酬和间接薪酬两部分。

（一）直接薪酬

直接薪酬一般分为基本薪酬、奖金、津贴和股权等。

1. 基本薪酬

基本薪酬是组织按期付给员工的薪酬，其数目通常是固定的，除晋级以外很少变动。其中，白领员工的基本薪酬通常称为薪水或薪金，蓝领员工的基本薪酬称为工资。我国国内习惯上对薪水和工资不加区分，统称为工资。基本薪酬通常定有薪级表，员工基本薪酬的数目是根据薪级表决定的。

2. 奖金

对员工超额劳动绩效所支付的报酬的具体的货币支付形式即为奖金。组织发放奖金的目的是激励员工努力工作，为组织多做贡献。奖金的形式多种多样，按时间分有月份奖、季度奖、年终奖等；按奖励对象分有个人奖和集体奖；按奖励内容分有超产奖、节约奖、建议奖、综合奖和特殊贡献奖等。

3. 津贴

津贴是一种附加薪酬，具体由企业津贴和特殊补贴构成。前者是对员工在特殊工作条件或环境下工作给予的经济补偿，如加班津贴、夜班津贴、交通津贴和出差津贴；后者是在因受一些外部因素的影响而导致员工实际收入下降时，企业给予员工的特殊生活补助，如房租补贴、物价补贴和助学补贴等。

4. 股权

企业以股权或期权等作为对员工的薪酬，它是一种长期激励手段，其目的是能够让员工为企业长期发展而努力工作。

（二）间接薪酬

间接薪酬包括社会保障计划（包括法定福利和企业福利）和延期支付等。

1. 法定福利

几乎所有的组织在工资之外，都有一套员工福利方案。大致可以分为两部分，一部分是国家规定企业必须提供的福利，我们称之为法定福利。例如："五险一金"，"五险"包括养老保险、医疗保险、失业保险、工伤保险和生育保险；"一金"指的是住房公积金。其中养老保险、医疗保险和失业保险，这三种险是由企业和个人共同缴纳的保费；工伤保险和生育保险完全是由企业承担的，个人不需要缴纳。

2. 企业福利

企业福利就是社会保障计划的另一部分，它是企业根据自身情况主动为员工提供的企业的福利，如免费或折价工作餐、幼儿保育服务、免费的休闲项目服务、人寿保险和补充养老金等。

3. 延期支付

延期支付指各种员工储蓄计划、持股计划和年金等。其特点是给员工带来的实际收益要在一定时期以后，甚至要等到退休后才能够兑现。

无论哪种福利政策，都是为了维持一个稳定的员工队伍，减少员工的跳槽率，并激励员工的工作热情和积极性。

案例学习

拖车公司的奖金问题

冯博经营顺通拖车公司已近6年了。在这段日子里，他从无到有，创办了一家具有25辆拖车、20位司机的当地大型的拖车公司。其服务对象主要是修车厂、房地产管理公司、企业管理人员和卡车公司。在公司创办之初，冯博建立了一种同员工非常友好的朋友关系。他支付给员工的工资大约比同行业平均水平高出17%，而且他还提供给员工其他拖车公司所没有的福利。因而，他完全有理由要求员工主动、积极地为公司工作。他要求员工统一着装，定期洗车、抛光。

然而，冯博对公司近来出现的一些问题比较担忧。司机们总是待在休息室里闲聊，而且对顾客的态度也不是很好。现在这种情况比较普遍，例如，司机们总是说还没有轮到他，让别人去做吧。而且如果有些顾客的车不是要求立即拖走，那么，司机们一般就会拖延至晚上再去拖，这样，他们就能够获得一倍半的超时工资。现在，冯博想知道为什么高于平均水平的工资和福利还不能有效地激励员工。冯博想引入一种新奖金制度来解决这些问题。

讨论题：

1. 冯博实施的奖金制度的优缺点是什么？

2. 根据上述案例材料，你将向冯博推荐哪种形式的奖金制度？为什么？

六、职业生涯管理

（一）职业生涯管理概述

职业生涯管理（Career Management）是指一个人一生工作经历中所包括的一系列活动和行为。作为企业管理方，应该建立职业生涯管理系统并通过收集各种人力资源方面的政策、优先权和行为，用以管理雇员进入组织、融入组织及离开组织的整个流程。

职业生涯管理分为个人的职业生涯管理和组织的职业生涯管理，个人职业生涯管理是以实现个人发展的成就最大化为目的，通过对个人兴趣、能力和个人发展目标的有效管理，实现个人的发展愿望。组织职业生涯管理的最终目的是通过帮助员工的职业发展，以求组织的持续发展，实现组织目标。组织职业生涯管理是以提高公司人力资源质量，发挥人力资源效率为目的的，通过个人发展愿望与组织发展需求的结合实现组织的发展。

1. 职业生涯管理的基本概念

（1）定义。所谓职业生涯管理是通过分析、评价员工的能力、兴趣、价值观等，确定双方能够接受的职业生涯目标，并通过培训、工作轮换、丰富工作经验等一系列措施，逐步实现员工职业生涯目标的过程。因此，职业生涯管理包含两重含义：一是组织针对个人和组织发展需要所实施的职业生涯管理，称为组织职业生涯管理；二是个人为自己的职业生涯发展而实施的管理，称为自我职业生涯管理。

信息时代的到来，使得相对稳定的世界变得有些不可捉摸。相对于过去，人们的生活水平提高了，但职业安全感却下降了，学习的压力加大了。面对这种形势，无论是组织还是个人，都不得不采取措施，管理好员工和个人的职业生涯，提高各自的竞争力，增强对外界变化的适应性。

（2）职业生涯管理的作用。传统的观点认为职业生涯管理的主要权力和责任在于个人，应当由员工个人来负责计划安排自己的职业生涯，职业生涯毕竟是员工个人而非组织的事，所以强调职业生涯发展的自我管理。现代职业生涯管理观点认为，个人与组织在员工职业生涯管理中各负其责，具有不可截然分隔的互动、互助关系和作用。这是因为，成功的职业生涯发展是员工个人特点与组织特点相适应的结果，它可以使员工和组织双赢。组织可以从更具有献身精神的员工所带来的绩效改善中得到好处，员工可以从工作内容丰富化和承担更具有挑战性的职业中获得收益。成功的员工职业生涯发展是个人与组织的事业相契合的过程。对于员工个人来说，通过职业生涯管理，可以获得组织内部有关工作机会的信息，确定职业发展目标，制定行动计划，以实现职业发展目标。还可以认识到自身的兴趣、价值、优势和不足，有助于增强个人对工作环境的适应能力和工作困难的控制能力，有利于处理好职业生活与其他个人生活的关系，有利于实现自我价值的不断提升和超越。个人若不重视或缺乏对自己的职业生涯管理，就可能导致事业受挫，并感到不被组织所重视。尤其当所在组织发生兼并、收购、重组或精简性裁员时，员工的工作和职务往往会发生大的改变，个人便可能无所适从。

对于组织而言，除了通过职业生涯管理获得业绩的提升外，还可以防止组织在出现职位空缺时找不到合适的员工来填补，防止员工对组织忠诚度的下降，防止在使用培训和开发项目资金时缺乏针对性，防止组织在人力资源管理中投入与产出的短期效应。更为重要的是，通过职业生涯管理，组织可以帮助员工管理好职业生涯，从而激发员工高昂的工作激情，引导和维持其积极的职业行为。

组织给员工提供的职业发展空间、培训与开发政策、职业路径和成长机会等信息、资源和条件的状况，会影响到员工职业动机的高低。组织进行职业生涯管理有其他工作所不能替代的深远意义，它可以了解员工的需要、目标和能力状况，调查他们同现实与未来、机会与挑战的矛盾；它可以提供平等的就业发展机会，更加持续地起到激励作用，更为有效地开发员工的职业生涯价值，这对于组织和员工的持续发展都具有十分重要的强大动力。

2. 职业生涯的发展阶段

职业生涯发展有不同的阶段，但阶段划分的具体时间段往往因专家学者的观点不同而有差异。这里主要介绍在组织行为学界中广为传播的几种观点。

（1）三阶段职业发展论。霍尔提出了三阶段的职业生涯发展理论，他不仅考虑个人职业生涯发展各阶段所从事的主要工作，而且描述了个人在这些发展阶段的主要社会—情绪需求，将组织的需求与个人的需求同时考虑，如表5-4所示，有利于管理者从两方面来思考问题，更好地开发人力资源。

表5-4　霍尔职业生涯发展阶段与需求

阶段	任务需求	社会—情绪需求
早期职业生涯	培养行动技能 培养某一专门技能 培养创造、创新能力	支持 自主 处理竞争感受
中期职业生涯	培养训练和教育他人的能力 更新训练和技术的整合 培养对工作和组织的宽广视野 转换需要新技能的工作	表达中年生活感受 重新思考自我 减少自我放纵或恶性竞争 支持并设法解决中期职业生涯的压力
后期职业生涯	从实际掌权者逐渐转变为提供智慧、指导和咨询、顾问的角色 开始参与组织外的活动（部分时间），重新建立自我并准备退休	通过支持和咨询，以帮助整合个人经验、智慧，提供别人参考 接受个人独一无二的生命旅程，逐渐离开组织

（2）四阶段职业发展论。达尔顿和汤普森按照人在不同的职业发展阶段所从事的主要工作和职业发展任务，将职业生涯发展分成四个阶段，具体描述如表5-5所示。

表5-5　达尔顿和汤普森职业生涯发展阶段

	第一阶段	第二阶段	第三阶段	第四阶段
主要活动	协助、学习	独立贡献	训练、协调	确立组织的方向
遵循指示	接受指导、照顾	学习照顾自己	学习照顾别人	照顾、指导别人
主要关系类型	学徒	同事	师傅（资深者）	赞助人（顾问）
主要心理测试	依赖性	独立性	为他人承担责任	行使权力

在第一阶段中，个人作为一个或多个师傅的帮手，在专业人员的指导下学习和工作；在第二阶段中，个人逐渐积累经验和能力，能单独工作；在第三阶段中，个人除了独立工作外，还充当他人的师傅，指导他人工作；到了第四阶段，个人能为组织提供未来应遵循和发展的方向，并行使各种权力，发挥影响力。

（3）多阶段职业发展观。雪恩将人的发展周期分成三个大的方面，即生物周期、职业周期和家庭周期，这三方面总是一起作用、相互影响的。如果三者的关系处理得好，个人的发展就比较顺利，否则，就会遇到障碍。雪恩的理论由于系统、仔细、深入，具有很大的实际指导意义，因此，在组织行为界十分受重视。

（二）职业生涯管理的基本理论

1. 人职匹配理论

帕森斯（Parsons）和威廉姆森（Williamson）是这种理论的早期倡导者，他们认为人与职业有一种最佳的匹配，这种匹配是职业选择的核心。人是有差异的，其差异表现在能力差异、知识和技能的差异、人格的差异和生理的差异等方面。而职业对人的要求也有差异，如科学研究、管理工作就需要抽象思维、语言表达和数学能力比较强的人；而搬迁工除了对体力和工作态度的要求外，对能力的要求相对比较低。只有将合适的人放置在合适的职业位置上，才是职业选择的成功，才是个人的成功，才是社会人力资源的最大限度开发。

按照这种思路，帕森斯提出了人与职业匹配的思想。他认为，人首先应该了解自我，然后做出职业调查，最后，将个人与职业匹配。但是，帕森斯和威廉姆森却没有阐述如何匹配是合适的。霍兰德（J. L. Holland）进一步完善了匹配理论，并提出了一套集理论和操作于一身的技术，致使其成为职业理论的重要影响人物。他的理论的价值主要体现在以下几个方面：首先，该理论不只是泛泛地谈人和职业的匹配，而是将职业的人分成不同的类型，从而为匹配奠定了基础；其次，该理论不仅仅是理论，而且有具体的测量方法，有操作性的指标和工具，使匹配的理论和实际操作相结合；最后，该操作工具集兴趣、能力于一体，具有很强的科学性和预测力。

他的六种职业兴趣类型是：R（实际型）、I（研究型）、A（艺术型）、S（社会型）、E（开拓型）和C（常规型），这六种兴趣类型之间的关系如图5-10所示。这个六边形的含义是：①人的职业兴趣可以分成六个大的职业领域；②这六个职业领域之间有关系，有的职业兴趣之间联系比较紧密，有的联系比较松散，如实际型和研究型联系比较紧密，它们靠得比较近，而实际型与社会型比较远，实际型喜欢和物打交道，而社会型喜欢和人打交道；③人的兴趣也可以是多种兴趣的组合，比如一个人喜欢研究，但研究的是社会问题，他可能就是一个社会科学研究人员，社会科学研究人员就是研究型和社会型的组合。

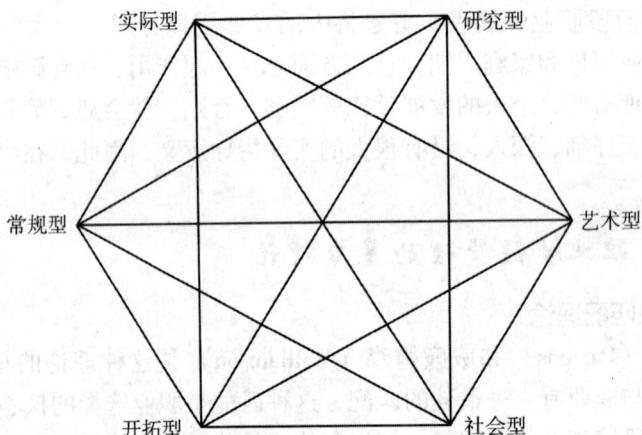

图 5-10　霍兰德的职业六边图

霍兰德的六种职业类型的特征简要概括如下：

（1）实际型。通常表现为男性化，稳定的，注重与物打交道。他们不喜欢从事主观性太强的智力活动，愿意从事实际的操作活动。他们喜欢如摄影工作、机械安装与调度工作等工程技术类职业，他们掌握技能技巧的能力较强，并能在实际工作中发明、创新。他们所推崇的人是发明家爱迪生这一类的。

（2）研究型。这种类型的人喜欢智力活动，他们重视分析，注重理性思维，比较激进、独立，批判性强，通常较内向。他们喜欢从事的职业一般是科学研究工作。这类人的社会技能较差，但常能在科学领域作出贡献。他们推崇的人是达尔文这一类的。

（3）艺术型。这种人善于运用他们的感情、直觉、想象力创造艺术形式或艺术产品，以此来处理工作与生活环境的关系。他们喜欢的职业有家具设计、艺术表演、音乐创作与表演、服装设计、文学与诗歌创作等。他们的知觉与运动技能高于一般人。他们的活动主要表现在充分发挥其艺术创造性方面。

（4）社会型。他们通过运用社会技能控制他人行为的方式来对待环境。这类人的社会技能很强，热衷于社会交往。在解决问题时，他们不大注意智力因素，而更注意情感因素。他们喜欢的大多是直接为他人服务、为他人谋福利、与他人建立与发展各种关系的职业，如咨询工作、教育工作、服务等。他们认为这类职业最能体现自身的价值。这种人的语言能力较强。教育家陶行知属于这一类。

（5）开拓型。这类人的特征是敢于进取、富于支配性、热情、爱冲动、外向。他们喜欢成为企业领导、出席各种仪式活动、做推销工作等职业。他们的价值观是注重政治与经济事务，愿意充当男性化的领导角色，通过这类活动满足其支配欲望。他们比其他类型的人更喜欢活动，觉得科学研究枯燥乏味，实际型工作没刺激，常规型工作单调、刻板，他们更爱选择和从事能获得经济效益的职业。比尔·盖茨属于这一类。

（6）常规型。这类人遵从社会规范，职业环境中，表现得很实际、刻板、守旧。他们选择的职业往往是职员类的，如银行出纳员、统计员、图书管理员等工作。这类人员精于数字计算，但缺乏数学想象力。

2. 职业生涯发展的阶段性理论

为了描述人的职业生涯的复杂性、曲折性，美国心理学家萨帕为代表，提出了职业生涯发展的阶段性理论。该理论依据发展心理学对社会各种职业行为进行分析，以年龄阶段分析发展过程。具体地说，他将职业生涯分成五个主要阶段，每个阶段有其独特的发展任务。

（1）成长阶段，属于认知阶段，从出生到 14 岁左右。此阶段属于儿童期，在这个阶段内的儿童经过对父母以及周围家人、小伙伴等的观察和模仿，开始了解自我、探索自我。然而，由于处于此年龄阶段的儿童认识发展水平较低，抽象思维能力较差，还不能全面地分析问题和解决问题，思维上有片面性和局限性，往往会抓住事物的一个方面来解决问题。因此，当电视上宣传某个科学家时，可能就立志当科学家；当发现侦探能抓住坏蛋时，就想将来当个警察；当老师表扬自己的画画得好时，就准备当一个画家。在这个阶段，需要、幻想与喜好为这阶段最重要的特征。

（2）试探阶段，此阶段包括青少年时期和成年期，年龄范围约在 15～24 岁。该阶段主要涉及学校和工作前期。个人通过学校、娱乐活动及各种工作经验，经过自我认识、反省，检验所形成的自我观念、职业角色的合理性，并在此基础上对选定的职业进行修正。在这个时期，个人还可以尝试性地从事一些短期的工作，如周末或寒暑假的打工，此阶段又划分为：

①试探期：约15～17岁，考虑到个人的兴趣、需要、能力及社会就业机会等因素，作暂时性的试探，并在专业学习、工作经验中进行试探，使职业喜好逐渐具体。

②转变期：约在18～21岁之间，正式进入就业市场或进一步接受专业训

练，由一般性的选择转变为特定目标的选择，以实现职业自我观念。

③尝试并初步承诺期：约在 22~24 岁，正式选定职业并努力工作，考验该职业成为长期职业发展目标的可能性，若职业适应不良，则可能需要由试探期再重新出发，若工作满意度高，则可以确定个人的职业发展方向，实现个人职业选择。

（3）立业阶段，属于选择、安置、立志阶段，年龄介于 25~44 岁之间。经过早期的试探后，个人会逐渐显现一种安定于某类职业的趋向，从开始认同所选定的职业，经过经验的累积，逐渐建立起稳固的、能独当一面的地位，以提高晋升的能力。虽然工作职位或工作单位可能有所变动，但职业不会轻易地改变。

（4）维持阶段，属于专、精、升迁阶段。此阶段保持并持续建立阶段性工作成果，年龄向中老年阶段迈入（年龄在 45~65 岁之间）。这一阶段的人心态渐趋保守，重点为维持家庭及工作间的和谐关系，大部分人是享受努力后成功的喜悦及成果，少部分人则要面对失败或是不如意的困境。成功者还逐渐传承经验，寻觅接替人选。

（5）衰退阶段，属于退休阶段，此时期年龄在 65 岁以上。此阶段，人的身心状况逐渐衰弱退化，原来的工作停止，而努力发展新的角色，寻求不同的工作方式以满足身心的需要，适应退休生活，如参加老年大学进修，从事义务活动等，以减缓身心上的衰退，持续生命力。

3. 社会的认知职业理论

前面的理论虽说各有千秋，但也暴露出明显的不足，如人职匹配理论虽然突出了职业选择中人的心理属性与职业要求的理想结合，但缺乏发展性，没有回答职业类型是如何形成、发展和变化的，而且在职业选择时对社会、经济等现实的制约考虑较少。而阶段性理论，尽管对职业生涯的发展阶段描述得很全面，而且也考虑到了社会、机遇等现实的作用，对职业选择和发展的过程及影响因素研究得较透彻，但问题是它只是强调职业选择的弹性，而弹性范围有多大则没有研究。此外，该理论虽然重视心理属性，如能力、价值观、人格对职业选择的影响，但如何影响，相互之间是什么关系，尚缺乏深入研究。

社会认知的职业理论，认为职业选择的核心要素有三个，即自我效能、结果期待和个人目标。自我效能指人们对具备组织和实施职业目标能力的信心。自我效能不是独立的、固定的、封闭的特质，而是与特定的实施领域有关的信心，该信心与他人、行为和环境相互作用。这些信心通过四种学习经验类型而获得并提高，即个人任务的完成情况；替代学习；社会经验；个性心理特征。

结果期待是个人对从事特定行为的结果的信念。自我效能是对能力的信念，而结果期待是对从事某活动所想象中的结果，包括对活动结果反应的几种信念，如受到奖励、对掌握了一种有挑战性的任务的骄傲等。结果期待通过与自我效能相似的学习经验而获得，如回忆成功的事情、对他人的成功经验的观察学习、对自己的行为关注和别人对自己行为所做出反应的关注等。

职业目标是从事特定活动或影响未来活动结果的决定因素。通过个人职业目标的设定，人们可以组织、指导自己的行为。目标是个人支配自我的关键。尽管环境和个人的以往经验可以帮助塑造行为，但它不是自觉起作用，而是通过人们的自我导向的目标激发起来的。

个性心理特征（兴趣、能力、价值观）、社会因素（如社会经济地位、性别、种族）影响个人的职业自我效能，结果期待（实现职业价值的可能性）和职业目标最终影响职业选择行为。在确定职业目标时，经济因素（如就业机会、培训机会等）还会对具体的职业选择行为产生影响，使职业选择呈现出经济的、社会背景的特征，最终，人们可能会选择出自己理想的职业，并在职业活动中表现和验证自己当初选择的合理性、科学性。如果是正确的选择，人们会提高职业自我效能、提高对职业回报的期待，并确立更高的职业目标；否则，就可能降低现在所从事的职业的自我效能，减少期待，降低职业目标，或者更换现在的职业，重新探索新的职业，设定新的职业目标，进入新的职业领域。

社会认知职业理论以自我效能为核心概念，体现着较大的发展性。

（1）社会认知职业理论一方面重视与认知有关的能力的作用，另一方面又突出对自我能力的知觉或信念的作用，将人看成是一个积极的、有个人力量或自我导向的人，从某种意义上说，是将人本主义与认知理论的一种有机结合。社会认知的职业理论将社会认知理论作为整合其他理论的主体，是符合时代潮流的。

（2）社会认知职业理论将职业选择和发展视为一个复杂的系统工程，不仅涉及心理问题，而且还涉及社会、经济等方面的影响，并将社会、经济因素对职业自我效能的形成、选择等作用有机地融入在一起。另外，该理论突出了变化，将职业选择看成是一个相对开放的系统，应随着时代的变化而变化，时代感更强。

该理论虽然注重社会认知理论的主体作用，但又从相关学科吸收了大量有一定影响力的行为理论，使其超越了社会认知理论。如借鉴了行为激励中的目标设定理论和期望理论，期望理论认为：动机=期望×效价，期望相当于自我效能，而效价则与价值观或结果期待有关。根据许多研究发现：自我效能影响目标设置，而目标设置又影响成绩。这两种理论在解释人的行为动机时，都有很强的说服力。

（3）由于该理论重在解释，故在职业兴趣、职业能力、职业价值观等对职业选择的作用方面，更注重原因或形成过程以及相互之间的内在联系，使人对职业发展的本质认识得更加清楚。

（三）组织职业生涯管理

1. 组织职业生涯管理的过程

系统的组织职业生涯管理是一个循环反复的过程，首先根据组织的发展以及绩效考评的结果，由上级协助或员工自己确立职业生涯目标，然后综合绩效考评、心理测试等结果，判断职业发展目标的合理性。如果不合理，要再确定职业生涯目标；如果合理，则进一步了解员工发展现状与职业生涯目标的差距，并制定相应的职业生涯发展措施。实施一段时间后，再检验职业生涯目标的落实状况，并分析判断职业生涯目标的合理性或职业生涯规划的合理性。如果合理，则进一步按原计划努力。否则，则应调整职业生涯目标，重新规划和实施。

职业生涯发展目标，是指引人行动的方向，只要人们在自己的工作、生活中时时刻刻记住这个目标，人们的行动就不会迷失方向，始终朝着正确的方向前进，并逐步地实现各种小的目标，最终达到理想的彼岸。但是，也应该看到职业生涯路并不是平坦的，可能会因为社会环境、组织环境、个人家庭环境、个人身体状况等各种因素而影响进度，因此，在确定了起初的职业生涯目标后，还需要根据实际情况的变化，慎重地予以调整，并重新规划和采取措施，实现新的职业目标。

2. 组织职业生涯管理的分工

组织职业生涯管理的实施主体是组织人力资源部和员工的直接管理者，由他们具体地和员工商谈，确定各员工的职业生涯发展规划，并由组织人力资源部和各级管理者对员工的职业生涯发展中所遇到的问题、所需要的条件给予合理的解决和提供。此外，员工的直接上司还要经常和员工交谈，让员工知道自己职业生涯发展状况及应对策略，让员工主动、合理、科学地发展。

有时同事之间也相互帮助，特别是通过员工职业生涯研讨会的形式，将那些确定职业生涯目标，发展计划上有困难的员工召集起来，通过相互启发，让他们一起来认识自我、认识组织的发展机会，确定适合自己的职业生涯目标以及实现这些目标的计划。

职业生涯规划活动的主要责任者有三个，即员工、管理者和组织，其各自的责任分别是：

（1）员工的责任。自己评价自己的能力、兴趣和价值观；分析职业生涯选择的合理性；确立发展目标和需要；和上级交换发展愿望；和上级一起达成行动计划；落实达成的行动计划。

（2）管理者的责任。通过管理，使员工对发展过程本身产生认识；评价员工的目标和发展需要的现实性；对员工进行辅导，并达成一个一致的计划；跟踪员工的计划，并根据形势，适时对计划进行更新。

（3）组织的责任。提供职业生涯规划所需的计划、资源、指导、信息；为员工、管理者以及参加具体实施职业生涯管理的管理者提供必要的培训；提供在职锻炼和发展的机会。

3. 组织职业生涯管理的原则与内容

（1）组织职业生涯管理的原则。

①利益相结合原则。任何个人的职业发展都不能置身于一定的组织和社会之外。员工的职业生涯管理与开发活动应当把员工个人的职业发展、所在组织的事业发展以及相关社会主体的发展联系在一起进行筹划。只有处理好这三个发展的关系，把三方利益结合在一起规划和组织开发活动，才能帮助员工找准个人职业发展与组织环境条件资源的结合点，找到个人职业发展的最佳路线。否则，个人的职业奋斗只能是无源之水、无本之木。

②共同性原则。员工的职业生涯管理与开发活动的计划、实施、评估、反馈等所有重要环节和工作过程，应当由员工、员工的上级领导、人力资源管理专家等共同参与、共同制定、共同完成。必须奉行职业发展活动的共同开发策略，加强沟通，建立相互信任、责任共担、利益共享的良好伙伴关系，才能最大限度地调动各级人员的积极性，避免一些人为的损失。

③公平性原则。组织必须公开、公平、公正地开展员工职业生涯的开发活动，保障每位员工在职业发展机会、信息和规划面前人人平等。让人们平等地参加职业生涯开发活动，公开而透明地获得有关教育培训、岗位空缺、任职选拔的机会，凭实力、靠努力平等竞争，获得职业发展。这样，方能有利于维护员工职业开发的整体积极性。

④时效性原则。一个组织的业务活动有其时间周期，一个员工的职业生涯有其不同的发展阶段。组织处于不同生命周期阶段时对员工的职业发展需求不同，提供的资源条件和空间各异，员工在不同的职业生涯发展阶段的特点和任务也各不相同，因此，员工的职业管理与开发活动必须考虑时效性。一方面需要按照员工、组织在不同时间、不同阶段的实际情况，有针对性地规划和实施职业开发活动，每一项目、每一次活动都应标定时间，进行时间管理；另一方面职业生涯中的思路方法要与时俱进，创造性地不断提高员工职业生涯开发质

量和水平。

⑤评价与沟通原则。员工职业生涯的管理与开发活动通常都有周期长、阶段多、参与角色众多的特点，如果缺少全面的评价和准确的信息沟通，往往会使被开发员工如坠云雾，不得要领，积极性受到消极影响。因此，成功的员工职业生涯发展活动必须坚持评价与沟通原则，对员工职业生涯开发活动进行全过程、多角度、多阶段的评价，并要及时把评价的信息反馈给员工和有关管理者，组织他们之间沟通交流，从而使员工在职业生涯发展的漫漫长途中，不断增强自我实现感、方向感并及时修正自己的前进路线。

(2) 组织职业生涯管理的内容。

组织职业生涯管理的内容主要包括几个方面：首先是建立信息系统，该系统内既包括企业或组织员工的所有相关信息，也包括组织的发展战略、职位空缺、各岗位任职资格标准、晋升标准等方面的信息。这个信息系统是对员工进行职业生涯管理的出发点。组织公布了企业的发展战略，就提供了发展舞台的信息；组织及时、广泛地公开职位空缺信息，就会激发员工向上的流动愿望；组织提供各岗位任职资格标准信息，使员工能对照自己向往的岗位，有计划、有目的地努力，逐步达标，参与这些岗位的竞争。组织提供纵向的晋升标准，员工就有了努力的方向。其次是开展职业生涯管理的活动。职业生涯管理是有组织、有目的、有计划实施的激励工作，实施者的知识、经验和能力需要培养；职业生涯管理要有专门的渠道、场地、资料、人员。此外，职业生涯管理活动的时间、经费如何保证等也是实施职业生涯管理的重要方面。最后是职业生涯管理效果的评价。职业生涯管理是一项好的人力资源开发活动，但其所取得的效果，往往会因为操作程序、操作内容、实施主体的不同而不同。因此，对职业生涯管理落实的情况，需要及时总结、评估，在总结和评估时发现问题，寻找对策，逐步使职业生涯管理进入规范化轨道。

组织职业生涯管理的具体实施，可以分为四个阶段，即动员期、准备期、实施期、评估期。其中，准备期任务最重，工作量最大。职业生涯管理是一项比较规范、长期的人力资源管理活动，是一种比较人性化的、体现员工与组织双赢的管理措施。由于我国企业在进行人力资源管理时，许多方面还没有形成现代化的管理理念，还有许多与以人为本的理念相冲突的管理措施和办法，因此，进行职业生涯管理既是一个观念转变的过程，更是一个制度、政策的变革过程。开展职业生涯管理活动时，人力资源管理的配套措施有些方面是从无到有，如建立组织的职位分析系统，建立科学的绩效考评系统，建立公开、透明的人员选拔和晋升制度等。有些方面还存在已有的制度与新制度的严重对立，如过去实施的是重资历的晋升制度，而现在却要以能力和绩效为标准；过去是限制个人发展的开支，而现在却要增加培训和发展的费用等。准备期的计划活动一定要结合本单位的实际，切不可步子太大，脱离本单位的实际，否则就会使这项有用的人力资源措施流产。相对而言，如果前面的准备工作很充分，对一些致命的改革重点和难点有比较全面的应对方法，实施和评估相对就比较容易；如果准备不充分，许多问题事先没有想清楚，没有作全面的规划，在实施职业生涯管理的活动时，就会捉襟见肘，陷入困境。

在动员期，主要是通过组织的信息网络发布组织开展职业生涯管理的活动，并对开展这项活动进行前期的准备。信息发布通常由主要领导者通过会议、工作计划、广播、简报、业务学习等机会，向员工发出一种信息：组织将开展职业生涯管理，这种管理活动对组织有什么具体的活动，各种活动的目的和意义，组织提供什么资源和机会。

在准备期，组织主要是筹划开展职业生涯管理活动的软件（实施者、内容、方法、技术）和硬件（物质条件、经费预算、设施配置、资料建设等）。这项工作的主要实施者是人力资源部的人员及管理人员，因此，首先要对这些相关人员进行培训，然后由这些员工再对具体实施这项工作的管理者进行培训，让他们明确这项工作的意义、价值、主要内容，特别是如何科学地开展职业生涯管理，可以花专门的时间进行职业生涯辅导。例如，如何将绩效评估与职业生涯管理结合起来？绩效评估职业生涯管理有什么不一致的地方？如何获得组织的职位空缺信息？在有多种选择的情况下，如何帮助员工做出合理的抉择？在职业发展与家庭产生冲突时如何协调？

人力资源部在这个阶段的主要工作是制定一个相对全面、详细的计划。具体地说，有这样一些工作需要完成：

①如何从人力资源政策上保障职业生涯管理工作与以往相关政策的一致性。例如，怎样将过去的人力、过去的绩效考核与现在的职业生涯管理联系起来？如何将绩效考核与职业生涯管理、培训联系起来？如何重新设置对管理者的绩效考核内容？如何根据职业生涯管理的要求，使人员调配工作能与之配合？

②主要准备开展一些什么活动。一般说来，做任何事情都应该有一个预备性的活动，如进行一个小范围的调研，了解员工在职业生涯管理方面有什么特殊的需求，如何针对员工需求设计活动，以便使员工更容易接受，效果也更理想。相关的工作主要有这样一些内容：员工是否能客观地评价自己的职业兴趣和职业潜能？员工是否了解组织的职业岗位信息？员工是否能根据自己的职业自我选择几个相关的职业岗位？如何缩小喜欢的职业岗位的数量？举办职业生涯研讨会是常见的活动方法。

③添置职业辅导的相关资料和相关的设备。在这一阶段主要是收集组织内所涉及的岗位的任职资格材料，组织的发展战略计划，就业趋势分析资料等。一些组织的人力资源管理部门还会做一些职业兴趣测验、职业能力倾向测验、特殊能力测验、职业价值观测验等。

在实践职业生涯管理的过程中，会出现一些意想不到问题。例如，有的员工提出了许多超越组织发展实际的要求，希望能接受在职的学历培训；有人对现在的用人制度不满，希望能尽快地改变晋升、提拔制度；有些员工对管理者的评价主观性太强表示不满等。这些问题可能有些是制度上的问题，有些是正在变革中的问题，这就需要组织做好与员工的沟通工作，保证工作的顺利开展。

【本章小结】

组织既是指为实现目标而按一定规则建立起来的人的集合体，又指组织工作，即通过组织结构的设计和组织中各种关系的处理，使人们能在组织中既分工又合作地为实现组织目标而共同努力。

组织的成功不仅取决于组成组织的各基本要素，而且取决于这些基本要素的安排和在此基础上的管理。组织设计的基本任务就是从这些基本的组织要素出发，寻求合理的组织结构框架，设计一个有效的组织结构，设置科学的岗位，进行动态化的运行调节，以便在不断创新中保持组织运行上的优势。

组织理论对组织设计的讨论，主要围绕几个基本维度。这些维度一般包括工作专门化、部门化、管理幅度和管理层次、命令链等。

常见的组织结构形式包括了直线型、职能型、直线职能型、事业部型、矩阵型等。组织必须根据内外环境和组织目标选择合适的组织结构，合理地划分部门、分配权力、配置人员，可以实现组织的协调发展，最终确保组织目标的实现。组织结构的发展趋势则主要集中在四个方面，即横向化、网络化、虚拟化和团队化。

组织文化在现代企业管理中至关重要。组织文化是指在一定的社会经济条件下通过企业经营活动实践所形成的并为全体成员所遵循的共同意识、价值观念、职业道德、行为规范和准则的总和，其中最核心的是价值观。组织文化的作用有导向作用、约束作用、凝聚作用、激励作用和辐射作用。组织文化一般由物质层、制度层和精神层三个层次组成。学习组织文化的途径有故事、仪式、信条和语言等多种方式。

组织的变革是不可避免的，由于变革涉及组织的深刻调整，会遇到一定的阻力。克服阻力，实施有效的组织变革是推动组织不断发展的必要措施。

人力资源管理是指组织为了实现既定的目标，运用现代管理措施和手段，对人力资源的取得、开发、保持和运用等方面进行管理的一系列活动的总和。进行人员配备，主要经过以下几个步骤：工作分析、人力组员规划、招聘和解聘、甄选。进行完人员的配备之后，还要进行人员培训和开发。培训是一个组织为改善内部员工的价值观、工作能力、工作行为和工作绩效而进行的有计划的学习活动和过程，培训类型一般可分为在岗培训和脱岗培训两类。绩效评估是对员工的工作绩效进行评价，以便形成客观公正的人事决策的过程。绩效评估的内容主要包括贡献考评和能力考评。绩效评估的方法有书面描述法、关键事件法、评分表法、行为定位评分法、多人比较法、目标管理法、360度考核法。一个组织除了要有一个公平合理的考绩制度外，还必须有一个好的报酬制度。一般组织的薪酬包括直接薪酬和间接薪酬两部分。直接薪酬一般分为基本薪酬、奖金、津贴和股权等，间接薪酬包括各种法定福利保障、企业福利和延期支付等。

职业生涯管理是指一个人一生工作经历中所包括的一系列活动和行为。作为企业管理方，建立职业生涯管理系统并通过收集各种人力资源方面的政策、优先权和行为，用以管理雇员进入组织、融入组织及离开组织的整个流程。开展职业生涯管理需要员工个人的设计和行动以及与组织的规划与管理。

【案例分析】

明鑫公司的组织结构

江西明鑫公司现有职工1200余人，产品涉及饲料、兽药、化肥、绿色食品等6个产业，在省内外共有生产经营企业科研机构20余个，自有资产总额达2亿余元，年利润最高时超过4000万元。

近几年，公司的经营开始出现滑坡。公司所属6个产业共十几家企业，除了饲料厂的盈利水平令人满意外，其他好几个厂的利润都几近为零。最为严重的是作为公司第二大厂的兽药厂还存在较严重的亏损。为此，公司总裁江明向有关专家做了咨询，专家一致认为，目前兽药厂与发酵制品厂连年亏损，其中一个很重要的原因就是公司内部的兽药产业存在着严重的管理体制问题。因此，必须彻底改组公司的兽药产业管理体制，调整其组织结构，并就此项改革提出了自己的方案。江总认为这份材料分析透彻，很有见地。他觉得，内部管理体制的问题也许并不仅仅存在于兽药产业，或许整个公司的组织结构都有问题。要使公司有较大的起色，调整公司的组织结构也许就是一项重要的前提性工作。但是，调整公司的组织结构是一件非常复杂的事情。它不仅涉及公司组织机构增减撤并和各机构权责利重新确认的问题，还涉及非常敏感的人事问题。江总最担心的是对公司管理体制动如此大的手术，是否真能达到预期目的，让公司目前停滞不前的经营状况出现明显的改观。他觉得这项工作事关重大，一定要慎重。

客观地说，明鑫公司所采取的组织结构确实仍是一种比较简单的形式。最上面是公司总部，设有财务部、人事资源部等职能部门，这些职能部门只对总部负责，无权向下级各部门发布命令。下面是各个工厂、公司或科研所等，它们之间的关系是并列的，它们均直属企业总部领导，并且只负责产品生产与销售，完成总部下达的生产销售任务和利润（或减亏）指标，而在财务、劳动人事、固定资产与技术等无形资产的管理方面，均无任何自主权。这种简单的组织结构有它的优点，其中最为突出的就是有利于公司对下属各个单位的有效控制。另外也有一定的适用性，因为在公司内部的各个工业企业中，只有发酵制品厂是完全为本公司内的兽药厂、生物药厂和饲料厂生产相关发酵制品，它们之间在生产经营上存在着内在的紧密联系。而其他各厂在生产经营上都是独立的，彼此很少有生产经营联系与协作，就是包装编织袋厂与饲料厂之间也是如此。如果不是公司强调饲料厂只使用本企业生产的编织袋，那么它们两家在生产经营上也是完全独立的。所以让所有企业都直属公司总部领导，在一定情况下也是可行的。但是它也存在许多不足，譬如不能适应产业差别和产品市场差别较大的企业内部实行专业化管理的要求等。

经过再三思考，江总最后认为，明鑫公司的组织结构必须进行调整，且在反复斟酌后确定了这次调整的三条基本原则。第一，组织结构的调整应该涉及整个公司，而不应仅仅包括兽药产业。第二，调整后的组织结构必须有利于提高管理效率和各种信息传递与反馈，有利于明确各部门、各单位的责任、权限与分工协作关系，能够充分调动公司内各部门、各单位生产经营的积极性与创造性。第三，调整后的组织结构必须能够明显地改善公司管理目前存在的各种缺陷，使整个公司能有效地组织起自己的各项生产经营活动，各个企业单位以后的减亏增盈工作能够取得突出的成效。有关组织结构调整的具体方案，江总准备在认真听取各副总、各企业主要负责人和公司聘请的各有关专家教授的意见以后再确定。

讨论题：

1. 你认为明鑫公司的组织结构属于哪种类型？它具有哪些优点？又存在哪些不足？

2. 你认为明鑫公司在下一步的组织改革中应采取什么样的组织结构形式？

为什么？

3. 结合企业实际，请你谈谈如何选择合理的组织结构形式。

欧莱雅的战略性招聘

欧莱雅是 1907 年创立的，1996 年全面落户中国内地。2004 年年初，欧莱雅继收购小护士之后，又闪电般地虎口夺食，从宝洁手中"抢"走知名化妆品牌——羽西，震惊了整个化妆品界。

欧莱雅显然是有备而来，因为它在企业管理，特别是人才管理上有一套成熟而有效的管理方法。它的战略性人才招聘的策略更是为人所称道。

一、思路：人力资源的提前开发

2003 年的 9 月，虽然 2004 届毕业生距离毕业还有近一年的时间，但欧莱雅已经把目光投向了南京的"准"毕业生们，其主办的"工业设计大赛"已经让学生们真实了解到欧莱雅的文化。这场大赛主题是请大学生选择一种做一套环保化妆品的方案，获奖者分别有 10000 元、5000 元和 2000 元的奖励。除了高额奖金以外，冠军每人可获得在欧莱雅 6 个月的实习期。

很多企业都曾做过这样的活动，但是它们收到的效果却非常有限，因为一般企业并没有把活动放进企业的人才管理体系中，重点是为了推广自己的产品。欧莱雅与众不同之处在于把校园活动作为人力资源战略的一个重要部分，成为吸引人才的热身运动。

"提前进行人力资源开发"的第一步就是要让大学生们在大二、大三的时候就开始了解欧莱雅，了解欧莱雅的企业文化、价值观、市场策略，了解欧莱雅的产品和管理，欧莱雅希望这些大学生在将来入职的那一刻就能起飞。加快他们迈向成功的步伐，也可减少企业后期培训的投入。欧莱雅认为：这样的人力资源开发是相对稳定的。

二、操作：打造品牌赛事

"全球在线商业策略竞赛"从 2000 年起，由欧莱雅和《商业周刊》及欧洲著名职业培训软件开发公司 Strat X 联合举办，成为目前世界上唯一一项向全球所有大学生包括 MBA 学生开放的商业模拟竞赛。

那么欧莱雅是如何运作这项赛事，如何在大赛中发掘人才的呢？

竞赛模拟新经济环境下国际化妆品市场的现状，结合商业竞争的各主要要素，让每一位渴望成为未来企业家的大学生有机会在虚拟但又近乎现实的网络空间里，通过运用他们的专业知识和技能，管理和运行一个企业，并根据竞争状况对本公司的主要产品在研发、预算、生产、定价、销售、品牌定位和广告投入等方面做出全方位的战略性决策。这项赛事主要考察各参赛队伍对公司运作、战略制定与实施、市场开拓和培育、财务数值分析及市场变化的综合分析和随机应变能力。

三、效果：一箭双雕

"商业策略大赛"给欧莱雅提供了一个与全球各地学生交流的绝佳机会，欧莱雅因此与这些年轻和富有活力的群体保持联系，了解他们的期望。欧莱雅通过运用这种国际化的招聘工具，吸引来自全球的精英。

欧莱雅认为，在全球范围内招收最好的人才，是欧莱雅公司的生命和活力之源。经过几年的比赛，"全球在线商业策略竞赛"已成为检测参赛学生战略性思考能力的一项重要而有效的工具，招聘经理也因此有机会近距离地观察参赛选手的表现。与此同时，欧莱雅"全球在线商业策略竞赛"也体现了它们作为一家大型跨国公司所倡导的全球化经营与团队精神的商业理念。事实上，全球的参赛学生大多来自世界顶级院校，其中包括美国的哈佛、耶鲁、西北大学和纽约大学，英国的剑桥大学，西班牙的 ESADE 和法国的 INSEAD（欧洲工商管理学院）等。

欧莱雅明确表示，也许他们不能仅仅通过一次比赛就决定是否录用一位参赛者，但比赛确实为他们与潜在的雇员之间建立了一座互相发现、增进了解的桥梁。比赛结束后，欧莱雅会主动和优秀选手联系，共同探讨他们在欧莱雅可能的职业发展机会，但欧莱雅并没有硬性的数量指标。通过几轮比赛后，人力资源部门就能对选手的表现有一个大致了解。欧莱雅一般都会给在商业策略竞赛取得优异成绩的学生优先面试机会。当然，欧莱雅通过商业策略大赛招募的人也不局限于在当年竞赛中表现出色的学生。欧莱雅人力资源部保留了所有曾经参加竞赛学生的资料，一旦有人来欧莱雅应聘，公司发现他曾经在往年的比赛中有出色表现，这对公司与人才的沟通来说显然是一个好的开始。

通过商业策略大赛这种形式，欧莱雅建立了一个丰富的人才资源库，以保证欧莱雅能持续地招募到全球的优秀人才。

多数跨国公司的全球人力资源架构基本遵循"总部——区域（如亚太）——单一国家（如中国）"的路径，由于业务范围广，人力供给链条太长，利弊同时都被放大：用人得当则"海纳百川"，用人不当则"危机四伏"。欧莱雅的人力资源架构显然更胜一筹，欧莱雅实行垂直管理的线性体系，从全球人力资源副总裁，到亚太区 HR 总监，再到中国区 HR 总监是欧莱雅人力资源战略典型的三级传递路径，其目标都是基于公司战略的人才接触、招聘与储备。这个体系的实质就是总部为地区提供战略方向、政策及培训支持，地区总部和地区分公司则把接触和招聘到的人才，用某种程序往"金字塔顶端"输送。

（资料来源：人力资源经典案例系列——欧莱雅战略性招聘．www.mbal63.com.）

讨论题：

1. 与其他企业相比，欧莱雅的人才招聘有何特点？

2. 你认为欧莱雅的招聘方法是否适用于所有的企业？

3. 欧莱雅招聘人才的方式对其他企业有何启示？

【复习思考题】

1. 如何正确对待非正式组织？

2. 组织设计的依据和原则有哪些？

3. 组织设计的过程如何？

4. 实际生活中，组织常用的结构形式有哪些？各有什么优缺点？

5. 常见的组织部门划分方法有哪些？各有什么特点？

6. 影响管理幅度的因素有哪些？

7. 组织如何实现分权？

8. 如何正确处理直线与参谋职能的关系？

9. 什么是组织文化？它有什么作用？

10. 什么阻碍了组织的变革？如何克服？

11. 什么是人力资源管理？人力资源管理的功能和职能分别是什么？人力资源战略的重要性是什么？

12. 人力资源规划的内容和程序有哪些？

13. 工作分析的内容有哪些？

14. 招聘雇员有哪些方法？各种方法有何区别？

15. 绩效评估的目的是什么？为什么有多种评估方法？

16. 怎样定义奖酬系统的有效性？在奖酬系统中，福利的作用是什么？

17. 如何管理多样化的员工？

18. 什么是职业生涯？什么是职业生涯管理？

19. 一个组织应当如何进行职业生涯管理？

20. 结合所学内容，为自己设计一份职业规划书。

21. 在调查研究的基础上，设计一个组织的员工职业生涯管理体系或职业生涯管理方案。

第六章　领　导

学习目标:

1. 明确领导含义;
2. 了解领导作用;
3. 掌握领导理论;
4. 理解领导方法和艺术。

开篇案例

20世纪80年代末,坎贝尔汤姆公司被利润下降、市场份额减少、领导无方所困扰。1990年,戴维·约翰逊接任首席执行官后,公司利润大幅提高,新产品不断问世,销量急剧增加。这些业绩不易取得,因为约翰逊需要出色地领导分布在全球各地的44000多名员工。约翰逊的领导方式是非正式的,他和所有员工打成一片。他定期和员工一起就餐,谈论新产品开发和工作中遇到的问题。每当员工提出一项开发新产品的建议时,约翰逊就授权员工组成一个工作团队来开发该项新产品。成功后,约翰逊会和他们一起庆祝。为了让公司成为全球食品行业的领导者,约翰逊让员工把注意力集中在数字上,即利润额比竞争对手增长得更快。相应地,员工工资的增长是建立在公司利润额基础之上的。同时,员工被鼓励以公司股东的身份来工作与思考,例如,约翰逊要求300名高级主管拥有超过年薪3倍的公司股票,公司董事不拿工资,只分红利。

戴维·约翰逊是一位有效的领导者。他为公司描述了一个愿景,又通过沟通、授权激励等手段让公司员工为实现这一愿景而努力工作,并赢得了员工的合作、承诺、忠诚和尊敬。

(资料来源:李品媛. 管理学 [M]. 大连:东北财经大学出版社,2005.)

领导（Leading）作为一项管理职能，是管理工作中的行为活动过程。领导职能是管理职能的重要组成部分，它侧重于对组织中人的行为施加影响。每一个组织都是由人组成的，组织目标的实现需要通过全体成员的共同努力。领导职能要求管理者在合理的制度环境中，针对组织成员的需要和行为特点，运用适当的方式，正确地指挥和引导组织成员，采取一系列措施去提高和维持组织成员的工作积极性，实现组织成员间良好的信息沟通，使组织成员统一思想，化解矛盾冲突，充分发挥他们的技能和水平，进而使组织取得更高的绩效。

第一节　领导概述

一、领导的内涵

（一）领导的概念

要研究领导，首先要给领导下个定义。汉语中的"领导"可以作名词用，即领导者，也可以作动词用，即一种行为过程，管理学研究的领导是指后者。不同的学者对于领导有着不同的解释。国内外一些著名的管理学者对领导的概念解释如下：

孔茨（Koontz）认为，领导是一种影响力，是引导人们行为，从而使人们情愿地、热心地实现组织或群体目标的艺术过程。

特瑞（Terry）认为，领导是影响人们自动为达成群体目标而努力的一种行为。

罗伯特（Robert）认为，领导是在某种条件下，经由意见交流的过程所实现出来的一种为了达成某种目标的影响力。

斯托格狄尔（Stogdill）认为，领导是对组织内群体或个人施行影响的活动过程。

斯蒂芬·P. 罗宾斯（Stephen P. Robbins）认为，领导是影响人们实现目标的行为过程。

我们认为，领导是一种影响力，是领导者指挥、带领、引导和鼓励追随者为实现目标而努力的过程。这个定义包括下面三个要素：

（1）它揭示了领导的本质，即影响力。正是靠着影响力，领导者在组织或群体中实施领导行为；靠着影响力，领导者把组织或群体中的人吸引到他的周围来；靠着影响力，领导者获取组织或群体成员的信任；也正是靠着影响力，组织或群体中的成员心甘情愿地追随领导者。因此，拥有影响力的人才称得上是一位真正的领导者。

（2）这个定义明确指出了领导是一个过程，是对人们施加影响的过程；同时又提出，领导不只是一种过程，亦是一种艺术。领导者面临千变万化的组织或群体的内外环境，特别是面对着各种各样的人。他们的身份不同，有着各种不同的教育、文化和经历背景，他们进入组织或群体的目的和需要各不相同，而且人们的需要、目的等都处在动态的变化之中。因此，对人的领导与其说是一种过程，不如说是一种艺术。越是高层次的领导行为，因其面对因素的复杂性和不确定性越大，其艺术的成分就越多。

（3）领导的目的，是通过影响追随者来实现组织的目标。领导是目的性非常强的行为，其目的在于使被领导者心甘情愿地、满腔热情地为实现组织或群体的目标而做出努力和贡献。

在领导工作中，领导者是领导行为的主体，但千万不要把领导者与被领导者对立起来，实际上领导者与被领导者是各以对方的存在而存在的，没有被领导者当然也就没有领导者了。在领导行为过程中，领导者当然要对被领导者施加影响，但此时被领导者也同样在对领导者施加影响，可见影响是互相的。因此，领导并不仅仅是单向的，即由领导者对被领导者发生影响。实际上，领导是一种双向的动态过程，即除了领导者通过指导、激励等影响被领导者，被领导者也给领导者以信息来修正领导者的现在和未来的行动。人们的能力、感受与心态是不断演变的，领导者与被领导者的关系也必须不断修正，行动必须持续调节，因此领导是一种动态的过程。

（二）领导的作用

领导意味着组织成员的追随与服从。正是来自其下属成员的追随与服从，领导者在组织中的作用才得以发挥，使领导的过程成为可能。而下属成员追随和服从领导者的原因，就在于被他们信任的领导者能够满足他们的愿望和需求。在充满艺术性的领导过程之中，领导者巧妙地将组织成员个人愿望和需求的满足与组织目标的实现结合起来。在带领、引导和鼓励组织成员为实现组织的目标而努力的过程中，领导者要发挥指挥、协调和激励的作用。

1. 指挥作用

杰出的指挥家可以将各种不同的乐器和表演个性相异的演员统一成一个和

谐的整体，进而创造出千姿百态的美妙音乐来。组织中的成员也如同乐队中的乐手一样，需要有头脑清晰、胸怀全局，能高瞻远瞩、运筹帷幄的领导者帮助他们认清所处的环境和形势，指明活动的目标和达到目标的途径。领导者必须善于使用自己的指挥权力，遵循有效指挥的基本原则，进行正确的指挥，以自己的实际行动带领组织成员为实现企业的目标而努力。

2. 协调作用

前文提到的男孩子剪长裤的例子就是缺乏管理协调的结果。组织的目标是通过组织成员的集体活动来实现的。即使组织制定了明确的目标，但由于组织中的成员对目标的理解、对技术的掌握和对客观情况的认识因他们个人知识、能力、信念等方面的差异而不同，人们在思想认识上发生分歧、在行动上出现偏离目标的现象都是不可避免的，因此需要领导者来协调人们的关系和活动，使组织成员步调一致地朝着共同的目标前进。领导协调作用的发挥，要求领导者对工作活动中出现的问题及时调整，使各方面配合得当。协调工作必须是非分明、有理有据、坚定不移地进行。

3. 激励作用

任何组织都由具有不同需求、欲望和态度的个人所组成，如果一个人的学习、工作和生活遇到了困难、挫折或不幸，某种物质的或精神的需要得不到满足，就必然会影响工作的热情。怎样才能使每一个员工都保持旺盛的工作热情，最大限度地调动他们的工作积极性呢？这就需要有通情达理、关心群众的领导者来为他们排忧解难，激发和鼓舞他们的斗志，发掘、充实和加强他们积极进取的动力。领导的激励作用在很大程度上表现为调动组织中每个成员的积极性，使其以高昂的士气自觉地为组织作出贡献。

二、领导与管理

领导和管理是一回事吗？领导与管理是人们通常容易混淆的概念。事实上，领导与管理、领导者与管理者是既相互联系，又相互区别的，主要表现在：

（1）领导职能是管理的四项职能之一，除了领导职能以外，管理还包括计划职能、组织职能和控制职能。

（2）领导和管理活动的特点和着重点有所不同。领导活动是与人的因素密切关联的，侧重于对人的指挥和激励，更强调领导者的影响力、艺术性和非程序化管理，而管理活动更强调管理者的职责以及管理工作的科学性和规范性。

（3）从本质上说，管理是建立在合法的、有报酬的和强制性权力的基础上对下属命令的行为，下属必须遵循管理者的指示。在此过程中，下属可能尽自己最大的努力去完成任务，也可能只尽一部分努力去完成工作。而领导则不同，领导是一种影响别人的能力，既是来源于组织赋予的合法权力，也可能是来源于个人的影响力和专家权力。而个人的影响力和专家权力是与个人的品质和专长有关的，与其职位无关。领导与管理的区别如表6-1所示：

表6-1　领导与管理的区别

	管　理	领　导
确立目标进程	• 编制计划和预算 • 为达成目标，制定出详细的步骤和计划进度 • 为了达到预期目标，进行资源分配	• 指明方向和给出战略 • 展现未来的远景与目标 • 指出达到远景与目标的战略
开发完成目标所需的人力和网络结构	• 组织和配备人员 • 组建完成计划所需的组织结构，并为之配备相应的人员 • 根据完成计划的需要，规定人们的责权关系 • 制定具体政策和规程以指导人们的行动 • 建立系统的方法以监督完工状况	• 指导人们 • 用言词与协作者进行沟通，为他们指明方向、路线 • 让人们更好地理解目标、战略以及实现后的效益 • 指引人们根据需要组建工作组和建立合作伙伴关系
执行	• 控制和解决问题 • 通过具体详细的计划监督进程和结果	• 鼓舞和激励 • 动员人们去克服改革中的种种障碍，包括政治思想方面和作风方面的（如官僚主义） • 鼓舞人们在初具条件的情况下，努力克服人力与资源不足的困难，实现改革目标
结果	• 具有一定程度的预见并建立良好秩序 • 得到各利益所有者期望的关键成果（如用户的交货期、股东的分红等）	• 改革取得较大的进展 • 具备进一步改革的潜力，诸如用户期望的新产品，改善了有利于增强竞争力人际关系

综上所述，我们可以得出这样的结论：管理者一定是领导者，但领导者不一定是管理者。如果把组织中的成员划分为管理人员和作业人员，那么所有的管理者都应该是领导者。因为不管他们处在什么层次，都要或多或少地执行管

理的四项职能任务，通过行使管理权力来影响或指挥组织成员努力实现组织的目标，因此，组织中的管理者都是领导者。但现实中，一方面，管理者并不一定都是好的领导者，有些管理者也许会在计划、组织和控制等职能方面做得非常出色，但只要不能有效地发挥对他人的领导作用，不能既居领导之"职"的同时亦行领导之"能"，那么他就不是好的领导者。另一方面，一个人可能是领导者，却并非是管理者。领导从根本上来讲是一种影响力，是一种追随关系。人们往往追随那些他们认为可以提供满足自身需要的人，正是人们愿意追随他，才使他成为领导者。领导者既存在于正式组织中，也存在于非正式组织中。作为非正式组织的领袖，他们并没有正式的职位和权力，也没有义务去履行计划、组织和控制职能，但是他们却能对其组织成员施加影响，起到激励和指挥的作用，虽然没有正式职权，他们却是名副其实的领导者。因此，为了使组织更有效，应该选取领导者来从事管理工作，也应该把每个管理者都培养成好的领导者。

三、领导与权力

作为管理活动的一个重要职能，领导起源于权力。不管什么领导，都涉及对权力的运用问题。领导者的权力也并不完全取决于职位的高低。权力可以看作是引导或影响他人行为或信仰的能力或控制力。权力是领导的标志，是实施领导行为的基本条件。没有权力，领导者就难以有效地影响下属，实施真正的领导。一般认为，领导者的权力分为职位权力和个人权力两大类：

（一）职位权力

职位权力是指由于领导者在组织中所处的职位，由上级和组织赋予的权力，它由组织正式授予领导者，并受组织规章的保护，属于正式的权力。这种权力与领导者的职位相对应，在职就有权，不在职就无权。人们往往出于压力和习惯不得不服从这些权力。这些权力与特定的个人没有必然的联系，它只同职务相联系。职位权力包括以下三大类：

（1）强制权。强制权也就是惩罚权。强制权是建立在组织其他成员认识到违背上司的行动、态度或指示的结果只能是受到惩罚的基础上的，因此强制权来自于下级的恐惧感，即下属意识到不服从上司的意愿会招致惩罚。

（2）奖励权。奖励权是惩罚权的相对物。奖励权建立在组织成员意识到下属服从上司的意愿会带来积极的奖励的基础之上。这些奖励可以是金钱方面的，如提高报酬，也可以是非金钱方面的，如因工作做得好而受到表扬。奖励权来自于下属追求满足的欲望，即下属人员感到领导者有能力奖赏他，使他产生愉快感或满足他的某些需求。

（3）法定权。法定权也即合法权。这种权力来自于上司在组织机构里的地位。这是由组织中等级制度所规定的正式权力。这种权力是被组织、法律、传统习惯甚至常识所认可的，它通常因职位而产生，这种职位是人们所接受的合法地位。例如，公司经理比副经理有更多的法定权力，部门经理比下属单位的领导者有更多的法定权力。

（二）个人权力

个人权力是来自于领导者个人的权力。这种权力不是由于领导者在组织中的位置，而是由于其自身的某些特殊条件才具有的。例如，领导者具有高尚的品德、丰富的经验、卓越的工作能力、良好的人际关系；善于体贴关心他人，令人感到可亲、可信、可敬；不仅能完成组织目标，而且善于创造一个激励人的工作环境，以满足组织成员的需要等。这种权力随职位的消失而消失，这种权利所产生的影响是组织成员发自内心的、长时期的敬重与服从。个人权力包括专家权和感召权。

（1）专家权。具有这种权力的领导者是具有某些专门知识、特殊技能或知识的人。具有一种或多种这种能力的领导者会赢得同事和下属们的尊敬和服从。这种权力来自于下属人员对具有这种权力的领导的尊敬和崇拜。

（2）感召权。感召权也即模范权。这种权力主要来自于个人的魅力，是建立在下属对领导的认可和信任的基础之上的。领导者由于具有一种或更多的个人好品质而受到敬佩，下属人员认可和相信领导者具有他所敬佩的智慧和品质，从而愿意模仿和追随。拥有个人影响权的人能激起人们的忠诚和极大的热忱，一些体坛及文艺界的超级明星及一些著名的政治领袖，都具有这种能力，他们能影响许多人的行为。

强制权、奖励权、法定权是由个人在组织机构中的职位所决定的，都来源于行政的力量；专家权和感召权则取决于个人的知识和品德。有效的领导不仅要依靠行政的权力，还必须具有专家权和感召权，这样才会使被领导者心悦诚服。

（三）有效行使权力的原则

领导者在履行领导职能的过程中，需要正确地运用组织赋予的权力和行使其影响力，为了更好地实现组织目标，在使用权力的时候应遵循以下几条原则：

1. 职位权力和个人权力相结合

领导者的权力主要来自两个方面:一是来自于职位的权力,这种权力是由于领导者在组织中所处的职位由上级和组织赋予的,人们往往出于压力和习惯不得不服从这种权力。二是来自于领导者个人的权力,这种权力是由于领导者自身的某些特殊条件才具有的,是在组织成员自愿接受的情况下产生影响力的,因而易于赢得组织成员发自内心的长时期的敬重和服从。有效的领导者不仅要依靠职位权力,还必须注意提升个人权力,这样才会使被领导者心悦诚服,才能更好地进行领导。

2. 慎重、合理地用权

领导者在人事安排、财务分配和奖励惩罚等方面拥有较大的权力。如果领导者使用权力不适当,滥用职权,不但会阻碍组织目标的实现,还会导致人际关系恶化、组织凝聚力下降。少数领导者试图通过炫耀自己手中的权力来树立自己的权威,结果往往会适得其反,不但造成下属的反感和厌恶,还会损害其领导者的形象,降低自己的权威。所以,一个好的领导者应当用一种慎重小心的态度对待权力,十分珍惜组织赋予的权力,珍惜自己经过长期努力在同事下属中树立起的个人影响力,绝不夸耀张扬。但在确实需要使用权力时,领导者又要当机立断、雷厉风行地使用权力来维护组织和个人的利益。当然,为了防止出现滥用权力的现象,在组织设计时也应当建立良好的权力制衡机制和监督机制来约束领导者的行为。

3. 客观、公正地用权

领导者运用权力的一个最重要原则就是要客观公正、一视同仁。领导者必须以自己的实际行动使下属相信,自己在使用权力时是不分亲疏、不徇私情、不谋私利的。领导者完全是按照组织的规章制度来办事的,使用权力是为了实现组织的经营目标。领导者可以通过公开化、透明化的工作方式,建立良好的工作秩序,从而可以服众,提高组织的工作效率。

4. 科学、艺术地用权

领导既是一门科学,又是一门艺术。领导者在用权过程中应当根据其所领导的组织类型、下属的实际情况,讲究用权的方式方法,以提高领导水平。要实行有效的领导,领导者不仅要掌握科学的领导方法,而且要有高超的领导艺术。领导艺术是领导者的智慧、学识、胆略、经验、作风、品格、方法、能力的综合体现。科学的方法和艺术技巧的巧妙结合,可以使领导者创造性地完成各项领导任务,达到预期的目的。

5. 例外处理

规章制度是组织成员应当共同遵守的行为准则。领导者必须维护规章制度的严肃性，但也有权进行例外处理。例外处理不是为了破坏规章制度，而正是为了使规章制度更加合理，更能得到职工的拥护和执行。但是进行例外处理必须有充分的正当的理由，必须光明正大，并有助于树立正气、强化职工的"期望行为"。通过实施例外处理，使职工知道领导者是通情达理的，同时又要使职工对领导者期望自己表现出何种行为产生明确的认识。

四、领导者的素质

领导者的素质有广义和狭义之分。狭义的素质通常是指对领导者心理和生理特征的评价，如身高、天赋、智商以及气质等遗传性因素；广义的素质则包括对领导者德、智、体方面的综合评估。

领导者究竟应该具有什么样的素质、这些素质是来自先天还是后天形成的、与组织所处的环境有无关系，这些历来就是管理学者争论和研究的重点。虽然领导素质理论的研究结果并没有最终给出关于领导者素质的一般结论，但是，一般认为，作为一个领导者，其政治素质、业务素质、业务技能和身体素质必须符合一些基本的条件。

（一）政治素质

政治素质主要包括思想观念、价值体系、政策水平、职业道德、工作作风等方面的要求，具体表现在以下几方面：

（1）正确的世界观、价值观与人生观。社会主义市场经济中的企业领导者，必须坚持四项基本原则，认真执行党和国家的各项方针政策，遵守国家的法规、法令，正确处理国家、企业和职工三者的关系。

（2）现代化的管理思想。建设现代化的企业，必须以现代科学理论为指导，树立一系列全新的观念，主要有系统观念、战略观念、信息观念、时间观念、人才观念、竞争观念、质量观念、创新观念、法制观念、效益观念等。

（3）强烈的事业心、高度的责任感、正直的品质和民主的作风。

（4）实事求是，勇于创新。

（二）业务素质

领导者应具有管理现代化企业的知识和技能。领导者应掌握的业务知识包括：

（1）应懂得马克思主义政治经济学的基本原理，掌握社会主义市场经济的基本理论。

（2）应懂得组织管理的基本原理、方法和各项专业管理的基本知识。

（3）应懂得思想工作、心理学、人才学、行为科学、社会学等方面的知识，以便做好政治思想工作，激发职工士气，协调好人与人之间的关系，充分调动人的积极性。

（三） 业务技能

领导者不仅应具有一定的业务知识，还要有较高的业务技能。业务技能主要表现为：

（1）较强的分析、判断和概括能力。

（2）决策能力。

（3）组织、指挥和控制能力。

（4）沟通、协调组织内外各种关系的能力。

（5）不断探索和创新的能力。

（6）知人善任的能力。

（四） 身体素质

领导者的指挥、协调、组织活动，一般需要足够的心智，而且要消耗大量体力，因此，必须有强健的体魄、充沛的精力。

应当指出的是，有关领导者素质的研究只是在实证基础上所作出的一种理论上的抽象和概括，事实上完全具备上述条件的领导者并不多见。尽管如此，对领导者素质的研究还是为我们选择领导者提供了标准，也为领导者教育和培训奠定了基础。

第二节 领导理论

领导理论是研究领导本质及其行为规律的科学，是研究领导行为有效性的理论，试图发现具有什么品质或行为习惯的人能成为领导者。为了提高领导的影响力及其有效性，国外许多管理学家和心理学家通过长期的调查和实验从不同角度进行了研究，提出了许多领导理论，以解决如何实现有效领导的问题。这些理论大致可分为三类：第一类是领导特征理论，重点研究领导者的个人特征，目的是找出领导者应当具有哪些优秀品质和能力，并试图以此来培养、选拔和考核领导者；第二类是领导行为理论，集中研究领导者的工作作风和领导行为对领导有效性的影响，并将不同的领导行为分类；第三类是权变理论或情境理论，研究不同的情况下采用何种工作作风和领导行为效果最佳，并尝试找出各种环境因素与各种领导行为的最佳搭配。

一、领导特质理论

从 20 世纪初到 40 年代，有关领导的研究主要关注于领导者的特质，也就是能够把领导者从非领导者中区分出来的个性特点。这些研究旨在分离出一种或几种领导者具备而非领导者不具备的特质，因此被称为领导特质理论。

按照领导特质理论的观点，领导者之所以被称为领导者，正是由于他们具有与众不同的优秀品质和特殊能力，而他们的与众不同的优秀品质，有的是由于他们的特殊生活经历造就的，有的则是与生俱来的。领导特质理论认为，一个领导者只要具备了某些优秀的个人特性或素质，就能有效地发挥其领导作用。其研究的一般方法是调查、归纳那些优秀的领导者在各个方面（包括身心、知识和能力、性格、社会背景等）所具有的共同特性。

尽管研究者付出了相当大的努力，但结果表明，不可能有一套特质总能把领导者与非领导者区分开来。领导者并不一定都具有比被领导者高明的特殊品质，实际上他们与被领导者在个人品质上并没有显著的差异。此外，特质理论并不能使人明确，一个领导者究竟应在多大程度上具备某种特质。虽然领导特质理论不能从根本上解决领导的有效性问题，但是这方面的研究却一直没有间断过，因为在一些成功的领导者身上，我们确实看到了一些鲜明的个性特征，研究者发现七项特质与有效的领导有关。它们是内在驱动力、领导愿望、诚实与正直、自信、智慧、工作相关知识和外向性。

（1）内在驱动力。领导者非常努力，有着较高的成就愿望，他们进取心强，精力充沛，对自己所从事的活动坚持不懈、永不放弃，并有高度的主动性。

（2）领导愿望。领导者有强烈的愿望去影响和统率别人，他们乐于承担责任。

（3）诚实和正直。领导者通过真诚无欺和言行一致在他们与下属之间建立相互信赖的关系。

（4）自信。下属觉得领导者从没有怀疑过自己，为了让下属相信自己的目标和决策的正确性，管理者必须表现出高度的自信。

（5）智慧。领导者需要具备足够的智慧来收集、整理和解释大量信息，并能够确立目标、解决问题和做出正确决策。

（6）工作相关知识。有效的领导应对有关企业、行业和技术知识十分熟悉，广博的知识能够使他们做出睿智的决策，并能认识到这些决策的意义。

（7）外向性。领导者精力充沛，他们好交际、坚定而自信，很少会出现沉默寡言或离群的情况。

虽然依靠领导特质理论并不能充分解释有效的领导，但由于领导特质理论系统地分析了领导者所应具有的能力、品德和为人处世的方式，向领导者提出了要求和希望，这对企业培养、选择和考核领导者是有帮助的。领导特质理论使我们认识到领导者具备的素质不是天生就有的，而是在实践中逐步形成和积累起来的，可通过后天的教育进行培养。

二、领导行为理论

由于特质理论没有成功地找出有效领导者的特征，从 20 世纪 40 年代至 60 年代，随着行为科学的兴起，领导研究的重点开始从领导者应具备哪些特质转向领导者应当如何作为这一方面，形成了领导行为理论。领导行为理论从工作行为的特点来说明领导的有效性，领导的作用是通过领导者的特定行为表现出来的，因而应把研究的重点转到领导行为上来。由此可见，与领导特质理论不同，领导行为理论试图用领导者做什么来解释领导现象和领导效能，并主张评判领导者好坏的标准应是其外在的领导行为，而不是其内在的素质条件。由于领导的有效性取决于领导者实际所表现出的领导行为，那么人们就可以通过培训和学习而成为有效的领导者。下面介绍四种具有代表性的领导行为理论。

（一）领导作风理论

著名心理学家勒温和他的同事从 20 世纪 30 年代起就进行关于团体气氛和领导风格的研究。勒温等人发现，团体的任务领导并不是以同样的方式表现他们的领导角色，领导者们通常使用不同的领导风格，这些不同的领导风格对团体成员的工作绩效和工作满意度有着不同的影响。勒温等研究者力图科学地识别出最有效的领导行为，他们把领导者的基本领导方式分为三种类型：

（1）独裁型。这类领导者倾向于集权管理，由个人独自做出决策，然后命令下属予以执行，并要求下属绝对地服从。独裁型领导行为的主要表现为：①独断专行，从不考虑别人的意见，组织的各种决策完全由领导者一人制定；②领导者预先安排一切工作内容、程序和方法，下属只能服从；③除了工作命令外，从不把更多的信息告诉下属，下属没有任何参与决策的机会，只能奉命行事；④主要靠行政命令、纪律约束、训斥惩罚来维护领导者的权威；⑤领导者与下属保持着一定的心理距离。

这种家长式的作风导致了上级与下级之间存在较大的社会心理距离和隔阂，领导者对被领导者缺乏敏感性，被领导者对领导者存有戒心和敌意，下级只是被动、盲目、消极地遵守制度、执行指令。团队中缺乏创新与合作精神，而且易于产生成员之间的攻击性行为。

（2）民主型。在民主型领导风格下，领导者倾向于就拟议的行为和决策同下属磋商，并鼓励下属参与，共同商量，集思广益，然后再做出决策。领导者只起到一个指导者或委员会主持人的作用，其主要任务就是在成员之间进行调解和仲裁。民主型领导行为的主要表现是：①制定决策时，领导者广泛听取下属的意见和建议，决策不是领导者单独制定的，而是大家共同讨论的结果；②分配工作时，尽量照顾到下属的能力、兴趣和爱好；③给予下属相当大的工作自由，有较多的选择性和灵活性；④主要通过个人的权力和威信，而不是靠职位权力和命令使人服从；⑤领导者与下属无任何心理上的距离。

民主型的领导者注重对团队成员的工作加以鼓励和协助，关心并满足团队成员的需要，能够在组织中营造一种民主与平等的氛围。在这种领导风格下，被领导者与领导者之间的社会心理距离较近，团队成员的工作动机和自主完成任务的能力较强，责任心也比较强。

（3）放任型。放任型的领导者极少运用其权力影响下属，而是给予下属充分的自由，让下属自己做决策，并按照下属自己认为合适的做法完成工作。领导者置身于团队工作之外，只起到一种被动服务的作用，其扮演的角色有点像一个情报传递员和后勤服务员。领导者缺乏关于团体目标和工作方针的指示，对具体工作安排和人员调配也不做明确指导。

领导者满足于任务布置和物质条件的提供，对团体成员的具体执行情况既不主动协助，也不进行主动监督和控制，听任团队成员各行其是，自主进行决定，对工作成果不做任何评价和奖惩，以免产生诱导效应。在这种团队中，非生产性的活动很多，工作的进展不稳定，效率不高，成员之间存在过多的与工作无关的争辩和讨论，人际关系淡薄，但很少发生冲突。

勒温得出的结论是：以上三种领导方式中，放任型的领导方式工作效率最低，只能达到组织成员的社交目标，但完不成工作目标；独裁型的领导方式虽然通过严格管理能够达到既定的任务目标，但组织成员没有责任感，情绪消极，士气低落；民主型的领导方式工作效率最高，不但组织成员能够完成工作目标，而且组织成员之间关系融洽，工作积极主动，富有创造性。

在实际的组织与企业管理中，很少有极端型的领导，大多数领导都是介于独裁型、民主型和放任型之间的混合型。

勒温能够注意到领导者的风格对组织氛围和工作绩效的影响，区分出领导者的不同风格和特性，并以实验的方式加以验证，这对实际管理工作和有关研究非常有意义。许多后续的理论都是从勒温的理论发展而来的，如坦南鲍姆和施密特的领导行为连续体理论就是为解决勒温等人的研究中提出的问题而提出的理论。

但是，勒温的理论也存在一定的局限。这一理论仅仅注重了领导者本身的风格，没有充分考虑到领导者实际所处的情境因素，因为领导者的行为是否有效不仅仅取决于其自身的领导风格，还受到被领导者和周边的环境因素影响。

（二）领导系统模式理论

以伦西斯·利克特（Rensis Likert）为首的美国密执安大学社会调查研究中心，通过对大量企业的调查访问和长期试验展开研究，提出了领导系统模式理论，将领导行为归结为四种基本模式：

（1）专制—权威型。采用这种方式的领导者非常专制，权力集中于领导者，一切决策都由领导者单独制定，不采纳下属的意见，下属没有任何决策权。领导者对下属没有信心，缺乏信任，解决问题时根本不听取他们的意见。领导者经常以威胁、恐吓、惩罚以及偶尔的奖赏来激励下属。组织内部极少沟通，只有自上而下的单向信息流，信息易受歪曲，因而领导者对下属的情况既不了解，也不理解。人们通常怀有恐惧的心理，因而在这类组织中几乎不存在相互作用和协作。在这种领导方式下，最易形成与正式组织的目标相对立的非正式组织。

（2）开明—权威型。采用这种方式的领导者采取了家长制的恩赐式领导方式。领导者采取奖赏和惩罚并用的方式来激励下属。权力控制在最上层，但也授予中下层部分权力。组织内部较少沟通，并且大体上多属自上而下的单向信息流，领导者只接受自己想听到的情报，对下属有一定的了解。组织内部成员之间很少互相交往，而且这种交往也多是在上司屈尊、下属心有畏惧和戒备的情况下进行的，因而极少有相互协作的关系。领导者决定方针政策，下属只能在既定的范围内进行有限的决策，但有时领导者能听取他们的某些意见。在这种领导方式下也会存在非正式组织，但其目标不一定同正式组织的目标相对抗。

（3）协商型。这种领导方式的特征是：领导者对下属有相当程度的信任，但重要问题的决定权仍掌握在自己手中。在工作问题上，上下级之间能自由地对话，并且上级能采纳下属的意见，运用奖励或者偶尔运用惩罚手段调动下属。组织内部有适度的沟通，信息流是双向的，领导者虽然也只接受自己想听到的信息，但对与此相反的信息也都慎重地传递，因而他们对下属的问题有一定的了解。组织内部有适度的交往，并且是在比较信任的情况下进行的，因而形成适度的协作关系。组织目标和实施计划都是在同下属协商后才作为命令下达的，因而能为下属所接受。机构中的非正式组织对正式组织的目标一般采取支持的态度，但有时也会表现出轻微的对抗。

（4）参与型。这种领导方式的特点是：在一切问题上，领导者对下属都能完全信任，上下级之间对工作问题可以自由地交换意见，领导者都尽力听取和采纳下属的意见，以参与决策、经济报酬、自主地设定目标并自我评价等手段来调动下属，因而组织的各类成员对组织目标都具有真正的责任感，并采取积极的行动促其实现。在组织内部有良好的沟通，信息能得到正确的传递，领导者对下属的问题都非常了解和理解。组织内部有广泛而密切的相互交往，并且是在相互高度信赖的情况下进行的，因而形成紧密的协作关系。决策过程涉及组织的各个层次，由于一切决策都使下属充分地参与，因而能激励他们积极地实施决策。机构中的非正式组织同正式组织结为一体，因而形成组织的全体成员共同致力于组织目标实现的局面。

根据利克特的研究，生产率高的企业大都采取参与型的领导方式，生产率低的企业则大都采取专制—权威型的领导方式，利克特主张领导者应采用参与型的领导方式，主张领导者要考虑下属的处境、想法和期望，支持下属实现目标的行为，让下属认识到自己的价值和重要性。由于领导者支持下属，因而下属能对领导者采取合作的态度并抱有信任感，反过来支持领导者。因此，利克特的理论又被称为"支持关系理论"。

（三）领导行为四分图理论

在20世纪40年代末期，美国俄亥俄州立大学的研究人员对领导行为做了一系列深入研究。起初，研究人员设计了一个领导行为描述调查表，列出了1000多种刻画领导行为的因素；后来霍尔平（A. W. Halpin）和维纳（B. J. Winer）将冗长的原始领导行为调查表减少到130个项目，并最终将领导行为的内容归结为两个方面，即以人为重和以工作为重。

以人为重（Worker-centered）是指注重建立领导者与被领导者之间的友谊、尊重和信任的关系。包括尊重下属的意见，给下属以较多的工作自主权，体察他们的思想感情，注意满足下属的需要，平易近人，平等待人，关心群众，作风民主。

以工作为重（Job-centered）是指领导者注重规定他与工作群体的关系，

建立明确的组织模式、意见交流渠道和工作程序。包括设计组织机构，明确职责、权利、相互关系和沟通办法，确定工作目标和要求，确定工作程序、工作方法和制度。

他们依照这两方面的内容设计了领导行为调查问卷，就这两方面各列举15个问题，发给企业，由下属来描述领导人的行为如何。调查结果表明，以人为重和以工作为重并不是一个连续带的两个端点，这两个方面常常是同时存在的，只是强调的侧重点不同，领导者的行为可以是这两个方面的任意组合，即可以用两个坐标的平面组合来表示，如图 6-1 所示。由这两方面可形成四种类型的领导行为，这就是所谓的领导行为四分图。

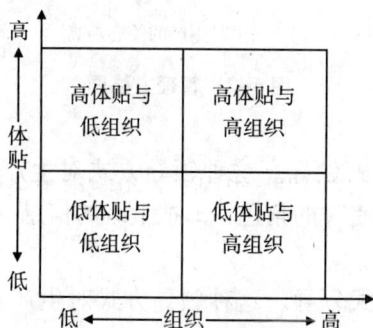

图 6-1 领导行为四分图

该项调查的研究者认为，以人为重和以工作为重这两种领导方式不应是相互矛盾、相互排斥的，而应是相互联系的。一个领导者只有把以人为重和以工作为重结合起来，才能进行有效的领导，即最佳的领导行为是既要以人为重，又要以工作为重。

（四）管理方格图理论

在俄亥俄州立大学提出的四分图理论的基础上，美国心理学家罗伯特·布莱克（Robert Rogers Blake）和莫顿（Jane Srygley Mouton）在 1964 年提出了管理方格图（Managerial Grid）理论。图中横坐标与纵坐标分别表示领导者对生产和对人的关心程度，各划分为 9 个等分，形成 81 个方格，从而将领导者的领导行为划分成许多不同的类型，如图 6-2 所示。尽管方格中有 81 个小格，而且领导者的行为风格可能落在任意一格上，不过这里只对其中的五种类型重点说明。

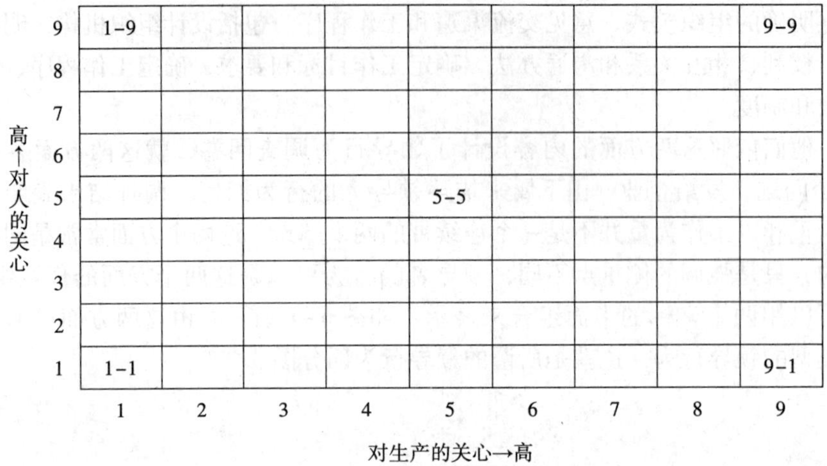

图6-2 管理方格图

（1）1-1型：贫乏式领导。这种领导方式对生产和人的关心度都很小，领导仅仅扮演一个"信使"的角色，即把上级的信息（指示、命令、要求等）单纯地传达给下级。

（2）9-1型：任务式领导。这种领导方式对生产和工作的完成情况很关心，抓得很紧；但是很少去注意下属的士气、情绪和发展状况。即通常讲的对下级干部只使用、不关心、不培养，只抓思想。

（3）1-9型：逍遥式领导。又称乡村俱乐部式的领导。这种领导方式只注重去创造一种良好的人际关系环境，让组织中的每一个人都感到轻松、友好并且快乐，但是很少去关心其工作和任务的完成情况及存在的问题。

（4）5-5型：中间路线式领导。这类领导方式对人和生产都有中等程度的关心，其目的是追求正常的生产（业务工作）效率和说得过去的士气。

（5）9-9型：协作式领导。这类领导方式无论对于人员还是生产（业务工作）都表现出最大可能的献身精神，通过协调、综合等活动来提高生产和士气。布莱克和莫顿认为，只有这类领导才是真正的"集体的主管者"，他们能够把企业的生产需要同个人的需要紧密地结合起来。

管理方格是一种区别管理形态并将其分类的有效工具，但它并没有告诉我们为什么一个管理者会落在方格的这个区域或那个区域。布莱克和莫顿也承认，要知道这些，必须追究其基本的原因，如领导者和追随者的人格、管理者的能力及其所受的训练、企业环境，以及其他影响领导者和追随者行为的情景因素等。

三、领导权变理论

20 世纪 60 年代后期，随着权变理论的出现，又产生了领导权变理论。该理论认为，并没有万能的、固定不变的有效领导类型，只有结合具体情境，因时、因地、因事、因人制宜的领导方式，才是有效的领导方式。领导权变理论认为领导方式的有效性是受多种变量影响的，即 S—f(L,F,E)。其中，S 代表领导方式，L 代表领导者的特征，F 代表被领导者的特征，E 代表环境。

下面为大家介绍几个具有代表性的领导权变理论。

（一）领导方式的连续统一体理论

1958 年，美国管理学家罗伯特·坦南鲍姆（Robert Tannenbaum）和沃伦·施密特（Warren H. Schmidt）提出了领导方式的连续统一体理论。他们认为，领导方式是多种多样的，并不存在一种固定的理想模式。在领导和下属的关系中，究竟应当给予下属多少参与决策的机会，是采取专制型领导更好一些，还是采取民主型领导更好一些，这些是取决于多种相关因素的，因而要采取随机相宜的态度。在专制型和民主型两种极端的领导方式中间，存在着许多过渡型的领导方式，这些不同的领导方式构成一个连续的统一体，如图 6-3 所示。

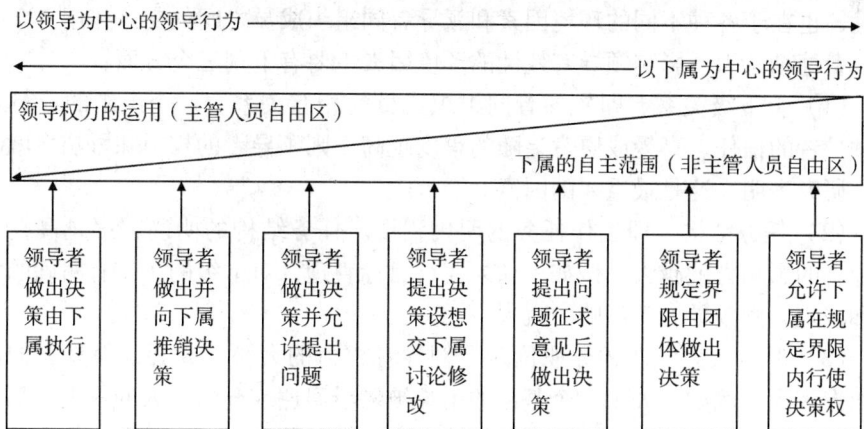

图 6-3　领导方式的连续统一体

从图 6-3 中可以看出，领导者的领导方式或风格可有多种选择，其中有两种极端类型的领导风格：一种以领导者为中心（在连续统一体的左边），这样的领导者具有独裁主义的领导作风，往往自己决定所有的政策，对下属保持严密的控制，只告诉下属他们需要知道的事情并让他们完成任务；另一种以员工为中心（在连续统一体的右边），这样的领导者具有民主的领导作风，允许下属对所从事的工作有发言权，不采取严密的控制，鼓励下属参与决策、自我管理。从左到右领导者行使越来越少的职权，而下属人员得到越来越多的自主权。

领导方式的连续统一体理论认为，对图 6-3 所示的七种领导方式，不能说哪一种总是正确的，或哪一种总是错误的。领导者究竟应当采取哪一种领导方式，主要取决于以下三个因素：①领导者的因素：领导者的价值观，对下属的信赖程度，对某种领导方式的爱好等。②下属的因素：下属独立性的需要程度，是否愿意承担责任，对有关问题的关心程度，对不确定情况的安全感，对组织目标是否理解，下属的知识、经验和能力等。③组织环境因素：组织的价值标准和传统，组织的规模，集体的协作经验，决策问题的性质及其紧迫程度等。

总之，必须全面考虑以上各方面的条件，才能确定一种适当的领导方式。

（二）费德勒模型

美国管理学家弗雷德·费德勒（F. E. Fiedler）在大量实证调查研究的基础上提出了有效领导的权变模型。费德勒指出，有效的领导者不仅在于他们的个性，也在于各种不同的环境因素和领导者同组织成员之间的交互作用。

费德勒认为，影响领导有效性的环境因素主要有下列三个方面：

（1）上下级关系。即领导者同组织成员的相互关系。一个组织的成员对其领导者的信任、喜爱或愿意追随的程度越高，则领导者的权力和影响力就越大。研究表明，这是最重要的因素。

（2）任务结构。即工作任务的明确程度。任务结构的明确程度越高，则领导者的影响力就越大。例如，如果实行目标管理，对下级的工作有明确的要求和规定，则领导者的影响力就大。

（3）职位权力。即领导职位赋予领导者权力的大小，或者说他具有的法定权有多大。例如，如果一个基层的工长被赋予雇佣或开除工人的权力，那么从某种意义上就可以说他在那个组织中享有比企业董事长更大的职位权力，因为董事长一般并不能直接来雇佣或开除一个工人。

以上三种因素不同的结合方式形成不同特点的领导环境，如图 6-4 所示。不同的环境适宜于不同风格的领导者。

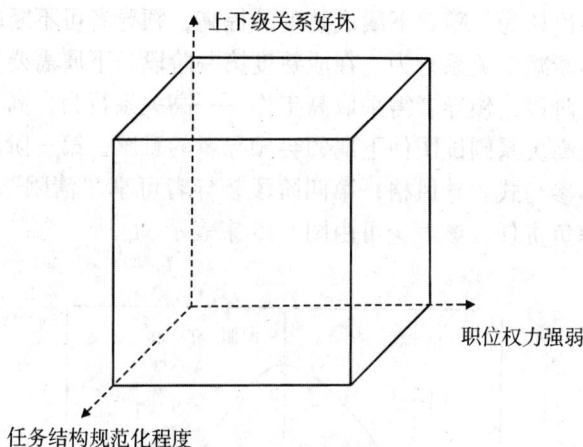

图 6-4　影响领导效果的三维环境图

费德勒认为，不能武断地说哪个领导是好的或哪个是不好的。只能说某种风格的领导者在其适合的、特定的环境下才能发挥作用，才能有效。因而，费德勒提出通过改造领导环境来适应不同风格的领导的观点。

（三）情境领导理论

情境领导理论又称领导生命周期理论。该理论认为，领导的成功取决于下属的成熟程度以及由此而确定的领导风格。下属成熟度包括个体与心理成熟度。前者包括个人的知识和技能，即工作成熟度高的个体拥有足够的知识、能力和经验去完成其工作任务。后者指一个人做某事的意愿和动机，心理成熟度高的个体主要靠内部动机的激励。

情景领导模型将领导风格分为四类：

（1）高工作——低关系：领导者关心下属做什么，怎么做，以及何时做。

（2）高工作——高关系：领导者既提供指导性行为又提供支持性行为。

（3）低工作——高关系：领导者与下属共同决策，领导者主要是提供便利条件。

（4）低工作——低关系：领导者提供较少的指导和支持。

该理论将成熟度分为四个阶段：

（1）下属既不能胜任工作也不能被信任。

（2）下属虽有积极性但缺乏足够的技能。

（3）下属有能力却不愿干领导希望他干的工作。

（4）下属既有能力又愿接受工作安排。

情境领导理论认为，随着下属成熟度的提高，领导者可不断减少对其下属活动的控制，不断减少关系行为。在成熟度第一阶段，下属需要得到明确具体的指导；在第二阶段，领导者需采取高工作——高关系行为，高工作能弥补下属能力的欠缺，高关系则试图使下属领会领导者的意图；第三阶段可采用支持性、非指导性的参与式领导风格；第四阶段领导者可享"清闲"，因为下属既愿意又有能力担负责任。该理论可由图6-5来表示。

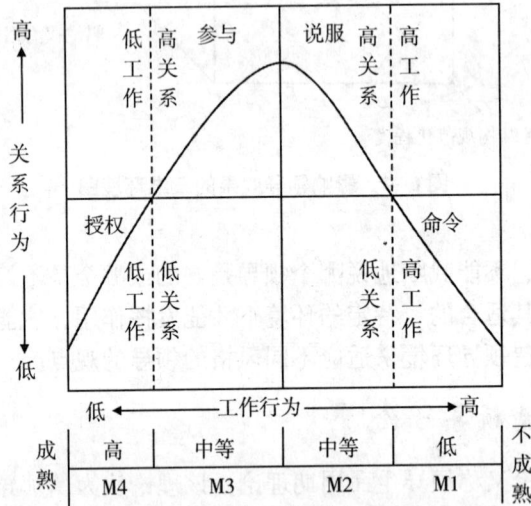

高

低工作 高关系　参与　说服　高关系 高工作

关系行为

授权　　　　　　　　　　命令

低工作 低关系　　　　低关系 高工作

低

低 ←———工作行为———→ 高

成熟	高	中等	中等	低	不成熟
	M4	M3	M2	M1	

图6-5　情境领导理论模型图

（四）"路径—目标"理论

"路径—目标"理论是由加拿大多伦多大学教授罗伯特·豪斯（Robert House）提出的。这种理论认为：领导者的效率是以能激励下属达成组织目标，并在其工作中使下属得到满足的能力来衡量的。领导者的主要责任和作用就在于为下属设置和指明目标，帮助他们找到实现目标的途径，并帮助他们解决困难，扫清障碍。影响领导有效性的因素包括下属的特征，如下属的需求、自信心和能力等，以及工作环境，如任务复杂程度、奖励制度以及与同事的关系等方面。

"路径—目标"理论认为，领导方式可以分为四种类型：

（1）指示型。领导者对下属提出要求，指明方向，给下属提供相当具体的明确的指导和帮助，使下属能够按照工作程序去完成其工作任务，实现工作目标。

（2）支持型。领导者和蔼可亲，平易近人，了解下属的疾苦，关心下属的生活和幸福，理解下属的需要。

（3）参与型。领导者在做决策时，征求下属的意见，同下属商量对策，认真对待和研究下属的建议与要求，有助于激励下属的工作行为。

（4）成就导向型。领导者给下属设置富有挑战性的目标，鼓励下属最大限度地发挥自己的才能，不断提高工作的完善程度，并给予下属极大的信任，相信他们能达到目标。

"路径—目标"理论认为，有效的领导方式取决于下属的特点（控制点、经验和知觉能力）和工作环境（任务结构、正式权力系统和工作群体）这两个因素，如图6-6所示，我们可以得出这样的结论：

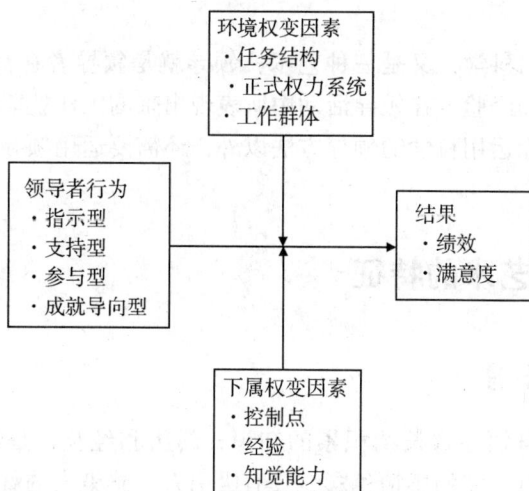

图6-6 "路径—目标"理论

（1）与具有高度结构化和安排完好的任务相比，当任务不明或压力过大时，指示型领导会带来更高的满意度。

（2）当下属执行结构化任务时，支持型领导会带来员工的高绩效和高满意度。

（3）对于知觉能力强或经验丰富的下属，指示型的领导可能被视为累赘多余。

（4）组织中的正式权力关系越明确、越官僚化，领导者越应表现出支持型行为，降低指示型行为。当工作群体内部存在激烈的冲突时，指示型领导会带来更高的员工满意度。

（5）当任务结构不清时，成就导向型领导将会提高下属的期待水平，使他们坚信努力必会带来成功的工作绩效。

（6）内控型下属对参与型领导更为满意，而外控型下属对指示型领导更为满意。

总之，当领导者可以弥补员工或工作环境方面的不足时，则会对员工的绩效和满意度起到积极的影响。反之，如果任务本身已经非常明确而员工的能力足够强的话，过多的领导指示行为就是不恰当的，容易招致员工的反感。

第三节　领导艺术

领导既是一门科学，又是一种艺术：领导就是领导者在行使领导职能时，运用自己的智慧和经验，在领导活动中所表现出来的工作技能或技巧。在领导工作中，领导者除运用科学的领导方法以外，还需要运用领导艺术，以充分发挥领导效能。

一、领导艺术的特征

（一）经验性

领导艺术来自领导者长期积累的知识、阅历和经验，是经验的总结和提炼，而且常常带有一定的感情色彩，具有吸引人、感染人的魅力。对于那些较为稳定并被实践反复证明了的经验，又可以总结提高，从而上升为科学。

（二）灵活性

领导艺术表现为领导者思考和处理随机事件时，针对实际情况，做出反应的一种应变能力和技巧。现代领导工作纷繁复杂、因素众多、形势多变、随机性强，多数情况下，没有现成的模式可循。领导艺术的运用，都是因事、因地制宜。

（三）多样性

由领导者的素质和个人特点决定，不同的领导者在处理同类问题时，往往会表现出迥然不同的风格。即使同一领导者在处理类似问题时，也因条件的不同而有不同的解决办法。领导艺术是一种丰富多彩、生动活泼的行事技巧。

（四）创造性

领导艺术构思独特，风格各异，凝聚着领导者的智慧才华和生机勃勃的创造力。领导者实施领导艺术的过程，是一个不断开拓和不断创造的过程。

（五）技巧性

领导艺术表现为领导者巧妙和谐地处理或解决问题的能力。领导者运用领导艺术水平的高低，一个很重要的方面是要看他运用技巧的娴熟程度。

（六）实践性

领导艺术来自实践的体验与琢磨，其丰富的内涵保留在实践中，往往处于"只可身教，不可言传"的潜在状态。领导艺术的获取来源于领导实践，必然又要回到领导实践之中。

领导艺术内容繁多，概括起来，可分为三个方面：待人的艺术、办事的艺术和管理时间的艺术。

二、待人的艺术

领导者为了有效地行使领导职能，对组织成员施加影响，必须首先讲究待人的艺术。

其中有关用人和授权等问题，已在相关章节进行讨论，这里集中讲几点。

（一）待人要公正、坦诚

领导者对组织的所有成员都应做到以诚相见、公证待人。唐太宗李世民曾说过"王者至公无私，故能服天下之心"。这对现代组织的领导者也很重要，因为能否公正待人对员工的积极性有很大的影响。领导者在用人上要任人唯贤、一心为公，而不能任人唯亲或论资排辈。在奖惩上，要严明规章制度，赏罚分明。

（二）以身作则，为人表率

领导者应以身作则，言行一致，在工作中起模范带头作用。"桃李不言，下自成蹊"，这是司马迁在《史记》中对汉代名将李广优秀品质的高度评价。

李广爱兵如子，薄财仗义，虽口才笨拙，但他以自己的行为号令三军，受到官兵的尊敬和爱戴。孔子也说："其身正，不令而行；其身不正，虽令不从。"为人楷模的领导者，其行为会成为一种无声的命令，身教重于言教。

（三）严于律己，宽以待人

领导者对自己应高标准、严要求，对下属则要容人之短、宽宏大量。孔子说："躬自厚而薄责于人。"这是同上述以身作则相联系的。作为领导者，不仅要同员工同甘苦，而且要吃苦在前，享乐在后，"先天下之忧而忧，后天下之乐而乐"。即使对下属授权，在下属有过失时，也应引咎自责，承担责任，并积极协助纠正过失。

（四）兼听则明，偏信则暗

这是唐代著名宰相魏征的话，唐太宗采纳了，并下令凡军国大事、各官员都可以本人名义提出主张，各抒己见，不受限制。领导者要广泛听取群众的意见，且不可偏听偏信，带有片面性；对于组织重大问题的决策，尤其应采用民主的方式，广纳意见，以减少决策的失误。德鲁克对此颇有研究，前已提及，他认为一项有效的决策必来自"议论纷纷"，而不是来自"众口一词"，他还特别强调要重视和运用反面的意见。

（五）和为贵，团结就是力量

领导者一定要维护组织内部的团结，反对分裂，才能调动一切积极因素，并且化消极因素为积极因素，去争取胜利。孟子说："天时不如地利，地利不如人和。"一个组织的领导者工作成效如何，取决于该组织成员是否团结，团结就是力量，有力量才有成效。组织内部出现矛盾和冲突是常见的，领导者必须具备化解矛盾的能力，运用调停纠纷和处理冲突的技巧，协调各方在认识和利益上的矛盾，以实现组织的团结。

（六）尊重下属

领导者要满足下属尊重的需要。尊重他们的人格、意见、权利和劳动成果，尊重是人的基本需要之一。领导尊重下属，就会使下属感到在这样的领导下面工作心情舒畅，产生"知遇"感，并力求以实际行动对这份尊重予以回报，上下关系必然融洽。同时，领导者对下属的尊重会唤起下属对领导的尊重和敬佩，这对于树立领导权威，保证领导工作的顺利开展有重要的作用。

（七）动之以情，晓之以理

领导者在处理下属关系时，应做到因人因事而异，情理适度。由于人们的思想和行动往往是受感情影响的，为了对人们的思想和行动进行正确的引导，就应当针对每个人的不同情况和不同的问题，采取以情感人、以理服人的方式。在实际工作中，当需要消除人们的某些因素时，如果仅仅从道理上或感情上来讲，有时难以达到预期的效果，因此，领导者应进行深入细致的调查研究，有针对性地运用动之以情、晓之以理的艺术。

（八）表扬有方，批评得法

表扬是调动积极性、协调上下关系的重要方法。领导者应重视表扬，善于表扬，给下属以精神上的鼓励。表扬应着眼于人的长处，不要求全；要针对人的行为，不要笼统地表扬整个人；要实事求是，恰如其分，不要随意抬高；方式要灵活多样，因人而异。领导者还要正确地运用批评的方法，以制止和纠正不良的行为。批评要得法，即应本着"惩前毖后、治病救人"的方针，讲求批评的方法和技巧，如选择合适的时机，区别不同的对象，采取适当的方式，运用恰当、准确、文明的语言，批评与鼓励相结合，掌握批评的程度、适可而止，做好批评后的工作等。

（九）要善于做思想工作

领导者做"人"的工作，就必须做思想工作。重视思想政治工作，是我们党和国家的革命传统，各级领导都要继承这一传统，并结合新时期，新情况，善于运用民主的、疏导的、有的放矢的方法，做好思想工作。按照"教育者必先受教育"的原则，领导者素质特别是政治思想素质的提高是决定思想工作成败的关键。

三、办事的艺术

领导者的工作复杂纷繁，如不妥善处理，就会顾此失彼、事倍功半，这就要讲求办事的领导艺术。

（一）抓大事，顾全局

领导者必须而且只能集中力量抓好组织的大事，对组织的最高领导者来说，应将主要精力放在组织中带有战略性、全局性的关键问题上，而不可陷于日常事务。领导者的精力毕竟有限，不可能事必躬亲、面面俱到。在集中精力抓好大事的同时，还要照顾一般，搞好全局性的工作。

（二）贵实干，戒空谈

领导者一定要"务实"、"求实"，讲求实干，少说多做。明代政治家张弓王说："为治不在多言，顾力行何如耳。"美国小彼得斯等著的《成功之路》一书将"贵在行动"列为美国出色企业的八项优秀品质之首。领导者应该是一位脚踏实地、埋头苦干的实干家，要清除一切形式主义、繁文缛节、文山会海等恶劣现象。

（三）尽力排除干扰

领导者在日常工作中常常会受到各种意外干扰，但不能将一切干扰都看成坏事。对于有些干扰，如接受有助于树立和提高组织形象的新闻采访，应加以正视，并亲自处理。但对于另一些干扰，领导者应尽可能排除，不受影响，如不代下级处理他职权范围之内的工作，让秘书对来访者进行"过滤"，有选择地参加会议等。

（四）知难而进

领导工作中有很多艰难险阻摆在领导者面前，但现实生活常常是"机遇与挑战并存，困难与希望同在"。这就要求领导者正确地对待困难与风险，勇于开拓，坚韧不拔，知难而进。不过，领导者要有胆有识，保持冷静的头脑和理智的决断，在战略上藐视困难，在战术上重视困难。

（五）居安思危

即使组织处在顺境中，领导者也应居安思危、未雨绸缪，注意发现隐藏其中的不利因素，以便及早采取措施，防患于未然。古人说："居安思危，思则有备，有备无患。"因此，领导者必须高瞻远瞩，从顺境中预见日后可能出现的危机，早做准备，减轻或消除危机，确保组织持续、稳定地向前发展。

（六）开好会议

会议是领导者重要的工作方式。通过会议可以交流信息，集思广益，加强沟通，协调关系。但会议过多、过长也不好，因此，要讲求开会的艺术。要做好会前的准备工作，不开无明确议题或有许多议题的会议；严肃会议作风，反对迟到、私下交谈或搞其他活动；开短会、少开会；限定发言时间，不要做离题发言或重复发言；要有议有决，重大问题民主表决；善于临机处置会议中易出现的问题。

四、管理时间的艺术

时间是一种特殊的、最稀有的和最宝贵的资源。领导者要提高效率，就必须珍惜时间、科学合理地利用时间。德鲁克曾说："不能管理时间，便什么也不能管理。"有效的管理者不是从他们的任务开始，而是从掌握时间开始。有效地管理时间，是现代组织领导者极为重要的领导艺术。

（一）巧妙安排时间计划

这是把要完成的工作，按小时、按天、按周地将先后时间安排好，然后按计划逐个完成。这就需要首先对自己的工作认真分析，如一天内或一周内，要做好哪几件事；哪些是每天做的固定工作，哪些是非固定的工作；哪些工作花费的时间多，哪些工作花费的时间少等。其次，对工作的性质、类型和要求进行分析，区分主次、轻重、缓急，并估计每项工作所需花费的时间。最后，将工作时间统一运筹，制定时间计划表。在计划执行过程中，还要灵活调度，并将实际消耗时间和预定时间进行比较，以便总结经验，为今后工作时间的合理安排提供依据。

（二）当日工作当日做

领导者应懂得把握"今天"的重要性，凡属于当天应该完成而又能够完成的工作任务，一定要当天完成，不要拖延到次日。只有这样，才能抓紧时间，提高时间利用率。另外，抓紧今天，也就意味着抓住今天出现的机会，而机会是转瞬即逝、不易再得的。

（三）充分利用时间

领导者每天都可能有一些零星的时间，如候车、会前等人、约会时对方还没有按时到来等，如充分利用这些零碎的间隙来处理些用很短时间就可解决的、不甚重要的事务，可起到集腋成裘的效果。同时，还要善于"挤时间"，增加工作密度，加快工作节奏，把零碎的时间集中起来。领导者要学会开短会、说短话、写短文，开会或约会要准时。要学会"快读法"，在保证阅读质量的情况下，提高阅读速度将会节约大量的时间。还要尽量缩短办事程序，将与实现目的无关的程序、手续删掉。

（四）尽量避免"无效功"

领导者应对自己将要处理的工作进行逐项分析，从中取消那些无益的工作或重复的活动，以免见事就办，辛辛苦苦地做"无效功"，如有些电话、电报、信件可以先让秘书或办公室人员"过滤"，自己只处理必须亲自解决的问题；充分利用现代办公手段，减少不必要的书面报告或查阅文件；选择合适人选，进行合理授权，在一定的工作范围内，由受权者去处理；一般例行短会，最好选择在午餐前或下班前，以便快速做出决定等。

【本章小结】

领导是管理活动的一项重要职能，领导的概念中包含了影响力、领导活动过程和实现组织目标三层含义。领导者是领导活动的主体，作为领导者要合理利用领导权力，充分发挥领导者的作用。在正式组织中，期望所有管理者都是领导者，但实际上管理者未必都能成为领导者。

领导理论的研究和发展经历了早期针对领导者的特性进行研究的领导特征理论、领导行为理论到领导权变理论三个阶段，反映出管理学界在领导理论研究方面的成长与发展。领导特质理论研究领导者应具备哪些基本特质，以便选拔和培养领导者；领导行为理论着重于研究和分析领导者在工作过程中的行为表现及其对下属行为和绩效的影响，以确定最佳的领导行为；权变领导理论认为，领导是在一定环境条件下通过与被领导者的交叉作用去实现某一特定目标的一种动态过程，领导的有效行为应随着被领导者的特点和环境的变化而变化。领导行为理论的研究成果对现在或未来的领导者在领导行为方式选择和培养方面都具有积极的指导作用。领导权变理论对领导者根据组织成员和组织环境的变化或不同，审时度势地选择或改变领导方式起到有益的指导作用。

管理是科学，也是一门艺术。领导活动同样也具有科学和艺术二重性的特征。领导艺术就是领导在行使领导职能时，运用自己的智慧和经验，在领导活动中所表现出来的工作技能或技巧。要想成为优秀的领导者，开展有效的领导活动，必须理解领导工作的艺术性，并能掌握和运用有关决策、用人、授权、协调和处事等方面的艺术，以充分发挥领导效能。

【案例分析】

哪种领导类型更有效

ABC 公司是一家中等规模的汽车配件生产集团。最近，对该公司的三个重要部门经理进行了一次有关领导类型的调查。

安西尔

安西尔对本部门的产出感到自豪。他总是强调对生产过程、产量控制的必要性，坚持下属必须很好地理解生产指令以得到迅速、完整、准确的反馈。当安西尔遇到小问题时，会放手交给下级去处理，当问题很严重时，他则委派几个有能力的下属去解决。通常情况下，他只是大致规定下属的工作方针、完成怎样的报告及完成期限。安西尔认为只有这样才能带来更好的合作，避免重复工作。

安西尔认为对下属采取敬而远之的态度对一个经理来说是最好的行为方式，所谓的"亲密无间"会松懈纪律。他不主张公开谴责或表扬某个员工，相信他的每一个下属都有自知之明。据安西尔说，管理中的最大问题是下级不愿意接受责任。他讲到，他的下属可以有机会做许多事情，但他们并不是很努力地去做。他表示不能理解以前他的下属如何能与一个毫无能力的前任经理相处。他说，他的上司对他们现在的工作运转情况非常满意。

鲍勃

鲍勃认为每个员工都有人权，他偏重于管理者有义务和责任去满足员工需要的学说。他说，他常为他的员工做一些小事，如给员工两张下月在伽利略城举行的艺术展览的入场券。他认为，每张门票才 15 美元，但对员工和他的妻子来说却远远超过 15 美元，这种方式也是对员工过去几个月工作的肯定。

鲍勃说，他每天都要到工厂去一趟，与至少 25% 的员工交谈。鲍勃不愿意为难别人，他认为安西尔的管理方式过于死板，安西尔的员工也许并不那么满意，但除了忍耐别无他法。鲍勃说，他已经识到在管理中有不利因素，但大都是由于生产压力造成的。他的想法是以一个友好的、粗线条的管理方式对待员工。他承认，尽管在生产率上不如其他单位，但他相信他的雇员有高度的忠诚与士气，并坚信他们会因他的开明领导而努力工作。

查理

查理说他面临的基本问题是与其他部门的职责分工不清。他认为不论是否属于他们的任务，都安排在他的部门，似乎上级并不清楚这些工作应该让谁做。查理承认他没有提出异议，他说这样做会使其他部门的经理产生反感。他们把查理看成是朋友，而查理却不这样认为。查理说过去在不平等的分工会议上，他感到很窘迫，但现在适应了，其他部门的领导也不以为然了。

查理认为纪律就是使每个员工不停地工作，预测各种问题的发生。他认为作为一个好的管理者，没有时间像鲍勃那样握紧每一个员工的手，告诉他们正在从事一项伟大的工作。他相信如果一个经理声称为了决定将来的提薪与晋职而对员工的工作进行考核，那么，员工则会更多地考虑他们自己，由此而产生很多问题。

查理主张，一旦给一个员工分配了工作，就让他以自己的方式去做，取消工作检查。他相信大多数员工知道自己把工作做得怎么样。如果说存在问题，那就是他的工作范围和职责在生产过程中发生的混淆。查理的确想过，希望公司领导叫他到办公室听听他对某些工作的意见。然而，他并不能保证这样做不会引起风波而使情况有所改变。他说他正在考虑这些问题。

（资料来源：许洁虹. 管理学教程［M］. 广州：中山大学出版社，2005.）

讨论题：

1. 你认为这三个部门经理各采取了什么领导方式？试分析三种领导方式可能产生的结果。

2. 是否每一种领导方式在特定的环境下都有效？道理何在？

【复习思考题】

1. 如何理解领导的含义？
2. 简述领导权力的构成。
3. 领导应该具备哪些基本素质？
4. 为什么要强调领导者管理自己时间的艺术？
5. 试联系实际说明领导者以身作则对于发挥领导效能的重要性。

第七章 激 励

学习目标：
1. 了解激励的概念和作用；
2. 了解激励过程与因素；
3. 掌握内容型激励理论；
4. 掌握过程型激励理论；
5. 掌握激励的方法与技巧。

开篇案例

见第六章"开篇案例"。

第一节　激励概述

一、激励概念

激励贯穿于管理过程的各个环节。一切管理活动的首要任务，是促使人们发挥潜能，完成组织、部门或其中任何一个组织单位的任务和目标。因此，合格的管理者必须能够掌握和运用正确的激励手段，充分发挥激励的作用。

激励原本是心理学的概念，主要是指激发人的动机，通过高水平的努力来实现组织目标的心理活动过程。换句话说，激励是调动人的积极性的过程。

激励的概念主要包含三个特点：

（1）被激励的人；

（2）动机产生的原因，即需要；

（3）动机的强弱，即努力程度的高低。

二、激励的作用

（1）激励可以强化人的动机，从而激发人的工作热情和兴趣，调动人的积极性。

（2）激励可以充分挖掘人的内在潜力。激励可以吸引组织所需要的人才；同时，也可以使在职员工充分地发挥其技术和才能，变消极为积极，保持工作的有效性和高效率。美国心理学家威廉·詹姆士在研究中发现，一般情况下，人们只需发挥 20%～30% 的能力，就可以应付自己的工作。而如果他们的动机被激发出来，其能力可以发挥到 80%～90%。这一研究表明，同一个人在充分激励后所发挥的作用相当于激励前的 3～4 倍。当然，对于不同的人要采取适合其要求的激励手段和方法。

（3）激励可以提高员工的工作绩效。员工的工作绩效不仅取决于个体能力的大小、表现机会，而且还取决于激励的水平，即

工作绩效 = 能力×激励×机会

员工的能力是取得绩效的基本保证，激励和表现机会能使能力得以充分发挥，从而提高工作绩效。

三、激励的过程与因素

激励过程模式及模式的基本组成因素如图 7-1 所示：

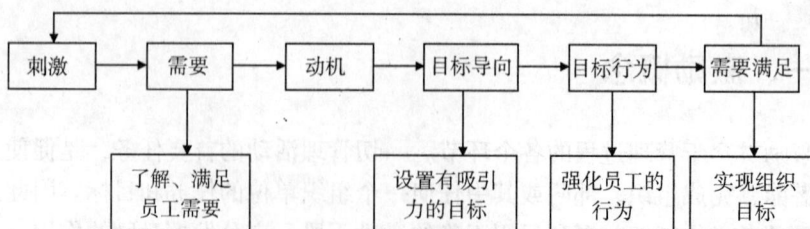

图 7-1　激励过程模式

（一）刺激

刺激分内部刺激和外部刺激。内部刺激指的是对机体的反应发生影响的内部刺激条件，如饥饿、口渴、困乏等机体内部的刺激；外部刺激指的是对机体的反应发生影响的外部刺激条件，如环境刺激等。

（二）需要

需要指的是刺激作用于人们的大脑所引起的个体缺乏某种东西的状态。例如，饥饿的刺激通过神经系统反映到人脑的下丘部分传到大脑皮层，就会产生饥饿的感觉和进食的需要；如果闻到了食物的香味，即使没有饥饿的感觉，可能也会产生进食的需要。

（三）动机

动机是对需要的一种体验，是与满足个体某些需要有关的活动的动力。它总是指向那些能够满足个体需要的事物。如果说人的各种需要是个体行为积极性的源泉和机制，那么动机就是这种源泉和机制的具体体现。

动机是在需要基础上产生的，但需要并不必然产生动机。只有当需要达到一定强度、需要目标确定的情况下，需要才可能变为动机。因为，当需要处于萌芽状态时，它以不明显的模糊形式反映在人的意识中，产生不安感时，人的需要才会以意向的形式存在；需要增强到一定程度，而又没能满足时，心理上就产生一种紧张状态，此时意向就转化为愿望。但愿望只反映了内心需要，是人行为的内在驱动力，由于还没有明确的目标，这种驱动力还没有方向，还不是动机。在遇到能满足需要、解除心理紧张的具体目标，并且展现出达到目标的可能性时，这种驱动力就有了方向，以愿望形式出现的需要就变为了动机。所以，动机是内在需要和外部具体目标建立心理联系时产生的。例如，人饥饿时想进食，就产生了寻找食物的动机。如果饥、渴、累同时存在，但不可能同时满足这三种需要，只能根据三种动机强度来选择出优势动机，先吃、先喝或先睡。

（四）目标导向

目标导向是指要寻找和选择目标。例如，饥饿时有进食的需要，寻找和选择食物就是目标导向。

（五）目标行为

目标行为是指直接满足需要的行为，即完成目标、满足需要的过程。例如，饥饿时寻找和选择食物、进食、吃饱等过程。

（六）需要满足

在目标行为过程中，紧张的心理状态会逐渐消除，需要逐渐得到满足。例如，饥饿时随着进食的增多，对食物的需要强度便逐渐降低，直到吃饱，这种需要得到满足。

（七）新的刺激

一个需要满足了，又会产生新的需要。这样周而复始地发展下去，从而推动人去从事各种各样的活动，达到一个又一个的目标。

在激励过程中，每一个阶段都有其自身的特点，作为管理者要根据各阶段的特点，来确定激励的途径。例如，在需要阶段，应了解、满足员工的要求，这是今后工作的基础；在目标导向阶段，应给员工设置有吸引力的工作目标；在目标行为阶段，应强化员工的行为，为实现组织目标而努力工作。

激励的目的实际上涉及了管理的激励职能。在管理过程中，组织会具有满足员工各种需要的实现功能，而每一员工都应胜任组织的任务，组织通过实现组织目标，来满足员工的个人需要。所以，激励的目的是从组织目标出发，通过运用各种激励手段、方法，寻找组织与员工个人在目标、行为上的内在一致性，为实现组织目标、满足个人需要而积极行动。

第二节　内容型激励理论

内容型理论是研究需要激励的基础的理论，它着重对激励的原因与影响激励作用的因素的具体内容进行研究。内容型理论中，最著名的是马斯洛的需要层次理论、赫茨伯格的双因素理论、奥德弗的 ERG 理论、麦克利兰的成就需要理论等。

一、马斯洛的需要层次理论

马斯洛（A. Mslow）是美国的人本主义心理学家，对动机持整体的看法。他认为人的各种动机是彼此关联的，各种动机间关系的变化又与个体生长发展的社会环境有密切的关系。他强调人的所有行为均由"需要"所引起。在人类价值体系中有两类不同的需要：一类是生理需要，或称低级需要，另一类是高级需要。马斯洛于 1943 年出版了著作《人的动机理论》，初次提出"需要层次理论"，并将需要分成五个层次，由低至高地排成一列：生理的需要、安全的需要、爱与归属的需要、尊重的需要、自我实现的需要。层次较低的需要得到满足后，才会发展出下一个层次较高的需要，各层次的需要是相互依赖和彼此重叠的，层次较高的需要发展后，层次较低的需要并不消失，它仍然存在，但对人行为的影响就降低了。

（一） 需要层次理论的主要内容

马斯洛的需要层次理论把人的需要分成五个层次，即生理的需要、安全的需要、爱与归属的需要、尊重的需要、自我实现的需要。这些需要层次的主要内容为：

1. 生理的需要

生理的需要具有自我和种族保存的意义，是为了生存而不可缺少的需要，是所有其他需要的基础，其中以衣食住行的需要为主。马斯洛认为，生理需要在人类各种需要中占有最强的优势。如果一个人为生理需要控制时，那么，其他的需要就会被放到次要的地位。例如，一个十分饥饿的人，只会对食物产生兴趣，而不会有兴趣去写诗作画。如果同时缺乏食物、安全和爱情，总是缺乏食物的饥饿需要占有最大的优势。

2. 安全的需要

人的生理需要获得基本满足后，注意力就会集中到高一层次的需要上，产生新的需要，即安全的需要。人们希望保护自己的安全，免受外界的伤害、威胁，希望自己的生活和工作稳定、有保障，尽量减少不确定因素，减少风险。马斯洛认为，对健康的成人来说，其安全的需要得到充分满足后，他们就不再有任何安全的需要来作为他们活动的动机。例如，一个人的人身安全，工作安全，免受失业、年老或受到伤害时的生活保障等需要得到满足时，就会产生新的更高一层的需要。这些安全的需要可以通过强健身体、医疗保险、安全设施、失业保险、退休福利等措施来满足。

3. 爱与归属的需要

上述需要得到满足后，人们就会产生社会性的需要，即爱与归属的需要。爱的需要包括给予和接受爱；归属的需要就是参加一定的组织，归属于某一团队，与人交往、建立友谊，希望得到关心、支持和友爱等。当然，爱与归属的需要比生理和安全的需要细致得多，不同的人对爱与归属的需要差别也很大，主要与个人的性格、经历、所受的教育、信仰等因素密切相关。马斯洛认为，爱的需要主要是指情感方面的需要，实质上也是一种归属。例如，人作为社会人都希望与别人进行交往，保持一定关系，工作单位不仅仅是工作场所，也是人们进行交往活动、建立友谊，从而获得归属感的场所。

4. 尊重的需要

一个人的爱与归属感得到满足后，并不满足于作为团队中的一员，通常还会产生自我尊重和尊重别人的需要。尊重的需要主要包括两个方面：一是渴望成就、独立与自由等；二是渴望名誉、地位，即希望受到别人的尊重、受人赏识等。例如，一个人在某一群体中，希望人们承认自己的重要性，对自己的成绩、人品、才能等给予较高的评价，并发挥一定的影响力。这种需要得到满足，可使人们产生自信、价值、能力等方面的感觉；如果这些需要得不到满足，人们便会产生自卑、虚弱和无能等感觉。显然，尊重的需要很少得到完全的满足，但这种需要一旦成为推动力，人们就会具有较持久的积极性。

5. 自我实现的需要

上述四种需要得到满足后，人还会产生一种最高形态的需要，即自我实现。自我实现就是人们追求自我理想的实现，个人潜能、才赋的充分发挥，做一些自己认为有意义、有价值的事情，是人生追求的最高境界。音乐家要演奏音乐，画家要绘画，诗人要写诗，教师要教书育人，这样才能发挥其才能，使其感受到最大的快乐。马斯洛认为满足自我实现需要的途径是因人而异的。有人希望成为一名出色的管理者，有人希望成为优秀的建筑师，还有人希望在艺术上有所造诣。同时，这也是一种创造性的需要。例如，一个工程师竭力发明一种新仪器，通过对这种挑战性工作的胜任感和在创造性活动中得到的成就感来满足自我实现的需要。

（二）需要层次理论的双重性

马斯洛的需要层次理论有其科学性的一面，同时也有一定的局限性。

1. 科学性

马斯洛的需要层次理论在一定程度上反映了人类行为和心理活动的共同规律，科学性含量较高，是一种激励理论。

（1）揭示了人类行为的动力结构，为我们预测和控制人的行为规律提供了科学的依据。

（2）提出了人的需要不是单一的，既有生理本能的需要，又有社会性的需要。

（3）提出了人的需要有一定的层次性，需要不是固定不变的，是像阶梯一样由低级向高级发展的，是一般人的共同心理过程。一个层次的需要相对得到满足，就会向高一层次发展，越到上层，满足的百分比就越少。例如，一个人低层次的生理需要满足了85％，安全需要满足了80％，而高层次的尊重需要满足了40％，自我实现的需要仅满足了30％。

（4）提出了同一时期内可能有几种需要并存，因为人的行为受多种需要的支配。但人在每个时期会有一个主导需要，人的行动主要受这个主导需要的调节支配。

（5）人的低层次需要是有限的，一旦得到满足，便不再是一种激励力量。而高层次需求的满足是无限的，对行为有较持久的激励作用。

2. 局限性

（1）过分强调需要的层次性。

（2）以个人的价值、利益为出发点，强调个人的需要，没有考虑个人对社会的责任。

（3）马斯洛认为，自我实现完全是一个自然成熟的心理过程，只需依靠个人改善其认知，认识到自我的内在价值，就可以实现，而忽视了社会意识和环境对人需要的影响。

（4）马斯洛认为，只有满足了低一级的需要之后，才能进入下一层次的需要，由低到高，逐级递升，不可逾越。实际上，低层次需要未满足时，高层次需要也是可以发展的。例如，许多先进人物的事例，大公无私、见义勇为等，他们在社会生活实践中、在一定的教育影响下，可以能动地调节、控制自己的需要。

（5）马斯洛认为，能达到自我实现的人很少，仅占他所调查材料的10％左右。实际上，随着社会的进步，人的个性越来越全面地得到发展，具有高层次需要的人的比例与日俱增。

二、赫茨伯格的双因素理论

20世纪50年代后期，美国心理学家赫茨伯格和他的助手们在美国匹兹堡地区对二百名工程师、会计师进行了调查访问。访问主要围绕两个问题：在工作中，哪些事项是让他们感到满意的，并估计这种积极情绪持续多长时间；又有哪些事项是让他们感到不满意的，并估计这种消极情绪持续多长时间。赫茨伯格以这些问题的回答为材料，着手去研究哪些事情使人们在工作中快乐和满足，哪些事情造成不愉快和不满足。结果他发现，使职工感到满意的都是属于工作本身或工作内容方面的；使职工感到不满的，都是属于工作环境或工作关系方面的。他把前者叫做激励因素，后者叫做保健因素。

保健因素的满足对职工产生的效果类似于卫生保健对身体健康所起的作用。保健从人的环境中消除有害于健康的事物，它不能直接提高健康水平，但有预防疾病的效果；它不是治疗性的，而是预防性的。保健因素包括公司政策、管理措施、监督、人际关系、物质工作条件、工资、福利等。当这些因素恶化到职工认为可以接受的水平以下时，就会对工作产生不满。但是，当职工认为这些因素很好时，它只是消除了不满意，并不会导致积极的态度，这就形成了某种既不是满意又不是不满意的中性状态。

那些能带来积极态度、满意和激励作用的因素就叫做"激励因素"，这是那些能满足个人自我实现需要的因素，包括成就、赏识、挑战性的工作、增加的工作责任，以及成长和发展的机会。如果这些因素具备了，就能对人们产生更大的激励。从这个意义出发，赫茨伯格认为传统的激励假设，如工资刺激、人际关系的改善、提供良好的工作条件等，都不会产生更大的激励；它们能消除不满意，防止产生问题，但这些传统的"激励因素"即使达到最佳程度，也不会产生积极的激励。按照赫茨伯格的意见，管理当局应该认识到保健因素是必需的，不过它一旦使不满意中和，就不能产生更积极的效果。只有"激励因素"才能使人们有更好的工作成绩。

赫茨伯格和他的助手们又对各种专业性和非专业性的工业组织进行了多次调查，他们发现，由于调查对象和条件的不同，各种因素的归属有些差别，但总的来看，激励因素基本上都是属于工作本身或工作内容的，保健因素基本都是属于工作环境和工作关系的。但是，赫茨伯格注意到，激励因素和保健因素都有若干重叠现象，如赏识属于激励因素，基本上起积极作用；但当没有受到赏识时，又可能起消极作用，这时又表现为保健因素。工资是保健因素，但有时也能产生使职工满意的结果。

赫茨伯格的双因素激励理论与马斯洛的需求层次理论有相似之处。保健因素相当于马斯洛提出的生理需要、安全需要、感情需要等较低级的需要；激励因素则相当于受人尊敬的需要、自我实现的需要等较高级的需要。当然，他们的具体分析和解释是不同的。但是，这两种理论都没有把"个人需要的满足"同"组织目标的达到"这两点联系起来。

有些西方行为科学家对赫茨伯格的双因素理论的正确性表示怀疑。有人做了许多试验，也未能证实这个理论。赫茨伯格及其同事所做的试验，被有的行为科学家批评为是他们所采用方法本身的产物，人们总是把好的结果归结于自己的努力而把不好的结果归罪于客观条件或他人身上，问卷没有考虑这种一般的心理状态。另外，被调查对象的代表性也不够，事实上，不同职业和不同阶层的人，对激励因素和保健因素的反应是各不相同的。实践还证明，高度的工作满足不一定就产生高度的激励。许多行为科学家认为，不论是有关工作环境的因素或工作内容的因素，都可能产生激励作用，而不仅是使职工感到满足，这取决于环境和职工心理方面的许多条件。但是，双因素理论促使企业管理人员注意工作内容方面因素的重要性，特别是它们同工作丰富化和工作满足的关系，因此是有积极意义的。赫茨伯格告诉我们，满足各种需要所引起的激励深度和效果是不一样的。物质需求的满足是必要的，没有它会导致不满，即使获得满足，它的作用往往是很有限的、不能持久的。要调动人的积极性，不仅要注意物质利益和工作条件等外部因素，更重要的是要注意工作的安排，量才录用，各得其所，注意对人进行精神激励，给予表扬和认可，注意给人以成长、发展、晋升的机会。随着温饱问题的解决，这种内在激励的重要性越来越明显。

三、奥德弗的 ERG 理论

奥德弗（Clayton Alderfer）于 1969 年提出了 ERG 理论。他和马斯洛一样，认为个体的需要是以层次排列的。但是，他认为需要的层次只有三个：生存需要（Existence）、关系需要（Relatedness）和成长需要（Growth）。由于这三个词的第一个字母分别是 E、R、G，所以称为 ERG 理论。

生存需要是涉及最基本生存的需要，包括衣着、饮食、住所及工资、津贴、工作条件等，类似于马斯洛需要层次论中的生理需要和物质型的安全需要。

关系需要是指维持重要人际关系的需要，包括上下级、同级、个人、集体等人际关系和谐等，相当于马斯洛需要层次论中人际型的安全需要、社交与尊重的需要。

成长需要包括个人在事业上、前途方面的创造性发展与成长的努力，相当于马斯洛需要层次论中自尊与自我实现的需要。

与马斯洛"需要层次论"不同的是，"ERG 理论"认为多种需要可以同时存在，高层次的需要可以不必以低层次需要的满足为前提，也就是说，甚至在生存和关系需要都没有得到满足的情况下，一个人也可以为成长而工作。

奥德弗认为：

（1）各个层次的需要获得满足越少，则这种需要越为人们渴望追求。例如，满足生存需要的工资越低，人们越是渴望获得更多的工资。

（2）较低层需要越是获得满足，对高层需要的渴望追求越大。例如，人的生存需要满足后，对人际关系和成长需要的追求越强烈。

（3）较高层需要越是不能满足或者缺乏，则对较低层需要的追求也越多。这就是所谓的挫折—倒退模式。例如，一个人缺乏对事业、成就、理想的追求，就会更多地追求生存的需要。

奥德弗理论对激励研究的贡献在于提出了当个体高层次的需求受到阻滞时，达到激励效果的其他可能的途径，同时提醒管理者应根据员工需要和自身素质特点设置适当的目标。如果组织目标设置过高，非员工能力所及时，员工会因达不到目标，无法满足需要而产生挫折感，进而产生退却、害怕等消极心理，从而无法达到激励目的。但 ERG 理论没有激发很多的研究，因此，目前很难找到实证性研究结果来证实该理论所提出的观点和结论。

四、麦克利兰的"成就需要理论"

成就需要理论是由美国哈佛大学的心理学家麦克利兰（David C. McClelland）在 20 世纪 50 年代提出来的。他认为，个体在工作情境中有三种重要的动机或需要：

（1）权力需要（Need for Power）：影响或控制他人且不受他人控制的需要。权力有个人权力和社会权力之分。权力需要较高的人喜欢支配、影响他人，喜欢对别人发号施令，注重争取地位和影响力。他们喜欢具有竞争性和能体现较高地位的场合或情境，他们也会追求出色的成绩，但他们这样做并不像高成就需要的人那样是为了个人的成就感，而是为了获得地位和权力或与自己已具有的权力和地位相称。权力需要是管理成功的基本要素之一。

（2）亲和的需要（Need for Affiliation）：寻求被他人喜爱和接纳的一种需要。它是维持社会交往和人际关系和谐的重要条件，负有全局责任的管理者把这种需要看得比权力还重要。高亲和动机的人更倾向于与他人进行交往，至少是为他人着想，这种交往会给他带来愉快。具有高度亲和需要的人渴望友谊，喜欢合作而不是竞争的工作环境，希望彼此之间沟通与理解，他们对环境中的人际关系更为敏感。有时，亲和需要也表现为对失去某些亲密关系的恐惧和对人际冲突的回避。亲和需要是保持社会交往和人际关系和谐的重要条件。

（3）成就需要（Need for Achievement）：争取成功希望获得最好的需要。富有挑战性的工作和对事业成就的追求，会引发人的快感。成就需要很高者对于自己感到成败机会各半的工作，表现得最为出色。他们不喜欢成功的可能性非常低的工作，这种工作碰运气的成分非常大，那种带有偶然性的成功机会无法满足他们的成就需要；同样，他们也不喜欢成功的可能性很高的工作，因为这种轻而易举就取得的成功对于他们的自身能力不具有挑战性。他们喜欢设定通过自身的努力才能达到的奋斗目标。对他们而言，当成败可能性均等时，才是一种能从自身奋斗中体验成功的喜悦与满足的最佳机会。对成就感的渴望是个体与生俱来的，对成就感的满足是管理者需要特别关注的。这种人把对成就的追求看得比金钱更重要。在工作中克服困难、解决难题、取得成就，对他们来说，所获得的激励效果比任何物质激励都大。报酬对他来讲，只是衡量工作进步和成就大小的标志。这种人事业心强，有进取心，敢冒一定的风险，比较实际，大多是进取的现实主义者。具有高度成就需要的人对企业和国家都有重要的作用。一个公司拥有这种人越多，它的发展越快，得益越多。一个国家拥有这种人越多，就会越兴旺发达，越是能迅速走上世界的先进行列。

根据麦克利兰的理论，所有的人都需要权力、友谊和成就。但是，这三种需要排列的层次和重要性是因人而异的。成功（中年以上）的经理强调高的成就需要，并且强烈希望独立自主和高权力的需要，而对友谊需要则相对较低。年轻的新经理权力需要相对较弱，而成就与友谊需要较强。

麦克利兰的成就需要在管理中很有应用价值：

（1）在人员的选拔和安置上，通过测量和评价一个人动机体系的特征对于如何分派工作和安排职位有重要的意义。

（2）由于具有不同需要的人需要不同的激励方式，了解员工的需要与动机有利于合理建立激励机制。对于高权力需要的员工，管理者必须让他们尽可能地安排和控制他们自身的工作，努力让他们参与决策的制定，尤其是与他们有关、影响重大的决策的制定。他们喜欢独自把工作做得最好，而不愿意作为团队工作的成员。尽量把一个完整的工作任务交给他们去完成，而不是让他们完成其中的一部分。对于高亲和需要的人，管理者应该确保让他们作为团队的一员从事工作，他们更容易从与他们一起工作的人们那里得到满足，而不是工作本身，应该给予他们大量的表扬和认可，委托他们对新员工进行接待和培训，以便使他们成为很好的伙伴和教练。

（3）麦克利兰认为动机是可以训练和激发的，因此可以训练和提高员工的成就动机，以提高生产率。

第三节　过程型激励理论

过程型激励理论是指着重研究人从动机产生到采取行动的心理过程。它的主要任务是找出对行为起决定作用的某些关键因素，弄清它们之间的相互关系，以预测和控制人的行为。这类理论表明，要使员工出现企业期望的行为，须在员工的行为与员工需要的满足之间建立起必要的联系。过程型激励理论主要有期望理论、公平理论等。

一、弗罗姆的期望理论

这是心理学家维克多·弗罗姆 1964 年在《工作与激励》一书中提出的理论。期望理论认为，人们之所以采取某种行为，是因为他觉得这种行为可以有把握地达到某种结果，并且这种结果对他有足够的价值。换言之，动机激励水平取决于人们认为在多大程度上人们可以期望达到预计的结果，以及人们判断自己的努力对于个人需要的满足是否有意义。这种需要与目标之间的关系用公式表示即为：激励力（工作动力）＝期望值（工作信心）×效价（工作态度）。

这种需要与目标之间的关系用过程模式表示即为："个人努力→个人成绩（绩效）→组织奖励（报酬）→个人需要"。

期望理论对管理的启示有以下三点：

（1）正确认识目标价值。目标在激励中实际起作用的价值不是管理者心目中的价值，也不是激励目标的客观价值，而是行为主体的主观感受价值，因此不要只从管理者的角度认定或根据客观指标以及某种社会上的一般看法与标准来确定目标价值，而要从激励对象的角度来考虑问题。

（2）重视目标难度设计。期望概率，特别是主观概率的引入不仅很好地解释了一些曾经难以理解的现象，更主要的是丰富了激励手段。它告诉我们，不仅设置目标能起到激励作用，设置好目标的难度也能起到激励作用，而这并不需要更多的资金投入。

（3）注意目标价值与期望概率两个激励因素的配合使用。目标价值与期望概率的巧妙配合可以出现乘积效应，使激励效果大大地扩大。

二、亚当斯的公平理论

公平理论又称社会比较理论，它是美国行为科学家亚当斯在《工人关于工资不公平的内心冲突同其生产率的关系》、《工资不公平对工作质量的影响》、《社会交换中的不公平》等著作中提出来的一种激励理论。该理论侧重于研究工资报酬分配的合理性、公平性及其对职工生产积极性的影响。

公平理论认为，每个人都有追求公平的倾向，而是否公平则是被激励者从自己得到的报酬与自己所做的贡献进行比较中得出的。如果有客观标准，则被激励者会以客观标准来比较；如果没有客观标准，则被激励者就会与类似的情况相比较，如与他人、与自己的过去相比较等。

公平理论还认为，人们的工作积极性不仅取决于其所得到的报酬的绝对值，而且取决于其所得到报酬的相对值。为了了解这个相对报酬人们就会进行比较，如果比较的结果是自己的收支比与他人的收支比不相等、自己现在的收支与过去的收支不相等，那么人们就会产生心理的不平衡，从而产生追求公平的动机。

三、洛克的目标设置理论

人类行为的重要特点是具有目的性。与绩效有关的工作行为最直接的前提就是组织成员的各种绩效目标。研究表明，目标的设置对绩效有显著的影响。1968年，美国的洛克（E. A. Locke）提出了理解目标设置效果的理论框架，通常称之为目标设置理论。

目标设置理论认为目标是行为的最直接动机，设置合适的目标会使人产生想达到目标的成就需要，因而对人有强烈的激励作用。

洛克等人提出，任何目标都可以从三个维度来分析：一是目标的具体性，也即能精确观察和测量的程度；二是目标的难度，也即实现目标的难易程度；三是目标的可接受性，指人们接受和承诺目标和任务指标的程度。大量的研究表明，从激励的效果或工作行为的结果来看，有目标的任务比没有目标的任务好，有具体内容的目标比空泛的、抽象的目标好，难度较高但又能被执行者接受的目标比没有困难的目标好。合适的目标所具有的激励作用较大。

目标设置理论是过程型激励理论中比较重要的理论。其贡献在于：它认为设置合适的目标是管理情景中最直接有效的激励方法和技术。它还告诉组织的激励者应把组织目标转化为个人目标，并进行反馈和奖励，以充分调动组织成员的积极性。

第四节　激励的方法与技巧

根据激励的基本理论，可采用的激励手段和方法多种多样，并且具有一定的技巧。

一、工作激励

工作激励是指通过分配恰当的工作、适度地分权、让职工参与管理、丰富工作内容等方式和途径来激发职工的工作热情。

（一）委以恰当的工作

对职工委以恰当的工作，以求激发其工作热情，主要包括两方面的内容：一是工作的分配要尽量考虑到职工的特长和爱好，用人所长，并尽量考虑其兴趣和爱好；二是要使工作的要求和目标既富有挑战性，又能为职工所接受。

（二）适度地分权

一般人在正常情况下，不但能承担而且追求承担责任，具有解决各种问题的想象力和创造力，追求最大限度地发挥自己的潜能，追求自我价值的实现。对于这样的人，如果依然采取严格的命令约束，不给他任何自由发挥的余地，他就会产生不满，就会情绪低落，就会跳槽到他认为可以发挥自己的才能的地方。因此，在这种情况下，管理者明智的做法是，通过适度地分权，使其拥有一定职权，同时承担相应的责任。

（三）让职工参与管理

参与管理是指在不同程度上让下级和职工参加组织决策和各级管理工作的研究与讨论。

处于平等地位来商讨组织中的重大问题，可使下级和职工感到上级主管的信任，从而体验出自己的利益同组织的利益和组织的发展密切相关，从而产生强烈的责任感。同时，主管人员与下属商讨问题，对双方来说，都是提供了一个获得他人重视的机会，从而给人一种成就感。

管理学家孔茨认为："很少有人不会被参与商讨与自己有关的行动所激励。毫无疑问，在工作现场中的大多数人是既知道问题所在，又知道解决问题的办法。因而让职工恰当地参与管理，既能产生激励，又能为企业的成功提供有价值的知识。"

鼓励职工参与管理，并不意味着主管人员可以放弃其职责。主管人员鼓励下属参与一些可以参与管理的事务，要认真听取下属的意见，但对那些需要自己做出决策的事务，必须由自己做出决策。

（四）丰富工作内容

丰富工作内容指把更高的挑战性和成就感体现在工作之中，丰富工作内容可以通过工作内容的水平式扩大和垂直式扩大来实现。水平式扩大是指重新设计工作内容，或把分工较细的作业归并成自主完成的作业单位，明确职责，使工作变得更有意义，或在单纯化的作业中加入有变化的因素。垂直式扩大是指垂直扩大职工的工作内容，让职工也承担计划、调节和控制等责任，也当一回管理者。丰富工作内容的操作，往往是把职工分成作业小组或小团体，让职工自己决定生产指标、生产方式、生产计划、作业程序、作业标准，让他们自己评价工作成绩和控制成本。

二、环境激励

环境主要是指工作与生活环境，包括组织中的行为规范、人际关系、工作与生活条件等方面的内容。

（一）建立健全规章制度

组织的各项规章制度的基本目的是使人们的行为规范化。一方面，规章制度往往与物质利益联系在一起，对职工的消极行为有约束作用；另一方面，规章制度为职工提供行为规范，提供社会评价标准。职工遵守规章制度的情况与自我肯定、社会舆论等精神需要相联系，因此，其激励作用是综合的。

（二）创造良好的人际关系

良好的人际关系能激发员工的工作热情和工作积极性与创造性。管理活动中的人际关系主要包括三个方面的内容：领导者与被领导者的关系、被领导者之间的关系和个体与团体之间的关系。

创造良好的人际关系环境，首先要求上级主管人员要尊重、关心和信任下属；其次是要保持工作团体内人际关系融洽，及时调解各种矛盾。创造良好人际关系的基本方法就是沟通，通过沟通，能加深领导者之间、上下级之间，以及下级之间的相互了解，可以交流感情，避免各种误会、矛盾乃至冲突等。

（三）提供良好的工作条件

良好的工作条件、清洁美化的工作环境，能使员工安心工作、心情舒畅、精神饱满。因此，工作环境激励也是一项十分重要的激励手段。

三、成果激励

正确评价下属及职工的工作成果，并在此基础上给予合理的报酬，也是激发员工积极性的一个重要因素。

从报酬的内容来看，报酬有两种：一种是物质上的，另一种是精神上的。物质报酬主要是指工资或奖金、罚款；精神报酬主要指表扬、荣誉，或者批评。从报酬的作用来看，包括正报酬（奖）和负报酬（罚）。

工作报酬的作用体现为两方面，一方面，通过报酬使职工了解领导者对他的工作的评价，以及他在领导心目中的地位；另一方面，报酬的获得是可以使职工进行工作的原动力——需要得到满足。

（1）物质激励。物质利益激励是最基本的激励手段。因为物质利益能满足人们的最基本的需要。因此，当职工取得工作成果后，应及时给予物质利益的激励，如发给奖金、福利金等。

（2）精神激励。对为组织作出突出或特殊贡献的人要及时予以表扬，或授予光荣称号，或发给象征荣誉的奖品等。这是对职工贡献的公开承认，可以满足职工的自尊需要，从而达到激励的目的。

四、培训教育激励

培训教育的作用是多方面的。一方面，培训教育可以使职工丰富知识，增强素质，提高业务技能，从而取得更多的晋升机会，为承担更大责任、承担更富有挑战性的工作创造条件；另一方面，可以提高职工在参与企业活动中的工作热情和劳动积极性。一般来说，自身素质好的人，进取精神强，对高层次追求较多，对自我实现的要求较高，因此，比较容易自我激励，能够表现出高昂的士气和工作热情。所以通过培训和教育，提高职工的素质，增强其自我激励能力是十分重要的。

职工的素质从总体上讲包括思想水平和业务技能两大方面。因此，教育和培训也就包括思想水平和业务技能两大方面。这两者是相互促进的，良好的思想素质，强烈的进取心，会促使职工努力掌握新的业务知识和工作技能，从而实现个人素质的完善。反过来，良好的业务素质能使其在事业上获得更多的成功机会，由成功带来的心理满足的体验又将促使职工在事业上追求更大的成功。

五、激励的技巧

(一) 按需激励

美国人本主义心理学家马斯洛的需要层次理论指出，在低层次的需要得到相对满足之后，就会产生更高层次的需要，只有未满足的需要才能影响行为。也就是说，只有当激励措施能满足被激励者一定的需要时，才能起到激励的作用。显然，单一的激励形式无法迎合所有人的胃口，对于处于不同需要层次的人，应该使用不同的激励手段。而且，同样经济成本下不同的激励方式对人的激励程度也是有差别的。因此，管理者必须努力与员工共同去发现其最大的激励因素：是物质奖励、培训、发展机会、良好的工作氛围，还是其他的什么回报。许多公司都在尝试使用奖励包的形式，从而使应该获得奖励的员工有一定选择的空间。

(二) 奖惩适度

奖励和惩罚不适度都会影响激励效果，同时增加激励成本。奖励过重会使员工产生骄傲和满足的情绪，失去进一步提高自己的欲望；奖励过轻则起不到激励效果，或者让员工产生不被重视的感觉。惩罚过重会让员工感到不公平，或者失去对公司的认同，甚至产生怠工或破坏的情绪；惩罚过轻会让员工轻视错误的严重性，从而可能还会犯同样的错误。

(三) 公平性

公平性是员工管理中一个很重要的原则，员工感到的任何不公平都会影响他的工作效率和工作情绪，并且影响激励效果。取得同等成绩的员工，一定要获得同等层次的奖励；同理，犯同等错误的员工，也应受到同等层次的处罚。如果做不到这一点，管理者宁可不奖励或者不处罚。管理者在处理员工问题时，一定要有一种公平的心态，不应有任何的偏见和喜好。虽然某些员工可能让你喜欢，有些可能你不太喜欢，但在工作中，一定要一视同仁，不能有任何不公平的言语和行为。

(四) 奖励正确的事情

如果我们奖励错误的事情，错误的事情就会经常发生。这个问题虽然看起来很简单，但在具体实施激励时往往被管理者所忽略。管理学家米切尔·拉伯夫经过多年的研究，发现一些管理者常常在奖励不合理的工作行为。他根据这些常犯的错误，归结出应奖励和避免奖励的十个方面的工作行为：

（1）奖励彻底解决问题而不是只图眼前利益的行动。

（2）奖励承担风险而不是回避风险的行为。

（3）奖励善用创造力而不是愚蠢的盲从行为。

（4）奖励果断的行动而不是光说不练的行为。

（5）奖励多动脑筋而不是一味苦干的行为。

（6）奖励使事情简化而不是使事情不必要地复杂化。

（7）奖励沉默而有效率的人而不是喋喋不休者。

（8）奖励有质量的工作而不是匆忙草率的工作。

（9）奖励忠诚者而不是跳槽者。

（10）奖励团结合作而不是互相对抗。

（五）物质激励与精神激励的有机结合

物质激励是激励的一般模式，也是目前使用最为普遍的一种激励模式。涨薪、年终分红、各种奖金、股权及福利奖励等都是物质奖励的常用方式。与物质激励相比，精神激励满足的主要是员工的精神需求。在实际工作中，无论员工处于哪一层次，也无论其他需求有何差异，希望得到别人尊重和认同的需求是每一个人都有的。精神激励相对而言不仅成本较低，而且常常能取得物质激励难以达到的效果。将精神激励和物质激励组合使用，可以大大激发员工的成就感、自豪感，使激励效果倍增。

（六）时效性

要把握好激励的时机，"雪中送炭"和"雨后送伞"的效果是不一样的：人们做出一番努力取得成绩后，对于自身价值有一种期望得到社会承认的心理，尤其是在作出特殊贡献之后，最大的愿望莫过于得到及时的肯定。激励越及时，越有利于将人们的激情推向高潮，使其创造力连续、有效地发挥出来。

【本章小结】

理解需要、动机和行为之间的相互关系，为理解激励的意义和作用、在管理活动中艺术性地利用激励奠定理论基础。

激励是建立在需要基础上的管理活动。在掌握激励概念的基础上，要进一步理解对激励概念的强调内容。激励是从心理到行为的活动过程，理解激励过程对掌握和运用各种管理激励理论具有指导意义。

内容型激励理论包括需要层次理论、ERG 理论、双因素理论和成就需要理论，各种理论相互间有共性基础，即需求与满足，但也有不同之处。过程型激励理论包括期望理论、公平理论和目标设置理论。

开展激励活动时，要把握好激励的原则，才能取得理想的激励效果。以人为本原则、目标结合原则、物质激励与精神激励相结合原则、正激励与负激励相结合原则、合理性原则、时效性原则、公平原则等是开展激励活动必须掌握的内容。

物质激励是管理活动中必不可少的，精神激励是物质激励的重要补充。能否把物质激励和精神激励有机结合，充分调动组织成员的积极性从而实现组织目标是领导艺术与管理水平的体现。

【案例分析】

索尼公司的管理新招

有一天晚上，索尼董事长盛田昭夫按照惯例走进职工餐厅与职工一起就餐、聊天。他多年来一直保持着这个习惯，以培养员工的合作意识，并与他们建立良好关系。这天，盛田昭夫忽然发现一位年轻职工郁郁寡欢，满腹心事，闷头吃饭，谁也不理。于是，盛田昭夫就主动坐在这名员工对面，与他攀谈。几杯酒下肚之后，这个员工终于开口了："我毕业于东京大学，之前有一份待遇十分优厚的工作。但是，当时对索尼公司崇拜得发狂，认为进入索尼是我一生的最佳选择。但是，现在才发现，我不是在为索尼工作，而是在为课长干活。坦率地说，这位课长是个无能之辈，更可悲的是，我所有的行动与建议都得课长批准。对于我的一些小发明与改进意见，课长不仅不支持、不解释，还挖苦我癞蛤蟆想吃天鹅肉，有野心。我十分泄气，心灰意冷。这就是索尼？这就是我崇拜的索尼？我居然放弃了那份优厚的工作来到这种地方！"这番话令盛田昭夫十分震惊，他想，类似的问题在公司内部员工中恐怕不少，管理者应该关心他们的苦恼、了解他们的处境，不能堵塞他们的上进之路，于是产生了改革人事管理制度的想法。之后，索尼公司开始每周出版一次内部小报，刊登公司各部门的"求人广告"，员工可以自由而秘密地前去应聘，他们的上司无权阻止。另外，索尼原则上每隔两年就让员工调换一次工作，特别是对那些精力旺盛、干劲十足的人才，不是让他们被动地等待工作，而是主动地给他们施展才能的机会。在索尼公司实行内部招聘制度以后，有能力的人才大多能找到自己较中意的岗位，而且人力资源部门可以发现那些"流出"人才的上司所存在的问题。

（资料来源：人力资源开发网）

讨论题：

试用所学的激励理论来分析上述案例。

【复习思考题】

1. 什么是激励？简述激励的过程。激励在管理中有哪些重要作用？
2. 简述马斯洛的需求层次理论。
3. 简述公平理论的主要观点。
4. 简述期望理论的基本含义。
5. 描述麦克利兰的三种需要理论。

第八章 沟 通

学习目标：

1. 了解沟通的过程、影响沟通的因素；
2. 掌握沟通的含义、信息沟通的重要性、沟通的原则；
3. 掌握有效沟通的途径，并在实践中加以运用；
4. 领会有效沟通的技巧。

开篇案例

秀才买柴

一个秀才去买柴，他对卖柴的人说："荷薪者过来！"卖柴的人听不懂"荷薪者"（荷薪者就是指担柴的人）三个字，但是听得懂"过来"两个字，于是把柴担到秀才前面。

秀才问他："其价如何?"卖柴的人仍然听不太懂这句话，但是听得懂"价"这个字，于是就告诉秀才价钱。

秀才接着说："外实而内虚，烟多而焰少，请损之。"（意思是说：你的柴外表是干的，里头却是湿的，燃烧起来，会浓烟多而火焰小，请减些价钱吧。）卖柴的人因为完全听不懂秀才的话，于是担着柴就走了。

第一节 沟通概述

沟通存在于人们的一切活动中，每一件事情都与沟通有关。它是人与人之间进行信息交流的活动。在组织的管理活动中，沟通可以定义为："沟通是信息通过一定的符号载体，在个人和群体之间从发送者到接受者之间进行传递，并取得完全理解的过程。"组织需要有良好的沟通气氛，领导者的决策和决策的执行都需要沟通。组织冲突需要沟通来解决。沟通和组织绩效有密切关系。有效沟通无论对组织还是个人都是至关重要的，人们需要掌握良好的沟通技巧。低效的沟通会使人陷入无穷的问题与困境之中。

一、理解沟通

任何一个团队仅有良好的愿望和热情是不够的，它还必须拥有畅通的信息沟通及感情交流，在确定目标、执行工作计划等各个方面取得一致意见，才能保证团队成员之间的角色清晰、分工合理，从而达成目标。

沟通包含着传递的意义，如果信息或想法没有被传送到，则意味着沟通没有发生。也就是说，说话者没有听众或写作者没有读者都不能构成沟通。

要使沟通成功，不仅需要传递，还需要理解。沟通可定义为意义的传递与理解。完美的沟通应是经过传递之后接受者感知到的信息与发送者发出的信息完全一致。

另外，良好的沟通常常被错误地解释为沟通双方达成协议，而不是准确理解信息的意义。很多人认为良好的沟通是使别人接受我们的观点。但是对方可以非常明白你的意思而不同意你的看法。当一场争论持续了相当长的时间，这段时间中进行了大量的有效沟通。每个人都充分理解了对方的观点和见解，但不等于完全接受对方的观点和意见。我们不能把有效的沟通与意见一致混为一谈。

组织沟通与人际沟通密不可分，人际沟通即存在于两人或多人之间的沟通，其对象是人而不是物体。组织范围中的沟通，包括组织沟通的流程、沟通的网络以及管理信息系统的改进等。

沟通一般由以下四个主要因素构成：

（1）信息内容。沟通发生之前，必须存在一个意图，我们称为要被传递的信息。它的内容很多，包括事实、情感、价值观、意见、个人观点等。它首先被转化为信号形式。

（2）信息源。沟通信息的发送者，它是信息发送的主动方，代表了沟通的主体意图。

（3）沟通渠道。它是传递信息的媒介物，是由信息源主动选择的。选择不同的沟通渠道产生的沟通效果是不同的。不同的信息内容也应选择不同的沟通渠道。

(4) 信息接收者。这是沟通的另一方，处于被动接收信息的地位。它在沟通中要对信号进行转译。在沟通过程中，它也在不断发出主动信息，传递给信息源，以实现双向交流，最终使理解达成一致。

二、沟通过程

沟通过程是信息的发送者通过选定的渠道把信息传递给接受者的过程。信息在信息源（发送者）与接受者之间传送。信息首先被转化为信号形式，然后通过媒介物，传送至接受者，由接受者将收到的信号转译回来。这样信息的内容就从一个人那里传给了另一个人。这个过程由以下几个步骤组成：

(一) 明确信息内容

信息源发出信息是为了让接受者了解他头脑中的想法或某个具体的事实，因此，首先需要明确信息的内容。例如，说话者首先要明确自己说话的目的是什么？想解决什么问题？达到什么效果？

(二) 信息编码

对确定的内容进行编码，生成信息。被编码的信息受到四个条件的影响：技能、态度、知识和社会文化系统。技能把信息变成一种双方都理解的符号，如语言、文字、手势、表情等。发送的信息只有经过编码，才能有准确的信息沟通。例如，如果教科书的作者缺乏必要的技能，则很难用理想的方式把信息传递给学生。能够成功地把信息传递给学生，有赖于写作技巧。如果一个教师沟通技能欠缺，就不能在课堂上把知识很好地传递给学生。当然，成功的沟通还要求一个人的听、说、读以及逻辑推理技能。

(三) 形成信号群

我们的信息事实上是经过信息源编码的物理产品。当我们说的时候，说出的话是信息；当我们写的时候，写出的内容是信息；绘画的时候，图画是信息；做手势的时候，胳膊的动作、面部表情是信息，这些形成了完整表达信息内容的信号群。

(四) 选择通道

通道是传递信息的媒介物，它是发送者选择的传递信号的路径。口头沟通的通道是空气，书面沟通的通道是纸张，如果你想以面对面交谈的方式告诉你的朋友一天中发生的事，则使用的是口头语言与手势语言表达你的信息。但你可以有其他选择，一个具体的信息可以口头表达也可以书面表达。在组织中，不同的信息通道适用于不同的信息。如果有酒店着火，使用备忘录方式传递这一信息显然极不合适。对于一些重要事件，如员工的绩效评估，管理者可能希望运用多种信息通道，如在口头评估之后再提供一封考核通告。这种方式减少了信息失真的潜在可能性。

（五）解码

接受者是信息指向的个体。但在信息被接受之前，必须先将其中包含的符号翻译成接受者可以理解的形式，这就是对信息的解码。与编码者相同，接受者同样受到自身的技能、态度、知识和社会文化系统的限制。信息源应该善于写或说，接受者则应善于读或听，而且二者均应具备逻辑思维能力。一个人的知识水平不仅影响着他传送信息的能力，同样影响着他接受信息的能力。另外，接受者的态度及其文化背景也会使所传递的信息失真。

（六）反馈

沟通过程的最后一环是反馈回路。反馈把信息返回给发送者，并对信息是否被理解进行核实。沟通过程中会受到各种各样的干扰，为了检验信息沟通的效果如何，反馈是必不可少的。在信息没有被反馈之前，无法肯定信息是否得到有效的编码、传递、解码和理解。

（七）再传递

根据反馈回来的信息再发出信息，肯定原有信息传递或指出偏差并加以纠正，直到接受者完全理解并作出自己的反应。

在沟通过程中，无论使用什么样的支持性装置来传递信息，信息本身都会出现失真现象。我们用于传递信息的编码和信号群、信息本身的内容，以及信息源对编码和内容的选择与安排等，任何一方面的偏差都会造成信息的失真。

三、沟通的作用

（一）沟通的普遍性

沟通是普遍存在的，沟通是每个人都必须要做的事情。不管是积极的还是消极的，沟通存在于人们生活和工作的各个领域。大多数人花费15%～50%的工作时间进行各种方式的沟通。沟通是实现目标的重要手段，沟通构成了我们日常生活的主要部分。

（二）沟通在组织管理中的作用

（1）在信息化社会中，沟通是组织获得生存和发展所需要的资源和信息，是组织适应环境的主要工具。在市场经济社会中，企业如果不能有效沟通，了解社会需求，就很难在市场中立足。同时企业还要通过沟通，让消费者了解企业的产品和经营理念。与消费者进行积极沟通，可以不断提高企业产品的市场占有率。

（2）沟通是实施民主管理，保证科学决策的基础。民主管理就是充分调动每位员工的积极性，充分挖掘员工对工作的建议和意见，实现良好的沟通，使组织管理更具效率，组织决策更加科学。在组织中形成合理化建议的风气，培养员工的主人翁意识和精神将有助于企业更好地发展。

（3）沟通可以改善人际关系，鼓舞士气，建立良好的工作环境。组织的工作效率与成员的士气及人际关系状况有关。人际关系和谐的目标可以通过有效沟通实现，它可以提高员工工作的积极性。

（4）沟通是组织创新的源泉。在人际有效沟通中，彼此之间信息的交流与讨论，会实现各自资源的互补，为组织创新打下基础。有效沟通可以集思广益，发挥群体创造力，它是组织创新的重要来源。

在实际管理工作中，影响管理效率的原因往住是多方面的，如岗位职责不明晰、信息沟通不顺畅等，都会降低管理效率。目前国内大多数企业也存在横向信息沟通不畅的问题。一些企业因生产、销售及采购等部门的信息沟通不顺畅，造成各环节脱节，甚至出现停工待料、销供失调等情况，因而给企业带来损失。

在组织结构建设中，矩阵式组织结构能够有效地解决这个矛盾。因为这种组织结构要求地区部门和生产、业务部门（包括团队成员）之间能够在各个矩阵的焦点上密切地配合，形成一种良好的内部客户关系，因而加强了横向联系，克服了职能部门相互脱节、各自为政、信息滞后的问题。另外，利用办公自动化（OA）、供应链管理（SCM）、企业资源计划系统（ERP）等信息管理技术也是加强企业信息沟通管理的有效手段。

第二节　沟通的类型及网络

一、沟通的类型

（一）按沟通的组织系统分类

在一个组织内，成员间所进行的沟通，因其途径的不同可分为正式沟通与非正式沟通这两种系统。

1. 正式沟通

正式沟通是指按组织内规章制度所规定的沟通方式，经由组织结构而形成的途径的沟通。这种沟通要通过正式的组织程序，沟通的媒介物和线路都是经过了事先安排，被认为是正式的。例如，组织内部的文件传达，定期或不定期的会议制度，上级指示按系统逐级下达或下级的情况逐级上报等。正式沟通的途径如图 8-1 所示。

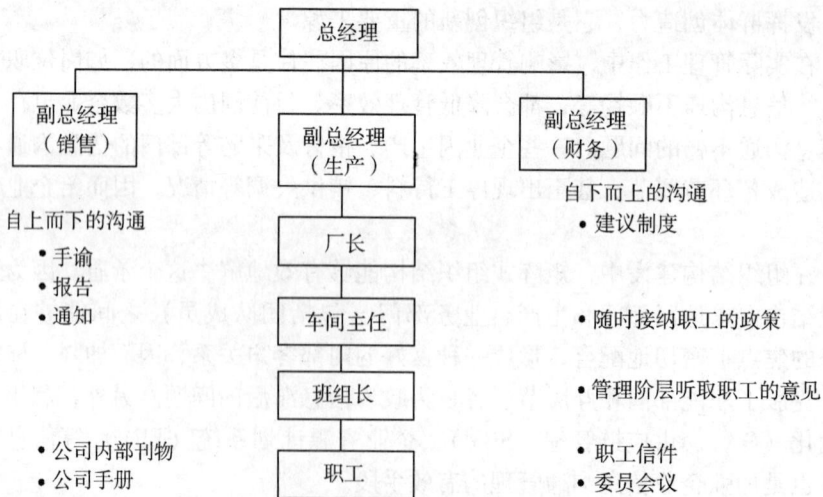

图 8-1　正式沟通途径示意图

2. 非正式沟通

非正式沟通是指在正式渠道之外进行信息的传递与交流。这种沟通的媒介物和线路无须事先安排，具有很强的随意性和自发性，沟通途径繁多且无定式。例如，同事之间任意交谈，甚至通过家人之间传递等。

正式沟通和非正式沟通在组织中都存在，且各有其优缺点，二者的比较如表 8-1 所示。

表 8-1　正式沟通和非正式沟通的比较

沟通方式	优　点	缺　点
正式沟通	沟通效果好，比较严肃、慎重，约束力强，易于保密，可以使信息沟通保持权威性	依靠组织层层传递，较刻板，沟通速度慢，存在信息失真和扭曲的可能
非正式沟通	沟通形式灵活多样，直接明了，沟通速度快，效率较高，容易及时了解到正式沟通难以提供的"内幕消息"，可以满足组织成员的心理需要	难控制，传递的信息不确切，容易失真，可能导致小集团、小圈子，影响组织的凝聚力和稳定

在非正式沟通中，最容易导致"小道消息"的蔓延。美国心理学家戴维斯（K. Davis）教授曾对小道消息问题进行了专门研究，指出小道消息具有五个特点：①新闻越新，人们谈论得越多；②对人们工作有影响的，最为人们所谈论；③人们所熟悉的，最为人们所谈论；④人与人在工作上有关系时，最可能牵涉在同一传言中；⑤人与人在工作中常有接触时，最可能牵涉在同一传言中。

（二）按沟通信息的流动方向分类

按沟通信息流向的不同，可以把沟通分为纵向信息沟通、横向信息沟通和斜向信息沟通三种。

1. 纵向信息沟通

纵向信息沟通即垂直沟通，是指沿着组织的指挥链在上下级之间进行的信息沟通。它可以分为自上而下的和自下而上的两种形式。自上而下的沟通也称为下行沟通，指组织内部同一系统内的较高层次人员向较低层次人员的沟通，一般以命令方式传达上级组织或其上级所决定的政策、计划、规定之类的信息，有时颁发某些资料供下层使用，它是传统组织中最主要的沟通信息流向。自下而上的沟通也称为上行沟通，指组织内部同一系统内较低层次人员向较高层次人员的沟通，如请示、书面或口头汇报等。有的领导者认为沟通就等于"发布信息"或是自上而下的"信息传达"，这是不对的，自下而上的沟通应受到领导者的特别重视。

2. 横向信息沟通

横向信息沟通是指组织内部同一层次人员之间的沟通，也称平行或水平沟通。这种沟通主要是为了促成不同系统（部门、单位）之间的协调配合和相互了解而运用的。例如，高层管理者之间、中层管理者之间、生产工人与设备修理工人之间、任务小组与专案小组内部所发生的沟通，都属于横向信息沟通。

3. 斜向信息沟通

斜向信息沟通是指组织内部既不同系统又不同层次的人员之间的沟通。它对组织中的其他沟通渠道会起到一定的补充作用。其优点是增加相互理解，缩短沟通线路和信息传递时间，但也容易在部门之间造成矛盾。

（三）按沟通的方法分类

按沟通的方法可以把沟通分为口头沟通、书面沟通、非语言沟通和电子媒介沟通等。口头沟通是借助于口头语言进行的沟通。书面沟通是指利用语言文字进行的沟通。非语言沟通则是通过诸如面部表情、语气声调及身体姿态等来加强或否认语言沟通的效果。电子媒介沟通是借助现代电子通信技术手段如传真机、电子邮件、计算机等进行沟通。上述各种沟通方式的比较如表8-2所示。

表8-2 各种沟通方式的比较

沟通方式	举 例	优 点	缺 点
口头	交谈、讲座、讨论会、电话等	传递反馈快，信息量大，弹性大，亲切，双向，效果好	不易保存，事后难查证，传递层次越多则信息失真越严重
书面	报告、备忘录、信函、文件、内部期刊、布告等	正规，准确，权威，持久有形，可核实，易于远距离传递，易于储存	效率低，费用较高，缺乏文责，保密性差
非语言	声、光信号、体态、语调等	内涵丰富，含义隐含灵活，信息意义十分明确	传递距离有限，界限含糊，只可意会、不可言传
电子媒介	传真机、电子邮件、电子会议等	快速传递，容量大，距离远，可同时传递到多人	单向传递，电子邮件可交流，但看不到表情，不能满足人们归属感的需要

（四）按沟通后是否进行反馈分类

沟通按是否进行反馈，可以分为单向沟通和双向沟通。

1. 单向沟通

单向沟通是指没有反馈的信息传递，沟通中信息的发送者与接收者的地位不变，如作报告、演讲、指示和命令等。单向沟通比较适合下列几种情况：①问题较简单，但时间较紧；②下属易于接受的方案；③下属没有了解问题的足够信息，在此情况下，反馈不仅无助于澄清事实反而易混淆视听；④发送者缺乏处理负反馈的能力，容易感情用事。

2. 双向沟通

双向沟通是指有反馈的信息传递，沟通中信息的发送者与接收者的地位不断变化。双向沟通比较适合下列几种情况：①时间比较充裕，但问题比较棘手；②下属对解决方案的接受程度至关重要；③下属对解决问题能提供有价值的信息和建议；④发送者习惯于双向沟通，且具有建设性地处理负反馈的能力。单向沟通和双向沟通的优缺点如表 8-3 所示。

表 8-3　单向沟通和双向沟通的比较

沟通形式	优 点	缺 点
单向沟通	需要的时间少，速度快，秩序好，对于需要迅速传递的信息效果好，沟通中不易受干扰	无反馈，准确性较差，对接收者的理解能力要求较高，接收者易产生挫折、埋怨和抗拒
双向沟通	对于需要准确传递的信息效果好，接收者理解发送者意图的准确程度高，气氛活跃，有反馈，人际关系较好	需要的时间较多，速度慢，沟通中噪声较多，发送者心理压力较大

二、沟通的网络

沟通网络指的是信息流动的通道。信息沟通的有效性往往与它的网络类型有一定的关系，组织内的沟通网络可分为正式沟通网络与非正式沟通网络，在此仅详细介绍正式沟通网络。

正式沟通网络是根据组织机构、规章制度来设计的，用以交流和传递与组织活动直接相关信息的沟通途径。关于不同的正式沟通网络如何影响个体与群体的行为以及各种形态的网络结构的优缺点，巴维拉斯（A. Bavelos）曾对五种结构形式进行了实验比较。

这五种信息沟通网络结构形式如图 8-2 所示。在正式组织环境中，每一种网络形态相当于一定的组织结构形式。

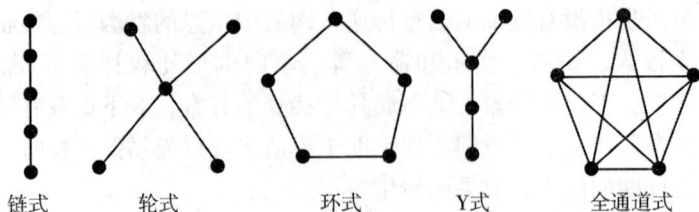

图8-2　组织中的五种信息沟通网络结构示意图

（1）链式：代表一个五级层次逐级传递，信息可以向上传递或向下传送。它也可以表示主管与下级部属间有中间管理者的组织系统。

（2）轮式：表示主管人员居中，分别与四个下级沟通，而四个下级之间没有相互沟通，所有的沟通都通过主管人员。

（3）环式：表示五个人之间依次联系沟通，这种结构可能发生于三个层次的组织结构。第一级主管与第二级的两个管理者建立联系沟通；第二级管理者再与底层联系；底层的工作人员之间建立横向联系。

（4）Y式：表示两个主管均通过第二级（例如秘书）与三个下级发生联系。处于这种地位的秘书可以获得最多的信息情况，因而往往容易掌握真正的权力，控制组织，而第一级的主管则变成傀儡人物。实验证明，掌握信息越多者，越容易成为领导人物。

（5）全通道式：表示组织内每个人都可与其他四个直接地自由沟通，并无中心人物，所有成员都处于平等地位，一般适用于委员会之类的组织结构。

巴维拉斯等根据实验结果发现，在组织沟通中，不同形态的沟通网络对组织活动有不同的影响效果，并对五种沟通网络的影响效果进行了比较，如表8-4所示。

表8-4　五种沟通网络的影响效果比较

沟通形态评价标准	链式	轮式	环式	Y式	全通道式
集中性	适中	高	低	较高	很低
速度	适中	快（简单任务）慢（复杂任务）	慢	快	快
正确性	高	高（简单任务）低（复杂任务）	低	较高	适中
领导能力	适中	很高	低	高	很低
全体成员满足	适中	低	高	较低	很高

第三节　沟通障碍及其有效实现

一、沟通障碍

沟通障碍是管理者经常面临的问题，沟通中的障碍可能发生在信息发送者这一方，可能发生在信息传递过程之中，问题也可能出在信息接收者和反馈环节。

（一）发送者方面可能存在的障碍

这类障碍一般是由于发送者编码错误、信息超载、对信息含义的不同理解和表达不够清楚等原因造成的。发送者对一个非专业人员使用了过于专业的语言、使用了接收者由于文化差异等原因不容易理解的措辞和动作都会造成沟通障碍。人们在一定时间内加工信息的能力是有限的，发送者可能在短时间内发送了过多的信息，造成信息接收者的接收障碍，接收者会以多种方式来对待信息超载，如无视某些信息，延缓对信息的处理，对某些信息进行过滤和干脆放弃等，因此发送者在信息发送的时候要充分考虑到这一因素。不论发送者的想法是多么清楚，仍有可能受措辞不当、表达混乱、疏忽遗漏、乱用行话术语以及词不达意等问题的影响。另外，应该引起重视的是国际交往中的沟通障碍。随着全球化的发展，组织的国际交流与合作日益增多，由于文化、习俗、宗教等方面的差异很容易造成沟通上的障碍。即使不存在上述的问题，信息发送者所处的环境也会产生各种噪声，干扰信息发送者。噪声是指干扰信息传递的任何事物，例如，汽车或者机器轰鸣的环境会使发送者的声音变小，使接收者分心而不能完整准确接收到信息。为了克服环境噪声，发送者在发送信息的时候要注意选择适当的环境。

（二）沟通过程中可能存在的障碍

任何信息都要通过一定的渠道才能得以传递，选择不合适的沟通渠道可能会造成沟通的失败。例如，如果管理者要纠正一名不遵守纪律的员工的行为，管理者应该使用一对一、面对面的沟通，其他的沟通渠道将是无效的。沟通过程的障碍可能由于渠道选择与信息信号选择不匹配而导致无法有效传递；或由于信息传递渠道过长、负载过重等导致信息传递的速度下降；或者因为技术问题导致信息传递不畅等。另外，沟通障碍的产生也可能是因为信息传递过程中的信息衰减和截留。当信息传递涉及的人较多时就会使信息在传递过程中失真，同时，在传递过程中可能发生信息被截留的现象，很多人会对信息进行有意的过滤和忽视，特别是当这些信息对自己不利时。

（三）接收者方面的障碍

接收者在接收信息的过程中由于自己或者外部因素的影响可能造成沟通障碍，例如，接收者在信息接收过程中注意力不集中导致信息接收错误；接收者由于情绪波动引起的接收不完整，每个人都有情绪波动，如高兴、伤心等，情绪波动会干扰沟通，使人很难保持对信息接收的客观性；接收者倾听态度和技巧也会影响沟通的效果，当他缺乏倾听的耐心和技巧、过早做出评价时，障碍就会发生；另外，接收者会受发送者的信誉和可信度的影响，当他对发送者产生不信任的时候，沟通障碍就可能会发生。

（四）反馈过程中的障碍

为了检验沟通的效果，反馈是不可缺少的。虽然不需要反馈的单向沟通速度较快，但一个有效的沟通需要有反馈的双向沟通，因为在没有得到反馈之前人们总是很难确定自己发送或得到的信息是否是有效的。反馈过程中可能存在的障碍有：反馈渠道不通畅，组织没有及时进行疏导和维护；信息反馈不及时，造成沟通困难，这也与组织对反馈渠道建设的重视程度有关。反馈过程中还可能存在信息失真、被过滤等问题，使真实有效的信息无法反馈给信息发送者；也可能是因为反馈传递的技术系统造成的障碍。

二、沟通障碍的克服

不管怎么努力，完全没有障碍的沟通是很难实现的，但我们总希望可以尽量减少沟通的障碍，实现有效沟通。哈罗德·孔茨认为，以下的几点建议可以帮助人们克服沟通中的障碍。

（一）阐明信息的目的性

信息发送者必须阐明他们想要传递的信息，这就意味着，进行沟通的第一步必须阐明信息的目的性，并制定实现预定目的的计划。

（二） 使用通俗易懂的编码

有效的沟通要求以信息发送者和接收者都熟悉的符号进行编码和解码，因此，管理人员（特别是参谋人员）应当避免使用不必要的术语，因为这些术语只有各自领域内的专家才懂。

（三） 征求意见

沟通计划不是在真空中形成的，相反，应该征求他人的意见，并鼓励大家参与其中，如收集资料、分析信息、选用适当的媒介。例如，管理人员在把一项重要的备忘录下发到组织中去之前，不妨请同事阅读一下，当然，其内容应该同接收者的知识水平和组织氛围相适应。

（四） 考虑接收者的需要

在条件允许的情况下，无论在短期还是在较远的未来，人们都应该和接收者沟通有价值的信息。有时短期内影响员工的非常规措施，如果从长远看对他们有利的话，也比较容易被员工接受。例如，只要组织表明这一措施从长远来说将增强组织的竞争地位和不解雇员工的话，那么，缩短周工时的措施可能更容易为员工所接受。

（五） 使用适当的语调和语言以确保可信度

有种说法叫作音调组成音乐。同理，沟通中的语音语调、措辞以及讲话的内容和讲话方式之间的和谐一致等都会影响信息接收者所做出的反应。

（六） 得到反馈

信息只有为接收者所理解了，沟通才算是完整的。因而发送者应及时得到反馈，否则他就不会知道信息是否为人所理解。如何能够得到及时的反馈呢？一般可以通过提问、要求复函以及鼓励信息接收者对所收信息做出反应等方式来取得反馈。

（七） 考虑接收者的情绪和动机

沟通的作用不仅是传递信息，它还涉及情绪问题。情绪在组织内上下级和同事之间的人际关系方面起着非常重要的作用。良性正面的情绪在沟通中传递，能营造一个激励人们为组织目标而努力工作的氛围。管理者应尽力避免负面的不良情绪在沟通过程中快速在组织内传播。

（八）聆听

聆听是理解的关键，是一种能够加以提高的技能。约翰·W. 纽斯特姆和基思·戴维斯提出了改善聆听的十条指南。

（1）仔细听对方的叙述；

（2）营造出轻松的谈话氛围，让谈话者不感到拘束；

（3）向讲话者显示你是要倾听他的讲话；

（4）克服心不在焉的现象；

（5）以同情态度对待谈话者；

（6）要有耐心；

（7）控制自己的情绪；

（8）争辩和批判要平和；

（9）提问题；

（10）聆听。

三、有效沟通的实现

对于怎样实现有效的沟通，有人指出了有效沟通的七个"C"，即实现良好的人际沟通的准则。[①]

（1）可依赖性（Credibility）。沟通应该从彼此信任的气氛中开始。这种气氛应该作为沟通者的组织创造，被沟通者应该相信沟通者传递的信息并相信沟通者有足够的能力解决他们共同关心的问题。

（2）一致性（Context）。沟通计划必须与组织的环境要求相一致，必须建立在对环境充分调查研究的基础上。

（3）内容（Content）。信息的内容必须对接收者具有意义，必须与接收者原有价值观念具有同质性，必须与接收者所处的环境相关。

（4）明确性（Clarify）。信息必须用简明的语言表达，所用词汇对沟通双方来说都代表同一含义。复杂的要用列出标题的方法，使其明确与简化。

（5）持续性与连续性（Continuity and Consistency）。沟通是一个没有终点的过程，要达到渗透的目的必须对信息进行重复，但又必须在重复中不断补充新的内容，这一过程应该持续地坚持下去。

---

① 芮明杰. 管理学：现代的观点（第二版）[M]. 上海：上海人民出版社，2005：387.

（6）渠道（Channels）。沟通者应该利用现实社会生活中已经存在的信息传递渠道，这些渠道多是被沟通者日常使用并习惯使用的。要建立新的渠道是很困难的，在信息传播过程中，不同的渠道在不同阶段具有不同的影响。所以，应该有针对性地选用不同渠道，以达到向目标公众传播信息的作用。人们的社会地位及其他背景不同，对各种渠道都有自己的评价和认识，这一点在选择渠道时应该牢记。

（7）被沟通者的接受能力（Capacity of Audience）。沟通必须考虑被沟通者的接受能力。当用来沟通的材料对被沟通者的能力要求越小，也就是沟通信息最容易为被沟通者接受时，沟通成功的可能性就越大。被沟通者的接受能力主要包括他们接受信息的习惯、他们的阅读能力与知识水平。

第四节　沟通技能

一、沟通的原则

为了促进实现管理沟通的有效性，美国著名管理沟通理论家查尔斯·E.贝克提出了组织沟通中应遵循的一些基本原则。总体来说，在沟通中要遵循以下十个基本原则。

（1）组织是一个系统，组织中的任何一个部分的变化或变动都会对整个组织产生连带的影响。

（2）沟通是组织中被理解的信息而非发出的信息。

（3）组织中的人们不可能不进行沟通，即使沉默也传达了组织的态度。

（4）沟通是一个包括状况、假设、意图、听众、方式、过程、产物、评价和反馈的修辞过程。

（5）沟通是一个涉及思想、信息、情感、态度或印象交流的互动过程，互动的影响取决于它所影响的重要层面：策略的、战略的或整体的。

（6）沟通是一个涉及个体、组织和外部社会多个层面的过程。

（7）沟通构成了组织的生命线，传递组织的发展方向、期望、过程、产物和态度。

（8）组织中的沟通氛围会促成防御性沟通或鼓励性沟通。

（9）鼓励性沟通为开放式，防御性沟通为封闭式。

（10）管理者对组织内部沟通氛围有着极其重要的影响，通过了解沟通过程和沟通氛围，管理者不仅可以促进有效沟通，而且能提高管理的有效性。

二、沟通的两个重点：听、说

很多时候，一提起沟通，我们第一反应就是说什么，如何说服对方，其实沟通的基础是听，只有听清、听懂对方的话，才能理解对方的意思，只有充分地理解对方，才能获得对方的理解。事实上，说话时，我们还能注意运用一些技巧，如当众表扬、背后批评，注意说话的语气和时机等，但在听别人讲话时，我们几乎一点也不注意讲究技巧。通常情况下，良好的倾听需注意以下四个原则。

（1）尊重别人的讲话。尊重别人的同时，并不会失去什么，反而会赢得尊重。不尊重别人，当然不能赢得别人的尊重。尊重别人的讲话需注意以下三个方面：保持目光的接触（要正对着讲话者、不时进行目光的交流）；不随意打断对方的谈话（在对方没讲完之前不要急于发表意见）；集中注意力听，不做不相关的事情（如玩弄笔或纸、频繁地做动作）。

（2）换位思考。不光是沟通过程中，在考虑任何涉及人的问题时，都要注意换位思考，这也是我们反复强调的一点。因为倾听不只是听谈话的表面内容，还需要从更深层次上领会其内涵，从谈话者的角度去看待问题，考虑他所要表达的观点是什么，说话者需要的是什么，他想要解决什么问题或达到什么目标，我们必须换位思考，从对方的角度去考虑问题，才能真正理解别人说话的真正含义。

（3）激励。在倾听过程中，要运用积极的身体语言做出反馈，激发别人讲话的兴趣，尽量使其将真实的观点表达出来。丰富的面部表情、热情的态度、积极的响应都能表达对谈话者深层的欣赏和赞同，并激发其讲话的兴趣，而不是机械式地点头或不理不睬。

（4）对别人的讲话不要急于下结论，尤其是否定性的结论。即使有不同意见，也要委婉地提出请对方思考。分歧较大时，可以暂时搁置，表示自己回去后再慎重考虑，同时请对方再考虑，努力达成共识，而不要将自身观点强加给对方。

良好的倾听可以获得大量有益的信息，可以更好地理解对方，可以赢得信赖和支持。在听清、听懂对方的基础上，在表达自己意见的时候，要注意避免以下六个错误的做法。

（1）不要只是指出问题，而要提出解决问题的方案，光指出问题而没有解决方案，容易被别人理解为指责和抱怨，而指责和抱怨从来不会有什么好的效果。

（2）出现问题时只向有能力解决问题的人反映情况，而不要随意传播，否则很容易被理解为传播流言蜚语。对员工或他人有看法，最好直接向其本人提出，只要我们注意掌握适当的方法，维护对方的尊严，一般不会引起大的反感。正相反，强烈的反感往往来源于某些主管不负责任地将员工的不足之处随意向无关人员传播。

（3）控制自己评判他人的倾向。我们都有一种评判他人的倾向，从小看电影或电视时，我们一般都会问某人是好人或坏人，而当时的电视剧基本上也将人分为好人或坏人。但现在看来，你很难将一个人归结为好人或坏人，哪怕是罪大恶极的罪犯，在某些时候的表现也可能非常优秀，更何况我们普通人呢。因此，在日常沟通中，要注意控制自己评判他人的倾向，因为你很难准确地评价一个人，而一旦有了一个定性，可能就看不到对方的真实情况了，也不会取得沟通的预期效果。

（4）无论是明确的还是含糊不清的语句，都要注意"因为"这个字眼，其后面的内容可能就是一个借口，使自己的错误或延误正当化、合理化，而不是想方设法去解决。在出现问题时，我们要注重的是找出问题的真正原因并解决它，而不是用"因为"来给自己辩解。

（5）不要威胁或给别人下最后通牒。既然是沟通，目的是帮助对方解决问题，我们应注意不要采用威胁式的语气，如"你怎么"、"你再完不成，就将"等字眼和语气，而多使用如"我们"、"我们一起"、"好不好"等字眼，将会取得更好的效果。

（6）切忌猜测他人或他人行为的动机，因为我们一般倾向于依据自己的动机来评判自己的行为，而依据别人的行为判断他人的动机。如某天要干某件事，而某位员工迟到了（行为），一般人潜意识里就认为是其工作太散漫、不负责任（动机），而如果自己迟到，则会有很多理由（堵车、昨晚加班、孩子生病等）来为自己开脱，表明自己主观上不想迟到，肯定没有一个人会将自己归结为工作散漫、不负责任。因此我们要注意控制自己评判他人动机的思维习惯，就事论事进行沟通。

我们每个人每天都在表达，但由于表达不当而造成的隔阂和效率低下无处不在，由此可见，说明白自己的意思让他人理解并不是一件容易的事情。要说服别人并赢得理解需掌握以下四个原则。

（1）对事不对人（谈行为不谈个性）。沟通中对员工的表扬或批评，一定以事实为依据，尤其是批评时，只对错误的事实本身进行分析和探讨，不要定性或下结论。

（2）多提建议少些说教。对员工的工作，在沟通中发表自己的看法时，多以建议的形式出现，可能更易于被接受。

（3）注意顾及和理解对方的感受。沟通中要时刻注意顾及对方的感受，对方情绪比较激动时，首先表明对对方的理解，如"假如我遇到这种情况，我也会这么做/可能还不如你"，这样更容易引起对方的信赖，然后将谈话向正确的方向引导，从而避免带着情绪去沟通。

（4）抱着一个积极的态度去沟通，并对结果充满信心。管理者要对员工充满信心，对沟通的结果充满信心，才能感染和影响员工，最终得到一个满意的结果。

三、提升沟通效果的技巧

（1）多沟通一些美好的事物。如向他人描绘和想象公司或部门美丽的未来，向下属作出一个未来的承诺，这样的沟通可以给人以振奋和鼓舞，同时消除只有在业绩不佳时才开展沟通的印象，使员工对沟通持欢迎的态度。

（2）注意请求和命令这两种指挥方法的灵活运用。重要、紧急事项或规章制度、决议的执行必须使用命令，是必须执行的；一般事项、征求意见和建议等可以适当采取请求的方式，以获得员工的支持和理解，但请求可能面临被拒绝的风险，主管应对拒绝做好准备，所以请求不可不用，但也不可多用。

（3）重视欣赏和肯定的作用。注重发现和寻找员工工作中的闪光点，经常肯定和欣赏员工的表现和行为，他们就会表现得和你期望的一样。作为管理者，每周至少肯定下属一项以上的表现比较优秀的方面，执行一段时间以后，你肯定会对员工有一个新的认识，员工也会有一个质的变化。

（4）要认识到表扬比批评更有效，强调优点、避免缺点，才能不断地提升和鼓舞士气。即使在批评之前，也要先考虑对方的优点并进行适当的肯定，至少表明自己希望其上进的态度，明确自己是欣赏他的。批评后，最好另外提出对他改进工作的建议和措施。

（5）讲出自己的真实感受。良好的沟通需要双方的真诚，只有讲出自己的真实感受，才能获得真正的理解，才能取得良好的效果。

（6）交流开放性的问题。沟通中的问题应是开放性的，避免出现选择题，而以讨论的形式出现，更能让员工真实地表达出自己的感受，从而获得真实的答案。

（7）重复对方的话。对对方提出的重要问题或形成的结果，适当地重复对方的话，既可以增强自己的理解程度，体现对对方的尊重，还可以对问题和结果进行强化，激发对方的谈话兴趣，获得更为广泛的信息。

（8）说出自己的理解。对对方提出的观点说出自己的理解，既可验证自己理解的准确程度，又可加深对方的印象。这种方法在对方作出承诺时应用的效果会非常好。

第五节　冲突与谈判处理

一、冲突的概念

处理冲突的能力是管理者需要掌握的重要技能之一。美国管理协会进行的一项对中、高层管理人员的调查表明，管理者平均花费 20% 的时间处理冲突。

冲突处理技能是管理者需要掌握的重要沟通技能。冲突是指由于某种差异而引起的抵触、争执或争斗的对立状态。人与人之间由于利益、观点、掌握的信息或对事件理解的不同而存在差异，有差异就可能引起冲突。不管这种差异是否真实存在，只要一方感觉到有差异就会发生冲突。在组织中，其形式可能从最微妙的心理抵触到最激烈的罢工等。

传统管理观点对冲突的看法认为，冲突是不利的，常常会给组织造成消极影响，应该尽可能避免，管理者有责任在组织中清除冲突。随着管理的不断深入，人们发现，冲突必然不可避免地存在于所有组织之中，冲突存在是合理的，不可能被消除，有时甚至会为组织带来好处，也就是说，管理者接纳了冲突的存在。到了现在，冲突理论进一步发展，称为相互作用的观点，这一理论观点认为，融洽、和平、安宁、合作的组织容易对变革和革新的需要表现为静止、冷漠和迟钝，不利于组织的创新与发展，所以鼓励管理者维持组织中的一种冲突水平，从而使组织保持旺盛的生机和活力，能够不断地进行创新与发展。

但是，相互作用的观点也不是说所有的冲突都是好的，有些冲突支持组织目标的实现，被称为建设性冲突，即冲突各方的目的一致，仅是达到目标的手段或途径不同。其具体表现特点如下：

（1）双方对实现共同的目标都十分关心；

（2）彼此愿意了解对方的观点、意见；

（3）大家以争论问题为中心；

（4）互相交换的信息不断增加。

与建设性冲突相对应的是对抗性冲突或称破坏性冲突，冲突各方的目的或利益不一致，其结果可能阻碍组织目标的实现。对抗性（破坏性）冲突的具体表现特点如下：

（1）双方对赢得自己观点的胜利十分关心；

（2）不愿意听取对方的观点、意见；

（3）由问题的争论，转为人身攻击；

（4）互相交换的信息不断减少，以至于完全停止。

对于组织的管理人员来说，一定要明确组织中出现的冲突的性质，才能有效地对组织中的冲突进行处理。

二、冲突处理

（一）冲突处理原则

对管理者而言，使组织保持适度的冲突，使组织养成批评与自我批评、不断创新、努力工作的风气，组织就会出现人人心情舒畅、奋发向上的局面，组织就有旺盛的生命力。这是管理者处理冲突的使命。具体原则如下：

（1）发展建设性冲突，消除破坏性冲突，提倡引入竞争机制。这是管理者处理冲突的基本原则，其中，引入竞争机制是发展建设性冲突的有效手段。

（2）提倡民主，鼓励发表不同意见，形成生动活泼的局面。这一原则有助于形成民主、开放、创新的组织文化氛围，能够激发建设性冲突。

（3）加强信息沟通，增加透明度，缩短心理距离。该项原则主要利用信息沟通的方法，有助于消除破坏性冲突，促使可能发生冲突的各方力量认清一致目标，从长远利益角度考虑问题，并能够达到增进情感、减少摩擦的作用。

（二）预防对抗性冲突的方法

管理者可以利用下列方法来预防组织中各团体可能出现的对抗性（破坏性）冲突：

（1）为各团体设立共同的竞争对象；

（2）订立能够满足各团体的目标；

（3）提供各团体相互往来的机会，增进沟通与情感交流；

（4）避免形成争胜负的情况；

（5）强调整体效率与整个组织效率，以及各部门对整体贡献的重要性；

（6）加强教育，明确后果，并讨论得失。

（三）冲突处理方法

冲突处理实际上是一种管理艺术，优秀的管理者通常这样处理组织内部的冲突：

（1）谨慎选择需要处理的冲突。管理者可能面对许多冲突，其中有些冲突非常琐碎，不值得花很多时间去处理；有些冲突虽然很重要但不是自己能力所及的，不宜插手；有些冲突难度很大，需要花费很多时间与精力，还未必有好的回报，所以不宜轻易介入。管理者应当选择那些组织成员关心、影响面大、能推进工作进展、增强组织凝聚力、对建设组织文化有意义、有价值的冲突事件进行处理，而且要一抓到底；对其他冲突可尽量回避，事事时时都冲到第一线的并非真正优秀的管理者。

（2）仔细研究冲突双方的代表人物。如果管理者选择了某一冲突进行处理，仔细研究冲突双方的代表人物是十分重要的。包括哪些人卷入了冲突？冲突双方的观点是什么，差异在哪里？双方真正感兴趣的是什么？代表人物的价值观、人格特点、经历、情感和资源因素如何？如果管理者能站在冲突双方的立场上看待问题，则成功的可能性会大大提高。

（3）深入了解冲突根源。冲突的出现总是有原因的，解决冲突的方法很大程度上取决于冲突发生的原因。不仅需要了解表层的、公开的原因，还要深入了解深层次的、没有说出来的原因。冲突也可能是各种原因交叉作用的结果，如果事实如此，还需要进一步分析各种原因作用的强度。

（4）妥善选择处理方法。通常对冲突的处理方法有五种：回避、迁就、强制、妥协与合作。当冲突无关紧要时，或当冲突双方情绪极为激动、需要时间恢复平静时，可采用回避策略。当处理冲突的成本超过冲突解决后获得的利益时，也可采用回避策略。当维持和谐的关系十分重要时，可采用迁就策略。当必须对重大事件或紧急事件进行迅速处理时，可采用强制策略，用行政命令牺牲其一方利益处理后，再慢慢做安抚即事后的平衡心理差异工作。当冲突双方势均力敌，争执不下时，管理者希望对该项复杂的问题取得暂时解决办法时，当时间过于紧急需要采取些权宜办法，让双方均做出一些让步，实现妥协是解决冲突的最佳策略。当事件十分重大，双方不可能妥协时，可采用合作的方法，其典型特点是，各方之间开诚布公地讨论，倾听并理解各方差异，有利于对各方的所有可能解决办法进行仔细考察，从而取得对双方均有利，即双赢的解决方式。

三、谈判概念与原则

谈判是指双方或多方为实现某种目标就有关条件达成协议的过程。管理者需要把他们的大部分时间用于谈判，如与员工协商薪水，与上级领导讨论政策，与同事处理意见分歧，解决组织内部矛盾冲突等。当某一人或某一群体的利益取决于另一个人或另一群体为追求自己的利益而采取的行动时，当双方所追求的各自利益需要以合作的方式才能实现时，就应当进行谈判，所以谈判过程是时刻存在的。在本节内容中所涉及的谈判内容，主要指不同组织之间进行的商务性质的谈判，对于管理者来说，与组织成员所进行的协商也基本上遵循了其中的基本原则。

谈判一般要对以下问题达成协议：一是双方均认为是重要的问题；二是可能引起冲突的问题；三是需要以合作的方式才能实现各自目标的问题。谈判的结果常是通过协议来达到某种平衡，是现代管理者必须具备的基本能力之一，是一个人的交际能力、沟通能力与思维能力的综合反映。同时，谈判能力也综合反映出一个组织或团体的协调能力、变通与配合能力、对事件进程的把握与控制的能力。

谈判有两种基本方法，即零和谈判与双赢谈判。

（1）零和谈判也称对抗性谈判，是有输有赢的谈判，一方所得就是另一方所失，是指谈判双方非常重视眼前的竞争所带来的利益，而不在意以后的关系，因此竭力争取己方最大利益的谈判。在零和谈判中，双方目标没有妥协的余地，大家都追求同一实质利益，谈判双方以后交往的机会很小。在谈判中，双方首先各自明确立场，然后一方面要维护自己的立场，另一方面设法使对方让步，最后是通过妥协的方式直接达成协议，如果妥协不成，则谈判随之趋于破裂。

（2）双赢谈判也称合作性谈判，是谈判双方不但希望在谈判中得到各自所期望的利益，更希望通过这次谈判开拓长期的使用关系而进行的谈判，其结果往往对双方都有利。为了达到对双方都有利的双赢结果，谈判双方都会充分沟通、互换信息，让彼此了解真实的目标和要求。在双赢谈判中，要求谈判双方对另一方的需求十分敏感，各自都比较开放和灵活，与对方共同探讨双方需要的各个可行方案，最后再决定是否接纳其中的一个方案。

谈判的基本原则有以下方面：

（1）互利合作的原则。无论何种类型的谈判，人们都是为了改变现状或协商行动，双方为合作者而非敌对者。在谈判中，若没有双方的合作与配合，就无法达成新的意向。因此在谈判中，双方应当以客观、冷静的态度，寻找合作的共同途径，消除达成协议的各种障碍，互利合作，双方均应着眼于全局，实事求是，同时态度应是诚恳、真挚而坦率的。

（2）利益磋商原则。是与立场原则相对的，只有不可调和的立场，没有不可调和的利益。在立场原则下，谈判无法达成一个有效而又友好的协议，不利于创造性方案的寻找，造成谈判的低效率，所以，在谈判中应着眼于利益原则。在灵活变通的原则下，寻找增进共同利益与协调利益冲突的解决办法。每个谈判者都应当明白，在谈判中所做的一切工作都是要维护己方利益，只要有利于己方或双方，没有什么不可以放弃或不可以更改的。

（3）区分人与问题的原则。在谈判中应将对谈判对手的态度和所讨论问题的态度区分开来。谈判是由人来进行的，必然受到谈判者个人的感情、要求、价值观、性格等方面的影响。由于有些谈判者将人与事相混淆，将对对方要求的不满，变成了对对方个人的指责与抱怨，从而导致关系恶化，影响谈判的顺利进行。区分人与问题在于，谈判者应充分认识到，理解对方并不等于同意对方的观点和看法，应当尽量多阐述客观情况，避免责备对方，伤害对方的感情，以取得谈判效率。

（4）坚定性与灵活性相结合原则。坚定性是指对于己方目标的基本要求要坚持，并坚持一种客观性的标准。所谓客观标准是指独立于双方意志之外的合乎情理并切实可用的准则，可能是一些惯例、通则，也可能是职业标准、道德标准、科学鉴定等，在谈判中应当注意所提出标准的普遍性与适用性。灵活性是指充分考虑谈判的各种可能性，准备多种选择方案，在充分讨论沟通的基础上，提出互利型的选择方案，在谈判出现僵持局面时，采取多种方式来避免谈判破裂。

四、谈判策略

（一）发现并培养谈判者素质

积极的谈判者素质是谈判能够顺利进行的前提条件与有利保证，同时谈判者素质也是可以开发与培养的。谈判者素质有以下方面：

（1）有能力与组织成员进行良好沟通，取得组织成员的信任，能听取各方面意见；

（2）能积极作计划，善于思索与利用资料，具备一定的洞察力；

（3）有丰富学识，善于自我克制，不轻易放弃，心胸开阔，有耐心；

（4）有良好的判断力，能迅速明白问题症结所在；

（5）有说服能力与应变能力，措辞得体，关注对方意见与要求，能考虑到对方立场；

（6）熟悉谈判规则，遵守谈判礼仪。

（二）做好谈判前的准备

谈判前的准备包括以下方面：

（1）全面了解所要面对的谈判情况，包括谈判时间、地点、形式、程序，本组织通过谈判要达到的目的，对方将要达成协议的主要内容，谈判助手的配备等。还要对自己谈判时所用的书面材料做充分准备。如果对一些细节与数字非常熟悉，就可以根据谈判实际进程随口而出，数字是最有说服力的，细节的准确运用可以产生巨大的冲击力。

（2）考察谈判对方，谈判对方所代表的利益与需求应当是两方面的，一方面代表其组织，另一方面代表个人。在谈判前考察谈判对方的重要性在于合理地调整自己的谈判方案，可以考虑这样一些问题：无法达成协议时对方会有什么损失？对方希望从己方获得什么，是否还有其他途径可以获得？达成协议与否从近期与长远看有什么样的影响？谈判是由哪一方提出的？诚意有多少？针对谈判对手可以从这些方面考虑：该谈判人员在其组织中的地位、年龄与发展预测；如圆满达成协议，是否会为其带来如奖金、提升等实在的利益；对手的声誉是否会因为谈判结果而受影响；对手的性格、作风与工作特点等。在谈判前多分析对方比埋头于自己的资料准备可能会更具有事半功倍的效果。

（3）制定多项谈判方案与应变策略，制定几个不同的谈判方案的好处在于，万一初次商谈失败，你还可以提出不同的选择由对方思考，而不至于毫无准备地接受一个你原本就不满意的方案。在准备多个方案可供选择时，有利于灵活应对变化的因素。在谈判前还应当设想不同的情况，灵活掌握谈判态度与不同的谈判策略，分析对方的心理，在对方有诚意时可适当让步，没有诚意时不能随便降低自己的条件，确实没有达成协议的希望时则及早另谋出路。灵活的应对策略需要赋予谈判者一定的变通权力。

（4）谈判环境布置，从礼仪角度讲，当己方为合作或谈判者布置谈判环境时，应考虑以下因素：一是光线。可利用自然光源，也可用人造光源，若利用自然光源应准备纱帘，以防强光刺目；用人造光源时，应使光线尽量柔和些。二是声响。室内应保持安静，使谈判能顺利进行，房间不应临街，不在施工场所附近，门窗能隔音，没有电话、脚步等干扰。三是温度与湿度。室内最好使用空调与加湿器，使空气温度与湿度保持在适宜水平上。温度在 20 摄氏度，相对湿度在 40% ~ 60% 最适宜。一般情况下，至少也应保持空气的清新与流通。四是色彩。室内家具、门窗、墙壁色彩要力求和谐一致，陈设安排应实用美观，留有较大空间，以利于人的活动。五是装饰。用于谈判场所的装饰应洁净、典雅、庄重、大方。宽大整洁的桌子，简单舒适的座椅或沙发，墙上可挂几幅风格协调的书画，室内也可装饰适当的工艺品、花卉、标志物等，但不宜过多、过杂，力求简洁、实用。

（三）谈判中的沟通策略

谈判中的沟通策略是指在谈判中本着客观、务实与互利精神，运用良好的沟通方式，争取达成协议，取得最大的谈判效益与效率。谈判过程更应是一种双向沟通过程，客观的精神要求能够设身处地地考虑对方的条件，运用积极倾听的方式寻找合作线索，对对方表示尊重，避免相互指责；务实的精神要求能够明确双方的利益所在，据此提出弹性建议，即可修改的建议计划，沟通中充分了解对方提出方案的理由，从中寻找共同点以促成协议，还要注意在谈判过程中多说"我们"而少说"我"，表明己方合作的立场；互利的精神要求双方可以发挥想象力，如果一方能有针对地提出互利的方案，先行达成协议的可能性会大大提高。另外，谈判者还要有开放的胸怀来容纳不同意见与不同方案，在充分沟通的基础上达成协议。

【本章小结】

（1）管理学中的沟通是人与人之间的交流，沟通作为管理者极为重要的领导手段有着特定的目的与作用。沟通一般分为正式沟通与非正式沟通两大类型，正式沟通又可以按照不同的标准细分成不同的具体类型，每种沟通形式各有其不同的含义与特点。

（2）影响组织沟通的因素有沟通性质、沟通人员的特点、人际关系的协调程度、沟通渠道性质等。为了实现有效的沟通，就需要掌握沟通的原则，了解有效沟通的要求。

（3）影响组织沟通的障碍主要来自个人因素、人际因素、结构因素和技术因素。只有了解了沟通障碍，才能有效地选择沟通途径，再运用沟通的技巧与艺术，达到沟通的目的。

【案例分析】

摩托罗拉公司的沟通方式

　　摩托罗拉公司于1992年在天津经济开发区破土兴建寻呼机、电池等五个生产厂，成为摩托罗拉公司在其本土之外最大的生产基地，投资额比最初的投资增加了9倍，员工人数从不到100人增加到8000多人，年产值达28亿美元。这是一个在华投资成功的外资企业。

　　在摩托罗拉公司，每一个高级管理者都被要求与普通操作工形成介乎于同志和兄妹之间的关系——在人格上千方百计地保持平等。"对人保持不变的尊重"是公司的文化。最能表现摩托罗拉"对人保持不变的尊重"的文化是它的"Open Door"，即"所有管理者办公室的门都是绝对敞开的，任何职工在任何时候都可以直接进来，与任何级别的上司平等交流"。每个季度第一个月的1～21日中层干部都要同自己的下属和自己的主管进行一次关于职业发展的对话，回答"你在过去3个月里受到尊重了吗?"等六个问题。这种对话是一对一和随时随地的。摩托罗拉的管理者为每一个被管理者还预备了12条这种"Open Door"式的表达意见和发泄不满的途径:

　　(1) 我建议 (I Recommend)。以书面形式提出对公司各方面的意见和建议，全面参与公司管理。

　　(2) 畅所欲言 (Speak out)。这是一种保密的双向沟通渠道。如果要对真实的问题进行评论或投诉，应诉人必须在3日内对隐去姓名的投诉信给予答复。整理完毕后由第三者按投诉人要求的方式反馈给投诉人，全过程必须在9天内完成。

　　(3) 总经理座谈会 (GM Dialogue)。每周四召开座谈会，大部分问题可以当场答复，7日内对有关问题的处理结果予以反馈。

　　(4) 报纸与电视台 (Newspaper and TV)。摩托罗拉给自己内部报纸起的名字叫《大家庭》，内部设有有线电视台，起名叫"大家庭电视台"。

　　(5) 每日简报 (DBS)。可方便快捷地了解公司和部门的重要事件和通知。

　　(6) 员工大会 (Townhall Meeting)。由经理直接传达公司的重要信息，而且有问必答。

　　(7) 教育日 (Education Day)。每年在这一天重温公司文化、历史、理念和有关规定。

　　(8) 墙报 (Notice Board)。墙报定期更换，刊登弘扬企业文化的励志文章。

　　(9) 热线电话 (Hot Line)。遇到任何问题时都可以向这个电话反映，昼夜均有人值守。

　　(10) 职工委员会 (ESC)。职工委员会是员工与管理层直接沟通的另一个桥梁，委员会主席由员工关系部经理兼任。

　　(11) 邮件系统 (E-mail)。摩托罗拉有自己的一套邮件系统，员工可以通过分配给自己的账户和管理者沟通。

　　(12) 589 信箱 (589 Mail Box)。当员工的意见通过以上渠道无法得到充分、及时和公正的解决时，可以直接写信给 589 信箱。此信箱钥匙由中国区人力资源部掌握。

　　综上所述，在摩托罗拉公司，上级和下级沟通的方式各种各样，从视听到面对面、一对一的交谈，全方位地进行。同一条信息可以从不同的渠道得到，信息的反馈也可以从不同的渠道及时获得。摩托罗拉公司采取这样的方式取得了良好的效果。有人是这样评价的：抱怨是一件积压已久的事情，如果每星期、每天都有与老板平等对话的机会，任何潜在的不满和抱怨还没有来得及充分积蓄就被扼杀在摇篮里了。

（资料来源：现代管理学（案例卷），中国书网，www. sinoshu. com）

讨论题：

1. 摩托罗拉公司中国分公司的管理者是如何与员工沟通的？

2. 你如何评价摩托罗拉公司在沟通方面的做法？对你有何启示？

【复习思考题】

1. 什么是沟通？它对管理的作用有哪些？

2. 按照沟通方法可以将沟通分为哪几类？

3. 沟通中存在哪些障碍？

4. 如何进行有效的沟通？

第九章 控　制

学习目标:

1. 了解控制的含义及特点;
2. 了解控制的主要类型;
3. 掌握控制的过程;
4. 掌握控制的方法。

开篇案例

太空望远镜的缺陷是怎样造成的?

经过长达 15 年的精心准备, 耗资超过 15 亿美元的哈勃 (Hubble) 太空望远镜最后终于在 1990 年 4 月发射升空。但是, 美国国家航天管理局 (NASA) 仍然发现望远镜的主镜片存在缺陷: 直径达 94.5 英寸的主镜片的中心过于平坦, 导致成像模糊。因此, 望远镜对遥远的星体无法像预期的那样清晰地聚焦, 造成一半以上的实验和许多观察项目无法进行。

更让人觉得可悲的是, 如果有一点更好的控制, 这些是完全可以避免的。镜片的生产商珀金斯—埃尔默公司使用了一个有缺陷的光学模板来生产如此精密的镜片。具体原因是, 在镜片生产过程中, 进行检验的一种无反射校正装置没有设置好, 校正装置上的 1.3 毫米的误差导致镜片研磨、抛光成了错误的形状。但是没人发现这个错误。具有讽刺意味的是, 与其他许多 NASA 项目所不同的是, 这一次并没有时间上的压力, 而是有足够充分的时间来发现望远镜上的错误。实际上, 镜片的粗磨在 1978 年就开始了, 直到 1981 年才抛光完毕。此后, 由于"挑战者"号航天飞机的失事, 完工后的望远镜又在地上停留了两年。

美国国家航天管理局 (NASA) 中负责哈勃项目的官员, 对望远镜制造过程中的细节根本就不关心。事后航天管理局中一个由 6 人组成的调查委员会的负责人说："至少有三次有明显的证据说明问题的存在，但这三次机会都失去了。"

　　哈勃望远镜的例子说明了这样一个事实：控制是任何组织活动正常进行，从而确保组织预定目标顺利实现的不可或缺的一个环节。控制通过监视组织各方面的活动（特别是关键性的细节活动）来避免出现不必要的损失。同时，一件事情，无论计划做得多么完善，也无论人员素质有多高，如果不建立一个有效的控制系统，在实施的过程中仍会出现意想不到的问题，最终给组织活动带来不可估量的损失。

　　要避免类似"哈勃望远镜事件"的再度发生，我们很有必要学习控制的一般理论知识，为今后开展卓有成效的控制工作作好准备。

第一节　　控制概述

　　控制是现实生活中常见的现象，古代的远洋航行，船员需要借助指南针在茫茫大海上确定方向，以确保平安抵达目的地；现代的军事战争，作战员要依靠制导系统引领导弹准确攻击敌方目标。很自然，上述两例中的指南针与制导系统都是使活动达到预期目标的有力保证，对事件的成功与否起着重要的控制作用。

　　控制过程是管理过程的最后一个阶段，对组织实施过程能否与计划方案相一致起到保证和监督作用。控制的有效与否，直接关系管理系统能否在变化的环境中实现管理决策及计划制定的预期目标。所以，控制和计划息息相关，计划是控制的前提，没有控制，计划则难以实现。

一、控制的含义

　　古典管理理论认为，控制是指管理人员为保证实际工作能与计划一致而采取的一切行动。按照这一观点，控制职能包括为组织配备得力的管理人员，挑选和安排合格的职工，伴之以使用奖励和制裁。

　　现代管理理论认为，控制一词具有多种含义，主要包括：①限制或抑制；②指导或命令；③核对或验证。这三方面对一个组织或其管理过程都是重要的，是广义的控制。但狭义地讲，侧重在核对或验证，即使组织业务活动的实际与目的或目标的要求相匹配的控制。因此，可以说，控制就是按照计划标准衡量计划的完成情况，纠正计划执行过程中的偏差，确保计划目标的实现。

理解控制的含义，需要掌握以下要点：

（1）控制是管理过程的一个阶段，它将组织的活动维持在允许的限度内，它的标准来自人们的期望。这些期望可以通过目标、指标、计划、程序或规章制度的形式含蓄地或明确地表达出来。强调控制是管理过程的一个阶段，从广义上讲，控制的职能是使系统以一种比较可靠的、可信的、经济的方式进行活动。而从实质上讲，控制必须同检查、核对或验证联系起来，这样才有可能使控制根据由计划事先确定的标准来衡量实际的工作。

（2）控制是一个发现问题、分析问题、解决问题的全过程。组织开展业务活动，由于受外部环境、内部条件变化和人们认识问题、解决问题能力的限制，实际执行结果与预定目标完全一致的情况是不多的。因此，对管理者来讲，重要的问题不是工作有无偏差，或是否可能出现偏差，而是能否及时发现偏差，或通过对进行中的工作深入了解，预测到潜在的偏差。发现偏差，才能进而找出造成偏差的原因、环节和责任者，采取针对性措施，纠正偏差。

（3）控制职能的完成需要一个科学的程序。要实施控制，需要三个步骤，即标准的建立、实际绩效同标准的比较以及偏差的矫正。没有标准就不可能有衡量实际成绩的根据；没有比较就无法知道形势的好坏；不采取纠正偏差的措施，整个控制过程就会成为毫无意义的活动。因而，控制职能的三个基本步骤，需要建立在有效的信息系统之上。

（4）控制要有成效，必须具备以下要素：①控制系统必须具有可衡量性和可控制性，人们可以据此来了解标准；②有衡量这种特性的方法；③有用已知标准来比较实际结果和计划结果并评价两者之间差别的方法；④有一种调控系统以保证必要时调整已知标准的方法。

（5）控制的目的是使组织管理系统以更加符合需要的方式运行，使它更加可靠、更加便利、更加经济。因此，控制所关心的不仅是与完成组织目标有直接关系的事件，而且还要使组织管理系统维持在一种能充分发挥其职能，以达到这些目标的状态。

二、控制的特点

（一）目的性

控制是为了更好地实现组织的既定目标，更好地实现组织的既定计划，因此，从这个角度上来说，控制工作具有明确的目的性。控制工作的意义就体现在，监督组织各项活动的进展，把握组织各项活动的效果，促使组织更有效地实现根本目标。显然，控制必然是为了一个具体的目的、向着一个明确的方向进行的。没有目的的控制是不存在，目的不明确的控制也不会取得好的结果。我们可以再来想一下开车这个例子，不管我们是纠正方向，还是调适速度，最终目的是为了到达目的地。

（二）动态性

管理控制不同于机器设备系统中的自动控制，机器设备的自动控制是高度程序化的，具有较为稳定的特征；管理控制是在有机的社会组织中进行的，组织的外部环境和内部结构都在不断地变化，为提高管理控制的适应性和有效性，管理控制的标准和方法也不能一成不变，从而，导致管理控制具有动态性。

（三）人本性

管理控制本质上是由人来执行的，而且主要是对人的行为的一种控制。与物理、机械、生物及其他方面的控制不同，管理控制不可忽视其中的人性因素，管理控制应该成为提高员工工作能力的工具。控制不仅仅是监督，更重要的是指导和帮助。管理者可以制定偏差纠正计划，但这种计划要靠员工去实施，只有当员工认识到纠正偏差的必要性并具备纠正能力时，偏差才会真正被纠正。通过控制工作，管理者可以帮助员工分析偏差产生的原因，端正员工的工作态度，指导他们采取纠正的措施。这样，既能达到控制的目的，又能提高员工的工作能力和自我控制能力。

（四）全局性

控制的全局性具有多方面的含义：首先，管理控制覆盖组织活动的各个方面。各个层次、各个部门的工作，都是管理控制的对象。其次，管理控制中需要把整个组织的活动作为一个整体来看待，使组织各个阶段的工作都能得到充分关注，从而对组织各个阶段的工作进行很好的控制，步步为营，最终确保组织整体目标的顺利实现。最后，管理控制是组织全体成员的职责。控制并不单单是管理人员的职责，它还需要发动全体成员参与到管理控制的工作中来，否则，组织的控制就会流于形式，根本无法得到贯彻和落实。唯有树立控制的全局观念，控制才能在组织的方方面面、在组织的各个发展阶段、在组织的各个层级上得到落实，从而实现组织"时时、事事、处处、人人"的全面控制，确保组织目标的实现万无一失。

三、控制的内容

控制什么是管理控制关注的一个核心话题。一般来说，控制的内容涉及组织内部人员的控制、组织财务状况的控制、组织具体作业过程的控制、组织信息的控制和组织绩效的控制五个方面。

（一）组织内部人员的控制

人是组织最积极、最活跃的因素，对组织人员做到了充分合理的控制，就抓住了控制的关键与核心。这样既可以充分调动员工的主观能动性，又能够克服员工某些惰性，引导、教育员工按照科学合理的计划作出行动，从而也就加强了对组织最终目标实现过程的控制。在具体实践中，这种人员的控制不仅表现在组织对员工个体的控制上，更重要的是要对组织的整体行为进行引导和控制。一定要注意营造良好的组织文化，推动全体员工主动、积极地投入到组织目标的实现中，这样，才能确保组织步调一致地向着既定的目标和方向努力。此外，对组织员工的控制，不仅需要对组织员工的某些量化指标进行控制，同时，也要注意对组织员工某些不能量化的指标进行控制，注意对组织成员精神层面的引导和管理，这样，才能引导员工全力以赴地投入到组织工作中。

（二）组织财务状况的控制

组织财务的控制也是极为关键的，有人说组织的财务就是组织的根本命脉，影响着组织的生存与发展。一个健康的组织，必然需要良好的财务管理做后盾，否则，组织就会失去良好的发展基础，组织就会面临极大的风险，甚至会失去赖以存在的基础。当今社会，由于财务管理的缺陷而导致企业倒闭的案例层出不穷，这从一个侧面印证了组织财务管理混乱带来的严重后果。只有保证组织良好的财务状况，才能从根本上保证组织发展的物质基础。从这一意义上来说，加强组织财务管理，加强组织财务控制，对组织的健康发展意义重大。

（三）组织具体作业过程的控制

在组织具体的运作过程中，从投入到产出的各个环节都需要认真细致的管理、严格的控制，否则，组织就难以做到用最低的投入得到最大的产出。在组织的作业过程中，要提高组织的生产效率，提高产出的质量，降低投入的成本，就必须对作业的过程予以严格的管理和控制。没有严格的过程管理，就难以取得出色的成果。因此，要对组织工作做到良好控制，就离不开对组织作业过程的管理和监控。

（四）　组织信息的控制

当今时代，信息已成为组织生存与发展的一项极其重要的资源。信息是组织进行管理的基础，也是实行有效控制的基础。有效的控制要求对与组织生产经营及组织环境状况有关的信息进行全面的收集、作出正确的处理，以确保这些信息能够得到及时利用。对信息的控制需要建立科学合理的管理信息系统，为管理者实施控制这一管理职能提供支持和服务。信息就是金钱，信息就是生命，对组织而言，唯有把握变化、了解现状、预知未来，才能在竞争的浪潮中立稳脚跟，成功实现组织目标。而在这样一个信息爆炸的时代，如何科学地收集信息，如何科学地对收集到的信息进行加工整理，如何对有价值的信息进行有效的利用，已经成为组织关注的一个重要话题。毫无疑问，成功属于那些能够从庞杂信息中发掘信息、利用信息的人。信息的管理和控制，已经成为组织制胜的一项基本要求。

（五）　组织绩效的控制

组织最终的绩效状况是组织关注的核心。组织控制关心的是如何实现组织的根本目标，如何有效地完成组织的绩效目标。这不仅仅表现在组织短期绩效目标的完成上，而且还表现在组织长期绩效目标的考核上。组织的绩效目标是一个复杂而变化的体系。一些组织，在评价、考核和控制自身绩效目标时，往往顾此失彼，为了一些次要目标的实现，忽略了一些关键目标，为了一时短期目标的完成，忽略了长期目标的发展。因此，要对组织绩效目标作出科学合理的控制，就需要设立一套科学合理的绩效考核体系，对组织绩效作出全面系统的科学评价和监控。

四、控制的类型

控制的类型多种多样，从不同的角度可以对控制进行不同的分类。按照控制点的位置，控制可以分为事前控制、事中（现场）控制和事后控制；按照控制的主体，控制可以分为直接控制和间接控制；按照控制的来源可分为正式组织控制、群体控制和自我控制；按照控制时所采用的控制方式，可以分为集中控制、分散控制和分层控制；按照控制的客观形式，可以分为复合控制、动态控制等。在此，我们只介绍几种典型的分类：

（一）事前控制、事中控制和事后控制

根据控制在管理过程中发生时间的不同，可以将控制分为事前控制、事中控制和事后控制。

1. 事前控制

事前控制也称为预先控制、前馈控制，是工作开始之前就提前作出应对准备，是工作开始前就进行的控制。这种控制在问题出现之前就可以预先告知管理人员，促使他们从一开始就采取各种预先防范措施，预防或尽可能地减少偏差和失误的出现，从而把偏差和失误可能带来的损失降到最低程度。事前控制的目的是在工作开始之前就对问题的隐患提前做好准备，要"未雨绸缪"，做到"防患于未然"。例如，管理者得到过去和现在的销售情况，进行预测分析以后，知道销售额将下降到更低的水平，背离期望的水平，管理者就会制定新的技术改革和产品引进计划、新的广告宣传计划、新的推销策略，以改善销售的预期结果。关于事前控制的实例很多，如企业为了生产出高质量的产品而对进厂原材料进行检验，对员工进行上岗前培训，制定财务预算，管理部门制定规章制度及相关实施细则，为保证计划和战略的实施而在人才招聘之前拟定对应聘者的具体要求等，这些都属于事前控制。

事前控制的效果取决于对情况的观察、规律的掌握、信息的获得、趋势的分析和可能发生的问题的预计。

事前控制的优点：由于在工作开始之前进行，避免了事后控制对已铸成差错无能为力的弊端，避免了失误带来的巨大后果，节省了修正错误的成本。同时，事前控制是在工作开始之前针对某项计划行动所依赖的条件进行控制，不针对具体人员，不易造成对立性的冲突，不易造成对立情绪，易被职工接受并付诸实施。而且，这一控制手段执行起来较为容易，容易赢得员工的支持和配合。

事前控制的缺点：需要及时准确地掌握相应的信息，要求管理人员充分了解事前控制的关键因素，提前预知计划执行中可能出现的问题。一般来说，要做到事先熟知容易出现的问题，想到可能出现的偏差，在某些情况下并非易事。因此，要充分发挥事前控制"防患于未然"的作用确实是有一定难度的。

2. 事中控制

事中控制也称为现场控制、即时控制、过程控制，是在工作过程之中进行的同步控制。事中控制主要有监督和指导两项职能。监督是按照预定的标准检查正在进行的工作，以保证目标的实现；指导是管理者针对工作中出现的问题，根据自己的经验指导下属改进工作，或与下属共同商议矫正偏差的措施，

以便使工作人员能正确地完成规定的任务。事中控制常常是基层管理人员现场管理采用的一种方法，主管人员通过深入现场，亲自监督和检查，可以约束并指导下属人员的活动。例如，施工现场的指挥、总裁亲临现场视察指导，都属于事中控制；再如，驾驶员在行驶中根据路况随时调整方向和速度也是人对物实施的事中控制。

事中控制的优点：兼有监督和指导两项职能，可以确保工作能够按照预期计划进展，确保工作过程中出现的错误能够得到及时改正，可以提高员工的工作能力及自我控制能力。事中控制的监督是指按照预定的计划标准检查正在进行的工作，以保证目标的实现。事中控制的指导是指管理者针对工作中出现的问题，根据自己的经验对下属提出指导和帮助，或与下属共同商讨纠正偏差的措施，以促使下属改进工作，正确完成预定的工作目标。

事中控制的缺点：容易受到管理者自身时间、精力、业务水平的制约。如果管理者无法保证充足的时间投入，无法对现场出现的问题及时发现并及时提出正确的解决办法，那么，事中控制就不会得到很好的贯彻执行。此外，事中控制的应用范围也相对有限，由于受到控制执行人员的数量、时间、精力的限制，事中控制大规模的推行的成本过高，并且由于事中控制需要现场对出现的问题直接予以指明并马上作出改正，这容易造成员工心理上的对立，激起员工的对立和不满情绪。从这个意义上来说，事中控制很难成为日常性的控制办法，它只能是其他控制方法的一种补充。

3. 事后控制

事后控制，也可称为反馈控制，是一种在工作结束、工作成果已经完成之后进行的控制。这种控制方法是把注意力集中在工作结果的最终取得上，通过对前一阶段取得的工作成果进行测量、比较、分析和评价，找出工作中的不足，发现存在的问题，以此作为下一次工作改进的依据，为下一次工作提高提供经验和教训。例如，企业发现不合格产品后追究当事人的责任，并且制定防范再次出现质量事故的新规章，发现产品销路不畅而相应做出减产、转产或加强促销的决定，以及学校对违纪学生进行处罚等，这些都属于事后控制。

事后控制的优点：在某些特定情况下，往往难以做到事前控制与事中控制，此时，事后控制常常是唯一能够采取的控制手段，这是因为很多事件只有在发生后才可能看清结果，才可能认识到事情发生的规律和教训。因此，事后控制尽管有某些不尽如人意的地方，但事后控制却往往是最为常见、最为实用的控制手段。此外，由于事物的发展往往是循环往复的，呈现出一定的规律性，因此，事后控制能为后面的工作提供信息和借鉴，为以后类似事件提供经验和教训，以改进工作，更好地完成组织目标。这就好比"亡羊补牢，为时未晚"一样，如果能够吸取前面事例的教训，就可以更好地做好后面的工作，这正体现了"前事不忘，后事之师"、"吃一堑，长一智"的道理。

事后控制的缺点：其中一个致命的缺点是事后控制的滞后性。在事后控制中，从结果的衡量、比较、分析到纠偏措施的制定和实施，都需要时间，而这容易贻误时机，增加控制的难度，导致惨重的损失。因此，对事后控制来说，往往是"事后诸葛亮"，不管怎样，事后控制对已经形成的损失往往是无济于事了。此外，事后控制是通过对已经发生的事情采取反馈性行动和应对性措施来调整组织行为的，这往往会造成事后控制总是比现实情况要慢半拍，这种亦步亦趋的"跟风"式的做法，很容易造成对现实环境变化的不适应，给组织带来新的损失。

（二）分散控制、集中控制和分层控制

根据控制的结构不同，可以将控制分为分散控制、集中控制和分层控制。

1. 分散控制

分散控制是通过在组织内部建立若干分散的控制机构，然后再通过这些分散的控制机构相互协作，共同完成组织总目标的一种控制方法。这种控制通常是由各个局部的控制机构分散作出的。各个局部的分散控制机构根据实际情况，按照自身局部最优的原则对各部门进行控制。这种控制常常适用于结构复杂、分工较细的组织。

分散控制的优点：分散控制可以通过各个分散控制机构直接对目标实施作出反应，具有反应速度快、应变能力强、控制效率高的特点。

分散控制的缺点：分散控制容易导致各个分散控制机构各自为政，造成各个分散控制机构自身目标与整体目标的不一致，危及整体目标的控制。

2. 集中控制

集中控制指的是通过组织内部一个集中控制机构对整个组织进行控制的一种方法。在这种控制中，各种信息都统一传送到集中控制机构，由集中控制机构进行统一加工处理。在此基础上，集中控制机构会根据整个组织的状态和控制目标，直接发出控制指令，控制和操纵所有部门的活动，统一协调各个部门的行动措施，以求得某些重大而关键目标的实现。例如，有的企业设立的生产指挥部、中央调度室等就是采取集中控制。

集中控制的优点：控制方式比较简单，控制标准也较容易做到协调统一，便于整体协调和整体目标的最优控制。

集中控制的缺点：由于控制措施是由集中控制机构统一作出的，容易导致控制反应僵化，缺乏灵活性和快速反应，容易造成控制措施的延误。尤其是一

旦控制中心发生故障，会造成系统的瘫痪，风险很大。因此采取集中控制时一定要考虑组织的实际情况。

3. 分层控制

分层控制是把集中控制和分散控制结合起来的一种控制方式。在这一控制方式下，各个分散的控制机构可以结合自身情况，独自作出控制措施，从而保证了对控制需求的灵活、快速反应。同时，在各个分散控制机构的基础上，还建立了统一的集中控制机构对某些重大或关键事项进行控制的协调和统一，这样就可以对某些重大或关键的控制措施进行统一规划、统一协调，保证整体控制措施的实施效果。

（三）正式组织控制、群体控制和自我控制

根据整个组织控制活动的实施主体不同，可以将控制分为正式组织控制、群体控制和自我控制三种类型。

1. 正式组织控制

正式组织控制是由组织中特定的机构或人员进行的一种控制。组织可以通过设计特定的组织机构对组织的各项活动进行控制，并提出具体更正措施和建议意见。正式组织控制可以按照预期目标，确保组织获利，确保组织健康地生存与发展。

2. 群体控制

群体控制是基于非正式组织中群体成员的价值观念和行为准则来进行的一种控制，它往往是由非正式组织自发组织和维持的，是基于非正式组织的群体成员态度来进行控制的。非正式组织的行为规范，虽然没有明文规定，但它的每一个成员都十分清楚那些能够起到控制作用的内容和规范，并能够自觉遵循这些规范，从而得到群体组织的奖励，获得群体成员的认可。群体控制可能有利于组织目标的实现，也可能给组织带来危害，所以要对其加以正确引导，不要对群体控制放任自流，这样会对组织目标的实现带来不利影响。

3. 自我控制

自我控制指的是组织成员个人有意识地按某一行为规范进行的一种控制。这种控制具有自动自发的性质，成本低、效果好，并且能够对控制做到主动、积极、快速地反应。这一方面需要上级给下级充分的信任和授权，另一方面需要把个人活动与工作奖惩联系起来。自我控制的能力取决于个人本身的素质和组织文化对自我控制的引导。

（四） 间接控制和直接控制

根据组织控制使用手段不同，可以将控制分为间接控制和直接控制。

1. 间接控制

间接控制指的是通过建立控制系统，对被控制对象进行控制的一种方法。这种控制是通过建立的控制系统来发挥组织的控制职能的，其控制的主体根据控制的计划和标准，检查实际的工作结果，发现工作中的偏差，分析偏差产生的原因，并采取适当的纠正措施。实际上，对那些由于主管人员缺乏知识、经验和判断力所造成的管理上的失误和工作上的偏差，运用间接控制可以及时发现问题，予以纠正。从这个意义上讲，间接控制为帮助主管人员总结经验教训、增加经验和知识、提高判断力、提高管理水平，提供了一套可靠的控制系统。

2. 直接控制

直接控制是相对于间接控制而言的，它也称为预防性控制。直接控制指的是通过行政命令和手段对被控制对象直接进行的一种控制。它通过培养更好的管理人员，让管理人员熟练应用管理的概念、技术和原理来直接控制和改善他们的管理工作，从而防止出现因管理不善而造成的不良结果。

直接控制着眼于赋予管理人员控制的能力和意识，让他们在管理过程中直接发挥出自己的才能，对自己的管理行为作出科学而正确的设计和安排，这样无形中就避免了可能出现的偏差和失误，从而做到了"未雨绸缪"，起到了良好的预防控制效果。

第二节　控制的过程

控制是根据计划的要求，设立衡量绩效的标准，然后把实际工作结果与预定标准进行比较，以确定组织活动中出现的偏差及其严重程度。在此基础上，有针对性地、及时地采取必要的纠正措施以确保组织资源的有效利用和组织目标的圆满实现。对不同组织来说，虽然控制的对象各不相同，控制工作的要求也各不一样，但控制工作的过程基本是一致的。基本上可划分为四个阶段：第一阶段是确定标准；第二阶段是衡量成效；第三阶段是分析结果；第四阶段是纠正偏差。

一、确定标准

计划是组织主管人员实施控制的依据，所以从逻辑上说，控制过程的第一步总是制定计划。然而由于计划详细程度和复杂程度不一，再加上时间和精力的限制，管理人员也不可能亲历工作的全过程，事事过问。这时主管人员就必须科学选择组织活动过程中的关键问题，并给予特别注意，然后通过观察这些关键点来确认整个工作是否按计划进行。因此，管理者实施控制的第一个步骤应该是以计划为基础制定出控制工作所需要的标准。

标准的类型多种多样，可以是定性的，也可以是定量的。但为了确保控制的准确性与客观性，在实际工作中，通常使用以下几种类型的标准：

（一）实物标准

这是一种非货币化的标准，在使用原材料、雇用工人、提供劳务和生产产品等基层生产单位中普遍采用。它们可以用来反映数量化的工作成果，如生产每吨钢所耗费的燃料磅数、汽车行驶每百公里所消耗的汽油升数、每名维修人员一年所服务的顾客人数等。实物标准也用以反映质量，如汽车轴承的硬度、某台仪器的精密度等。可以说，实物标准在某种程度上是计划工作的基石，也是控制的基本标准。

（二）费用标准

这是一种货币化的标准，像实物标准一样适用于经营活动中的基层生产单位。这些标准把经营费用通过货币价值形式加以表示。它可以采用一些广泛应用的计量单位，如生产一元利润所花费的直接费用与间接费用、单位产品或工时的人工费用等。最典型的例子就是邯郸钢铁厂第二炼钢分厂依据市场行情，采用"成本倒算法"，测算各项费用在吨钢成本中的最高限额，将构成成本的各项原材料、燃料消耗、各项费用指标等，大到840元一吨的铁水，小到仅占吨钢成本0.03元的印刷费、邮寄费，逐个进行分解，形成纵横交错的、严格的目标成本控制标准，结果1991年当年盈利250万元，成本总额比上年降低了2250万元。

（三）质量标准

它是指工作应达到的要求，或是产品和劳务所应达到的品质标准，如每千件产品的优质率、合格率、废品率指标，产品售后服务的零投诉，驾驶员的安全驾驶里程数等。

（四）收益标准

该标准产生于货币价值与销售额的结合。它们有很多种类，如公共汽车每乘客英里的收入，大型超市每一个目标顾客的年平均销售额及销售利润等。

很显然，对不同的组织、不同的计划、不同的控制环节，控制标准也有所不同。例如，湖南远大空调有限公司根据中央空调行业对技术服务依赖性强的特点，在全国主要城市设立技术服务事务所，提供维修与监管服务。它制定的服务控制标准包括：①按照维护标准定期对机组进行维护保养；②产品保修2年，保修期内免费负责维护、抢修，用户也可在2年保修期满后，与远大签订延长保修协议或20年终身保修协议；③产品实行终身监管，远大服务工程师对每台机组每年至少巡视2次；④机组发生异常故障，服务工程师立即赶赴现场维修；⑤备有足够备件，确保用户终身备件服务。

标准的制定是整个控制过程的第一步与关键环节，一个周密完善的标准体系是整个控制工作的质量保证。

二、衡量成效

为了确定实际工作的绩效究竟怎样，管理者必须采集准确、及时、可靠、适用的信息，然后进行衡量。在衡量工作中，如何去衡量以及衡量什么，这是两大核心问题。

（一）如何衡量

有四种信息常常被管理者用来衡量实际工作成效，它们分别是个人观察、统计报告、口头汇报和书面报告、抽样检查。这些信息分别有其长处和缺点，因此管理者在控制活动中必须综合地使用。

1. 个人观察

个人观察为管理者提供了关于实际工作的最直接、最深入的第一手材料，它避免了信息在采集与传递过程中可能出现的遗漏、忽略和失真。它是组织中管理者特别是基层管理者一种常用的、非常有效的，同时也是无法替代的衡量方法。然而，个人观察法也不可避免地存在着缺陷：①该方法费时费力，不一定符合经济控制的原则；②所观察到的内容往往流于表面；③工作在被观察时和未被观察时往往不一样，管理者有可能得到的仅仅是假相。

2. 统计报告

随着管理信息系统在各企业的建立，越来越多的组织管理者（特别是中、高层管理者）希望依靠统计报告来衡量实际工作情况。这种报告不仅有计算机输出的文字，还包括多种图形、图表，并且能按管理者的意愿列出各种对比数据，使人一目了然。然而统计报告对实际工作提供的信息是极其有限的，有时甚至带有水分，缺乏足够的准确性与可信性，如各省、市（区）每年上报给国家统计局以反映该地区当年社会经济发展的各项指标的统计报告有时往往难以反映该地区的真实情况，需要进行核实与校正。

3. 口头汇报和书面报告

口头汇报和书面报告这种方式的优点是快捷方便，而且能得到立即反馈。其缺点是不便于存档查找和重复使用，而且报告内容也易受报告人的主观影响，"报喜不报忧"的现象在现实工作中是经常存在的。

4. 抽样检查

在工作量比较大而工作质量又比较平均的情况下，管理者可以通过抽样检查来衡量工作。这种方法最典型的应用就是产品质量检验。在产品质量检测中，由于产品数量特别大，我们不可能花很多时间与精力对每件产品进行检验，相反是运用推断的观点，根据部分样本的测定值来推断整体，从而找出质量运动的客观规律，发现并消除异常原因对质量的影响，使产品经常处于所需的统计分布状态。

（二） 衡量什么

事实上，衡量什么的问题在衡量工作之前就已经得到了解决。因为管理者在确立标准时，随着标准的制定，计量对象、计算方法以及统计口径等也就相应地被确立下来。所以简单地说，衡量什么即衡量实际工作中与已制定的标准所对应的要素，如实物标准、收益标准、费用标准、质量标准等。

三、分析结果

分析衡量结果的工作就是要将标准与实际工作的结果进行对照以确定偏差，并分析其结果，为进一步采取管理行动做好准备。在某些活动中，产生偏差是在所难免的，因此确定可以接受的偏差范围是非常重要的。如果偏差显著地超出这个范围，就应该引起管理者的注意。同时管理者应该特别注意偏差的大小和方向，以避免严重的偏差对组织产生不必要的损失。一般来说，工作结果只要处于差异的允许范围内（即容限）就不认为是出现了偏差。

如果工作结果超出容限范围，即出现了偏差，作为管理者，应认真冷静地分析出偏差产生的真正原因，从而确保后续纠偏措施制定的针对性与有效性。

四、纠正偏差

控制过程的最后一个环节就是针对偏差采取纠偏行动。偏差是由标准和实际工作成效的差距产生的。因此，纠正偏差的方法有两种：要么改进实际绩效，要么重新修订标准。

（一）改进实际绩效

如果偏差是由于绩效的不足所产生的，管理者就应该采取纠正行动。这种纠正行动可以是组织中的任何管理行动，如管理策略的调整、组织结构的变动、附加的补救措施、培训计划的调整等。总之，通过分析衡量结果得出是哪方面的问题，管理者就应该在哪方面有针对性地采取行动。

管理者在采取纠正行动之前，首先要决定是应该采取立即纠正行动，还是彻底纠正行动。前者是指立即将出现问题的工作矫正到正确的轨道上；而后者则首先要弄清工作中的偏差是如何产生的，为什么会产生，然后再从产生偏差的地方开始进行纠正行动。前者的特点是见效快、时间短，有时往往是"治标不治本"；而后者的特点是见效慢、时间长，但由于纠正了问题产生的深层次原因，可达到"治本"的目的。

（二）重新修订标准

工作中的偏差也有可能来自不现实的标准，即标准定得过高或过低。例如，某所省属普通大学在制定标准考核学校学科带头人时，把一年至少有一篇论文发表在 SCI、EI 上作为衡量某学科带头人工作绩效的标准就过高。这是因为，在 SCI、EL 上发表论文是非常困难的，全国所有高校每年的发表数也就那么几十篇，其中绝大部分被国内一流学者所垄断。作为普通大学的学科带头人要实现标准规定的目标是相当困难的。很显然，过高的标准会影响这些学科带头人的士气，甚至招来埋怨与愤怒。作为该大学的管理者，应毫不犹豫地根据学校实际与考核对象实际重新制定考核标准。另外，标准定得太低又往往导致员工的懈怠情绪。总之，作为管理者，重新修订标准时一定要谨慎行事，切合实际。

第三节　控制的方法

在管理实践中，人们总结出了一系列的控制技术和方法。下面着重介绍预算控制、质量控制、绩效控制及战略控制。

一、预算控制

在管理控制中使用最广泛的一种控制方法就是预算控制。预算控制最清楚地表明了计划与控制的紧密联系。预算是计划的数量表现。预算的编制是作为计划过程的一部分开始的，而预算本身又是计划的终点，是一种转化为控制标准的计划。

预算是用财务数字或非财务数字来表示预期的结果，以此为标准控制执行工作中的偏差的一种计划和控制手段。预算多数是指财务预算，即用财务数字表明的组织未来经济活动的成本费用和总收入、净收益等。

（一）预算控制的特点

预算一般具有如下特点：

1. 计划性

预算首先是一种计划方法或者说计划形式，是一种特殊的计划：预算的主要构成内容是各种数字计划。作为一种特殊的计划，预算着重解决这样的问题：

（1）"是多少"。预算首先规定了在未来一段时间内组织收入或者支出的总额。例如，企业在未来一年中销售收入应当达到的数额，需要支出的成本和费用额，可以获得的利润数等。

（2）"为什么"。即对目标数字进行必要的说明，说明一项数字计划为什么是这样而不是其他的数额或者结构。

（3）"何时"。预算必须明确说明是从何时开始，何时结束。

（4）"结构如何"。由于预算总额是由不同的内容相互进行加减得到的，因此，有一个整体的预算数额还远远不够，还必须确定每一部分的数额或者各部分的相对数额。

2. 预算性

预算是对未来的计划，不论是在历史数据基础上进行必要调整后得到的数据，还是根据主观经验推测得到的数据，都无一例外地暗含了对未来的估计。预计可能会出现的数据结果，或者预计经过努力后可以达到的数据结果和结构特征。因此，预算本身包含着对未来的预计，正是在对未来的各种环境和条件进行一定的预测之后才制定预算。

3. 控制性

预算是未来需要达到的工作指标数量，或者说是需要经过努力达到的目标，也是组织中涉及收入支出活动的一种数量化标准。因此，制定预算构成控制的第一步，即制定控制标准。比起其他控制标准来，用预算作为控制标准具有更明确、更具体、操作性更强的特点。对于预算执行情况的中期检查，构成了控制中的衡量绩效工作。而对比绩效和预算后，采取措施，保证贯彻预算目标的工作就是控制过程中的纠偏过程。因此，预算控制就成为组织控制工作的重要内容。

（二）预算的种类

预算在形式上是一整套预计的财务报表和其他附表。依据不同的分类标准，预算可以区分为不同的类别。以企业为例，主要有：

1. 经营预算

经营预算是指企业日常发生的各项基本活动的预算。它主要包括销售预算、生产预算、直接材料采购预算、直接人工预算、制造费用预算、单位生产成本预算、推销及管理费用预算等。

2. 投资预算

投资预算是对企业的固定资产的购置、扩建、改造、更新等，在可行性研究的基础上编制的预算。它具体反映在何时进行投资、投资多少、资金从何处取得、何时可获得收益、每年的现金净流量为多少、需要多少时间回收全部投资等。

3. 财务预算

财务预算是指企业在计划期内反映有关现金收支、经营成果和财务状况的预算。它主要包括"现金预算"、"预计收益表"和"预计资产负债表"。

（三）总预算

必须指出的是，前述的各种经营预算和投资预算中的资料，都可以折算成金额反映在财务预算内。这样，财务预算就成为各项经营业务和投资的整体计划，故亦称"总预算"。

1. 现金预算

现金预算主要反映计划期间预计的现金收支的详细情况。为了有计划地安排和筹措资金，现金预算的编制期应越短越好。

2. 收益表

收益表指用来综合反映企业在计划期间生产经营的财务情况，并用作预计企业经营活动最终成果的重要依据，是企业财务预算中最主要的预算表之一。

3. 预计资产负债表

预计资产负债表主要用来反映企业在计划期末那一天预计的财务状况。它的编制需以计划期间开始日的资产负债表为基础，然后根据计划期间各项预算的有关资料进行必要的调整。

（四）预算控制的一般程序

对于企业来说，预算控制一般需要经过如下程序：

（1）深入了解企业在过去财政年度的预算执行情况和企业在未来年度的发展战略规划，以此作为企业制定预算的重要依据。

（2）围绕企业的发展战略规划和企业内外环境条件，制定企业的总预算，主要包括收入总预算、支出总预算、现金流量总预算、资金总预算、主要产品产量和销量总预算等，并粗略编制企业的预算资产负债表。

（3）将企业总预算中确定的任务层层分解，由各个部门、基层单位以及个人参照制定本部门、本岗位的预算，上报企业高层管理部门。

（4）企业高层决策者在综合企业各个部门的上报预算后，调整部门预算，甚至调整总预算，最终确定预算方案，并下发各部门。

（5）组织贯彻落实预算确定的各项目标，在实施过程中予以监控，及时发现问题并采取相应的措施。

当然，一些企业为了使预算更加符合企业实际，可能将预算草案在企业内部多次上下传阅，征求意见并进行修改，直到满意为止。

（五）预算的优点和缺点

1. 优点

（1）预算提供衡量绩效的标准，并且方便企业不同部门之间、不同层次之间以及不同时期之间进行比较。

（2）预算有助于公司协调资源和项目。

（3）预算为企业资源和期望提供指引。

（4）预算使公司能够评估管理人员的绩效。

（5）预算有助于不同部门间的协调和信息沟通，因为它用共同的衡量单位表示不同的活动。

（6）预算还有助于公司保持绩效水平，并且使战略计划合理补充。

2. 缺点

（1）预算应当起框架作用，可是管理人员有时不能认识到变化的形式可能需要调整预算。

（2）编制预算的过程很浪费时间。

（3）预算可能限制企业的革新和变革，因为可能没有资金为未预见到的机会做出准备。

（4）企业可能编制太多的预算。

（5）管理人员可能企图将目标定得较低，这样他们就能超越目标。

（6）预算系统可能会惩罚一个将目标定得很高但功亏一篑的管理人员。

二、质量控制

产品质量是企业的生命，也是企业竞争取胜的关键。企业产品质量好，竞争能力就强，在市场上才能站得住脚。否则，产品就会被市场所淘汰，企业就不会有前途。

质量控制是企业生产经营活动当中一项极其重要的控制活动。质量控制的根本目的显然是要提高产品质量，而提高产品质量，是增强企业国内外市场竞争能力，保证企业生存和发展，提高企业经济效益的客观需要。因而，各级主管人员必须切实重视质量控制，在提高产品质量上下工夫。

（一）质量控制的内容及意义

企业单位的质量控制包括产品质量控制和工作质量控制，非营利单位的质量控制主要是工作质量控制，同企业的质量控制在本质上是一致的。这里着重说明企业单位的质量控制。

在企业经营管理活动中，质量具有两方面的内涵：一是产品质量，二是工作质量。二者既相互联系，又相互区别。产品的质量是工作质量的体现，工作质量是产品质量的基础和保证。企业的质量控制既包括对企业物质产品或服务产品质量的控制，也包括对企业各项工作质量的控制。

产品的核心是物品的有用性，或者是服务的效用。产品质量是指物质产品或服务产品适合社会和人们一定用途或者需要的特性总和。主要包括产品的结构、性能、精度、纯度、物理化学性能，以及外观、形状、色彩、手感、气味等。可以认为，凡是影响产品使用价值的各种性能，都是产品的质量或者是质量特征。

产品质量控制是企业为生产合格产品、提供顾客满意的服务和减少无效劳动而进行的控制工作。在计划经济条件下，产品的质量控制主要是指努力使产品的质量达到国家计划规定的性能指标要求。在市场经济条件下，产品的成本生产出符合质量标准的产品。这两个要求相辅相成：产品符合质量标准是产品为市场所接受的必要条件，而只有在低于社会平均劳动时间的条件下生产出的合格产品才能具有竞争力。

工作质量控制是指企业为了保证和提高产品质量，对经营管理和生产技术工作进行的水平控制。工作质量的好坏，通过企业内部各单位、各部门以及每一位职工的工作态度、工作绩效等反映出来。一方面，某些工作是直接面对顾客的，工作质量与产品质量合二为一，工作的过程，也就是向顾客提供服务产品的过程。另一方面，工作过程是加工制造产品的过程，工作质量是产品质量的保证，从一定意义上讲，提高工作质量也就是在提高产品质量，而且只有提高了工作质量才能提高产品质量。对产品质量的检验毕竟是一种事后工作，而对于产品质量的事前控制必须通过控制工作质量实现。因为在产品生产出来之前它的质量问题是不存在的，存在的只是为了产品的诞生而做的·系列准备工作。因此，在现代质量管理中，工作质量控制已经占据重要地位，企业越来越将质量控制的重心放在工作过程上。

（二）全面质量管理

在企业质量控制活动实践中，国际上普遍运用的是全面质量控制。因此，积极推进全面质量控制，建立质量保证体系，不断提高质量管理水平，保证为市场提供品质优良的产品，便成为企业管理的一项重要任务。

20 世纪 50 年代末至 60 年代初，美国通用电气公司首先提出全面质量管理（TQC）的概念。经过几十年的实践、运用、总结和提高，全面质量管理的内容和方法得到了充实、发展和提高。

1. 全面质量管理的含义

所谓全面质量管理，就是指企业内部的全体员工都参与到企业产品质量和工作质量工作过程中，把企业的经营管理理念、专业操作和开发技术、各种统计与会计手段方法等结合起来，在企业中普遍建立从研究开发、新产品设计、外购原材料、生产加工，到产品销售、售后服务等环节的贯穿企业生产经营活动全过程的质量管理体系。

2. 全面质量管理的特点

全面质量管理具有以下几个特点：

（1）管理的对象是全面的。不仅要管理好产品质量，而且要管理好产品赖以形成的工作质量。产品的质量不仅应该符合企业确定的标准，而更重要、也是最关键的是应符合消费者的标准。

（2）质量管理的过程和范围是全面的。实行过程的质量管理，要把形成产品质量的全过程都管理起来。全面质量管理的重点不是单纯的事后检验，而是事先控制不合格的产品生产及产品设计。

（3）参加质量管理的人员是全面的。它要求企业各业务部门、各环节的全体职工都要参加质量管理。要求企业内所有人员都重视质量，关心质量，切实做好各项质量责任范围内的本职工作。

（4）管理质量的方法是全面的。在质量分析和质量控制时必须以数据为科学依据，全面综合运用各种质量管理方法，并将这些方法与改善组织管理、改进生产技术和提高人员素质有机结合起来。

3. 全面质量管理的表现

全面质量管理具体表现在：

（1）一切为用户服务。在全面质量管理中，必须树立以用户为中心，为用户服务的思想。这里的"用户"有其特定的含义，它不只是指产品的直接用户。下道工序是上道工序的用户，下一个车间是上一个车间的用户。

（2）以预防为主。在全面质量管理中，要做到以预防为主，通过分析影响产品质量的合格因素，找出主要因素，加以重点控制，防止质量问题的发生，做到化被动为主动，化消极防御为积极进攻，防患于未然。

（3）一切以数据为依据。全面质量管理强调一切以数据为依据，对质量问题要有定量分析，做到心中有数，掌握质量变化规律，通过调查分析，得出可靠的结论，以便采取解决质量问题的有效措施。

（4）按 PDCA 管理循环办事。全面质量管理要求采用一套科学的程序来处理问题，即按 P（计划）、D（执行）、C（检查）、A（行动）管理循环来开展工作，并通过不断循环达到提高质量管理水平和产品质量的目的。

产品的质量取决于产品形成过程中各个环节工作的质量水平。它包括产品的设计质量水平、产品的制造质量水平和产品售后的使用和维护水平的全过程。因此，在全面质量管理过程中将对产品质量有影响的各因素进行合理的控制。

质量保证体系，是指运用系统的原理和方法，以保证和提高产品质量为目标，把企业各部门、各环节的生产经营活动严密地组织起来，并建立统一协调这些活动的机构。质量保证体系是全面质量管理的精髓和核心，建立和健全质量保证体系是从组织上保证企业长期、稳定地生产用户满意的产品的关键。

具体地说，全面质量管理要求我们做好以下几项工作：①拟定好产品质量标准和质量管理标准；②建立起高效、灵敏的质量信息反馈系统；③加强工艺管理，使生产制造过程经常处于稳定的控制状态；④做好技术检验工作，要逐个把好各道质量关；⑤做好教育和培训工作，以提高"人的质量"。

三、绩效控制

（一） 绩效控制的概念

绩效控制是企业的一种财务控制，是利用一系列财务数据来观测企业的经营活动状况，以此考评各责任中心的工作成绩，控制其经营行为。此种控制亦称为责任预算控制或以责任发生制为基础进行的控制。

（二） 绩效控制的四种类型

从企业一般的情况来看，可以把绩效控制理解为企业各责任中心的预算控制，它包括四个方面的内容：

1. 成本（责任）中心

这类组织单位只对成本费用负责，而不对收入、利润和投资负责，因而是成本费用责任单位。成本费用责任中心的应用范围最广，任何对花费负有责任的产品生产单位均可成为成本中心，如工厂、车间、工段、班组等。有些不进行生产的服务部门，如会计、人事、法律、总务等部门，则可成为费用中心，也就是广义的成本中心。成本中心只对本单位发生的可控花费（责任成本）负责，对其评价和考核以开支报告为依据，通过衡量责任成本的实际数与预算数的差异来作为其工作好坏的标志。

2. 收入（责任）中心

这类组织单位只对其销售过程所实现的收入情况及为取得这些收入所花费的直接费用负责，因而称之为收入责任单位。收入责任中心体制通常在不负盈亏责任但相对独立的销售机构中采用。这类机构一般自身无权为扩大销售额而降低价格，也无权控制产品的质量和设计，主要依靠增加的销售费来增强人员推销而不是用来做广告宣传。对这种部门的绩效考评，就要看它是否使用既定的直接销售费用完成了预算中的销售定额，而不考虑其所销售产品的制造成本，因而它不能直接作为利润责任中心。

3. 利润（责任）中心

作为利润责任中心的单位既对经营成本负责，又对经营收入及利润负责。这意味着它既要能控制责任成本的发生，也要能对应当取得的经营收入进行控制，因而主要适用于企业中有独立收入来源的较高组织层次的单位，如分厂、分部、分公司等。利润中心可以是自然形成的，也可能是"人为"界定的，前者犹如独立的企业，可在外部市场上进行购销活动，后者是在企业内部各责任中心单位之间进行购销，并按照内部转移价格结算。这样实际上大多数的成本中心都可转化为"人为"的利润中心，通称为模拟利润中心。对利润中心的评价与考核是以成果报告为依据进行的，主要衡量其实际销售收入和销售成本是否达到目标销售额和目标成本水平。其考评指标有两个：一是销售毛利，亦称贡献毛益，指销售收入扣减变动成本后的余额。二是销售利润，即将贡献毛益再减去该利润中心直接发生的固定成本和从总部管理费用中分摊来的间接固定成本后的余额，也就是销售收入与全部变动成本和固定成本的差额。将销售利润除以销售收入，可以得到销售利润率这一相对指标。

4. 投资（责任）中心

投资责任中心单位既对成本、收入、利润负责，也对投入和使用的资金负责，即它不但要能控制收入和成本，也要能控制生产经营过程所占用的全部资金（包括流动资金和固定资产及长期投资等）。投资中心限于在拥有较大经营自主权的部门（如超事业部和规模较大的分公司）以及企业最高层次（包括总公司、子公司等）中采用。对投资中心的考评也以成员报告为依据，主要衡量指标是投资报酬率，亦称资金利润率，它是销售利润率与投资周转率（即资金周转次数）的乘积。

可见，投资报酬率高低与销售利润率水平成正比关系，投资中心是比利润中心更高一级的责任中心。同理，销售利润率高低也与其内部单位的成本花费水平有密切关系，这说明利润中心又比成本中心高一个层级。三种责任中心之间是相互嵌套的关系。

（三）绩效控制的财务指标

绩效控制中常用的财务控制指标主要有以下几种：

1. 流动比率

流动比率=流动资产/流动负债

该项指标主要是检验企业偿还短期债务的能力。

2. 速动比率

速动比率=（流动资产−存货）/流动负债

该项指标是对资产流动性的一种更精确的检验，尤其当存货周转缓慢或难以售出时，能比较客观地反映企业偿还短期债务的能力。

3. 资产负债比

资产负债比＝全部负债／全部资产

比值越高，企业的财务杠杆作用就越明显。

4. 利息收益比

利息收益比＝纳税付息前的利润／全部利息支出

该项指标是度量企业所实现的利润支付利息费用的能力。

5. 存货周转率

存货周转率＝销售收入／存货

该项指标越高，反映存货资产的利用率就越高。

6. 总资产周转率

总资产周转率＝销售收入／总资产

该项指标是反映资产的经营效率。

7. 销售利润率

销售利润率＝税后净利润／销售收入

该项指标是说明各项产品产生利润的能力。

四、战略控制

在战略规划执行过程中，同其他业务活动一样，也需要不断检查实际执行情况，用以同原定的目标和规划相比较，发现差异，分析原因，采取措施纠正差异，以保证原定规划的实现，必要时可修改或调整原定的规划。这一过程就称为战略控制，它同战略规划、战略执行一起，构成战略管理。

传统的战略控制是按前述的基本程序进行的，即分为三个步骤：建立控制标准；将实际执行情况同标准相比较；采取措施纠正差异。这个程序本身并无错误，但由于战略规划是一个中长期规划，执行期长，在此期间组织内外环境可能发生重大变化，而控制所反馈的信息往往来得太迟，以致未能及时采取纠正措施或改变战略方向，使组织蒙受巨大损失。这就表明，传统的战略控制方法已难以适应环境迅速变化的需要，应当有新的、更积极主动的方法加以补充。

（一）战略控制的方法

现代的战略控制方法主要有三种：前提控制、执行控制和战略监视。以下分别说明。

1. 前提控制（Premise Control）

战略规划的制定以对组织内外部环境的调查研究和分析预测为前提。所谓前提控制，就是在规划执行过程中仍然持续不断地对内外环境进行监控，考察制定规划时所依据的前提条件的实际发展变化情况是否与原来的预测或估计相一致，原估计是否过于乐观或过于保守，原定战略规划是否需要调整或修改，如有必要，就及时做出决策而不等待规划执行情况反馈来的信息。

当前，已有企业采用了连续环境扫描系统（Continuous Environmental Scanning System），配备专职的环境扫描人员，持续对环境进行监测，不仅追踪原已发现的事件和趋势，还可发现新的动态，这就大大便利于前提控制的实施。

2. 执行控制（战略）（Implementation Strategy）

执行控制即是对战略规划执行过程本身的监控。它主要包括两个内容：一是监督规划是否在正确地执行，预定目标能否实现；二是根据内外环境因素的重大变化，审视组织的目标和战略是否仍然合适，是否需要修改。规划执行的实际情况与原定控制标准之间出现差异是很自然的，执行控制是对差异产生的原因加以分析，并充分考虑环境因素变化的影响，采取相应的对策。

执行控制采用以下三种方法来评价战略规划的执行情况：

（1）里程碑（Milestone）分析。即将规划中所定的发展项目划分成几个阶段，然后检查项目的实际进度是否达到预期的要求阶段。

（2）中间目标（Intemediate Goals）分析。在成本、投资回报率等指标中规定出一些合适的短期目标，加以监控，以考察发展项目是否顺利实施并取得成效。

（3）战略底线（Strategic Thresholds）分析。即在时间、成本等方面规定出必须达到的要求（必保的底线），项目的实际执行情况如达到或超过底线要求，则可继续进行，如未能达到要求，则应考虑是否终止。

采用上述方法，即可根据规划的实际执行情况来考察项目的继续进行是否合适，是否需要改变方向或立即终止，以避免更大的损失。

3. 战略监视（Strategy Surveillance）

组织的高层决策者在制定战略规划时，未必能把对组织具有潜在重大影响的因素和发展趋势考虑得很周全。战略监视就是在规划执行过程中继续对组织内外环境进行密切监视，找出已出现或可能出现的对组织战略执行进程产生影响的重大事件或趋势，以便及时采取对策。与前提控制相比，战略监视的内容更加广泛。前提控制的对象主要是制定战略规划时所依据的前提条件，战略监视则把内外部环境中一切因素都作为对象。

采用战略监视的方法，对外部环境仍然可以通过环境扫描，不断地收集信息，捕捉新情况、新趋势。对内部环境，则可组织由各部门管理者参加的专门小组，及时了解和分析组织内部情况，根据竞争条件的发展变化，进行优势劣势分析。战略监视所获成果应当同正在执行的战略规划联系起来，决定规划是否需要修改或调整。

（二） 战略控制的实践

为了建立好战略控制系统，需要注意解决以下几个问题。

1. 克服战略控制的障碍

据调查了解，建立战略控制系统，必须克服种种潜在的障碍。这些障碍大致有下列三类。

（1）体系障碍。这种障碍产生于战略控制系统本身设计上的缺陷，如系统的范围、复杂程度和要求与组织的管理能力不相适应。难以制定适当的业绩控制标准是形成体系障碍的重要原因。系统设计得过于复杂、要求过多的信息，也会构成体系障碍。

（2）行为障碍。当战略控制系统同组织领导高层的思维方式、经常习惯及现有的组织文化不相协调时，便产生了行为障碍。领导层的思维方式和习惯是不易改变的，如害怕"失面子"或怕被证明出现决策失误，对某项目的业绩评价带偏见，不能如实地反映和处理存在的问题。

（3）政治障碍。组织制定的战略规划必须为其内部各权力集团所接受。战略控制系统如对规划的执行提出批评或修改意见，必将影响有关权力集团，引起某些权力集团的反对，这就是政治障碍。另一表现是某些中层管理者害怕影响其职位或晋升机会，不愿将不利的信息如实上报。这种"报喜不报忧"的倾向严重破坏了战略控制系统的有效性。

2. 战略控制需适应外部环境的不确定性

现代组织的外部环境蕴含着极大的不确定性。然而实施战略控制，必须有明确的目标和标准、严格的考核和严明的奖惩，这就同不确定的环境之间产生了矛盾。因此，在设计战略控制系统时，必须正确回答两个问题：控制系统如何保持一定的灵活性与创造性，以便同外部环境的不确定性相适应；对于高度不稳定的产业或其战略必须高度灵活的产业，什么样的战略控制系统才相宜。

3. 建立经理信息系统和决策支持系统

随着信息技术的发展，在20世纪80年代初期出现了经理信息系统（Executive Information System，EIS），它通过处理和提供适用的信息来帮助高层管理者监控组织的业务活动。到20世纪90年代后，外部环境更加复杂多变，使战略控制对信息的要求越来越高，经理信息系统已成为高级管理人员即时获得有关信息的重要工具。此外，较早出现的决策支持系统（DSS）因为能帮助各个层次的管理者从整合的基础信息中检索、操作和展示最需要的信息，以支持他们做出特定的决策，从而得到广泛运用。

经理信息系统和决策支持系统都将管理者的注意力集中于对组织成败至关重要的少数几个领域，即关键成功领域。战略控制系统如果得到这两个信息系统的支撑，必将更好地发挥其控制的效能。

4. 保持各级管理者之间的相互信任

管理者与被管理者之间的相互信任，是战略控制系统取得成功的基础。信任是管理者的重要特点之一，它能创造一种安全气氛，而使团队精神得以发扬。战略控制系统应当保持和增强各级管理者之间的相互信任。

相互信任首先要求双方一致认可控制标准的合理性。这就要事前经过充分协商，一致赞同，而不可单方面确定、强加于另一方，更不可让下级产生"来自上级的控制是对自己不信任"的错觉。

其次，相互信任要求上下级之间都能充分信任对方的能力，相信实际执行情况会得到组织合理的判断，如对偏差产生的原因、性质及其责任的归属，就是十分敏感的事情，如处理不当，便会削弱上下级之间的相互信任。

因此，在设计和实施战略控制系统时，应考虑如何保持各级管理者之间的相互信任问题。

【本章小结】

管理控制是指依据组织目标和既定计划，通过对组织实际工作的衡量与评价，针对出现的偏差，采取有效措施，确保组织目标实现的一个过程。管理控制工作的目标主要有两个：一是"纠偏"，二是"调适"。控制具有目的性、动态性、人本性、全局性等特点。一般来说，控制的内容涉及组织内部人员的控制、组织财务状况的控制、组织具体作业过程的控制、组织信息的控制和组织绩效的控制五个方面。控制的类型多种多样，按照控制点的位置，控制可以分为事前控制、事中（现场）控制和事后控制；按照控制的主体，控制可以分为直接控制和间接控制；按照控制的来源可分为正式组织控制、群体控制和自我控制；按照控制时所采用的控制方式，可以分为集中控制、分散控制和分层控制等。

管理控制的具体过程，一般由以下四个步骤组成：一是确定控制目标，建立控制标准；二是衡量实际工作，获取偏差信息；三是分析偏差，找出原因；

四是纠正偏差，改进实际功效。这四个步骤相辅相成，构成了管理控制的完整过程。

管理控制的方法很多，根据控制的对象、内容和条件的不同，可选择不同的控制方法。常见的有预算控制、质量控制、绩效控制和战略控制。

【案例分析】

海尔公司的市场链与"SST"模式

海尔集团创立于1984年，20年来持续稳定发展，企业从一个亏空147万元的集体小厂迅速成长为在海内外享有较高美誉的大型国际化企业集团。产品从1984年的单一冰箱发展到拥有白色家电、黑色家电、米色家电在内的86大门类13000多个规格的产品群，并出口到世界160多个国家和地区。2004年1月31日，世界五大品牌价值评估机构之一的世界品牌实验室编制的《世界最具影响力的100个品牌》报告揭晓，我国唯一入选的品牌是海尔，排在第95位。

在海尔，有一个广为流传的市场链的管理模式。集团首席执行官张瑞敏曾在瑞士洛桑国际管理学院作报告时对市场链管理模式进行了精辟的说明，并且海尔市场链已被该学院做成案例并入选欧盟案例库。

张瑞敏把业务流程再造叫作创造市场链。目的是将每个员工的利益与市场挂钩，上下工序、岗位相互之间，通过"索酬、索赔与跳闸"形成市场链，即市场关系、服务关系，每个工序、每个人的收入均来自于自己的市场。例如，说海外推进本部出口量非常大，它对事业部来讲就是真正的市场，订单就是命令单。一份订单需要做什么样的工作，这些工作要花多少时间完成，细则定好之后，接了订单就看属于A、B、C哪一类，A类应该15天完成，如果耽误一天，就要赔一定数量的钱。在海尔内部，过去每个员工只向上级负责，现在不仅对上级负责，更要对市场、对客户（含内部客户）负责。而市场链最关键的是打破过去的职能管理，变为流程管理，形成围绕订单开始企业一切活动的业务流程。说到底，海尔市场链把外部市场压力转化为了内部市场压力，解决了企业由小到大之后如何保持持续创新能力的矛盾。也就是说，在新经济条件下，为每个员工提供个性化创新的空间，以此来满足客户个性化的需要（即自我经营、自我管理，自己是自己的老板）。

总之，每个人都有一个市场，每个人都是一个市场；你有代表市场索赔的权利，也有对市场负责的责任。

这套机制在海尔内部则表现为"SST"模式。"SST"分别是索酬、索赔、跳闸三个词中第一个字的汉语拼音的声母，具体地说：

索酬，就是通过建立市场链，为服务对象提供服务，从市场中取得报酬。

索赔，体现出了市场链管理流程中部门与部门、上道工序与下道工序间互为咬合的关系，如果不能"履约"，就要被索赔。

跳闸，就是发挥闸口的作用，如果既不索酬，也不索赔，第三方就会自动"跳闸"，"闸"出问题来。

张瑞敏在《新经济之我见》一文中指出：在新经济时代，人是保证创新的决定性因素，人人都应成为创新的主体，我们设计的市场链的思路正是体现了下面这一精神：外部市场竞争效应内部化。

在海尔员工的心目中，企业内外部有两个市场，内部市场就是怎样满足员工的需求，提高他们的积极性，外部市场就是怎样满足用户的需求。

在海尔内部，"下道工序就是用户"，每个人都有自己的市场，都有一个需要对自己的市场负责的主体。下道工序就是用户，他就代表用户，或者说他就是市场。每位员工最主要的不是对他的上级负责，更重要的是对他的市场负责。在这种机制下，海尔内部涌现出很多"经营自我"的岗位老板，他们像经营自己的店铺一样经营自己的岗位，在节能降耗、改进质量等方面作出卓越贡献。

通过这一模式，在海尔公司，实现了市场链的三个转化：一是把外部市场目标转化成企业内部目标；二是把企业内部目标转化为每个人的工作目标；三是把市场链完成的效果转化为个人的收入。

讨论题：

1. 海尔公司是如何通过市场链与"SST"模式来实现公司内部的管理控制的？你是如何理解这种模式的？

2. 你认为海尔的这种控制模式对其他企业有什么借鉴意义？

【复习思考题】

1. 什么是控制？控制包括哪些主要内容？
2. 简述控制的基本类型。
3. 试述控制的基本过程。
4. 预算控制的优缺点各是什么？
5. 什么是质量控制和绩效控制？
6. 战略控制的方法有哪些？

第十章 创 新

学习目标：

1. 了解创新的概念、特点和作用；
2. 理解创新管理的重要性；
3. 掌握创新的内容；
4. 了解全面创新管理。

开篇案例

7-11（Seven Eleven）便利店的名称源于 1946 年，借以标榜该商店营业时间由上午 7 时至晚上 11 时，而现在的 7-11 已经发展成 24 小时全天候营业的零售商了。

7-Eleven（商标标记方式）已成为便利店的国际语言，商店遍布美国、日本、中国、新加坡、马来西亚、菲律宾、瑞典、墨西哥、巴拿马、挪威、加拿大、澳大利亚、印尼等国家。目前全球店面数目逾三万家，是全球最大连锁店体系。

便利店的开发主要考虑四个因素：店址、时间、备货和速度。

对店址的选择，7-11 的出发点是便捷，即在消费者日常生活行动范围内开设店铺，如距离生活区较近的地方、上班或上学的途中、停车场、办公室或学校附近等。任何地方都有位置优劣之分，7-11 要让店铺在最优位置上生根。如有红绿灯的地方，越过红绿灯的位置最佳，它便于顾客进入；有车站的地方，车站下方的位置最好，来往顾客购物方便；有斜坡的地方，坡上比坡下好，因为坡下行走较快，不易引起注意。7-11 还尽量避免在道路狭窄处、小停车场、人口稀少处及建筑物狭长等地建店。

7-11 对加盟者的素质和个人条件有较高要求。在素质方面，主要强调经营者要严格遵守其经营原则。这些原则包括鲜度管理、单品管理、清洁明亮和友好服务。个人条件包括加盟者的健康状况、对便利店的了解程度、性格、夫妻关系融洽与否、孩子的大小及本人的年龄等。经营便利店是一项十分辛苦的工作，特别是在没有旁人顶替或应急时经常要通宵工作，没有强壮的身体是无法应付的。此外，夫妇间的关系、孩子的大小等也决定了经营者是否有充沛的精力从事便利店的管理和经营。7-11 要求加盟者年龄在 50 岁以下。

7-11 经常用一些战略性措施来保障便利店设立的正确和及时。首先，店铺的建立与伊藤洋华堂的发展战略相吻合。在华堂已进入的地区，商业环境和商业网都已建立和完善，7-11 可以立即进入。其次，在进入新区时，根据地方零售商的建店要求对店址进行考察，并在此基础上探讨有无集中设店的可能。因为集中建店能减少投资，有利于市场发展的连续性和稳定性。

7-11 便利店的开发由总部开发事业部负责，开发事业部中店铺开发部与店铺开发推进部是分开的，前者是对已有零售店进行开发；后者是从事不动产开发和经营。前者的工作更为困难，因为它是在对现有商家进行改造的基础上形成的，商家投入了大量的资金和人力、物力，颇有背水一战之意，这就要求7-11 及时给予指导，保证经营的成功。

7-11 正是通过创新的战略和管理方法，使店铺迅速扩展到全日本，当仁不让地成为日本便利店的龙头老大。

第一节　创新概述

最近几十年来，由于科学技术迅猛发展，社会经济活动空前活跃，市场需求瞬息万变，社会关系日益复杂，企业间的竞争更加激烈。每位管理者每天都会遇到新的情况、新的问题，面临新的挑战。因此，接受挑战、大胆创新是每一个成功的管理者必须研究的新课题，更是今天和明天的每一位管理者必须具备的可贵品质。

一、创新的概念

（一）创新的含义

创新一词在经济学、管理学当中有其特定的含义。目前大多数专家学者都同意和接受著名美国经济学家熊彼特关于创新的定义：创新是指新产品的开发、新市场的开拓、新生产要素的发现、新生产经营管理方式的引进和新企业组织形式的实施。

在现代市场经济条件下，创新往往就是一种新的组合，如新技术与新产品的组合、新技术与新生产过程的组合、新技术与新原料的组合、新技术与新市场的组合以及新技术与新产业组织的组合等。

熊彼特所说的"创新"或"新组合"，包括下列五种情况：①引入一种新的产品或提供一种产品的新的质量；②引进新技术，即采用一种新的生产方式；③开辟一个新的市场；④采用新的原材料或控制原材料的供应来源；⑤实行一种新的组织形式，如建立一种垄断地位或打破一种垄断地位。

可见，熊彼特所说的"创新"是一个经济概念，而不是一个技术概念。它主要是指经济上引入某种"新"的东西，与技术上的新发明并不是一回事。一种新的发明只有在被应用到经济活动时，才成为"创新"。而要使创新成为可能，既需要依靠银行贷款，又需要企业履行其职能。所以，"创新"是一个"内在的因素"，经济发展也就是这种"来自内部自身创造性的关于经济生活的一种变动"。

总之，创新在经济学、管理学上的意义就是新的组合，而这个组合的最初起因可能是知识的创新和技术的创新。漫长的管理实践，又逐步扩充了创新的内容，包括管理创新、制度创新、组织创新、市场创新、产品创新、观念创新、管理方法创新、文化创新、品质创新等。

（二）创新与相关概念的比较

要澄清创新的含义，还有必要将创新与其他几个相关概念加以比较。

1. 创新与发明

创新与发明是两个不同的概念。发明是指研究活动本身或它的直接结果，而创新是发明的商业化过程或商业化结果。按照熊彼特的观点，创新是发明的首次商业化应用。因此，只有第一次把发明引入生产体系并为商业化生产服务的行为才是创新，第二次、第三次只是算作模仿。一般地，发明先于创新，两者的关系可简洁地表达为：创新=发明+开发。

2. 创新与研究开发

研究开发是科学研究与技术开发活动的统称，它是指为了增加知识储备（包括关于人类、文化和社会的知识）并探索其新的应用而进行的系统的创造性工作。它是创新的前期阶段，是创新的投入，是创新成功的物质和科学基础。现在人们常以研究开发经费的多少来衡量一个国家、一个地区、一个部门或一个企业对创新的重视和投入程度，并把研究开发活动看作是创新的关键部分。

研究开发包括三种活动，即基础研究、应用研究和实验开发。其中，基础研究是指以发现自然规律和发展科学理论为目标的研究。应用研究是指把基础研究成果应用于解决新技术、新产品、新工艺和新方法等问题而进行的科学研究；是以应用为目的，运用在已确定的科学规律的基础上形成的方法和原理，探索应用途径的研究。为寻求明确而又具体的技术方案而进行实验开发，根据应用研究提供的知识，创造新设备、新材料、新产品、新技术和新工艺等，以便实现某种新产品的批量生产。

二、创新的特点

作为人类特有的一种活动，创新具有以下几方面的特性：

（一）创造性

创新是创造性的思想观念及其实践活动，照抄照搬不是创新。创新活动及其成果是创造性的劳动及其结晶，它是前人或别人没有能够认识和做到的，没有加以更好利用的，即使是同类活动及其成果，创新也意味着有质的改进和提高或得到了更好利用。创新者应解放思想，勇于开拓进取，勇于变革和革新，勇于从事创造性的思维及其实践活动。

（二）高风险性

创新活动的创造性，也就决定其风险性。实践证明，创新是否成功以及在多大程度上获得成功，存在着高度的不确定性，因而具有高风险性。从总体上讲，创新获得成功并收到预期的效果，往往不是多数而是少数，有些创新活动的成功甚至是极少数。创新一旦失败，不仅创新过程的大量投入无法收回，而且会错过发展机会，损害企业的市场竞争能力。在企业，创新的风险主要有市场风险和技术风险。市场风险是难以把握市场需要的基本特征以及将这些特征融入创新过程，因而创新的决策和最终结果很难说是否为用户所接受、为市场所欢迎，是否能超越竞争对手。技术风险是能否克服研究开发、商品化过程的技术难题和高成本问题，因而有技术上成功与否的不确定性。同时，创新也存在管理上的风险。当然，创新充满风险并不是说它比守旧的风险还大。因循守旧、故步自封存在着使组织萎缩甚至被淘汰的风险，因此，只有创新，组织才有希望、才有生机和活力。认识创新的高风险性，充分考虑到创新成功的不确定性，其目的是要采取多方面的措施减少风险，增大创新的成功率，这是管理的创新职能所在。

（三）高效益性

创新一旦成功，能获得极高的甚至是意料不到的效益。创新的风险高，但效益更高，创新的高效益性和高风险性呈正相关关系。从总体上讲，创新获得的效率和效益（经济效益、社会效益、生态效益）要大于创新的投入和风险造成的损失。企业的创新不仅使企业在市场具有竞争优势，而且使它有可能在一定范围、一定时间、一定程度上处于垄断地位，获得超额利润。当然这种地位会随技术的扩散或更高水平的创新而丧失。具有远见卓识的管理者，总是追求不断创新。

（四）动态性

事物是发展变化的，不仅组织的外部环境和内部条件在不断发生变化，而且组织的创新能力也要不断积累、不断提高，决定创新能力的创新要素也都要进行动态调整。从企业间的竞争来看，随着企业创新的扩散，企业竞争优势将会消失，这就要不断推动新的一轮又一轮的创新，不断确立企业的竞争优势。因此，创新绝不是静止的，而是动态的。不同时期组织的创新内容、方式、水平是不同的。从组织发展的总趋势看，前一时期低水平的创新，总是要被后一个时期高水平的创新所替代。创新活动的不断开展和创新水平的不断提高，正是推动组织发展的动力。

（五）适宜性

不同的组织由于历史背景、所处环境、基础条件、发展战略等存在着差异，需要解决的问题和现实可能是不同的，因此作为实践活动的创新具有适宜性。在创新程度和方式上，有局部性的创新和整体性的创新；有渐进性的创新和根本性的创新；有模仿性创新、自主型创新、合作型创新等。组织应根据实际情况进行相应的创新选择。

三、创新的作用

熊彼特创新理论上的一个最大特点，就是强调创新在社会经济发展过程中具有至高无上的作用。熊彼特认为，没有"创新"就没有资本主义，更没有资本主义的发展，这一看法是不无道理的。熊彼特在分析中，强调了"变动"和"发展"的观点，认为"创新"是一个内在的因素，经济发展也是来自内部自身创造性的一种变动，从而又比较强调内在因素的作用，这在西方传统经济学中是少见的。

熊彼特创新理论中提出了企业家概念，并认为社会经济的发展应归功于企业家，企业家的创新精神及创新工作是资本主义成功的重要因素。这对中国在建立市场经济体制过程中建设企业家队伍有可取之处。中国在发展和完善市场经济体制过程中，应该培养一大批有战略眼光、有创新精神、有组织指挥能力、有经营管理才能的企业家。

创新是企业快速、持续发展的根本动力。现代国际竞争更加激烈，国际竞争在相当程度上是以创新为基础的经济实力来决定成败的。企业生存与发展的基础就在于创新，只有持续不断地推进创新，企业才能在市场竞争中获胜。"创新则兴，不创新则亡"是市场经济规律的必然结果。

（一）创新能够促进企业的自我发展

创新是企业改善市场环境和利用企业剩余生产能力的重要手段。这是因为：①通过产品创新，企业可以提高产品质量，使产品更好地满足用户需要，使企业产品的竞争力提高，改善用户对企业产品的看法，从而改善现有市场条件；②当企业技术创新成果是适销对路的产品时，它会给企业带来新的用户，形成新的市场，从而使企业可以在更广泛的市场中进行选择；③不断创新并获得成功的企业，一般是首次进入新的市场领域，它具有领先者的优势，能够在很大程度上决定产品的价格、市场规模等。

（二）创新能够提高劳动生产率

创新是企业加速新技术、新材料和新工艺的应用，降低产品成本，提高生产效率的有效途径。通过改进产品或工程设计，开发或推广新工艺、新技术，改进或更新服务，提高工具系统的寿命等方法和途径，企业可以节约原材料消耗，提高劳动生产效率。

（三）创新是企业全方位提高企业素质的最有效方式

通过技术创新，可以改善企业的研发条件，提高研制能力，从而提高企业基本素质；通过组织创新和管理创新，可以提高企业对外适应能力，并通过对外部环境的有效影响，改善企业的行为素质。

（四）创新具有联动效应

当通过产品创新使一种产品成功地进入市场后，随着该产品销售量的增加，该企业其他商品的销售量也随之增加。创新的联动效应已成为企业进行创新的重要原因。2002 年一项调查发现：本年某天的世界贸易量等于 1994 年全年的世界贸易量；本年某天的科学研究数量等于 1960 年全年的科学研究总量；本年某天的电话拨打量等于 1983 年全年的电话拨打总量；本年某天的电子邮件数量等于 1990 年全年的电子邮件量。可以想象，没有创新，要有如此快的发展速度是不可能的。

总之，创新对社会的发展有着举足轻重的影响。当今世界发达国家、新兴工业国家的创新实践表明：创新决定社会资源的利用效率，进而影响社会的资源配置方式，从而产生了任何其他因素难以比拟的对于社会经济增长的推动力。创新既是企业和社会发展的动力，更是企业和社会发展的灵魂；创新既是企业文化和企业精神，也是企业经营战略和策略。

四、创新的方法

这里是指如何形成创新构想或方案的方法，列举以下几种。

(一) 智力激励法

智力激励法又称"头脑风暴法"。这是采用会议的形式，让与会者在毫无压抑和拘束的气氛中，任意遐想、畅所欲言，经过相互启发，产生连锁反应，然后集思广益，形成创新构想。具体实施步骤是：

1. 准备

主要包括两项工作：一是分析问题，明确会议的次数和议题。过于复杂的问题不宜采用此方法；有的较为复杂的问题，如能分解为若干单一明确的问题，则应通过几次会议加以解决。二是确定与会者人数，挑选与会者。会议人数一般以 10 人左右为宜。与会者应根据问题的性质挑选有关方面的专家参加，他们的知识要具有多样性，其水平不要高低悬殊太大。

2. "热身"

这是会议主持人提出一两个与会议议题无关的问题，让与会者自由思考，讲明看法，以便活跃气氛，并使与会者大脑处于兴奋状态。

3. 介绍问题

对问题的介绍要简明扼要，只提供必不可少的最低数量的信息。切忌提出初步设想，以免束缚与会者的思维。

4. 重新叙述问题

这是鼓励与会者对问题进行深入分析和解剖，找出问题的不同方面，然后加上"怎样……"的句子，按不同的方面以新的方式表述问题。问题的重新叙述方式越多，解决问题的具体方向越明确，越能抓住问题的关键方面，越能使问题尽快得到解决。因此，会议主持人可以适时地提出重新叙述方式，启发和引导与会者思维。当与会者思维处于最活跃、想象力最丰富时，应选择最富启发性、最有可能使问题创新解决的重新叙述形式，进入深入讨论。

5. 提出构想

对重新叙述形式，特别对最富启发性的重新叙述形式进行深入讨论的基础上，与会者针对要解决的各方面问题，纷纷提出各种创新构想。在提出创新构想中，不能批评指责，不能强求一致，提倡自由构想、联合构想、改进构想。

6. 评价、选择构想

会后由创新领导小组或专门成立的评审专家组，对创新构想进行整理、分类、评价、补充、修改。在此基础上，筛选出供领导决策的创新构想。

（二）形态分析法

形态分析法又称形态方格法，是一种系统分析的方法。它是对其涉及的所有问题，分析其影响要素及其产生的可能性，并尽可能地罗列出来，然后将各要素的可能性进行排列组合，得出许多不同的组合方案，最后从中选出最合理的创新方案。具体实施步骤如下：

1. 明确需要解决的问题

例如，研究开发机构的设立。

2. 确定影响问题的重要独立因素

如研究开发机构的设立取决于五个要素：该机构在组织中的地位、研究开发经费的来源、工作范围、人员分工、设置地点。

3. 分析各要素的所有可能形态

如研究开发机构在组织中的地位有三种可能形态：集中型（建立公司直属研究所）、分散型（各分公司分设研究所）、独立型（建立与公司相对独立的研究所，既对内，也对外，自负盈亏）。

4. 绘制方格并列出可能构想

将各独立要素及其可能形态排列成矩阵形式，并对它们进行任意组合，形成许多不同的可能构想。在研究开发机构设立的五要素中，如分别有三、四、五、三、二种可能性，则排列组合的构想和方案就有 $3 \times 4 \times 5 \times 3 \times 2 = 360$ 种。

5. 评价、选择构想

对可能的构想方式进行评价、比较，寻找出较好的组合构想。

（三） 综摄法

这是将需要解决的问题暂时抛开，从无联系的陌生领域去联想探讨，通过类比得到启发后，再同原来的问题强行结合，形成创新构想。这种方法也是采用召开特别会议的形式，具体步骤是：

1. 给定和详细介绍问题

会议主持人向与会者说明需要解决的问题，同样详细介绍问题的有关背景材料，现行解决办法，为何要创新，在此之前曾想到或试验过哪些设想等，使与会者明确问题所在，并掌握足够的相关信息。

2. 重新表述问题

这一步骤同智力激励法一样，将问题进行分解，或从不同侧面表述问题，以便进一步了解问题的实质，开阔与会者的思路。

3. 分析和排列问题

待与会者将所想到的问题重新表述形式都提出后，主持人应进行简单的分析和比较，并按各种表述形式对解决问题的重要性进行系统排列。

4. 远离问题

按照排列的顺序，运用各种类比方法，逐一从熟悉的领域转到远离问题的陌生领域，去搜索那些表面上与问题无关而实际有相似之处的因素，以便给问题的解决提供启发。

5. 强行结合

将在陌生领域类比搜索到的相似因素与原问题强行结合起来，形成解决问题的创新构想。

6. 认可和完善构想

主持人将强行结合提出的初步构想，让与会者认可，确认是否有误。如果主持人对初步构想感到有不足之处，应让与会者继续改进和完善，直到满意为止。

（四） 列举法

这主要是指通过对事物提出缺点、希望，并针对其缺点和希望探索新构想的一种创新方法。它分为缺点列举法和希望列举法。

缺点列举法是寻找事物的缺陷，并将其缺点一一列出，然后分析各种缺点产生的原因，探索克服缺点的切实可行的创新构想。此方法的实质是将缺点和问题转化为创新的源泉和目标，因此，首先要尽量列举缺点，对改进对象达到"吹毛求疵"。

希望列举法是从积极大胆的想象出发，把对事物的希望和要求都列举出来，然后探索实现希望途径的创新构想。

缺点列举法和希望列举法的区别在于，前者是以列举缺点为起点，最终为了消除缺点；而后者是以列举希望为起点，最终为了实现希望。由于前者局限于消除缺点，会限制创新的选择范围，后者则是一种更为积极主动的创新方法，但运用这种方法时，要特别注意可行性研究。

第二节　创新的内容

组织的创新内容极为广泛，涉及目标、手段和方法，还涉及技术、制度和管理。下面以企业为例，介绍创新的内容。

一、管理创新

管理既是一门科学，也是一门艺术，管理的灵魂就在于创新。综观全球经济的发展，我们可以毫不夸张地说，21 世纪的管理是管理的创新和创新的管理。

究竟什么是管理创新？应该从管理的概念入手来认识。所谓管理是指有效地协调集体活动和整合组织的资源以达到组织既定目标的动态活动过程。管理创新也就是对原有管理模式、管理方法的一种突破。因此，管理创新是指根据内部条件和外部环境的变化，创造一种新的更有效的组织活动的协调方式和资源整合范式，并加以实施的过程。

（一）管理创新包括的内容

（1）提出一种新的经营思路并加以有效实施；
（2）设计一种新的组织机构并使之有效运转；
（3）提出一个新的管理方式、方法，该方式、方法将能提高生产率，或使人际关系协调，或更好地激励职工等；
（4）设计一种新的管理模式；
（5）进行一项管理制度的创新。

（二）管理创新的动因

管理创新的动因是指进行管理创新的动力来源。按照管理创新的来源，可以将其划分为两种类型：管理创新的外在动因和内在动因。

1. 管理创新的外在动因

这是指导致创新主体进行创新行为的各种外部环境因素。

（1）科学技术的发展。科学的发展导致技术的进步，科学技术被称为一种"创造性的毁灭力量"。它对企业的生产经营活动存在普遍的影响。技术进步可能影响企业资源的获取、产品市场的变化、生产设备和产品的改造，从而导致管理创新成为必要。技术进步也促使建立更复杂的企业组织形式以适应规模经济的要求。技术的创新特别是计算机、移动通信、互联网络等信息技术的飞速发展，使适应信息化要求的管理创新成为必然。

（2）社会政治因素的影响。政府制度与政策是组织重要的环境影响，政府角色转换和制度变迁都会对社会、经济组织和个人带来冲击。这就使得组织和个人不得不进行自我调整以适应这种变化。

（3）社会文化因素的影响。创新目标和创新行为都要受到社会文化的影响，文化的变迁，会导致价值观的转变，从而可能改变人们的需求和劳动者对工作及其报酬的态度。知识的积累，将导致社会的变革。这些都将促进管理创新，并且将减少管理创新的组织实施成本。

（4）市场竞争的压力。市场竞争如同一根皮鞭驱使企业不断改进管理方式、方法，为管理创新提供动力。首先，企业是作为市场的供应方而存在的，当市场需要以及竞争形势发生了变化，企业就必须调整自己的资源配置，制定新的经营战略，调整自己的产品结构，开发新的产品等，从而促进企业的管理创新。其次，企业是作为市场的需求者而存在的，它必须从市场获得所需的资源（原材料、劳动力、信息等），当市场的供应发生了变化，企业也必须及时进行调整，如开发新材料、调整自己的用工制度等，从而促进企业的管理创新。

（5）社会生产力发展的要求。管理水平必须同社会生产力发展水平相适应，当生产力发展之后，必然提出管理创新的要求，如产业革命的完成，使社会生产力得到发展，从而带动了一系列管理创新的出现。

2. 管理创新的内在动因

这是指创新主体实施创新行为的内在动力和原因。管理创新的内在动因不是单一的，而是多元的。它与创新主体的价值导向有关，也与组织文化背景相关。一般而言，主要有以下几方面：

（1）物质利益的追求。管理创新的成功，可以增进企业管理效率，提高资源配置效率，创造更多的物质财富，从而使创新主体也能从中得到更多的物质利益。

（2）创新心理需要。它是指管理创新主体对某种创新目标的渴望或欲望，也就是管理创新主体希望自己的潜力得到充分发挥，希望自己完成更有挑战性的工作。当这种内部刺激同外部动因刺激达到和谐时产生共振，使管理创新心理需要强度加大，推动创新主体积极实施管理创新。

（3）自我价值的实现。马斯洛认为，自我实现的需求是人的需求层次中最高的，创新主体在创新行为之前或创新行为过程中，对自我价值实现的追求往往成为其重要的动因之一。因为成功的创新可以表明创新主体自身价值的高低，使创新主体从中获得成就感。

（4）工作的责任感。作为管理者，必须承担工作的责任，希望能够把自己所承担的工作做得更好。这种责任心会使管理者产生一种使命感，促使其坚持不懈地努力，不断创新。

（三）管理创新的领域

管理创新的空间非常大。首先，从管理职能来看，计划、决策、组织、人员配备、控制等职能均存在创新的可能。其次，从企业资源配备过程的诸多环节来看，生产、采购、销售、人事、财务、技术等方面同样可以创新，也应该不断创新；最后，从每个管理岗位和管理人员来看，均可能在其工作范围内进行创新。概括起来主要包括以下几个方面：

1. 经营思路创新

经营思路的创新对企业来说并不是一件容易的事，但一旦实现就会成为企业制胜的法宝。福特汽车公司在20世纪初提出"让工薪阶层都拥有自己的一部车"的新思路，不仅使福特汽车公司获得巨大发展，也使这一思路的实质——"价廉物美"、"薄利多销"的管理思想，成为日后众多企业奉行的准则，而且也使美国开始成为"装在车轮上的国度"。

20世纪20年代，当福特公司只向人们提供唯一一种汽车——黑色T型车时，通用公司则更新经营理念，向顾客提供形形色色的汽车，使汽车产品系列化：有面向富豪们的气派的卡迪拉克，也有档次逐渐降低的别克、奥克兰、奥兹莫比尔，还有面向普通大众的雪佛兰。可见，通用之所以能够取代福特，成为世界最大的汽车公司，首先在于其经营思路的创新。

现代企业经营思路方面创新的具体内容主要包括：①推出新的经营战略和经营方针；②推出新的经营理念；③实施新的经营策略；④产生经营新思路的方式方法；⑤企业资本运营新思路等。

2. 组织结构创新

组织结构是一个组织的"骨骼"、"框架"，在很大程度上决定着组织目标的实现。组织结构的设计与选择主要取决于环境、技术、组织规模及其所处的发展阶段，以及组织的发展战略。这些因素不是一成不变的，而是处于不断的变化之中。因此，组织结构不应该也不可能是一成不变的刚性的东西，而应该随着这些因素的变化而不断创新。

通用汽车公司的成功，除了在于其经营思路的创新之外，还在于其组织结构设计的创新，创造了一种全新的"公司统一计划与事业部自主经营相结合的分权模式——分权型事业部制的组织结构形态"。这一组织结构形态现已成为众多大公司为适应大规模多样化生产经营而采用的典型的组织机构形态，它对现代企业管理的发展起了很大作用。

组织结构的创新可以从以下几方面着手：①变革组织结构的基本形态；②改变部门机构职责与权限；③提出集权与分权的新方式；④重构组织中信息流程及网络；⑤重新建立组织机构中的人际关系；⑥提高组织机构的学习能力；⑦设置部门岗位与发挥人员才能等。

3. 管理方式、方法创新

管理方式、方法是组织在协调、整合组织资源以实现其目标过程中所使用的工具和手段。

第二次世界大战后，许多管理专家、企业家把当时的科学技术成果引入企业管理之中，创造发展了许多"现代管理方法"，如线性规划、价值工程、全面质量管理、预测技术、决策技术、目标管理、网络计划技术、库存管理等。这些方法的产生及应用，对企业有效整合资源、产生效益起到了相当大的作用。管理方式、方法的创新可以分为两种类型：一类是单一性的管理方法的创新，如市场预测技术等；另一类是综合性管理方法的创新，如生产组合创新典型的范例——流水生产线、企业流程再造，均是生产组合的综合性改造。

管理方式、方法创新的具体领域主要有：①新的领导风格；②对人的管理的新发展；③生产、经营、服务等方面管理方法的创造发明，如 CI 的运用；④新的管理手段的开拓性应用，如信息技术导致管理手段的革新；⑤新办公设施的创设和使用；⑥企业生产经营的新组合等。

4. 管理模式创新

作为一个综合性的全面的管理模式，它与企业的特点有密切的关系。也就是说，能够结合企业的特点创造出全新的管理模式并获得成功，这就是管理模式的创新。这是对管理模式大的方面的理解。

管理模式的创新实际上还可以在企业管理的某一个方面进行，如生产管理模式、财务管理模式、人事管理模式等方面的创新。因此，管理模式的创新主要包括以下几个方面：①企业综合管理方面的创新；②企业中某一管理方面的综合性创新；③企业管理方法、手段等综合性创新；④企业综合性管理方式、方法的创新等。

二、技术创新

技术创新是企业创新的重要内容，是一项高风险、高回报的科研、生产、经营活动，是企业实现可持续发展的基础。没有技术创新，企业生产的产品或提供的服务就难以适应社会需求的变化。不论产品本身，还是生产这些产品的人和物资设备，或是被加工的原材料以及加工工艺，都是以一定的技术水平为基础或标志的。因此，技术创新的开展是企业增强市场竞争力的重要途径，在高新技术激烈竞争的今天，显得尤为重要。

（一）技术创新的概念

关于技术创新的概念，美国管理学家德鲁克在《革新与企业家精神》中曾以集装箱的产生为例，指出"把卡车车身从车轮上取下，放到货船上，在这个概念中并没有包含多少新技术，可这是一项创新"，这项创新缩短了货船留港的时间，"把远洋货船的生产率提高了3倍左右，或许还节省了运费。如果没有它，过去40年中世界贸易的迅猛扩大就可能不会发生"。因此，技术创新是指企业在已有科技知识的基础上，进行独创性的技术研究和开发，使企业取得技术优势并将创新成果进行商业化应用的过程。包括以下几个方面的含义：

（1）技术创新是一种具有独创性的企业行为。技术创新不仅不同于企业常规的产品生产过程，也有别于技术改造、技术引进等技术进步方式。如技术引进只能算是市场上已有的先进设备和技术的扩散，严格地讲不能算是技术创新。只有当企业在技术引进的基础上通过消化吸收，能够自行创造和发明，并以此生产出市场上还未出现的产品，或生产出更高品质的产品，或采用其他企业还未使用的生产工艺方法时，才能称之为技术创新。

（2）技术创新是一个最终将新技术引入经济生活的商业化过程。发明是新产品、新工艺的开端，往往停留在创造阶段，而技术创新则与应用相联系。任何技术创新活动，只有找到了与其相适应的市场方位、市场空间和适当的市场容量，才能实现新产品或新工艺的经济价值。

（3）技术创新是一种受经济环境制约的多层次企业行为。由于受多种经济环境的制约，不同的创新主体或者同一创新主体的不同时期，会出现不同层次的技术创新活动。

（二）技术创新的动力

推动企业技术创新的主要动力一是来自企业内部，二是来自企业外部。主要动力构成因素为：

（1）科技发展的推动。科技发展永不停息，其发展所经历的基础研究—应用研究—开发研究是个循序渐进的过程，每一环节都具有不断地向生产化、商品化发展的内在动力，这种内在的运动规律使新老技术不断更新，从而推动企业生产经营不断创新。

（2）市场需求的拉动。市场需求为技术创新指明方向，提供机会和激发创新火花，使企业看到潜在的商业机会并诱导他们进行技术创新。企业只有在技术上不断创新，才能不断满足市场需求。

（3）企业自我发展的内驱力。企业创新主体是指那些具备创新欲望和积极进取精神的企业家、科技人员及其他企业员工，他们实现自我价值的愿望构成企业技术创新的内动力。

（4）企业外部竞争的压力。企业间的市场竞争，是迫使企业进行技术创新的外部压力；人才市场的竞争，也是迫使企业家、科技人员提高创新能力的外部压力，这些外部压力都可转化为企业的创新动力。

加强科技人员队伍建设。采取面向社会公开招聘等多种形式吸引优秀科技人才，关键技术人才的引进应不受地域的限制。对科技人员可实行项目成果奖、新产品新增利润提成、技术折价入股或实行股票期权等分配办法。有条件的企业可以和科研院校联合培训，不断更新科技人员的知识。

（三）技术创新的领域

与企业生产有关的技术创新，其内容是非常丰富的。从生产过程的角度来分析，可以将其分为以下几个方面：

（1）材料创新。材料既是构成产品和物质生产手段的物质基础，也是生产工艺和加工方法作用的对象。材料的费用在产品成本中占很大比重，材料性能制约着产品的质量。材料创新的内容有：①开辟新的材料来源，以保证企业扩大再生产的需要；②开发和利用廉价的普通材料（或寻求普通材料的新用途）代替量少价昂的稀缺材料，以降低产品的生产成本；③改造材料的质量和性能，提高产品质量。现代材料技术是与信息技术、生物技术等并列的当前六大高新技术之一，其发展为材料创新提供了广阔的前景。

（2）设备创新。"工欲善其事，必先利其器"，生产装备的先进程度如何，是企业技术基础的重要组成部分。企业设备包括生产设备、贮运设备、检验设备等，是现代企业的物质技术基础，设备的技术状况对企业生产力水平具有决定性意义。不断进行设备改造和创新对于提高企业的产品质量，降低原材料和能源消耗，节省劳动力具有很大作用。设备创新有利于加大企业机械化和自动化程度，提高劳动效率；有利于提高设备效能和产品的技术含量；有利于使企业的技术水平迈向新的台阶。

设备创新主要包括两个方面的内容：一是将先进的科学技术成果用于改造和革新原有的设备，以延长其技术寿命或提高其效能。如用单板机改装成自动控制的机床，用计算机把老式的织布机改装成计算机控制的织布机等。二是用更先进、更经济的生产设备取代陈旧、落后、过时的机器设备，以使企业生产建立在更加先进的物质基础之上。如用气流纺纱机取代旧式的纺纱机，用电视卫星传播系统取代原有的电视地面传播系统等。

（3）工艺创新。它包括生产工艺的改革和操作方法的改进。生产工艺是企业制造产品的总体流程和方法，包括工艺过程、工艺参数和工艺配方等；操作方法是劳动者利用生产设备在具体生产环节上对原材料、零部件或半成品的加工方法。生产工艺和操作方法的创新既要求在设备创新的基础上改变产品制造的工艺过程和具体方法，也要求在不改变现有物质生产条件的同时，不断研究和改进具体的操作技术，调整工艺顺序和工艺配方，使生产过程更加合理，现有设备得到充分的利用，现有材料得到充分的加工。可见，通过工艺创新可以节约能耗和物耗，提高劳动生产率和产品质量，降低成本，防止环境污染等。

（4）人事创新。任何生产手段都需要人来操作和利用。企业在材料创新和设备创新的同时，还需要提高人的素质，使之符合技术创新后的生产和管理的要求，这就是人事创新。人事创新既包括根据企业发展和技术进步不断从外部汲取符合要求的人力资源，更需要加大企业内部的人才培训力度，不断用新知识、新技术去武装职工和管理者。如海尔集团为了占领家电产品生产技术的制高点，采取了一系列的人才潜能开发策略，吸引一大批高学历、高能力的硕士生、博士生加盟海尔。

三、产品创新

产品是企业的象征，任何企业都是通过向市场上提供某种或某些在某种程度上不可替代的产品来获得社会的承认，证明其存在的价值，吸引消费者购买，补偿生产的消耗并获得自己的利润。产品及其质量是企业的生命，产品在国内和国际市场上的受欢迎程度是企业市场竞争力的主要标志。企业只有不断地进行产品创新，提高产品质量，才能保持持久的竞争力和生命力。

（一）产品创新的定义

所谓产品创新就是在技术变化基础上的产品商业化，它既可以是全新技术、全新产品商业化，也可以是现有技术发展后现有产品的改进。具体而言，产品创新包括新产品的开发和老产品的改造。这种改造和开发是指对产品的结构、性能、材质、技术特征等一方面或几方面进行改进、提高或独创。它既可以是利用新原理、新技术、新材料开发出一种全新型产品；也可以是在原有产品的基础上，部分采用新技术而制造出适合新用途、满足新需要的换代型新产品；还可以是对原有产品的性能、规格、款式、品种进行完善，但在原理、技术水平和结构上并无突破性的改变。

（二）产品创新的意义

产品创新对企业的生存与发展具有十分重要的意义：

（1）提高产品竞争力和企业竞争力。产品竞争力和企业竞争力的强弱，从根本上说取决于产品对消费者的吸引力，具体表现为产品的成本竞争力与产品的特色竞争力。消费者对某种产品是否感兴趣，不仅要受到该产品的功能完整和完善程度的影响，还取决于这些功能的实现所需费用（购买费、使用维修费等）是否合算，也就是是否物美价廉。产品创新既可使企业为消费者带来新的满足，亦可使企业原先生产的产品表现出新的吸引力。产品创新促使企业创造品牌，从而在整体上推动企业竞争力不断提高。

（2）促进社会物质文明的发展。企业产品的不断创新可以促进全社会物质财富的增加，满足人们日益增长的物质文化生活的需要，丰富人们的生活，促进社会的发展。

（三）产品创新的动力

产品是企业生产的核心，产品创新则是企业生存和发展的主要动力。产品创新的原动力主要表现在四个方面：

（1）社会需求。社会需求是产品创新的第一大动力，无论物质产品，还是服务产品，其促使企业进行产品创新的目的，都是为了让顾客乐于接受而又能满足实际的需求和欲望。据美国学者迈尔斯和马奎斯对567项创新产品的调查显示，257项（占45%）是社会需求提出的，120项（占21%）是技术推动造成的，190项（占34%）是生产和管理因素在起作用。

（2）科技发展。科学技术的进步可以激发产品创新。例如，光元件、光电池、太阳能热水器是物理学家发明光电效应以后的产物，光通信产品的开发是由光纤维的发明引起的。

（3）竞争压力。市场竞争压力在推动当今世界企业产品创新方面发挥着越来越大的作用。如海尔集团2003年平均每天开发1～3个新产品，申请2.5项专利。集团总裁张瑞敏说："我们不是简单地为了专利而（争取）专利，不是为新产品而（搞）新产品，而是一只无形的手在推动市场，市场竞争在推动我们创新。"

（4）利益驱动。企业生存和发展必须以产品的生产和销售为依托，其目的在于获得企业所生产的产品销售后所产生的利润。当一种新产品进入市场后，成长期是利润最高时期。进入饱和期和衰退期后，因为模仿产品越来越多，竞争加剧，利润会显著下降，因此必须有新的高利润产品来替代。从战略角度讲，所有产品开发必须是生产一代、储备一代、研制一代。

（四）产品创新的领域

产品创新是企业创新的核心内容，是企业技术创新的综合体现，它往往包含了其他的各种创新。其他创新都是围绕着产品创新进行的，而且其成果也最终在产品创新上得到体现。产品创新的目的就是研究、开发和生产出更好的满足顾客需要的产品，使其性能更好，外观更美，使用更便捷、更安全，总费用更低，更符合环境保护的要求。因为产品是满足社会需要，参与竞争，直接体现企业价值的东西，因而这是企业创新的主要任务。广义上来说，产品包括物质产品和非物质产品，也称有形产品和无形产品。就有形的物质产品而言，产品创新可在四个层面上实现：

（1）功能创新。功能创新就是开发出具有新性能的产品。例如，三九集团开发出999健康煲，用于家庭煎药。它有文火、武火、文武火三挡选择，有药液循环系统、回流系统、蒸汽回流系统、时限报警、水位报警等功能，保证药效稳定，操作安全方便，大受市场欢迎。

（2）结构创新。结构创新是不改变原有产品的基本性能，对现在生产的各种产品进行改进和改造，寻求更经济的材料、更合理的结构、更科学的工艺，使其生产成本更低，性能更完善，使用更安全经济，从而更具有市场竞争力。例如，使产品轻、巧、小、薄，携带和使用方便、节省材料、能耗降低。电子记事本、DVD、摄像机、笔记本电脑、超薄洗衣机等就是典型的例子。

（3）外观创新。例如，服装款式及色彩的改变都可以使顾客需求得到新的满足，从而增加销售收入；苹果电脑一度依靠推出彩壳流线型PC机显著提高了市场占有率。

（4）品种创新。品种创新就是要求企业根据市场和消费者需求的变化，及时调整企业的生产方向和生产结构，不断开发用户欢迎、适销对路的新品种产品。

四、经营创新

企业要达到生产的最终目的，满足顾客的最大要求，获取最大的利润，必须通过经营创新来实现。市场是产品形成商品的桥梁，而营销则是产品走向市场，形成商品的实现形式和手段。中国加入 WTO 后，经济融入全球一体化，要把更多的产品推出国门，则必须遵循 WTO 的游戏规则，通过不断的经营创新，才能开拓国际市场，吃到一块大蛋糕。

（一）经营创新的概念

经营创新包括市场创新和营销创新。市场创新是通过改变传统的消费方式、交易方式、促销方式、物流方式开拓新市场，或显著提高营销效率来降低风险的行为。市场创新不同于产品创新和技术创新，它并不改变产品的性能或生产方法，而是开发潜在需求，改变商品价值的实现方法。经营创新是指通过改变企业对产品的构思、定价、促销和分销的计划和执行过程，以达到满足消费者需求和企业目标实现的经济活动。市场创新的目标是怎样开辟新市场，经营创新的目标则在于怎样巩固和提高原有市场的占有率。

（二）经营创新的意义

（1）经营创新是寻找市场机会的钥匙。市场的特殊性、消费者及其购买行为的复杂性，决定了寻找市场机会相对困难。经济的全球化、消费者的多层需求性质，都要求经营者以非凡的眼光和智慧分析市场——从社会总需求和总供给的差异中寻找市场机会，从对复杂的人群不同需求的分析中寻找适销对路的市场机会；从对广阔市场的缜密分析中，在市场环境的动态变化中寻找市场机会。例如，肯德基打入中国市场的成功就在于它市场开拓的正确定位。

（2）经营创新是实现企业经营目的的根本保证。经营创新的目的就是要真正树立"以顾客为中心"的观念，强调以满足顾客要求为自己的根本任务。把创造利润的过程建立在满足消费者的需求之中，做到市场需要什么、顾客需求什么，企业就提供什么。

（3）经营创新是合理调节市场供求关系的准则。顾客需求因时间、地点不同而差异极大，当产品需求超过供给能力时，部分顾客会流失，企业失去市场机会，或造成生产设施紧张；需求低于供给时，会导致设施与人员闲置，造成极大浪费，只有深入研究市场需求，分析顾客各种需求状况，才能使企业保持最佳经营状态，取得最佳效益。

（三）经营创新的导向

1. 需求导向

企业的一切经营活动都必须以消费者的需求作为出发点和归宿。如何针对不同顾客的不同需求设计和开发产品，成为企业生存和发展的根本，这就要求企业从顾客的观点出发，而不是从自己的观点出发，销售并不是从属于生产，而是指导生产。总之企业应以消费者为核心，通过满足消费者的需求而获得利润。

2. 管理导向

企业的营销环境由人口、政治、文化、经济、社会、技术等诸多因素构成，这些因素随着时间和空间不断变化。经营创新的实质在于"企业对动态环境的创造性适应"，即运用一切可利用的资源，通过产品、渠道、价格和促销等实现对环境的适应。

3. 信息导向

随着信息的网络化，要满足消费者的各种需求，就必须借助于信息的传导。只有通过不断经营创新，才能准确掌握复杂多样的顾客需求、复杂多变的企业内外环境情况，从而为消费者提供最佳质量的产品、最满意的服务，也为企业树立最佳形象。

4. 战略导向

经营创新对企业的长远发展有着十分重要的影响，要求企业对市场环境具有长期适应性。现代企业中最有战略眼光的企业提出了持续发展的"绿色营销"战略，纷纷推出"绿色产品"、"生态产品"等，这种战略维护了消费者、企业和社会的长期利益。

（四）经营创新的领域

由计划经济走向市场经济，由相对封闭的经济到加入 WTO 融入全球经济一体化，参与国际竞争，面对日趋激烈的市场竞争环境，企业急需市场营销创新。从"橄榄型"企业结构转换为"哑铃型"企业结构，进而转变为"虚拟型"企业结构，是企业改进和强化管理、实现市场营销创新的具体体现。从4P（产品、价格、渠道、促销）到4G（顾客、成本、便利、沟通）是营销组合理论由传统的"消费者请注意"到"请注意消费者"理念的反向思维整合。伴随着消费时代的变迁，消费者的消费偏好也经历了三次更新："好与坏"、"喜欢与不喜欢"、"满意与不满意"。这是顾客评判商品作为购买选择的三种行为标准。工业化时代后期，企业销售完成了由推销到营销管理模式的创新。

进入 20 世纪 90 年代之后，日益沉重的环境压力和可持续发展战略都要求企业实施绿色营销，以适应绿色消费潮流和绿色商品市场的日益扩大。知识经济的兴起，标志着一个崭新的信息时代的到来，这是一场无声的技术革命：它对现有企业的生产经营方式、人们的生活方式、企业的市场营销战略决策等都将产生重大影响。知识经济时代的经济活动实现数字化和网络化，网络经济将成为 21 世纪最有前景的产业之一，网络营销自然也成为未来无数企业和经销商重要的营销渠道。还有诸如定位营销、服务营销、关系营销、概念营销、文化营销、感性营销、品牌营销、质量营销、满意营销、虚拟营销、整合营销、战略营销等，都是现代市场环境下企业市场营销创新的方向。

1. 市场创新的领域

（1）"组装市场"。即改变传统的消费方式和供货方式，将原先分散的消费者和商品提供者集中到一起，以便得到专业化的服务，实现市场拓展。例如，洗车业、美容业、物业管理、会计事务所等。

（2）商业模式的改进。例如，用经营灵活、费用低、购买方便的超市、连锁商店、仓储商店等新型行业替代传统的百货商店。

（3）以新的方法和手段树立形象，刺激需求。例如，全景网络公司开创"网上路演"推销发行股票的先例，大获成功。

（4）改进物流，开辟新渠道。例如，美国 Dell 公司首创在网上直销电脑，获得了超常发展。

（5）改进交易方式。例如，超市允许顾客任意挑选商品，此外，送货上门、邮购、电视购物、网上购物、信用卡购物、按揭购房等，都可以变潜在的市场为现实的市场。交易方式最伟大的创新是信用机制的建立。150 多年前，信用制度在欧美出现，一手交钱一手交货的传统交易方式被改变，人们可以贷款购物、先消费后付款或以分期付款方式先期消费，或者先付款后交货。

2. 营销创新的领域

（1）产品创新。包括产品质量、特色、品牌、服务、保证等六方面的创新。

（2）价格创新。主要包括产品基本价格、折扣、津贴、付款时间、信贷条件等方面的创新。

（3）渠道创新。包括销售范围、销售点、批发、零售等方面的创新。

（4）促销创新。主要指广告、人员推销、营业推广、宣传、公共关系等方面的创新。

第三节 管理者与创新

作为 21 世纪的管理者，必须懂得如何更好地运用管理的创新职能。知识经济时代，管理的挑战在于如何通过发扬、培育、激励组织中的企业家精神来创新。创新和企业家精神已成为组织和社会保持自身活力的主要支撑。

一、管理者在创新中的责任与作用

（一）企业家

这里的"企业家"有特定的含义，它突破了人们习惯意识里"企业一把手"的局限，是指所有具有企业家精神的个人。企业家是创新活动中独特而又关键的角色，因此，他们需要有独特的能力与素质。

（1）偏爱变化，有强烈的好奇心。德鲁克提出，企业家总是视变化为健康的标准。他们总是寻找变化，对它产生反应，并将它视为一种机遇加以利用。企业家往往对任何事物都有一种好奇心理，喜欢去发现、去改变。

（2）具有很强的独立意识。对现成的事物和看法不盲从，勇于脱出一般观念的窠臼，坚持自己的主张，坚定地走自己的路。

（3）思维敏锐，善于从多角度看问题，善于举一反三、触类旁通。

（4）知道放弃。企业家不同于执著的发明者，尤其是组织的一把手必须要知道什么时候该去冒险，什么时候该更保守。企业家最大的价值是在于他没有充分的信息，没有充分的理由，但还要做出正确的决定。

（5）具有自信心和直面困境的勇气。企业家一旦确定了所做事情的价值，即使遭到阻挠和困难，也不改变初衷，总是勇往直前，直至成功。

（二）企业家精神与创新

对于企业家精神的研究以熊彼特为最早，也最为深入。熊彼特认为，企业家精神包括以下五方面：

（1）企业家的首创精神。

（2）企业家的成功欲。企业家要"有征服的意志，战斗的冲动，证明自己比别人优越的冲动，他求得成功不仅是为了成功的果实，更是为了成功本身"。

（3）企业家甘冒风险的精神。企业家"有创造的欢乐，把事情做成功的欢乐或者只是施展个人能力和智慧的欢乐。这类似于一个无所不在的动机……这类人寻找困难，为改革而改变，以冒险为乐事"。但他们绝不盲目冒险，而是更愿意冒那些他们认为能够控制住结果的风险。

（4）企业家的精明理智和敏捷。企业家"为了他的成功，更主要的与其说是敏锐和精力充沛，不如说是某种精细，它能抓住眼前的机会，再没有别的"。

（5）企业家的事业心。企业家注重事业，注重领导才能的发挥，注重取得信任并确保计划的可行性，以说服银行家提供资本。

从以上叙述中我们看到，企业家精神是企业家的一种冒险和创新特质，通常表现为在具有经营风险和财务风险的环境中，运用不充分的信息采取行动。企业家精神本质上则是一种创新精神，是人类创新本能的深化和加强，体现在人类追求成功、亲善、新知以及自利的基本动机中。由此得出，企业家精神是创新的源泉，是经济发展的重要动力；具有企业家精神的人或组织是创新的主要力量；而组织管理者的主要任务就在于培养具有企业家精神的创新团队，激发创新者创新的热情。

（三）管理者在创新中的责任与作用

管理者在创新的过程中承担着创新的组织者、促进者、示范者的责任，对于组织创新活动的顺利展开有着举足轻重的作用。

1. 管理者的责任

在创新活动中，管理者首先应该是创新的示范者，要引导和带领自己的下属进行积极的创新。在创新开展较好的组织里，创新成绩是考评管理者工作的主要指标之一。其次，管理者是制度的制定者和资源的配置者，必然也是创新的组织者。管理者要组织创意的筛选，组织各种资源为创新活动的开展提供保障，还要组织对阶段性创新进行评价。最后，管理者也是创新的促进者，承担着营造创新环境、激励创新行为、消除创新障碍的责任。

2. 管理者的作用

从管理者的责任，可以看到管理者对于创新的作用非常重要而且无法替代。一方面，管理者的个性与态度直接影响着组织创新氛围的形成和创新精神的保持，尤其是高层管理者，只要他对每一个新点子说"不"，或者那些勇于创新者若干年得不到奖励或者晋升，就很容易抑制或者破坏组织的创新精神。另一方面，管理者的能力也对创新能否取得预期成果至关重要。面对大量的创新点子，管理者能否给予正确的评价与判断，直接影响着创新资源配置的合理性；面对创新遇到的障碍，管理者能否给予有力的鼓舞和支持，则决定着创新能否继续下去，能否最终取得成果。许多好的项目就是因为管理者的错误决策和消极的态度而前功尽弃，无果而终。因此，高瞻远瞩的领导者的存在通常也被看作是创新的源泉。

二、管理者促进创新的做法

管理学家 J. 科特将成功的变革与创新的领导概括为八个环节：树立紧迫感、建立强有力的领导联盟、构建愿景规划及沟通创新愿景、广泛的授权运动、夺取短期胜利、巩固已有成果、深化创新、将创新成果制度化。从实践中看，管理者促进组织创新的角度和方法有很多，这里选取五个基本方面的做法重点介绍。

（一）培育创新的组织氛围

培育创造性环境或者组织文化是促进组织创新活动的重要基础工作。创造力是自发的，从产生想法到把这些想法中看似不相关的内容联系起来，都是非正式、非线性的过程，对此我们无法控制。然而，我们能够营造一种环境，鼓励人们创新，并使创新成为组织的核心价值观之一。一个鼓励和支持创造力、想象力的组织文化应该包含四个主要因素：自由、鼓励、认可和对成功的渴望。围绕培育创新性组织文化，管理者的具体做法有：

1. 营造相对自由的工作环境

自由是创造一种有利于培养想象力的环境的核心因素。在我们的工作环境中，有机会或有能力发挥一定的自由对于创造过程非常重要，这里既包括做什么的自由，也包括怎样做的自由。在这种环境中，人们可以向自己感兴趣的方向进发，可以用自己独特的方法来做事。有利于组织创新的自由不是毫无约束和漫无目的的，那样通常会让人们感觉无的放矢，反而会失去创造的动力。富有创造力的组织环境必须有一些明确的目标和适宜的体系结构，自由来自管理者对创新者的能力和责任心的信任，来自管理者的引导和协助而不是放任。

2. 鼓励员工积极思考创新

营造了一个可以容纳自由思想的环境之后，管理层必须鼓励员工探索和开发新想法，而且要让大家知道"想法需要我们去探索，但并不是所有想法最后都能成功实现"。这需要高层管理者有准备、有计划地与各领域的专业人员沟通，了解基层的想法和进度，灌输创新的企业家精神。

3. 认可员工的所有创新努力

对员工产生的新观点和创造力的认可是营造创新文化的重要方法。因为认可是对人的尊重，是对员工的创新付出和创新意识的最大鼓励。管理者要重视人的作用，要鼓励大家表达自己的想法。管理者切忌在还没有完全弄清楚一个观点意味着什么之前就开始对它进行评价。要培养创造性，就必须接受新观点、重视新观点，肯定所有的努力倾向，还要包容创新中的错误。这个过程同样建立在信任与相互尊重的基础上。

4. 激发员工对成功的渴望

在每个人的内心深处都隐藏着对成功的渴望，只是由于自身条件和环境的限制常常难以显现出来。管理者培育创造性的组织文化，就是要将这种潜在的冲动和内心的渴望激发出来，形成人人为成功而努力的氛围，使组织充满创新的热情。除了日常个别的沟通和鼓励，管理者还可以通过创新奖励大会分享创新成功的经验和成绩，营造创新氛围。一个重大计划的成功，会使从事这一计划的每个人都因团队的成功而获得巨大的荣耀和成就感，而这又会进一步让人对更多、更大的成功充满渴望。

5. 要特别注意沟通的作用

交流能带来知识和信息的共享与碰撞，也是疏通情感、消除误解的通道。管理者要有意识地培育大家能够充分交流的环境，让普通员工之间、上下级之间能进行无障碍的思想、情感、观念交流。

组织的创新绝不简单是技术问题，更主要的是一个文化问题。员工必须有帮助公司的愿望，才可能将其智慧和精力投注到创新活动中。创新与否是个人的情感决定，创造力是内隐的、无形的，管理者无法用制度控制员工的思想和情感，也无法用命令和指挥来要求大家都去思考创新。如果管理者在忙碌的工作日程中抽出一些时间来与员工对话，在尊重与信任的基础上进行平等的交流，不仅能够及时解决创新中遇到的问题，还能暗示员工他们对于公司的重要性，从而强化员工对组织的情感。

在创新管理上取得骄人成绩的惠普公司在创新文化的培育上有许多做法值得借鉴。惠普公司以职工为中心建立企业文化和管理体制。强调公司管理层的中心任务是为雇员着想，保持公司良好的精神面貌。公司给全体员工提供全面的医疗保险，让重要岗位的员工拥有一定数量的公司股份，采用灵活的工作时间制度，保持员工职位的稳定性，进行利润分红等。公司还强调应该注重每一个员工的个人成长，给每个人培训的机会。为了淡化公司内部上下级之间的界限，减少领导阶层的特权，鼓励员工向上输送信息，形成了各级经理的办公室不关门、公司人员互称名字而不叫头衔的惯例。另外，惠普还率先采用开放式办公室设计，打破办公室之间的界限，使公司人员之间的信息交流和团队合作精神得到加强。这种办公室结构后来被绝大多数硅谷公司所采纳，进而遍及全美国。不难看出，创新性组织文化的根本就是对人的重视。

（二）开发员工的创造力

创新是靠员工的创造力来支持的，知识、技巧、智慧、思维、灵感等都是创造力的源泉。虽然有天赋之说，但创造力可以通过培训等方式来开发，创新水平也可以靠培训来提高。培训的内容和意义如下：

1. 技术知识的培训

知识是创新的基础和源泉之一，组织在技术、市场等方面的知识总和反映了组织创新的潜力。以提高知识水平、完善知识结构为目的的培训，可以增强员工的创新潜力，提升组织整体的创新能力。这种培训对于高科技或专业性较强领域的组织来说尤为必要。

2. 创造性思维以及创新技巧的培训

这类培训可以教会员工如何运用创新的一般方法，既能激发员工创新的冲动，也有助于增加创新的成功比率。

3. 团队合作意识培训

创新活动一般都需要密切配合的团队来共同完成。但许多创新者自主性较强，通常不善于与他人合作，因此，针对合作方式和合作能力的个人及团队培训十分关键。和谐、友好的团队气氛，不仅使人们工作时心情愉快，更有助于创新的顺利开展，提高创新的质量。企业可采用合作技能培训、模拟练习等方式实施此项培训。

4. 创新战略和创新理念的培训

创新战略与创新本身意义的教育也可以改变员工的传统观念，使员工树立起正确的创新意识与态度。这种培训还可以扫除组织与员工之间的心理障碍，使组织实施变革和创新更容易得到员工的支持。这种针对员工的培训对提高员工动力水平也有一定的作用，从心理学的角度讲，当管理层加大培训和培养水平的力度时，从中获益的员工就会更乐于为组织奉献。组织做了组织该做的事情，员工也会做员工该做的事情。如前所述，内心的愿望也是创造力的源泉，激发并强化这种愿望是开发员工创造力的一种途径。

创新活动与组织的一般活动是有区别的，而一般的管理者也缺少管理创新工作的必要技能和知识。因此，管理者自身也要进行一定的创新管理培训和学习，内容包括领导方式、沟通、关系管理和资源管理等方面。

创造力的开发培训有多种形式，如自学、学术会议、参观访问其他公司和机构、外部培训课程、技术辅导、现场学习以及传统的课堂培训等。

(三) 建立学习型组织

学术界将"学习型组织"界定为"一个具有持续创新能力、能不断创造未来的组织"。由此可见,创新型组织必然是学习型组织,学习真正的目的是拓展创造力。建立学习型组织就是在内部形成完善的学习机制,把组织成员与工作持续地结合起来,使组织在个人、工作团队及整个系统三个层次上得到共同发展,形成"学习—持续改进—建立竞争优势"的良性循环。建立学习型组织需要通过系统思考、建立共同的愿景目标、改善心智模式以及团队学习来实现。学习型组织强调的是学习,是终身学习、全员学习(尤其是经营管理决策层)、全过程学习(不把学习和工作分开)、团体合作学习、共同开发智力。团体学习可以从深度会谈开始,通过无障碍交流来发现更深入的见解,进入一起思考的状态。

在学习型组织中,知识、经验的共享是典型的特征。3M 公司的做法是通过"三/三/三"辅导计划,把销售人员和科学家的经验、见识和创新思想传输到世界各地。具体是由三名美国销售代表前往国外分公司,辅导他们当地的同行,为期三周,每年三次。3M 公司还将企业的科学家定期派往海外实验室,这些科学家在海外召开各种技术研讨会,并在那里工作相当长一段时间,足以对当地有发展前途的年轻创新者产生充分影响。鼓励员工通过各种途径进行自主学习,也是学习型组织建设的现实做法。惠普公司以为技术人员在斯坦福大学就读提供学费的方式大力支持员工的自主学习。惠普的很多员工就是通过这种方式拿到了硕士学位,不仅自身技术水平得到提高,而且将所学到的最新知识带回惠普,使惠普的整体技术水平始终处于领先的位置。

(四) 正确对待创新的成功与失败

没有人喜欢失败,但即使是再伟大的成功者,其失败的次数还是要超过成功的次数,世界上没有什么事是一下子就做成功的。容许失败才能有所创新,而且越是突破性大的成果,失败的几率就越高。几乎所有的重大创新都是从10 次、20 次甚至是上百次的失败中走向成功的。在外人看来充满辉煌记录的贝尔实验室,所做的工作一天到晚却都是面对失败。因为产品研制的大部分时间(至少一半)不是在设计上,而是用在改错上,不断改进的结果,才成就了一件可以推向市场的合格产品。所以,一方面我们要尽量追求卓越;另一方面我们必须容忍失败。

德鲁克在谈到创新的成功与失败时,也提出:失败不能被拒绝,而且几乎不可能不受注意。但失败却隐含着成功的机遇。虽然许多失败都是贪婪、愚昧、盲目追求或设计、执行不力的结果，但是如果经过精心设计、规划及小心执行后仍然失败，就常常反映了隐藏的变化以及随变化而来的机遇，抓住其中的机遇，下一步就可能迎来成功。

伴随组织与环境的发展，创新是无止境的，因此每一个创新项目的成功也都是阶段性的。要保持组织持续的发展需要不断地取得创新成功。

（五）建立有助于创新的日常管理制度

在一般的组织中，除了专门的研发人员有组织安排的特定时间用于思考和尝试创新，其他岗位的人员在每一个工作日都有既定的工作任务和程序。然而，进行创新必须要有思考的时间和自由。在日常情况下，在组织规定的工作时间内特别安排出相应的时间用于创新交流、思考和实验，甚至提供必要的物质资源以协助实验，那将会大大促进普通岗位人员进行创新的热情。从日常的管理制度中为创新开辟特殊的环境，3M 公司和科宁公司的做法可供参考。

3M 公司在创新中的辉煌成果源于其与创新有关的制度安排与历史传统。其中最著名的就是"15% 法则"。具体内容是员工可以把自己 15% 的工作时间用于非公司指派的、自己感兴趣的项目，并且可以利用公司的各种资源。这一法则是员工可以按照自己的意愿自由创新的一种象征，使研究人员自由组合进行研究有了时间保障，很多员工花在业余研究项目上的时间远远超过了 15%。

科宁公司的 Sullivan Park 研发实验室也鼓励员工利用公司的资源以及工作时间从事自由的创新活动，为此特别制定了"周五下午的实验"制度。该制度要求实验室所有科学家把每个星期五下午的时间都用于尝试"有点儿疯狂的想法"，允许科学家们从事上级所不知道的项目，包括那些已被上级否决的项目。一个最初被研发主管正式枪毙了的、有关基因技术的全新业务领域，就是在星期五下午的自由实验中得以继续并取得成功的。在这一制度的推动下，Sullivan Park 实验室每年都会创造出成百上千种科研成果。

当然，日常的管理制度很多，建立有助于创新活动开展的管理制度也是灵活多样的，组织可以根据自身的工作特点进行设计，如可通过奖惩制度的设定来促进创新。员工按常规程序操作出现了错误或者因为疏忽大意、不负责任造成的创新失败，是应给予惩罚的；但对于已尽了责任、经过努力仍旧失败了的创新就要采取宽容的态度，否则若给予惩罚，就可能压抑创造力的释放，打击员工的创新积极性。对于一个创新型的组织来说，最不能容忍的是懒散和没有行动。Dean Keith Simonton 从多项研究中得出：创造力源于行动。无论是作曲家、画家、诗人、发明家，还是科学家，创造力都是工作量的函数。因此，应该将"人们是否在行动"作为评判从事创新工作员工的一种标准，对于那些只说不做的人，应予以惩罚。

【本章小结】

创新理论的创始人熊彼特认为，创新是指新产品的开发、新市场的开拓、新生产要素的发现、新生产经营管理方式的引进和新企业组织形式的实施。

创新可以按照不同的标准进行分类。根据创新的内容可以分为管理创新、技术创新、产品创新和经营创新。

管理创新是一种创造新的资源整合范式的动态性活动，它同技术一起构成现代企业中不可缺少的投入组合。通过资源、市场、战略、组织和流程等领域的管理创新，企业可以形成科学的管理，提高现有资源的配置效率。

技术创新是企业发展的不竭动力。企业在市场上的竞争，表面上是终端产品和服务的竞争，实际上是该产品和服务背后隐含的科技的竞争。如何将技术创新与市场需求相结合，如何制定技术创新战略，如何控制技术创新中的风险，这些都是值得企业深思的问题。

产品创新是企业创新的核心内容，是企业技术创新的综合体现，它往往包含了其他的各种创新。其他创新都是围绕着产品创新进行的，而且其成果也最终在产品创新上得到体现。

经营创新是指通过改变企业对产品的构思、定价、促销和分销的计划和执行过程，以达到满足消费者需求和企业目标实现的经济活动。市场创新的目标是怎样开辟新市场，经营创新的目标则在于怎样巩固和提高原有市场的占有率。

管理者在创新中承担着组织者、促进者、示范者的任务，对于组织创新活动的顺利开展有着举足轻重的作用。企业家精神本质上是一种创新精神。管理者促进创新的做法很多，具体应根据组织的实际情况而定。

【案例分析】

海尔创新案例解析

创新是企业生命力的根源，是竞争力之本，它产生新的市场契机时往往能大幅度超越对手，获得极佳的经营成果。为持续获得创新成果，海尔将创新列为例行性生产作业流程的环节，并逐渐成为自己独特的核心竞争力。

一、创新之道源于客户

据哈佛大学商学院调查，在上市的新产品中57%是由消费者创造的；美国斯隆学院调查结果表明，成功的民用新产品有60%~80%来自用户的建议。事实上，伴随着人本主义思潮在社会的广泛传播，企业与消费者早已不再仅仅局限于单纯的买卖关系，企业的重心应当逐渐开始从产品的制造和销售，向实现产品个性化、注重消费者存在的个性需求发展。

北京的一位老太太对空调既爱又怕，爱的是因为空调带来凉爽和温暖，怕的是空调对着人吹，让人特别不舒服，经常引起头痛等症状。空调能不能不对着人吹？思来想去，凭着平时对企业的粗略印象，她觉得可能只有海尔会重视这个想法。于是，她给海尔写了一封信，表达了她的意思。没想到，这封信不但得到海尔的重视，还使海尔举一反三，引发了空调送风方式的革命。

经过潜心研究，海尔人研发出了可以上下出风的空调新送风方式。就是说消费者可以根据自己的需求自由选择出风方式。消费者可以利用空调双导板不同步运转的原理，选择导板单独运转或同时反方向运转，达到水平送风的效果。不仅如此，在空调制热时，可以选择自下而上的送风方式，因为热空气轻，自然由房间自下而上，达到快速暖房的效果；在空调制冷时，因为冷空气重，选择由上而下送风会使风自然由房间自上而下，从而使房间迅速降温。这种送风方式"聪明"地利用了冷、热风的不同特点，使人备感健康舒适，被海尔人称为"聪明风"。

二、创造个性、创造品位

山东威海的一位消费者在发给海尔的邮件里说，她看电视时发现，普通彩电在换台时，都会突然"黑"大约一两秒钟才能换到下一个台去，画面骤黑骤亮，强烈的光线色彩反差使眼睛极不舒服，她希望海尔彩电能拿出可行的解决办法。

用户的难题就是科研开发的课题！海尔开发人员迅速组成攻关小组，经过小组成员的努力，一款能解决电视晃眼症的彩电就这样问世了。它的"个性"之处在于：在机壳中内置了一个智能光控模块，能够对每幅图像的亮度与对比度进行精密计算，从而使彩电在2秒钟的时间内，就可以播放100幅明暗不同的画面。所以在换台时，这款彩电的画面不是骤黑骤亮，而是有一个渐黑渐亮的缓冲过程，这就有效地解决了"电视晃眼症"的难题。据悉，此产品一上市，就受到消费者的欢迎，在北京蓝岛商场，第一批"换台不晃眼"彩电上市不到一小时就被消费者抢购一空。

为什么在彩电"千人一面"普遍低迷的背景下，"换台不晃眼"彩电能打动人心呢？说到底，正是由于海尔从消费者出发而形成的鲜明个性。反思过去同质化的彩电市场，中国彩电行业持续了近十年的价格战最终的后果是：彩电行业的总规模虽然不断膨胀，但是利润率却持续下降。而彩电市场上各方力量的此消彼长，也正说明了消费者利用彩电获取信息、娱乐的共性需要已经得到满足，他们需要适合自己新的生活习惯的更加个性化的东西。

三、创新不止、亮点不断

创新是企业发展的根本动力，忽视新技术、新产品的创新，发展后劲必然不足。家电生产商已经不可能靠大规模生产来创造更多的附加值，一味强调生产而忽视创新，就必然被市场所抛弃。家电的竞争最终是落在产品技术层面上，但技术是通过产品表现出来的，如何提供高品质、高科技含量的产品才是中高端市场竞争的核心所在。

国内目前各类洗衣机年生产量已超过1200万台，位居世界第一。但是，波轮式洗衣机是日本发明的，滚筒式洗衣机是欧洲发明的，搅拌式洗衣机是美国发明的，海尔人一直有一个梦：一定要发明出世界领先的"中国造"洗衣机。在德国柏林举行的第一届全球家电展览会上推出并申报国际PCT发明专利的海尔"双动力"（滚筒、波轮功能二合一）洗衣机，以双一半（用水一半、用时一半）、三模式（搅、揉、搓）的卓越的性能特点，在展览会引起极大关注，成为全球家电展览会上的最大亮点。之后，海尔又推出"海尔玫瑰钻"滚筒洗衣机，成为海尔创造需求的又一典范之作。高科技含量，加上人性化设计，使该机不仅秀外慧中，还极富诗情画意，机身仅厚40厘米，却能容下5公斤的衣物。有了这一身优点，海尔"玫瑰钻"又成了商家和消费者的新宠。

海尔冰箱的市场综合占有率、产品销量在国内同行业内，已连续12年稳居榜首，被数家权威部门推上"王座"，海尔冰箱往往以大于第二与第三之和的业绩占据冰箱市场的巨大份额。这些市场业绩得益于其持续的创新和闪电般的速度，仅在2001年，海尔冰箱便推出了212款新产品，包括引领全频科技的海尔太空冰箱，被世界营销大师科特勒先生授予"创意奖"的微波炉冰箱，"无需解冻即时切"给全国用户带去健康和便利的海尔快乐王子007。在美国国际家电展上，海尔冰箱推出的印有各式富于动感的美国国旗图案的"国旗冰箱"使美国人激动不已。国内海尔画门007冰箱正掀起一股"色彩斑斓的流行旋风"——消费者可以根据自己的需要将冰箱门体换新貌。

海尔的"智慧眼"变频空调，则以其个性化的设计让人们惊叹不已，它可以根据光线强弱（白天、晚上）、室内外温差、人员多少而自动调节运行状态，根据人的远近自动关机、自动调节风速、自动调频，使人始终处于一种舒适的最佳温度中。只有像海尔空调这样，不拘泥于价格之争而放眼于技术的提高，不断推出高科技产品满足用户不断增长的需求，才能获得消费者的认可，不断创新，才能在市场领先，并创造市场、赢得市场。令人深思的是，"智慧眼"空调的火爆与价格一降再降仍少有人问津的空调市场形成了鲜明的对比。这说明价格与价值之间，成熟的消费者在选择上，越来越倾向于后者。只有拥有过硬的质量与差别化的产品，才能在激烈的市场竞争中成为行业的佼佼者。

海尔集团不仅仅是在创造着一个产品、一个企业，而且是在创造着一个品牌、机制，创造着一种文化和精神，海尔集团在创造着巨大物质财富的同时，也为精神文明建设做出了巨大的贡献。

讨论题：

1. 海尔创新模式的现实意义是什么？

2. 面对日益全球化的新经济，谈谈如何将创新能力转变成企业的核心竞争力。

【复习思考题】

1. 熊彼特提出的创新的含义是什么？它同发明创造有什么区别和联系？

2. 简述企业创新的基本特点和作用。

3. 创新的方法有哪些？

4. 试述管理创新、技术创新、产品创新和经营创新的内涵。

5. 企业家精神是什么？

6. 成功创新的组织有哪些共性的因素值得借鉴？

参考文献

1. 朱秀文. 管理学教程［M］. 天津：天津大学出版社，2004.
2. 戴淑芬. 管理学教程（第二版）［M］. 北京：北京大学出版社，2005.
3. 王建民. 管理学原理［M］. 北京：北京大学出版社，2006.
4. 倪杰. 管理学原理［M］. 北京：清华大学出版社，2006.
5. 张祎，凌云. 管理学原理［M］. 合肥：合肥工业大学出版社，2007.
6. 姚裕群，张再生. 职业生涯与管理［M］. 长沙：湖南师范大学出版社，2007.
7. 张旭东，张立迎. 管理学原理教程［M］. 北京：北京师范大学出版社，2009.
8. 俞文钊. 管理心理学［M］. 大连：东北财经大学出版社，2009.
9. 彭荣，陈晓燕. 管理学［M］. 北京：经济管理出版社，2010.
10. 王慧娟，彭傲天. 管理学［M］. 北京：北京大学出版社，2012.
11. 李先江. 管理学［M］. 北京：北京大学出版社，2012.
12. 王志永，毛海军. 管理学［M］. 大连：大连理工大学出版社，2012.
13. 陈文汉，蔡世刚. 管理学［M］. 北京：北京大学出版社，2012.
14. 郭跃进. 管理学（第三版）［M］. 北京：经济管理出版社，2005.
15. 李先江. 管理学［M］. 北京：北京大学出版社，2012.
16. 许月奎，钱堃. 管理学［M］. 大连：大连理工大学出版社，2011.
17. 汪克夷，刘荣，张小红. 管理学［M］. 大连：大连理工大学出版社，2009.
18. 殷智红，叶敏. 管理心理学（第二版）［M］. 北京：北京邮电大学出版社，2007.
19. 王建民. 管理学原理［M］. 北京：北京大学出版社，2006.
20. 张文贤，朱永生，张格. 管理伦理学［M］. 上海：复旦大学出版社，1995：93-94.
21. 迪尔，肯尼迪. 企业文化［M］. 上海：上海科技文献出版社，1989：4.
22. 李品媛. 管理学［M］. 大连：东北财经大学出版社，2005.

23. 许洁虹. 管理学教程［M］. 广州：中山大学出版社，2005.

24. 芮明杰. 管理学：现代的观点（第二版）［M］. 上海：上海人民出版社，2005：387.

25. 吕振国. 管理道德：企业管理研究者面临的新挑战［J］. 经济经纬，1995（5）.

26. Robert D. Gatewood, Robert R. Taylor & O. C. Ferrell. Management: Comprehension, Analysis, and Application［M］. Chicago, IL: Austen Press, 1995：250.

27. 摩托罗拉商业行为准则. www. motorola. com. cn.

28. 荣事达集团. 荣事达企业竞争自律宣言.

29. 荣事达集团. 市场竞争道德谱.

30. 星巴克官方网站.

31. 人力资源经典案例系列——欧莱雅战略性招聘. www. mba163. com.

32. 人力资源开发网.

33. 现代管理学（案例卷）. www. sinoshu. com.